Reihe Historische Anthropologie

Herausgegeben vom Forschungszentrum für
Historische Anthropologie der Freien Universität Berlin
Kollegium: Michael Erbe, Gunter Gebauer,
Dietmar Kamper, Dieter Lenzen, Alexander Schuller,
Jürgen Trabant, Christoph Wulf

Band 20

Manuel Simon
Heilige · Hexe · Mutter
Der Wandel des Frauenbildes durch
die Medizin im 16. Jahrhundert

Dietrich Reimer Verlag Berlin

Die Deutsche Bibliothek - CIP-Einheitsaufnahme
Simon, Manuel:
Heilige Hexe Mutter : der Wandel des Frauenbildes durch die
Medizin im 16. Jahrhundert / Manuel Simon. -
Berlin: Reimer, 1993
(Reihe historische Anthropologie; Bd. 20)
ISBN 3-496-02509-3
NE: GT

© 1993 by Dietrich Reimer Verlag
Dr. Friedrich Kaufmann
Unter den Eichen 57
1000 Berlin 45

Umschlaggestaltung: Bayerl & Ost, Frankfurt/M.,
unter Verwendung eines Ausschnittes aus dem Flugblatt
*Eigentlicher Entwurf und Abbildung deß gottlosen und verfluchten
Zauberfestes* von Michael Herz, um 1650

Alle Rechte vorbehalten
Printed in Germany
ISBN 3-496-02509-3

Reihe Historische Anthropologie

›Historische Anthropologie‹ wird hier als Bezeichnung für vielfältige, transdisziplinäre Bemühungen verwendet, die auch nach dem ›Tode des Menschen‹, d.h. nach dem Ende der Verbindlichkeit *einer* abstrakten anthropologischen Norm, weiterhin Phänomene und Strukturen des Menschlichen erforschen. Historische Anthropologie steht so in der Spannung zwischen Geschichte und Humanwissenschaften. Aber sie erschöpft sich weder in einer Geschichte der Anthropologie als Disziplin noch im Beitrag der Geschichte als Disziplin zur Anthropologie. Sie versucht vielmehr, die Geschichtlichkeit ihrer Perspektiven und Methoden und die Geschichtlichkeit ihres Gegenstandes aufeinander zu beziehen. Historische Anthropologie kann daher die Ergebnisse der Humanwissenschaften, aber auch diejenigen einer geschichtsphilosophisch fundierten Anthropologie-Kritik zusammenfassen und für neuartige, paradigmatische Fragestellungen fruchtbar machen. Im Kern ihrer Bemühungen herrscht eine Unruhe des Denkens, die nicht stillgestellt werden kann. Historische Anthropologie ist weder auf bestimmte kulturelle Räume noch auf einzelne Epochen beschränkt. In der Reflexion ihrer eigenen Geschichtlichkeit vermag sie sowohl den Eurozentrismus der Humanwissenschaften als auch das lediglich antiquarische Interesse an Geschichte hinter sich zu lassen und offenen Problemen der Gegenwart wie der Zukunft den Vorzug zu geben. *Die Herausgeber*

Inhaltsverzeichnis

Einleitung: Heilige, Hexe und Mutter - der Frauenkörper
als Symbolträger im ausgehenden Mittelalter............... 1

1 Der Beitrag der Medizin zur Destruktion des Hexenbildes

1.1 Veränderte Funktionen des Dämons. Eingriffe in die
Dämonologie bei Agrippa, Paracelsus und Weyer............ 15

1.1.1 Ärzte im Disput um die Wasserprobe............ 36

1.2 Erziehung statt Vernichtung............ 42

1.3 Die melancholische Frau als Opfer des Teufels............ 50

1.3.1 Die Pathologisierung der Hexe in der modernen
Psychiatriegeschichtsschreibung............ 57

1.4 Der Einsatz der Hysterielehre zur Entlastung der Hexen............ 60

1.5 Die Zersetzung des Virginitätsideals............ 66

2 Die Anatomie der »Hausmutter«. Mediziner und Theologen bei der Durchsetzung eines Frauenbildes

2.1 Geburtshilfliche Lehrbücher und protestantische Eheschriften... 74

2.2 Die Humoralpathologie zwischen der Rechtfertigung weiblicher
Inferiorität und der Funktionalisierung des Frauenkörpers......... 79

2.2.1 Das Menstrualblut: Von der giftigen Frau
zur schutzbedürftigen Mutter............ 81

2.2.2 Das »Säugen« und die Internalisierung der Mutterpflichten....... 91

2.2.3 Der »weibliche Samen«: Vererbung und freie Gattenwahl......... 97

2.3 Uterozentrismus in der Medizin
und die Mutterschaft als weiblicher »Beruf«............ 104

2.4 Die Imaginationslehre als Hebel zur Domestizierung der Frau.. 110

2.5 Das »heylige Creutz« der Schwangerschaft
und die weibliche Leidensfähigkeit............ 124

3 Der Stellenwert des Hausmutterideals im Entwicklungsprozeß des bürgerlichen Frauenbildes

3.1 Gegensätzlichkeit und Gleichzeitigkeit von Hexenbild und Hausmutterideal 136

3.1.1 Exkurs: Anmerkungen zur Erklärung der Hexenprozesse als eines »Vernichtungsfeldzuges gegen Hebammen« 139

3.2 Sozialgeschichtliche Voraussetzungen des Hausmutterbildes ... 141

3.3 Die Frau als Hüterin der Tugend 156

3.4 Das Beispiel »von der gotfürchtigen und keuschen Frauen Susannen« 164

4 Bilanz und Ausblick: Kontinuität und Wandel des Hausmutterbildes 169

Zur Zitierweise 174

Anmerkungen 175

Literatur 211

EINLEITUNG:
HEILIGE, HEXE UND MUTTER – DER FRAUENKÖRPER ALS SYMBOLTRÄGER IM AUSGEHENDEN MITTELALTER

Das Frauenbild des 16. Jahrhunderts besteht bei genauerem Hinsehen aus mehreren verschiedenen Bildern, aus stereotypen Figuren, die sich in ihrem teilweise gegensätzlichen Charakter wechselseitig ergänzen oder miteinander konkurrieren, deren gesellschaftliche Bedeutung zunimmt oder nachläßt. Zudem lassen sich weder das Gesamtbild noch seine einzelnen Facetten erfassen und nachzeichnen, ohne daß dabei von vielen regional und zeitlich bedingten Besonderheiten abstrahiert wird, so daß es sich bei der Darstellung eines Frauenbildes notwendig um eine Verallgemeinerung handeln muß.

Doch treten in dem literarisch repräsentativen Diskurs über die Frau deutlich inhaltliche Schwerpunkte hervor, um die sich eine Vielzahl von Äußerungen verschiedener Autoren zentrieren. Aussagen deskriptiven, postulativen oder ausgrenzenden Charakters ordnen sich mit einer gewissen Systematik um zentrale Sinnfelder, verfestigen sich zu immer wiederkehrenden Denkmustern und erlangen eine mehr oder weniger direkte Wirksamkeit für die gesellschaftliche Praxis. Mehr als einen solchen, in der Überlieferung sichtbaren Komplex von Vorstellungen und handlungsanleitenden Normen, die in die gleiche Richtung weisen, gleiche Rollen– und Funktionszuschreibungen nahelegen, kann der Begriff »Frauenbild« nicht bezeichnen, will er nicht willkürliches historiographisches Konstrukt sein. Auch bei der Darstellung von Prozessen ist Vorsicht geboten: Wenn in dieser Untersuchung von der Modifizierung, der Destruktion oder der Konstruktion eines Frauenbildes die Rede ist, so kann es sich allemal nur um Trendbeschreibungen, nicht um absolute Aussagen handeln. Denn Vorstellungen, die schon unter dem Feuer zeitgenössischer Kritik lagen, behielten ihre Dominanz noch für lange Zeit, ihre Wirkung konnte sich sogar noch steigern, während die breite gesellschaftliche Wirksamkeit von Ideen, die in ganz neuem Ausmaß propagiert wurden, oft erst wesentlich später einsetzte.

Ein Vorgang jedoch, der für das 16. Jahrhundert deutlich auszumachen ist, ist der Bedeutungszuwachs naturwissenschaftlicher Erklärungsmuster für das Weltbild zumindest eines großen Teils der Gelehrten. In diesem Zusammenhang gewinnt auch innerhalb der öffentlichen Auseinandersetzung um das weibliche Geschlecht ein naturwissenschaftlicher Argumentationsstrang zusehends an Gewicht. Neue anatomische Einsichten und traditionelle medizinische Topoi, die bislang nur einem engen Kreis von scholastischen Gelehrten zugänglich waren, werden im 16. Jahrhundert von Professoren, Leib– und Stadtärzten über das Transportmittel des Buchdrucks in den öffentlichen Disput über die Hexerei eingeführt, werden in populären Handbüchern verbreitet, die sich zum Teil sogar an die Frauen selbst wenden. Juristen und Moraltheologen beziehen sich immer häufiger und detaillierter auf die Ansichten der Ärzte. In viel stärkerem Maße als zuvor werden die weibliche Anatomie und Physiologie herangezogen, um traditionelle soziale Vorurteile zu stützen oder um die Frau auf neue Weise zu definieren und zu funktionalisieren. Dieser wechselseitige Einfluß von medizinischer Argumentation und vor allem theologisch geprägten, normativen Vorstellungen über die Frau bildet den Gegenstand der Untersuchung, wobei ein Denkmuster sichtbar wird, das die Regulierung des Lebens der Frauen mit der Beschaffenheit des weiblichen Körpers rechtfertigt.

Entsprechend werden in der vorliegenden Arbeit medizinische Schriften unter ideen- und sozialgeschichtlichen Aspekten ausgewertet und zum Teil mit moraltheologischen Texten konfrontiert. Was dabei entsteht, ist der detaillierte Nachvollzug männlicher Ideologien über die Frau. Sozialökonomische Strukturwandlungen, die den gegebenen Ideen zugrunde lagen, werden dabei nur skizziert. Im letzten Abschnitt werden die gewonnenen Ergebnisse zwar in einen weiteren sozialgeschichtlichen Zusammenhang gestellt, doch stößt ihr konkreter und detaillierter Einbau in die Sozialgeschichte der Frau schon deshalb auf enge Grenzen, da dieser Bereich der Forschung für das 16. und 17. Jahrhundert erst in den Anfängen begriffen ist und durchaus unterschiedliche Ergebnisse zeitigt.[1] Sozialgeschichtliches tritt vielmehr dort in den Vordergrund, wo den praxisleitenden Konsequenzen der vorgefundenen medizinischen Vorstellungen und Haltungen nachgegangen wird. Auch die konkrete, alltagsgeschichtliche Wirklichkeit wird nicht systematisch untersucht, die Differenz zwischen Literatur und Empirie ist vielmehr bewußt zu halten. Doch eröffnen die Quellen mitunter sehr direkte und oft erschütternde Einblicke auf Alltag und Lebensumstände der Frauen.

Die Autoren, die sich im 16. Jahrhundert an der öffentlichen Diskussion über die Frau beteiligten, fanden eine Reihe verfestigter Denkmuster vor, die das Mittelalter ausgeprägt hatte. Die aristotelische Biologie, die Hexenlehre, das christliche Virginitätsideal und das Bild der fruchtbaren, nährenden Mutter enthielten die Ansichten und Haltungen, mit denen sie sich auseinanderzusetzen hatten, lieferten die Topoi, auf die sie sich in ihren Schriften immer wieder beziehen. Diese Vorstellungen vom weiblichen Geschlecht, wie sie sich bis zum 15. Jahrhundert entwickelt hatten, stellen damit auch gleichsam die Folie dar, von der sich Traditionen und Veränderungen im Frauenbild des 16. Jahrhunderts abheben und unterscheiden lassen.

Hinsichtlich der Wertung der Frau zeigt die mittelalterliche Überlieferung zwei konträr erscheinende Strömungen. Der immer wieder anzutreffenden Bereitschaft zur Hochachtung weiblicher Tugenden und Fähigkeiten steht eine starke misogyne Tendenz gegenüber. In der christlichen Lehre ist die Frau grundsätzlich »capax Dei« und damit erlösungsfähig. Theologen, die auf dieser Grundlage positive Gedanken über die Frau entwickelten, gingen meist davon aus, daß ihr, in ihrer grundsätzlich unterstellten Schwachheit, eine durch göttliche Gnade ermöglichte besondere Stärke zuwachsen könnte.[2] Ein bekanntes Beispiel für diesen Denkansatz sind Abaelards Briefe an Heloise.

Auf der anderen Seite zeigt sich, spätestens seit der von Augustinus (354–430) ausdrücklich formulierten Verbindung von Erbsünde und Geschlechtstrieb,[3] die zunehmende Tendenz, Weiblichkeit gerade auf der Grundlage sexueller Kategorien zu diffamieren. Besonders unter dem Einfluß der monastisch–asketischen Literatur, die als Antithese zur sexuellen Erbsünde die enthaltsame Abwendung von der materiellen Welt als Voraussetzung für die Perfektion christlichen Lebens propagierte, wurde die Frau mit zunehmender Verachtung als Werkzeug des Teufels, als Tor zur Hölle, das heißt als die Einbruchstelle der Sünde beschrieben. Die negativen und die positiven Vorstellungen von der Frau wurden dabei, vor allem seit dem Hochmittelalter, immer deutlicher personifiziert in den Figuren der Eva als Mutter der Sünde und der Jungfrau Maria als Mutter Gottes.

Im späteren Mittelalter wurden die Ansichten von der weiblichen Minderwertigkeit wesentlich ergänzt und verschärft, und zwar durch die Synthese der biologisch bestimmten Anthropologie des Aristoteles mit der katholischen Theologie durch Albertus Magnus und Thomas von Aquin. Nach den Vorstellungen, die damit in die autoritative Theologie aufgenommen wurden, ist die Frau auf Grund ihres feuchten und kalten Temperaments im Vergleich zum Mann physisch und psychisch schwach, passiv und unvollkommen.[4] Sie begehrt und braucht den Mann, wie die Materie die organisierende Form, wie das Unvollkommene das Vollkommene erstrebt. Bei der Zeugung stellt der männliche Samen das aktive, formierende und kreative Prinzip, während die Frau mit dem Gebärmutterblut das passive Material, den Werkstoff zur Verfügung stellt. Als Individuum ist die Frau etwas Mangelhaftes und Verunglücktes, denn der männliche Samen zielt grundsätzlich darauf ab, etwas ihm völlig Ähnliches und damit Perfektes, also nur männlichen Nachwuchs zu erzeugen. So wird die Frau nur hervorgebracht als Resultat einer Beschädigung des männlichen Samens.[5] Obwohl sie im Hinblick auf die Gesamtnatur notwendig für die Fortpflanzung und als Gehilfin des Mannes ist, ist sie ihrer individuellen Natur nach eine biologische Fehlentwicklung. Diese Vorstellungen verdichten sich in einem Begriff, den Albertus Magnus und Thomas von Aquin von Aristoteles übernommen haben: Sie verstehen die

Frau als »mas occasionatus«,[6] was im gegebenen Kontext wohl am treffendsten mit »unvollkommener Mann« wiederzugeben ist.

Der Gedanke von der Frau als unvollkommenem Mann hatte für die Medizin die wichtige Konsequenz, daß von vielen Ärzten die weibliche Anatomie analog zur männlichen interpretiert wurde. Dies bedeutete vor allem, daß die weiblichen Geschlechtsorgane in Funktion, Form und Anzahl mit den männlichen verglichen wurden, der Gebärmutterhals also zum Beispiel als inverser Penis betrachtet wurde.[7] Die weitere Untersuchung wird zeigen, daß die Überwindung dieser Ansichten im späten 16. Jahrhundert in engem Zusammenhang mit den Veränderungen steht, die das Frauenbild in dieser Zeit erfuhr.

Im Bereich der Sozialethik hatte die Auffassung der Frau als eines »mas occasionatus« zunächst die Folge, daß Thomas von Aquin aus diesem Gedanken die Lehre von der doppelten Unterwerfung (subjectio) der Frau entwickelte. Neben die traditionelle Lehrmeinung von der erbsündlichen Unterwerfung, die kategorial den Begriffen Schuld und Sünde zugeordnet war und damit eine moralisch–theologisch definierte Minderwertigkeit der Frau implizierte, stellte er die schuldfreie, biologisch begründete Unterwerfung, die schon vor dem Sündenfall existiert habe.[8] Damit wird im 13. Jahrhundert von einer erstrangigen theologischen Autorität eine dem Bestreben nach naturwissenschaftliche Argumentation für die weibliche Inferiorität lanciert. Sie wurzelt in der aristotelischen Zeugungsbiologie und definiert die Minderwertigkeit der Frau als eine moralisch indifferente, naturbedingte Unterlegenheit. Es wird aufzuzeigen sein, daß die Unterscheidung zwischen direkter moralischer Diskreditierung und einer moralisch scheinbar indifferenten Herabsetzung der Frau eine wesentliche Rolle für die weitere Entwicklung im 16. Jahrhundert spielt. Zunächst bleibt festzuhalten, daß Thomas von Aquin die beiden Arten der subjectio nicht als Gegensatz auffaßte, sie vielmehr schlicht addierte und daß die Verschärfung der frauenfeindlichen Tendenzen, die in der Hexenlehre gipfelten, ganz wesentlich durch den Gedanken der erbsündlichen, moralisch schuldhaften Unterwerfung bestimmt war.

Die Herabwürdigung, die die Frau in der Figur der malefica, der Unholde oder Hexe erfuhr, lag per definitionem in ihrer durch theologische Kategorien wie »peccatio« oder »concupiscentia« definierten, moralischen Verworfenheit. Dies ist für die folgenden Betrachtungen von besonderer Bedeutung und soll daher am Beispiel des »Malleus Maleficarum« (1487) etwas eingehender dargestellt werden.[9] Die körperliche und geistige Schwäche (fragilitas) der Frau werden im »Malleus« überhaupt nur erwähnt als allgemeine Disposition für ihre Bosheit (perfidia).[10] »Perfidia« und »malitia« sind dann auch die Eigenschaften, mit denen die Hexe vornehmlich gekennzeichnet wird, und es wird folgende Definition gegeben: »Fiunt enim...plurima homicidia, fornicationes, puerorum et iumentorum occisiones et alia maleficia procurantur. Unde ... Malefici a maleficiendo vocantur«.[11] Der Vorwurf religiöser und moralischer Minderwertigkeit trifft aber nicht nur die hexische Frau, sondern das gesamte weibliche Geschlecht mit einer Konsequenz, die den Verfassern das Wort »fœmina«[12] selbst als ein Synonym für »Unglauben« erscheinen läßt: »Dicitur enim fœmina, fe et minus, quia semper minorem habet et servat fidem.«[13] Im Zentrum aller Vorwürfe aber steht die sündhafte Wollust, zu der die Frau, die Tochter und Nachfolgerin Evas, in viel stärkerem Maße neigt als der Mann: »Unde quaecumque vituperationes leguntur, in Concupiscentià carnis interpretari possunt, ut semper (!) mulier pro carnis concupiscentia intelligatur«.[14] Ihre Fleischeslust ist es letztlich, die die Frau zur Agentin des Teufels macht, denn »potestas Daemonis est in lumbis hominum«.[15] Die Frau wird zum Inbegriff der concupiscentia, welche die Ursache aller Sünden und zugleich das Verbindungsglied zu den dämonischen Mächten darstellt. Durch ihre Verfügungsgewalt über diese Mächte wird die Frau zur mächtigen Schadenszauberin, die ganze Landstriche durch Unwetter verwüsten und durch Seuchen entvölkern kann. Es ist also nicht die Vorstellung von der biologisch bedingten Fragilität des weiblichen Geschlechts, sondern das Bild von der boshaften, sündhaften und vor allem wollüstigen Frau, das der Hexenlehre zugrunde liegt.

Wie sehr die in diesem Bild enthaltene Herabwürdigung ergänzt und gestützt wurde durch das Lob einzelner Frauen, die sich durch ein jungfräuliches Leben zu besonderer Frömmigkeit erheben können, zeigt sich gerade auch im »Malleus«, wenn die Autoren nach besonders frauenfeindlichen Ausfällen als Ausnahme und Vorbild die Jungfrau Maria preisen oder betonen, die höchsten Tugenden der Frau zeigten sich »in virginibus, et aliis sanctis fœminis«.[16] Stand die sündhafte Wollust im Mittelpunkt der Angriffe auf die erbsündenbehafteten Töchter Evas, so wurde die Virginität zum Wesensmerkmal der tugendhaften, heiligen Frau in der Nachfolge Marias. Unter dem Einfluß des Zölibats und des Mönchtums (vor allem der Dominikaner) nahm die Marienverehrung seit dem 12. Jahrhundert einen ständigen Aufschwung, und das Lob der heiligen Jungfrau als christlicher Idealfigur wurde zum nahezu unvermeidlichen Topos nicht nur in den theologischen Äußerungen über das weibliche Geschlecht.[17]

In den marianischen Schriften von Albertus Magnus (ca.1200–1280), eines für das Spätmittelalter besonders einflußreichen Kirchenlehrers und Mariologen,[18] zeigt sich der starke Einfluß der schon von Augustinus entwickelten Eva–Maria–Antithese,[19] in der die Mutter Gottes als glorioser Antagonist der ungläubigen, wollüstigen Mutter der Sünde und des Todes erscheint. Besonders ausführlich behandelt Albertus die Frage, wie Maria mit Gottes Hilfe ihre Begehrlichkeit überwinden konnte, wobei die pädagogischen Absichten des Autors deutlich werden.[20] Überhaupt kreisen die Ausführungen ständig um das Thema der Virginität, Maria ist in erster Linie die Jungfrau ante partum, in partu und post partum. Die körperliche Unversehrtheit ist dabei kein Wert an sich, sondern Widerschein und Zeichen einer spirituellen Haltung: der auf Bewahrung und Verzicht beruhenden völligen Hingabe an Gott und der Treue im Glauben. Dies ist in Maria vollkommen verwirklicht, sie ist die Verkörperung des Glaubens schlechthin. Damit zeigt sie aber auch eine Blütenlese weiterer weiblicher Tugenden: Albertus Magnus beschreibt sie vor allem als demütig, als ehrfurchtsvoll, schamhaft, gehorsam, hingebend, leidensfähig, gütig, rein, liebend, dienend und treu. Als Verkörperung derartiger weiblicher Tugenden hat Maria eine überaus wichtige Funktion als Vorbild. Albertus betont, die Frauen sollten sich nicht an Maria wenden, ohne ihr nachzueifern.[21] Wenn sie wie Maria ihre Jungfräulichkeit bewahren und auf Christi Wort hören, so empfangen sie Gottes Sohn zwar nicht leiblich, werden aber auf einer spirituellen Ebene seine Mütter, da er in ihrer Seele geboren wird.[22] Wenn Maria in ihrer Heiligkeit und Gnadenfülle auch letztlich unerreichbar blieb, so war sie doch eine vorbildhafte Idealfigur, und das von ihr gezeichnete Bild enthielt einen Tugendkatalog für die Frau und setzte eine verbindliche, in zahllosen Marienpredigten propagierte Handlungsnorm.

Im Zusammenhang mit der Wirksamkeit des Marienbildes sind von großer Bedeutung die Funktion Marias als Vermittlerin zwischen Gott und den Menschen (mediatrix) und ihre Funktion als Helferin (advocata miserorum). Es ist sicher gerade dieser Aspekt, der im Spätmittelalter zu der gewaltigen Popularität des Marienkultes beitrug, der zu einer mitunter abergläubischen Anbetung führte, in der sich die Menschen, um Hilfe flehend, an »ihre« Schutzheilige Maria wandten. Die Funktion der Heilsmittlerin wuchs Maria durch ihre Gottesmutterschaft, aber auch durch ihre Rolle als gläubig mitleidende Mutter an der Passion Christi zu.[23] Albertus Magnus hebt hervor, daß Maria ihren Glauben und ihre Hingabe an Gottes Willen auch da nicht verlor, wo selbst die Apostel schwankend wurden.[24] Hier ist Maria ein Beispiel an weiblicher Leidensfähigkeit, ein Vorbild und eine Identifikationsfigur für Frauen, die auch die denkbar schwersten Schicksalsschläge gottergeben hinzunehmen haben.

Im genauen Gegensatz zur Diskreditierung der Frau im Hexenbild erfolgt deren Erhöhung im Marienideal also im Zeichen einer gnadenhaft ermöglichten Stärke des Glaubens, einer moralischen Perfektion, die sich vor allem im Verzicht auf Sexualität, darüber hinaus aber auch in einer bis zur Selbstverleugnung reichenden Entsagung in anderen elementaren Lebensbereichen verwirklicht. Es ist daher zu Recht hervorgehoben worden,[25] daß die Marienverehrung das logische Pendant zu der in der Hexenlehre gipfelnden Frauenverachtung darstellt: Die Verehrung der jungfräulichen Gottesmutter als eines gänzlich entsexualisierten und weitgehend »entfrauten« theologischen Konstruktes ist die Kehrseite der Degradierung des Weiblichen und bestätigt die Herabsetzung jeder natürlich lebenden Frau. Damit bilden die beiden Figuren der Hexe und der Maria aber auch die gedanklichen Pole des ethischen Bezugssystems, in dem sich die Deutung und Bewertung des Weiblichen vollzog. Alle wesentlichen positiven oder negativen Attribute, die der Frau zugesprochen wurden, ordnen sich diesen beiden Figuren zu, sind in ihrer Beschreibung schon vorweggenommen.

Die größtmögliche Teilhaftigkeit am göttlichen Heil konnte die Frau demgemäß als Nonne erlangen, und die »sponsa Christi« bildete im Mittelalter auch zunächst das kirchliche Ideal für das Dasein der Frau.[26] Auch die begüterte, enthaltsame Witwe, die tugendhafte Herrin oder die »ehrbare Matrone«, also die Mutter und Hausfrau vor allem der höheren Gesellschaftsschichten, konnte etwas vom Abglanz des Marienbildes treffen. Doch waren die der Dorfarmut angehörenden Frauen, vor allem die Witwen, aber auch die Ehefrauen, zunehmend durch die Stigmatisierung als Hexe gefährdet.[27] Das zwischen Maria und Hexe aufgespannte ethische Wertsystem überlagert also die verschiedenen sozialen Rollencharaktere, in denen die Frau gesehen wurde, jedoch gehen diese Rollencharaktere nicht völlig in den beiden antagonistischen Figuren auf. Wahrscheinlich hat die Epochengrenze zwischen dem 15. und 16. Jahrhundert dazu beigetragen, daß in Überblicksdarstellungen zur Frauengeschichte mitunter der Eindruck entsteht, als habe sich das kulturelle Bild der Weiblichkeit im Spätmittelalter in der Hexenlehre und im Marienkult erschöpft, während die Sicht auf die Frau als Mutter und Hausfrau erst mit der Reformation entstanden sei.[28]

Tatsächlich läßt sich aber schon am Beispiel von Albertus Magnus und Thomas von Aquin zeigen, daß es im Spätmittelalter eine kirchlich anerkannte Funktionszuschreibung für die Frau als nährende Mutter und Haushaltsgehilfin des Mannes gegeben hat. Die frauenfeindlichen Anschauungen beider Autoren schlossen eine Sicht auf die Frau als Instrument der Arterhaltung nicht aus. Wie Thomas in seiner »Summa Theologica« schreibt, ist das bei weitem wichtigste Ziel der Ehe die Arterhaltung, und diese erfordert nicht nur die Zeugung, sonder auch die Erziehung der Kinder.[29] Die »generatio prolis« ist für ihn von solcher Bedeutung, daß er eine kinderlose Ehe für unmöglich erklärt.[30] Allerdings kommt beim Aufziehen der Kinder der Frau noch eher die Rolle der nährenden Mutter zu, während für die Instruktion und Erziehung mehr der Vater zuständig ist.[31] Für alle zur Arterhaltung und zum Lebensunterhalt notwendigen Arbeiten schreibt Thomas eine Arbeitsteilung zwischen den Ehegatten fest, die dem Mann die produktiven Arbeiten außerhalb, der Frau die reproduktiven Tätigkeiten innerhalb des Hauses zuweist.[32]

Auch für Albertus Magnus ist die Ehe ein »officium naturae«, das der Kinderzeugung und damit der Arterhaltung dient. Zu diesem Amt gehört auch die Erziehung der Kinder, die nicht nur körperliche, sondern auch geistige Vollkommenheit anstreben soll. Im Unterschied zu Thomas betont Albertus Magnus, daß Mann und Frau ihre Kinder gemeinsam und in gegenseitiger Übereinstimmung erziehen sollen.[33] Bemerkenswert ist, daß Albertus aus der weiblichen Biologie (Schwangerschaft, Stillen) eine natürliche Mutterliebe ableitet und die Auffassung vertritt, die Mütter liebten ihre Kinder mehr als die Väter und sorgten sich mühevoller um deren Aufzucht.[34] Was die weiteren in der Ehe anfallenden Arbeiten betrifft, so erklärt auch Albertus den Erwerb zur Angelegenheit des Mannes, Das Erhalten und Bewahren des Erworbenen zur Aufgabe der Frau.[35]

Die beiden für das spätmittelalterliche Frauenbild wohl einflußreichsten Theologen weisen der Frau also die Funktion der Mutter und der Hausfrau zu, sind jedoch weit davon entfernt, eine geschlossene Lehre über Eigenschaften und Aufgaben der Frau zu entwickeln. Ihre diesbezüglichen Äußerungen sind lückenhaft, auf viele verschiedene Werke verstreut, und die Funktionszuweisungen bleiben weitgehend unkonkret und undifferenziert.[36]

Immerhin zeigen diese Beispiele, daß die Theologie der Hochscholastik genug Raum für die weitere Entfaltung des Diskurses über die Frau enthielt. Eine solche Entwicklung dokumentiert sich vor allem in den zahlreichen ehedidaktischen Schriften, die im 15. Jahrhundert erschienen. In der neueren Forschungsliteratur ist wiederholt die Auffassung vertreten worden, daß einige dieser Eheschriften die Bestrebungen stadtbürgerlicher Schichten spiegeln, das Frauenbild den Bedürfnissen des bürgerlichen Erwerbs und Haushaltes anzupassen. Dabei wird besonders das 1472 erschienene »Ehebüchlein« des Bamberger Domkanonikers Albrecht von Eyb herausgestellt, das am deutlichsten die für unser Empfinden bürgerliche Tendenz zeige, die Frau als Mutter und Hausfrau zu funktionalisieren, statt sie mit dämonologischen Argumenten zu diskriminieren.[37] Tatsächlich verzichtet Eyb weitestgehend darauf, die frauenfeindlichen Äußerungen der Kirchenväter zu zitieren, was bereits eine Kritik an den kirchlichen Autoritäten beinhaltet, die die Angriffe auf die Frau in Richtung auf ihre Verteufelung verschärften. Außerdem ist es von Bedeutung, daß Eyb die seinem Traktat als Titel vorangestellte Frage, »Ob einem manne sey zunemen ein eelichs weyb oder nicht«,[38] eindeutig bejaht, ohne Virginitätsideal und Zölibat gegen die »heilig gottlich Ee« auszuspielen. In diesem Zusammenhang wird nicht nur - wie bei Thomas von Aquin - mit der Notwendigkeit der Kinderzeugung zur Arterhaltung argumentiert, sondern die Ehe wird in einigen Passagen ausdrücklich und beredt als Quelle persönlichen Glücks dargestellt. Dabei erscheint die

Frau als glückliche Mutter im Kreise einer aus Vater, Mutter und Kind bestehenden Kernfamilie, die durch zärtliche Emotionen verbunden ist.[39] Dieses Bild erinnert bereits an die späteren idyllischen Darstellungen der bürgerlichen Kleinfamilie. Besonders bemerkenswert ist es, daß in Bezug auf das Sexualverhalten moralische Kritik an Männern vorgebracht wird, daß der Mann sogar als Verführer auftritt, vor dem Eyb die Frauen ausdrücklich warnt.[40] Wenn darüber hinaus den Frauen zugebilligt wird, sie seien »steter« in der Liebe, und das aus »unordentlicher lieb« resultierende Unglück »nur auß schulden des mannes dann der frawen« erklärt wird, so scheint dies tatsächlich auf eine Verschiebung in den Geschlechterstereotypen hinzuweisen; zumindest stehen solche Äußerungen in diametralem Gegensatz zum Hexenbild.

Aber gerade weil Eybs »Ehebüchlein« auf Grund solcher Textstellen als Musterbeispiel für eine »frühbürgerliche«, gemäßigte Sicht auf die Frau als Mutter, Ehe– und Hausfrau angeführt wurde, muß betont werden, wie wenig entwickelt die Ansätze in dieser Richtung sind, und wie weit Eybs Traktat davon entfernt ist, ein »Hausmutter«–Ideal zu propagieren. Zunächst werden die positiven Gedanken über die Frau durch zahlreiche pejorative, zuweilen ausgesprochen misogyne Äußerungen gebrochen und relativiert.[41] In dem Abschnitt »So ein eefraw fruchtper oder unfruchtper ist«[42] wird die fruchtbare Frau einseitig als Belastung für den Mann dargestellt. Die kinderreiche Frau, schreibt Eyb darüber hinaus, »wil nit sein das eeweyb sunder die fraw im hawse«. Hier wird die Rolle der Ehefrau gegen die Funktion der »fraw im hawse« ausgespielt, beide Funktionen erscheinen dem Autor als etwas Gegensätzliches. In dem Abschnitt »Von lieb und sorgen der kinder und wie sie erzogen sollen werden...«[43] ist fast ausschließlich von der Beziehung zwischen Vater und Sohn die Rede. Nur dem Mann werden erzieherische Ratschläge gegeben und auch nur für die Erziehung des Sohnes. Die Frau taucht als erziehende und ihre Kinder liebende Mutter in diesem Abschnitt überhaupt nicht auf. Das Kapitel »Das lob der frawen«[44] bezieht sich hauptsächlich auf die gelehrte und schriftkundige Frau, während von den Qualitäten und Fähigkeiten der Mutter oder der Hausfrau nicht die Rede ist. Vor allem aber wird der Haushalt als Arbeitsbereich der Frau in dem ganzen Traktat bis auf wenige kurze und verstreute Bemerkungen nicht erwähnt, geschweige denn zum Gegenstand eines eigenen Kapitels gemacht.

Zusammenfassend lassen sich die an einigen Textbeispielen gemachten Beobachtungen wohl dahingehend verallgemeinern, daß die Frau im Spätmittelalter zwar durchaus in der Rolle der Hausfrau und Mutter gesehen wurde, daß aber der Moral– und Verhaltenskodex, der die entsprechenden einzelnen Tugenden und Aufgaben der Frau festschrieb, noch nicht sehr weit entwickelt war. Obwohl die Reformation bei der

Entwicklung ihrer »Hausstands«-Lehre also an gewisse Traditionen des Spätmittelalters anknüpfen konnte, zeigte sich ein differenziertes Hausfrauen–Mutter–Bild im 14. und auch im 15. Jahrhundert erst in Ansätzen.

Zudem stand die Frau auch als Ehegattin und Mutter in dem Spannungsfeld zwischen den Antipoden Maria und Hexe. Die Vorstellungen von Mütterlichkeit hatten zunächst im Marienbild selbst Gestalt angenommen. Viele Mariendarstellungen des 15. Jahrhunderts zeigen deutlich städtische, bürgerliche Züge, und Maria wird nicht mehr als Himmelskönigin, sondern viel eher als sorgsame, schützende und nährende Mutter mit Kind dargestellt.[45] Dennoch blieb sie in erster Linie die Mutter Gottes und damit Jungfrau. Der im Marienbild enthaltene Tugendkatalog und vor allem das Virginitätsideal wurden aber nicht nur in der theologischen Literatur vertreten, sie wurden auch den Laien in zahlreichen volkssprachlichen Predigten progagiert,[46] wobei sich die Aufforderung zu sexueller Askese auch an Eheleute richtete. Die enthaltsam geführte Ehe zwischen Maria und Joseph galt in dieser Hinsicht als Vorbild.[47] Johannes Nider (1380–1438), einer der einflußreichsten und zugleich frauenfeindlichsten Moraltheologen des 15. Jahrhunderts, predigte dem Mann, er solle seine Frau wie seine Schwester behandeln und aus seinem »Hus ein Kloster« machen.[48] Der Geschlechtsverkehr wurde - soweit man ihn überhaupt billigte - von fast allen Theologen nur als Zeugungsakt legitimiert, als lustvolles und emotionales Erlebnis aber grundsätzlich verdammt, meist sogar zur Todsünde erklärt.[49]

Noch einschneidender wirkte seit dem ausgehenden 15. Jahrhundert das Hexenbild in das Leben der Mütter und Ehefrauen. Die Verfasser des »Malleus Maleficarum« berichten, es gebe viele »Hexen–Mütter« (matres Maleficas), die ihre Neugeborenen den Dämonen weihen oder gar ermorden, und so gerät die Frau auch in ihrer Mutterrolle unter Beschuß. Die Ehemänner werden aufgefordert, ihre Frauen zu beobachten und gegebenenfalls zu denunzieren, damit sie verbrannt werden können. Wenn Frauen Schwangerschaftsverhütung oder –abbruch praktizierten, ihre Neugeborenen aussetzten oder töteten, waren sie natürlich in besonderer Gefahr, als Hexe abgeurteilt zu werden.[50] Auch als Ehegattin stand die Frau grundsätzlich im Verdacht, sich aus Neid oder Eifersucht mit dem Mittel der Hexerei an ihrem Mann oder an anderen Frauen rächen zu wollen.[51]

So blieb ein großer Teil der Frauen auch in den Rollen der Mutter und Ehegattin in ein Normensystem eingespannt, das sie mit einem unerreichbaren Idealbild auf der einen und mit einem lebensbedrohenden Schreckbild auf der anderen Seite konfrontierte. Dieses Normensystem behielt seine Dominanz noch lange Zeit. Es wurde keineswegs gesprengt, sondern lediglich langsam unterminiert, als die Säkularisierung und Differenzierung eines für die Mutter und Hausfrau zugeschnittenen

Verhaltens- und Moralkodex im 16. Jahrhundert einen erheblichen Entwicklungsschub erhielt.

Die Rolle, welche die Medizin bei dieser Entwicklung des Frauenbildes spielte, steht in engem Zusammenhang mit fundamentalen anthropologischen Vorstellungen, die dem zwischen Hexe und Maria verankerten Normensystem mit seinen ethischen und theologischen Denkmustern zugrunde lagen: In den Vorstellungen sowohl von der hexischen als auch von der heiligen Frau kommt ein Verständnis des weiblichen Körpers als Symbolträger zum Ausdruck, steht das unsichtbare, medizinisch noch nicht durchleuchtete Körperinnere in enger Beziehung zu einem ganzen Kosmos voller Dämonen und Engel, voller unheilvoller Naturkräfte, Schutzheiliger und Geister. So zeigt das Marienbild den Frauenkörper geradezu als einen Brennpunkt symbolischer Bezüge: Ihre Empfängnis wird von einem Geistwesen, dem Erzengel Gabriel angekündigt, und Albertus Magnus schildert eingehend, wie dann der Heilige Geist von ihrem Menstrualblut Besitz ergreift, um daraus den Leib Christi zu formen.[52] Ihr Uterus ist das Gefäß der Inkarnation, der Fleischwerdung des Wortes. Die Milch ihrer Brüste ist ein Zeichen göttlicher Gnade, und im 12. Jahrhundert wußte nicht nur Bernhard von Clairvaux davon zu berichten, daß ihm die Jungfrau Maria erschien, um ihn von ihrer Milch kosten zu lassen.[53] So ist Marias ganzer Leib ein Aquädukt, durch den das Heil in die Welt fließt, eine Pforte, durch die Gott die Menschen anschaut. Für die Frau spitzt sich das Problem der Virginität letztlich zu im Symbolwert des Hymens, dessen Unversehrtheit nur ein Zeichen für die Abkehr vom Irdischen, für die Hinwendung zu Gott ist. Nur in dem Maße, wie sie die in ihrem Menstrualblut sitzende Begehrlichkeit bekämpft und die Reinheit ihres Körpers behauptet, kann Christus in ihrer Seele geboren werden.

In der Hexenlehre zeigt sich exakt das negative Pendant zu diesem Symbolismus: Auch die hexische Frau empfängt einen Geist, den als Incubus auftretenden Dämon, worin sich ihre Abkehr von Gott und ihre Verbindung mit dem Teufel symbolisiert. Der Dämon schwängert sie mit verdorbenem Samen, und sie trägt dann eine vom Bösen infizierte Frucht im Leib.[54] Der Teufel drückt ihrem Körper auch sein Stigma auf und verringert dessen Gewicht, weshalb die Hexen bei der Wasserprobe nicht untergehen.[55] Über die Dämonologie hinaus hat die Hexenlehre eine große Zahl von Vorstellungen des Volksaberglaubens aufgenommen, die sich auf die Magie des weiblichen Körpers beziehen. So können Frauen durch ihren »bösen Blick« Menschen behexen und töten oder durch ihr giftiges Menstrualblut (das mitunter aber auch als Heilmittel oder Aphrodisiacum angesehen wurde) Schaden anrichten. Indem sie ihren Urin in eine Grube lassen, können die Hexen Unwetter und Mäuseplagen bewirken,[56] und ihre Haare finden sich in Hagelkörnern. Einen starken Symbolwert hat auch die ungeborene Leibesfrucht, die die Hexen durch bloße Berührung der Schwangeren töten können, um ihrer habhaft zu werden, sowie das neugeborene Kind, das sie fressen oder zu Salben verarbeiten, um ihrem Körper damit übernatürliche Kräfte zu verleihen.[57] Es gibt zu viele Beispiele, um sie alle anzuführen, denn die Annahme enger Bezüge zwischen Geisterwelt, weiblicher Körpermagie und Naturkräften ist eines der wichtigsten konstituierenden Bestandteile der Hexenlehre.

Ob solche Vorstellungen der mittelalterlichen Theologie entstammen (dies gilt v.a. für die Dämonologie und Mariologie) oder ob sie der populären Kultur des Mittelalters entnommen und vorchristlichen Ursprungs sind, sie zeigen allesamt ein symbolhaftes Verständnis vom Frauenkörper, der als ein »Gefäß des Lebens und des Todes« aufgefaßt wurde, dessen Stoffe und magische Kräfte Gutes wie Böses bewirken können.[58]

Als ideengeschichtlicher Hintergrund für die weitere Untersuchung können also zunächst folgende Aspekte des spätmittelalterlichen Frauenbildes festgehalten werden: Das wenig entwickelte und relativ undifferenzierte Ideal der Hausfrau und Mutter war weitgehend überschattet von einem ethischen Wertesystem, das sich einerseits in der Hexenverfolgung, andererseits im Marienkult manifestierte, wobei die Frau in der Figur der Hexe durch ihre moralische Minderwertigkeit, in der Gestalt Marias durch ihre moralische Vollkommenheit definiert wurde. Insgesamt schwingt in diesen Auffassungen noch eine vorwissenschaftliche Vorstellungswelt mit, in welcher der weibliche Körper als Kristallisationspunkt vielfältiger symbolischer Bezüge gesehen wird.

Diese Denktraditionen behielten ihre Wirksamkeit zwar noch lange über das Mittelalter hinaus, doch werden im 16. Jahrhundert neue Tendenzen sichtbar, die langfristig an Bedeutung zunehmen. Im Jahr 1543 erschien das Werk »De humani corporis fabrica« von Andreas Vesalius. Mit seinen aus Sektionen gewonnenen Anatomietafeln stellte Vesal die Naturbeobachtungen ins Zentrum des medizinischen Erkennens - ein Vorgang, der in seinem Einfluß auf das Verständnis vom menschlichen Körper vergleichbar ist mit der Revolutionierung des astronomischen Weltbildes durch Nikolaus Kopernikus, der in seinem ebenfalls 1543 erschienenen »De revolutionibus orbium coelestium« die Sonne ins Zentrum des Planetensystems rückte. Der anatomische Gedanke hatte schon mit Beginn des 16. Jahrhunderts an Bedeutung gewonnen, und mit Vesal wurde die Anatomie zur offiziellen medizinischen Grundlagenwissenschaft.[59] Vor diesem Hintergrund ist es zu sehen, wenn sich im 16. Jahrhundert ein Teil der Mediziner in den Disput um die Hexerei einmischt und in Auflehnung gegen das kirchliche Wahrheitsmonopol beschuldigte Frauen mit Argumenten verteidigt, die sich auf die schwarze Galle, das Hymen oder den Uterus beziehen. Ihre naturwissenschaftliche Argumentation entwickeln sie zwar noch im Rahmen theologischer Konzepte, doch verändern sie die kirchliche Dämonologie oft bis zur Unkenntlichkeit, versuchen den Dämon ihrem Kompetenzbereich zu unterstellen und dringen auch darüber hinaus in viele angestammte Bereiche der Theologen und Juristen ein.

Doch nicht nur gegenüber den Gelehrten anderer Fakultäten machte die Medizin ihre erweiterten Kompetenzansprüche geltend. Es entsprach einer Vorstellungswelt, die den Körper als Kristallisationspunkt symbolischer Bezüge deutete, daß Personengruppen wie Amulettemacher, Reliquienhändler, Geistliche, Wallfahrtsorte, Astrologen, Wahrsager und weise Frauen für das körperliche Wohlbefinden der Menschen zuständig waren. Im 16. Jahrhundert wird solchen Gruppen ihre Zuständigkeit von vielen Ärzten grundsätzlich und energisch streitig gemacht. Als Expertengruppe von wachsender Bedeutung beanspruchen die Mediziner tendenziell die alleinige Kompetenz für die Betreuung des Körpers. Dies zeigt sich in den gynäkologischen Schriften zum einen in dem Bemühen, die Hebammen und den gesamten Bereich der Gynäkologie männlich-ärztlicher Kontrolle zu unterstellen, zum anderen in einer Flut von Verhaltensregeln, die alle Lebensbereiche der Frau berühren.

Wenn nun im 16. Jahrhundert Mediziner damit beginnen, den weiblichen Körper als Symbolträger zu destruieren und zum Objekt anatomisch-physiologischer Beobachtung zu machen, so ist dieser Vorgang weitgehend kongruent mit dem Prozeß, in dem das im Spannungsfeld zwischen Hexe und Heiliger angesiedelte Bild der Frau untergraben und modifiziert wird. Der Übergang von der symbolischen Deutung zur medizinischen Durchleuchtung des Frauenkörpers vollzieht sich aber auf eine Weise, daß ethische Wertungen, soziale Rollen- und Funktionszuschreibungen einfließen, daß die Verwendbarkeit der Frau als Hausfrau und Mutter immer detaillierter in ihre Anatomie eingeschrieben wird. Die Fortschritte der Medizin tragen also bei zu einer deutlichen Säkularisierung des Frauenbildes, wobei die Destruktion des traditionellen Hexenbildes und die Konstruktion des neuzeitlichen »Hausmutter«-Ideals als komplementäre Aspekte desselben Paradigmawechsels sichtbar werden.

Diese zwei Aspekte stehen im Mittelpunkt der beiden folgenden Kapitel, während im letzten Abschnitt der Versuch einer Einordnung gewonnener Ergebnisse in größere sozialgeschichtliche Zusammenhänge unternommen wird. Im ersten Kapitel werden ärztliche Stellungnahmen untersucht, in denen Kritik an den Hexenverfolgungen zum Ausdruck kommt. Die Auseinandersetzung um die Beschaffenheit der Frau hat sich in der Renaissance ja gerade in dem literarischen Streit um die Hexerei zugespitzt, und besonders die Mediziner entwerfen dabei Vorstellungen, die weit über die Einschätzung des Hexen- und Dämonenglaubens hinaus auf allgemeine ethische und soziale Konsequenzen für die Frau verweisen. In diesen Schriften zeigt sich zudem deutlich der erweiterte Kompetenzanspruch von Ärzten, die ihre naturwissenschaftliche Argumentation in die konfessionellen und politischen Auseinandersetzungen der Zeit hineintragen. Im zweiten Kapitel werden populäre gynäkologische Schriften mit Beispielen der protestantischen Predigt– und Hausväterliteratur konfrontiert, um das Zusammenwirken medizinischer Vorstellungen mit den Funktionszuschreibungen zu untersuchen, die der Protestantismus für die Frau entwickelt hat. Mit der neuen Hochschätzung der Ehe und besonders durch Luthers Lehre vom »Haus«–oder »Ehestand« wurde der Frau als »Hausmutter« ein klar definierter Bereich für ihre Arbeit und ihre moralische Verantwortung explizit im »Inneren des Hauses« zugewiesen. Viele medizinische Texte zeigen augenfällig, wie stark ihre Autoren von solchen ethischen Vorstellungen geprägt sind und wie ihre Lehren dazu beitragen, soziale Rollenzuweisungen durchzusetzen, die Verwendbarkeit der Frau als »Hausmutter« naturhaft in ihren Körper und ihre Psyche einzuschreiben.

Es wurde eingangs bereits betont, daß es sich dabei nur um die Untersuchung eines - wenn auch wichtigen - Ausschnittes aus dem zeitgenössischen Diskurs über die Frau, um eine Trendbeschreibung handeln kann, daß entgegengesetzte Tendenzen ihre Bedeutung in der gleichen Zeit durchaus noch nicht verlieren. So wurde die Quellenauswahl weithin von dem Interesse bestimmt, nicht ein möglichst vollständiges Panorama aller im 16. Jahrhundert anzutreffenden Vorstellungen über die Frau zu entwerfen, sondern gerade den neuen, an Durchsetzungskraft zunehmenden Tendenzen zur Verbürgerlichung des Frauenbildes nachzugehen. Daß sich dabei ein deutliches Übergewicht reformierter oder der reformatorischen Bewegung nahestehender Autoren auch im medizinischen Bereich ergeben hat, erklärt sich aus dem starken Einfluß, den die Reformation auf die Vorstellungen von der Ehe und den Geschlechterbeziehungen ausgeübt hat. Doch sollte die Konfessionszugehörigkeit nicht zu sehr betont werden, denn auch in der katholischen Moraltheologie finden sich Bestrebungen, die Frau im Sinne des bürgerlichen Haushaltes und Erwerbsstrebens zu funktionalisieren, und in Hinsicht auf die Hexenlehre finden sich Gegner und Befürworter ja bekanntlich in beiden konfessionellen Lagern.

Da die Untersuchung vor allem die breitenwirksame Propagierung von Vorstellungen und Haltungen im Blick hat, wird weniger die für Studenten und Gelehrte bestimmte gynäkologische Fachliteratur herangezogen,[60] als vielmehr popularisierende Texte, wie von Ärzten verfaßte Streitschriften oder geburtskundliche Lehrbücher in der Landessprache. In diesen Schriften äußern sich die Ärzte oft nicht nur zu medizinischen Problemen, sondern behandeln auch philosophische, theologische und juristische Fragen, was hier sogar von besonderem Interesse ist, da sie dabei zum Teil selbst die ethischen und sozialen Konsequenzen ihrer medizinischen Ansichten darstellen. Dies gilt besonders für die ärztlichen Stellungnahmen zur Hexenverfolgung.

1. DER BEITRAG DER MEDIZIN ZUR DESTRUKTION DES HEXENBILDES

1.1 Veränderte Funktionen des Dämons. Eingriffe in die Dämonologie bei Agrippa, Paracelsus und Weyer

Der enge Zusammenhang zwischen der allmählichen Säkularisierung des Denkens, der Ausweitung des medizinischen Kompetenzbereiches und den Veränderungen im Frauenbild wird besonders deutlich, wenn Ärzte sich in den bislang nichtmedizinischen Bereich der Dämonologie einmischen, um Hexen vor kirchlicher Verfolgung zu schützen. So unterschiedlich die ärztliche Argumentation dabei im einzelnen sein mag, sie läuft doch immer darauf hinaus, die enge gedankliche Verbindung zwischen Frau und Teufel zu lösen, welche die katholische Sexualethik hergestellt hatte. Dies geschieht keineswegs dadurch, daß die Existenz des Dämons geleugnet wird. Der Kern der ärztlichen Eingriffe in die Dämonologie besteht vielmehr in dem Gedanken, daß der Teufel sich an die Naturgesetze halten muß. Bei seinem Griff nach der menschlichen Seele muß er sich - zumindest in groben Zügen - an die Gesetze der Anatomie und Physiologie halten, er muß Körper und Psyche seines Opfers manipulieren, wobei er sich nicht frei über die Regeln der Medizin und über die Naturgesetze hinwegsetzen kann. Die Verbindung zwischen Weiblichkeit und Dämonie lockert sich in dem Maße, wie zwischen die Frau und den Dämon die Naturgesetze treten. Das in der metaphysischen Interpretation feste und unbedingte Bündnis zwischen Eva und der Schlange wird relativ, bedingt, bedarf im Einzelfall der Überprüfung und ärztlichen Diagnose.

Ein frühes Beispiel für diese Argumentation liefert ein Hexenprozeß von Metz aus dem Jahr 1519. Eine alte Bauersfrau aus der Umgebung der lothringischen Reichsstadt war wegen Wetterzaubers und Hexerei angeklagt worden. Der Akkusationsprozeß lag in den Händen der bischöflichen Gerichtsbarkeit und wurde wesentlich von dem Inquisitor Savini vorangetrieben, der als Assessor des städtischen Offizials fungierte. Savini hatte es soweit gebracht, daß die Frau gefoltert wurde, und setzte alles daran, sie auf den Scheiterhaufen zu bringen. Doch der Inquisitor hatte einen einflußreichen und engagierten Gegner: den Juristen und Arzt Agrippa von Nettesheim, der 1518-20 als Advokat und Orator der Stadt tätig war. Agrippa nutzte seine Funktion als juristischer Vertreter des Magistrats in diesem Prozeß, um die Angeklagte mit starkem persönlichem Engagement und großem Geschick zu verteidigen. Es ist sein Verdienst, daß der Prozeß einen ungewöhnlichen Ausgang nahm: Die angeklagte Frau wurde freigesprochen, der Inquisitor wurde seines Amtes enthoben, und die Ankläger wurden bestraft.[1]

Agrippa von Nettesheim (1486–1535) hatte in Köln, Paris und Italien studiert und war Doktor beider Rechte. Ob er auch, wie er selbst behauptete, den Doktortitel der Medizin erworben hat, ist nicht gesichert, doch war er zweifellos als Arzt qualifiziert. Nach seinem Aufenthalt in Metz war er in den Jahren 1521–29 nacheinander als Stadtarzt in Genf und in Fribourg tätig, versah die Stellung des Leibarztes der französischen Königinmutter Luise von Savoyen und arbeitete als Arzt in Antwerpen.[2] Über sein Auftreten in dem Metzer Hexenprozeß hat Agrippa in vier Briefen und in einem Kapitel seines Traktates »De incertitudine et vanitate scientiarium« (1526) Zeugnis abgelegt.[3] Das gerichtliche Aktenmaterial zu dem Fall ist zwar nicht überliefert, doch geben diese Schreiben Agrippas weitgehend Aufschluß über die Art seiner Argumentation.

Entsprechend seiner Funktion als Advokat der Stadt trat er in dem Verfahren hauptsächlich als Jurist auf, seine Eingaben richteten sich vor allem gegen formale Rechtsverstöße des Inquisitors. Einem wichtigen Argument der Anklage, das sich auf die kirchliche Dämonologie stützte, begegnete er jedoch mit einer medizinisch - naturwissenschaftlichen Beweisführung. Die dämonologische Doktrin, auf die sich der Inquisitor Savini stützte, um die Hinrichtung der alten Bäuerin zu erreichen, war die Lehre von der Teufelsbuhlschaft. Nach dieser Lehre wird das Hexenübel durch Incubus–Zeugung von der Mutter auf die Nachkommen, vor allem die Mädchen, vererbt: Der Pakt zwischen einer Hexe und dem Teufel wird durch den Geschlechtsverkehr besiegelt, wobei der Dämon in Gestalt eines Mannes auftritt (Incubus) und die Frau mit gestohlenem Samen schwängert. Da er als Geist keinen Samen hervorbringen kann, muß er sich zuvor in Frauengestalt (Succubus) einem Mann nähern, um dessen Samen an sich zu bringen. Die Kinder, die mit diesem gestohlenen Samen gezeugt und von der Hexe geboren werden, tragen nun das Erbe des Dämons in sich. Soweit es sich um Mädchen handelt, werden sie sich zwangsläufig ebenfalls zu Hexen entwickeln. Bei diesen Anschauungen, die auch im »Malleus« ausführlich dargestellt und propagiert wurden,[4] handelte es sich um einen folgenschweren und juristisch relevanten Bestandteil der Hexenlehre; denn sie wurden in Gerichtsverfahren sehr häufig benutzt, um den Tatbestand der Hexerei zu »beweisen«, ganze Familien zu dezimieren oder auszurotten und einmal in Gang gekommene Prozeßwellen fortzusetzen.

Auch Agrippas Gegenspieler Savini konnte sich darauf stützen, daß bereits die Mutter der Angeklagten als Hexe verbrannt worden war.[5] Die Tochter, so folgerte der Inquisitor unter Berufung auf den »Malleus Maleficarum« und die Incubus–Succubus–Lehre, mußte also ebenfalls eine

Hexe sein und als solche hingerichtet werden. Um diese Argumentation zu widerlegen, akzeptierte Agrippa aus taktischen Gründen zunächst die Hypothese, daß Dämonen tatsächlich mit fremdem Samen Kinder zeugen könnten. Doch selbst unter dieser Voraussetzung, hielt er dem Inquisitor entgegen, sei doch niemand so wahnwitzig anzunehmen, daß die Dämonen mit dem gestohlenen Samen etwas von ihrem eigenen teuflischen Wesen vererben könnten: »Quòd si cui libeat hanc opinionem recipere, incubos dæmones generare, nemo tamen adeo unquam deliravit, ut sentiret dæmones unà cum suffocato semine de natura sua aliquid extramittere in genitum«.[6] Agrippa unterstellte die Anschauungen seiner Gegner also zunächst als Hypothese, um die aus ihnen abgeleiteten Schlußfolgerungen dann mit einer naturwissenschaftlichen Beweisführung zu widerlegen. Wenn der Teufel nach der scholastischen Lehre nur mit gestohlenem Samen zeugen kann und wenn nach der peripatetischen Medizin der väterliche Same ausschlaggebend für die Vererbung auch charakterlicher Eigenschaften an die Kinder ist, so kann der Dämon bei der Incubus-Zeugung schlechterdings nichts von seinem Wesen vererben. Denn er ist nur der Überbringer des Samens, nicht aber sein Erzeuger. Der Vater bleibt allemal ein normaler Sterblicher, der vom Succubus getäuscht und bestohlen wurde.

Mit dieser Argumentation wird der Lehre von der Teufelsbuhlschaft als einem Instrument der Hexenverfolgung die Spitze genommen. Der Dämon wird in diesem Zusammenhang zum Verwandlungskünstler und zum bloßen Transportmittel degradiert, seine Potenz wird unter Berufung auf die Naturgesetze beschnitten. Denn die Kinder, die der Incubus mit fremdem Samen zeugt, sind nicht mehr seine Kinder und können folglich nichts mehr von ihm erben. Daß Agrippa der Incubus-Succubus-Lehre zwar ihre tödlichen Konsequenzen nahm, sie aber in seinen Stellungnahmen zu dem Prozeß ansonsten nicht offen attackierte, hatte offensichtlich taktische Gründe. Viele seiner Formulierungen machen deutlich, daß er darüber hinaus die gesamte Lehre ablehnte, wobei auch theologische Gründe eine wichtige Rolle spielten. Theologische Einwände - Agrippa berief sich vor allem auf die Gnade der Taufe - waren es auch, die ihn dazu brachten, den Dominikanermönch und Inquisitor Savini öffentlich als Ketzer zu bezeichnen.[7] Obwohl Agrippa in Metz als angesehene Persönlichkeit galt und vor allem in Kreisen der kirchenreformatorischen Bewegung einflußreiche Freunde hatte, mußte ihm die Verteidigung einer Hexe und der Häresievorwurf gegen einen Inquisitor starke Anfeindungen und persönlichen Ärger einbringen. Es ist anzunehmen, daß die gegen ihn gerichteten Attacken einflußreicher Franziskaner und Dominikaner seinen weiteren Aufenthalt in der Stadt erheblich erschwerten und dazu beitrugen, daß er Metz verließ.[8]

In dieser Hinsicht stehen die Vorgänge von Metz exemplarisch für viele Stationen in Agrippas Leben. Seine beißende Kritik an der Verderbtheit der Kirche und der scholastischen Theologie, sein Ruf als Anhänger der Reformation und sein Hang zum Okkultismus, der ihn als Magier in Verruf brachte, führten ihn überall in Schwierigkeiten. Ähnlich wie Paracelsus hielt sich Agrippa nie länger als zwei oder drei Jahre an einem Ort auf, vor allem weil er sich in vielen Städten bald die erbitterte Feindschaft einflußreicher Kleriker zuzog, die ihm sein Bleiben verleideten oder unmöglich machten.[9] Als Student, Soldat, Gelehrter, Arzt, Jurist und Historiker führte er ein unruhiges Leben, das ihn durch viele Länder Europas führte. Paola Zambelli, die den bedeutenden Einfluß des Humanismus auf Agrippa betont, hat in diesem Zusammenhang darauf hingewiesen, daß der Kölner Gelehrte auf seinen Reisen durch Europa stets moderne soziale Rollen, wie die eines Syndicus', eines Stadtarztes oder eines Gelehrten bei Hof anstrebte.[10] Wie der von ihm verehrte Erasmus schätzte Agrippa viele von Luthers reformatorischen Ideen, ohne jedoch Lutheraner zu werden. Wie sein Briefwechsel zeigt, stand er in vielen Städten in engem Kontakt mit Personen, die in der kirchenreformatorischen Bewegung aktiv waren, und die wenig später führende Protestanten in diesen Städten werden sollten.

Wichtiger als seine Nähe zu reformatorischem Gedankengut war für Agrippas Haltung zur Hexerei jedoch seine intensive Beschäftigung mit der Magie. Dem gelehrten Magier war es bereits äußerst suspekt, wenn man von irgendeinem verrückten alten Weib (demens aliqua vetula) glaubte, sie könne durch Zauberei das Wetter beeinflussen. Dies gehöre zu dem hassenswerten Aberglauben, durch den die Magie in Verruf gebracht werde, schrieb er in einem Brief an seinen Lehrer Trithemius von Sponheim.[11] Auch in dem Prozeß von Metz hatte Agrippa den Vorwurf des Wetterzaubers, den der Inquisitor gegen die Angeklagte erhoben hatte, zurückgewiesen. Dabei trug er rationale, auf naturgegebene Umstände und Alltagserfahrungen bezogene Argumente vor, die seine grundsätzliche Skepsis gegenüber dem Malefizium als einem Bestandteil der Hexenlehre deutlich machen.[12] So beruhte Agrippas scharfe Ablehnung der Hexenlehre, neben seiner offensichtlichen humanistischen Empörung über deren Grausamkeit, auf einem Magieverständnis, das sich entschieden von dämonischer Zauberei und Aberglauben distanzierte, das Gelehrsamkeit voraussetzte und auf Naturbeherrschung abzielte. Diesem Verständnis von Magie als »magia naturalis« hatten vor allem die Florentiner Gelehrten Marsilio Ficino und Pico della Mirandola zum Durchbruch verholfen, deren philolophische Schriften und Übersetzungen zu einem lebhaften Interesse an antiken esoterischen Schriften geführt hatten, das Zambelli als »die Florentiner Renaissance der antiken Magie und Theologie«[13] bezeichnet. Agrippas frühe Studien in Paris, Dôle und

Italien[14] hatten dazu beigetragen, daß er wie viele Humanisten der französischen Schule die okkultistische Begeisterung teilte, die vom italienischen Humanismus am Ende des 15.Jahrhunderts ausstrahlte.[15] Antike Literatur esoterischen Charakters, die Schriften der Neuplatoniker, die Hermetischen Schriften und die jüdische Kabbala standen im Mittelpunkt seiner Studien und Vorlesungen. Von Agrippa und anderen humanistischen Kirchenkritikern, die mit den traditionellen mittelalterlichen Studien zutiefst unzufrieden waren, mußte die Auseinandersetzung mit dieser Literatur als eine enorme Erweiterung des Horizontes, als ein Ausbrechen aus dem geistigen Monopol der Kirche empfunden werden.[16] In strikter Abgrenzung zur dämonischen Magie oder Hexerei verstanden diese Gelehrten die »magia naturalis« als esoterisches, legitimes Wissen über das Wirken Gottes und der Natur. Zambelli hat betont, daß diese Unterscheidung zwischen dämonischer und natürlicher Magie, die zu Agrippas Zeiten bereits zu einem Topos geworden war, wesentlich den Zweck hatte, »die zweite, die via naturalis, zu legitimieren und benutzbar zu machen.«[17]

Tatsächlich führte der Weg der natürlichen Magie Agrippa nicht nur zur Kritik an der Hexenlehre, sondern zugleich auch zu einem lebhaften Interesse an empirischer Naturforschung. Er beschäftigte sich ständig mit alchimistischen Experimenten, er entwickelte ein Spiegelteleskop und verfaßte Schriften über Bergbau und die Konstruktion von Kriegsmaschinen.[18] In all diesen Bereichen fand er Kräfte am Werk, die ihm und seinen Zeitgenossen unbekannt waren, die er aber ausdrücklich als natürliche Kräfte bezeichnete.[19] In seiner frühen Schrift »De occulta philosophia«, die eine Enzyklopädie des gesamten magischen Wissens darstellen sollte, schrieb Agrippa, solche Kräfte seien nur deshalb geheimnisvoll, weil ihre Gründe verborgen seien (...occultae, quia causae earum latentes sunt...).[20] Als Beispiel führte er die Verdauung der Speise im Magen an, die durch eine verborgene Kraft (per virtutem quandam occultam) bewirkt werde. Dieses naturbezogene, empirische Denken bestimmte auch seine Haltung zur Medizin. Während er in seiner bekannten Schrift »De incertitudine et vanitate scientiarum« ein vernichtendes Urteil über die Ärzte und ihre Kunst fällte, lobte er in der gleichen Schrift ausdrücklich die Chirurgen. Die Mittel der Chirurgie seien offenkundiger und weitaus sicherer als die der übrigen Medizin, denn die Chirurgen sehen und berühren, was sie behandeln (Chirurgi vident et palpitant, quod agunt...).[21] Was die Chirurgie nach Agrippas Ansicht der übrigen Medizin überlegen machte, war also die höhere naturkundliche Evidenz, auf die sich die Chirurgen auf Grund ihrer unmittelbar empirischen Praxis stützen konnten.

Sein Bemühen um rationale, naturverständige Erklärungen führte Agrippa dazu, angebliche Hexereiphänome auch unter medizinischem

Aspekt zu deuten. In »De occulta philosophia« finden sich mehrere Passagen, in denen dämonische Visionen durch den Gebrauch halluzinogener Rauschmittel erklärt werden,[22] in denen Berichte von hexischen Untaten mehr oder weniger direkt mit altersbedingtem Schwachsinn (anilis dementia, demens vetula [23]) oder mit durch Melancholie hervorgerufenen Halluzinationen[24] in Zusammenhang gebracht werden. Die Ansicht zur Hexerei, die in diesen verstreuten Bemerkungen bereits anklingt, faßte Agrippa etwa zwei Jahre vor seinem Tod, in der Schrift »Adversus lamiarum inquisitores« zusammen. Die Schrift gilt als verloren, aber der Dominikanerinquisitor Sisto von Siena hat sie noch 1566 voller Empörung zitiert und dabei wichtige Passagen für uns erhalten.[25] Aus diesen Zitaten geht mit Sicherheit hervor, daß Agrippa nicht nur die Teufelsbuhlschaft, sondern auch den Hexensabbat, ein weiteres wichtiges Element der Hexenlehre, für rein imaginär gehalten hat. Berichte über sexuellen Verkehr mit Dämonen und über den Flug zum Sabbat verspottete er als lügenhaft und erklärte sie als Illusionen, die ihren Ursprung in Träumen oder in geistiger Verwirrung haben.[26] Die These von dem rein imaginären Charakter der wichtigsten Hexereiphänomene ist also von Agrippa in Grundzügen entwickelt und veröffentlicht worden, bevor sein Schüler, der Arzt Johannes Weyer, sie von ihm übernommen und in seinem aufsehenerregenden Buch »De praestigiis daemonum« ausgearbeitet hat. Auch Weyers Argumentationslinie, Hexerei als ein medizinisches Problem der betroffenen Frauen zu betrachten, hat Agrippa vorgearbeitet.

Lynn Thorndike hat Agrippa in seinem grundlegenden Werk »A history of magic and experimental science« sehr kritisch beurteilt. Er hat ihn als einen Mann von unsolider Bildung bezeichnet und ihn – neben Paracelsus – in die fragwürdige Gruppe der »quacks, charlatans and intellectual vagabonds« eingeordnet.[27] Tatsächlich hat Agrippa rationales Denken und Ansätze zu empirischer Naturforschung nicht geradlinig und widerspruchsfrei entwickelt. In »De incertitudine et vanitate scientiarum« bezeichnete er jedes rationale Streben nach Erkenntnis, jedes Studium (auch der Magie) und jede Wissenschaft als gänzlich verderbt und nutzlos gegenüber dem einzig Gültigen, dem blinden Glauben an die Bibel. Doch ist »De incertitudine« nicht nur ein äußerst skeptisches Buch über die Nutzlosigkeit der Wissenschaften, es ist auch voll von scharfen Angriffen gegen die Mißstände in der Kirche und in der Welt. Und Agrippa war skeptisch genug, auch seine eigenen Zweifel an der rationalen Erkenntnisfähigkeit in Frage zu stellen. Selbst nach der Veröffentlichung dieses Buches, in dem er auch die okkulten Wissenschaften als nutzlos und abergläubisch zurückgewiesen hatte, fuhr er eifrig mit seinen Experimenten fort und publizierte sieben Jahre später sogar eine erweiterte Ausgabe seiner Schrift »De occulta philosophia«, die ein klassisches Kompendium okkulter Gelehrsamkeit für drei Jahrhunderte werden sollte.[28] Die neuere Forschung ist davon abgerückt, diese Diskrepanz als eigennützige Scharlatanerie auszulegen und betont stattdessen, daß die beiden Hauptwerke trotz ihrer Widersprüche zusammengehören und sich ergänzen.[29] Für einen Scharlatan hat Agrippa zu oft Mut und intellektuelle Redlichkeit bewiesen.[30] Nie scheute er davor zurück, sich mächtige Feinde zu machen: Über die hexenjagenden Inquisitoren und Predigermönche schrieb er in »De incertitudine«, sie seien die schlimmsten Ketzer, die unschuldige Frauen grausam foltern und verbrennen. Sie seien gierige Raubvögel, die von den Frauen, die sie willkürlich beschuldigen, Bußgelder und jährliche Tribute erpressen.[31]

Eine anders geartete, aber nicht minder umfassende Revision der kirchlichen Dämonologie findet sich in der Schrift »De sagis et earum operibus« (1537–38) von Agrippas Zeitgenossen Theophrastus Bombastus von Hohenheim, genannt Paracelsus (1493–1541). An dieser Schrift fällt zunächst auf, daß Paracelsus die Worte Dämon oder Teufel kaum benutzt, sondern sie durch den Begriff »ascendens« ersetzt. Diese Besonderheit in der Begriffswahl ist nichts Äußerliches, sie steht in engem Zusammenhang mit dem inhaltlichen Interesse des Autors, das die ganze Schrift durchzieht und bestimmt: Paracelsus behandelt die Hexerei ganz unter dem Gesichtspunkt der Erkenntnis und Beherrschung der Natur, wobei Naturbeherrschung als ein Ergebnis kenntnisreicher, handwerklicher Praxis erscheint. Der geschickte Handwerker, der die Natur beeinflussen kann, der die Unwetter und Krankheiten hervorruft, die dem Wirken der Hexen zugeschrieben werden, ist eben dieser »ascendens«.

Beide Besonderheiten der Schrift sind bezeichnend für Paracelsus` Wirken und für sein Weltbild. Die rigorose Verbindung von akademischer Medizin mit der handwerklichen Praxis des Wundarztes und Chirurgen, die unbedingte Forderung nach konkreter Naturbeobachtung durch den Arzt gehören zu den charakteristischen Zügen seiner Arbeit. In den Bergwerken und der Bergbau–Schule der Fugger bei Villach (Kärnten) wurde Paracelsus schon in seiner frühen Jugend mit dem Bergwerkswesen vertraut. Unter der Anleitung seines Vaters, der Stadtphysicus von Villach war, erwarb er Kenntnisse in Hüttenchemie, Feuerwerkerei und Alchimie (z.T. spekulativ entartete Legierungstechnik) und lebte in ständigem Kontakt mit den Bergknappen, die häufige Patienten seines Vaters waren.[32] Sein Interesse an chemischen und anderen naturwissenschaftlichen Beobachtungen führte Paracelsus auch später immer wieder in Bergwerke, zu Heilbädern und Mineralquellen. Er suchte häufig den Kontakt zu Handwerkern und forderte, man müsse von ihren Künsten lernen. Während seines ganzen Lebens beschäftigte sich Paracelsus mit chemischen Experimenten, und seine große und originelle Tat bestand dann auch in der »Einführung chemisch–technischen Denkens alchimistisch–

handwerklicher Provinienz in die akademische Medizin« (E. Fischer–Homberger).[33]

Nach seinem Studium (1509–16), in dessen Verlauf er bereits eine heftige Abneigung gegen die akademische Medizin entwickelte, reiste Paracelsus als Kriegschirurg sieben Jahre lang durch halb Europa. Er verband in seiner Lebenspraxis also selbst die akademische Gelehrsamkeit des Mediziners mit der langjährigen handwerklich–therapeutischen Arbeit des Wundarztes und Chirurgen. Diese Verbindung wurde für Paracelsus zum Programm und zum Angelpunkt seiner aggressiven Kritik an der scholastisch geprägten akademischen Medizin und ihren Vertretern im Ärztestand. Der mittelalterliche Kodex des Medizinerstandes, die Trennung von akademischer medizinischer Theorie und handwerklich–therapeutischer Praxis war es, gegen die er vor allem wetterte. Durch die häufigen, schroffen Attacken gegen seine Kollegen und gegen die Obrigkeit schaffte Paracelsus sich überall einflußreiche Feinde. Oft mußte er eine Stadt, in der er sich als praktizierender Arzt oder Universitätslehrer niedergelassen hatte, überstürzt und fluchtartig verlassen, so daß er letztlich sein ganzes Leben auf Reisen verbrachte, wobei er zeitweise völlig verarmte.[34]

Der Verbindung von Theorie und handwerklicher Praxis, von »physic« und »wuntarznei«, entspricht in Paracelsus` Werk eine stark entwickelte empiristische Komponente.[35] Medizinisches Wissen wollte er nicht von den antiken Autoritäten und nicht aus Büchern übernehmen, sondern nur auf der Grundlage eigener Erfahrung aus dem »Buch der Natur«, das heißt aus der Erforschung der Krankheiten am Patienten erwerben.[36] Die Ausrichtung von Forschung und Erkenntnis auf die Gegenstände der Natur war eine Grundhaltung der Renaissancemedizin, die Paracelsus ebenso verkörperte wie Ambroise Paré (1510–1590) und Andreas Vesalius (1514–1564), die beiden anderen großen Ärzte der Renaissance.[37] Andererseits war Naturforschung für Paracelsus ebenso wie für Agrippa durchaus noch Magie, nämlich »magia naturalis«. Seine Gedanken und Erkenntnisse versuchte er auf einer philosophischen Grundlage zu synthetisieren, die aus hermetischen, gnostischen und neuplatonischen Quellen entsprang. Auf der Grundlage dieser natürlichen Magie installierte er ein eigenwilliges medizinisches Konzept, das stark von antiker und mittelalterlicher Astrologie beeinflußt war und eine schwer zu entwirrende Verbindung transzendenter und naturgesetzlicher Elemente aufweist. Den Menschen betrachtete Paracelsus als einen Mikrokosmos, in dem sich Analogievorgänge zum gesamten umgebenden Kosmos abspielen. Im Organismus sah er spirituelle Kräfte am Werk, als deren Ausgangspunkt und Zentrum er die Sphäre bestimmter Himmelskörper annahm. Diese spirituellen Kräfte (virtutes) wirken in der Natur ebenso wie in Körper und Psyche des Menschen. Tritt eine solche astrale Kraft in eine aktive Phase, wird also zum »ascendens«, so kann sie in etwas Körperliches, Substantielles umschlagen. Sie kann Unwetter hervorrufen und im menschlichen Körper ruhende Substanzen aktivieren, die in Entsprechung zum äußeren Ascendenten das Bestreben haben aufzusteigen, wobei sie Krankheiten verursachen oder starke Emotionen wecken. In diesem Sinn wird der Begriff »ascendens« von Paracelsus auch in seiner Hexenschrift benutzt: Er ist eine astrale Kraft, die im Kind oder der Frau Neid, Haß, den Willen zum Bösen aufsteigen läßt. Sie wirkt zugleich in der gesamten Natur, läßt Unwetter und anderen Schaden entstehen, für den die Hexen verantwortlich gemacht werden. Im Zusammenhang mit der Hexerei läßt Paracelsus den Ascendenten also auch die Rolle des Teufels übernehmen: »das sind die geist, vor denen uns Christus gebeut aufsehen zu hon und zu wachen, dan unser feint der feire nicht. das sind die ascendenten, daraus falsch ler gelernet werden.«[38] Die Voraussetzungen für diese Anschauungen liegen natürlich im antiken und mittelalterlichen Weltbild, und auch das Mikrokosmoskonzept ist ein aus der Antike und dem Alten Orient stammendes Mythologem.[39] Insofern ist der »ascendens«, wie er uns in Paracelsus' Hexenschrift entgegentritt, ein Mischprodukt aus der antiken beziehungsweise altorientalischen Mikrokosmosidee und der christlichen Dämonologie. Doch ergeben sich aus dieser eigenwilligen Mischung einige ganz einschneidende und zum Teil durchaus modern wirkende Veränderungen sowohl für die Funktion des Dämons als auch für das Hexenbild.

Die nur fragmentarisch erhaltene Schrift »De sagis et earum operibus« entstand wahrscheinlich um 1537/38, erschien aber erst vollständig 1567 in einem Kölner Druck.[40] Die Schrift beginnt mit dem Satz: » Am ersten vor allen dingen ist not, das ir verstanden die macht und gewalt der menschen.« Der Mensch ist gewaltig, da er mit zunehmendem Wissen Herr über die Natur wird und sie sich aneignen kann nach seiner »notturft und wollust«.[41] Es folgt ein eindringlicher Appell an den Leser, fremde und unbekannte Erscheinungen nicht als Zauberei anzusehen, sondern »wol zu wissen, das solche sachen natürlich zugont.«[42] Mit dieser eindrucksvollen Aufforderung, der Natur nicht in passivem Aberglauben, sondern als erkennendes und gestaltendes Subjekt gegenüberzutreten, ist die Tonart der Schrift vorgegeben.

Dann führt Paracelsus den Begriff des »ascendens« ein und schildert, wie eine Frau zur Hexe wird: Es kann geschehen, daß ein Ascendent von einem Menschen Besitz ergreift, der unter dem Einfluß dieses bösen Geistes dann zum Dieb, Spieler oder zur Hexe wird. Der Zeitpunkt dieser Besitzergreifung ist immer die Geburt des Menschen. Der Ascendent hält sich in dem Kind einstweilen verborgen und tritt erst mit der Geschlechtsreife hervor, indem er sein Opfer zu bösen Taten antreibt.[43] Ganz im Gegensatz zur traditionellen Hexenlehre wird eine Frau also nicht freiwillig und durch einen bewußt eingegangenen Pakt zur Hexe, sondern sie erleidet gewissermaßen ein Unglück bei ihrer Geburt und wird damit zu einem unfreiwilligen Opfer des Bösen. Von noch größerer Bedeutung ist aber der Umstand, daß Paracelsus der Erziehung einen weitreichenden Einfluß darauf zuschreibt, ob der Ascendent die Frau tatsächlich zu einer Hexe machen kann oder ob sein Einfluß ausgemerzt wird. Dieser Aspekt der Schrift soll im folgenden Kapitel ausführlicher erörtert werden. Doch sei hier schon vermerkt, daß der Nachdruck und die Ausführlichkeit, mit denen Paracelsus die Erziehung in den Diskurs über die Hexerei einführt, für die erste Hälfte des 16. Jahrhunderts gänzlich neu sind und einen großen Schritt zur Säkularisierung dieses Diskurses darstellen.

Was Paracelsus am Thema Hexerei jedoch am meisten interessiert hat, war das Wirken der Ascendenten in der Natur, vor allem ihre Technik des Wettermachens. Diese astralen Kräfte sind es nämlich, die den Schaden hervorrufen, der in der Hexenlehre als zauberisches Malefizium den Hexen zur Last gelegt wurde. Über acht Seiten,[44] das ist mehr als ein Drittel der kurzen Schrift, wird die Technik dargestellt, der sich die Ascendenten beim Wettermachen bedienen. Diese Technik versteht Paracelsus ganz als handwerkliche Produktion, die lediglich in größerem Maßstab erfolgt als die des Menschen. Die Ascendenten sind Schmiede, Bauleute, Gießer und Bauern, die verarbeiten, was der Himmel an Früchten trägt. Paracelsus' Hochschätzung der handwerklichen Praxis im Arztberuf, überhaupt seine Begeisterung für das Handwerk, den fortgeschrittensten Produktionsbereich seiner Zeit, macht sich hier auf eine Weise bemerkbar, daß er das Wirken der Ascendenten streckenweise eher mit Bewunderung schildert, als mit der Abscheu vor bösen Geistern. Immer wieder wendet er sich dabei gegen abergläubische Vorstellungen von Zauberei und betont, daß die Ascendenten an die gleichen Naturgesetze gebunden seien wie der Mensch. Ihr Wirken ist »natürlich und nicht unnatürlich. dan sie vermögen wider die natur nit zu hantlen. aber um so vil sind sie wunderbarlicher, was kunst antrift, welche den menschen so offenbar noch nit ist und doch ein kunst der natur. (...) aber so heimlich wird kein kunst bei inen sein, die nit werd geoffenbaret den menschen auf erden,... darnach wird glaubt werden, das die ding natürlich ie und ie bescheen sind, welche iezt dem teufel zugeleit werden, der da nicht künte ein har weiß oder schwarz machen. aber die kunst kan er, so weit die natur vermag in verwantlung die ding zu treiben.«[45] Das Vordringen naturwissenschaftlicher Denk- und Argumentationsmuster in die Dämonologie wird hier besonders deutlich: Der Teufel wird nicht nur rigoros auf die Naturgesetze verpflichtet, er erscheint geradezu als identisch mit den vom Menschen unbeherrschten Naturgewalten. Die Menschen werden die Naturvorgänge immer besser verstehen lernen, und damit wird der Glaube an die übernatürliche Macht des Teufels verschwinden. Dies ist eine nach ganz rationalen Kriterien vorgenommene Verschiebung der Grenzen zwischen Wissen, Glauben und Aberglauben: Der Aberglaube hat seinen Ursprung in mangelnder Naturerkenntnis und wird mit deren Fortschritt zurückgedrängt werden.

Wie stark das herkömmliche Hexenmuster bei Paracelsus rational gebrochen und säkularisiert wird, zeigt sich auch an den Vorstellungen, mit denen er die Lehre vom Teufelspakt ersetzt. Der Pakt wurde nach der Hexenlehre in Form ritueller Handlungen vollzogen, bei denen die Hexe Gott abschwörte und sich ein für allemal dem Teufel verdingte. An die Stelle dieser Prozedur tritt bei Paracelsus ein Kaufvertrag, durch den die Hexe zum Ascendenten in Beziehung tritt wie ein Kaufmann zu einem Handwerker, wie der Käufer zum Produzenten einer Ware. Bestellt die Hexe in der Wetterwerkstatt des Ascendenten zum Beispiel einen Hagelschlag für ein bestimmtes Gebiet, so muß sie entsprechend den kaufmännischen Gepflogenheiten zunächst eine Anzahlung leisten. Der Ascendent hat seinerseits die bestellte Ware mit einem Zeichen der Kundin zu versehen, wie ein Schmied das Zeichen des Kaufmannes in das zu liefernde Metall schlägt. Zu diesem Zweck benutzt der Ascendent das Haar der Hexe, das er in die Hagelkörner einarbeitet. Dies ist der korrekte Vorgang, »das stet inen beiden zu, wie sie des kaufs mit ein ander uber eins komen und vertragen werden«.[46]

Die ursprüngliche Lehre vom Teufelspakt war stark von Vorstellungen geprägt, die den zwischenmenschlichen Beziehungen der feudalen Gesellschaft entsprachen. Wie ein Lehnsmann seinem Lehnsherren »consilium et auxilium«, so schwor die Hexe dem Teufel unter allerlei Zeremonien Beistand und Hilfe, wofür er sie unter seinen Schutz stellte und ihr Zaubermacht verlieh. Wie der Lehnsmann begab sie sich damit in ein langwieriges und schwer lösbares, persönliches Abhängigkeitsverhältnis zu ihrem Herrn. Bei Paracelsus wird aus diesem Vorgang eine kaufmännische Bestellung mit Anzahlung, ein Kaufvertrag. Die seit Ende des 15. Jahrhunderts beschleunigte Entwicklung der handwerklichen Produktion, des Marktes und handelskapitalistischer Strukturen zeitigt hier offensichtlich ihre zersetzende Wirkung auf die Vorstellungen von Hexerei und Dämonie: Dem Dämon wird die Arbeits- und Verhaltensweise eines Handwerksmeisters zugewiesen, der Teufelspakt wird ganz nach handelsbürgerlichen Maßstäben als Kaufvertrag beschrieben.

Auch die anderen Bestandteile der Hexenlehre hat Paracelsus bis zur Unkenntlichkeit verändert. In der trockenen, verweltlichten Version, die er beispielsweise vom Hexensabbat gibt, wird aus der sensationell-schaurigen Orgie herkömmlicher Vorstellungen ein Konferenzort und eine »badenfart« zur Entbindung illegitimen Nachwuchses. Hier führt Paracelsus zugleich einen Seitenhieb gegen die Geistlichkeit, indem er erklärt, Geister und Hexen konferierten auf dem Sabbat »zugleicher weis, als wen ein orden ein capitel ansezt«.[47] Die Lehre von der Teufelsbuhlschaft wird in »De sagis« ebenfalls so stark modifiziert, daß ihre wichtigste Konsequenz, die juristische Annahme erblicher Hexerei, entfällt.[48]

Entsprechend seiner Magietheorie hat Paracelsus dem Wirken des »ascendens« entscheidende Bedeutung beigemessen, während er die Schuld der Hexen am Zustandekommen von Unwettern und anderem Schaden weit geringer veranschlagt hat, als dies in der Hexenlehre geschah. Zunächst ist es der »ascendens«, der den bösen Willen in einer Frau wachsen läßt. Ist dies geschehen, so unterrichtet er sie in allerlei zauberischen Zeremonien. Für diesen Unterricht benutzt er das Instrument der Einbildung, der Imagination. Er manipuliert die Träume der Frau, und im Traum prägt er ihr die Bilder ein, aus denen sie ihre vermeintliche Hexenkunst schöpft. Ausschlaggebend ist hier, daß der Ascendent die Hexen betrügt und verblendet, daß sie ihre »incantationes« und »ceremonien« nur irrtümlich »für hexenkunst halten. wiewol nichts an im selbs, dan was ‹sie› tun oder wirken, das ist nur ein wenen, der ascendens tuts gleich.« Die Zaubersprüche der Hexen sind also wirkungslos, es ist der Ascendent, der den Schaden verursacht. Nur zu seiner Tarnung, um sich hinter der Hexe als der vermeintlich Schuldigen zu verbergen, lehrt er sie jene Zeremonien und erweckt dabei den Eindruck, »als sei hagel machen der ceremonien schult, so es doch sein eigen schult ist.«[49]

Den einzigen Einfluß, den die Hexe auf das Zustandekommen von Unwettern und anderen Schäden hat, sieht Paracelsus in jenem Kaufvertrag, den sie mit dem Ascendenten eingeht. Bei dieser Bestellung gibt sie den Landstrich an, auf den sie in ihrem Neid und Haß gegen die Mitmenschen das Unwetter herabwünscht. Der Ascendent schafft dann das Unwetter herbei und treibt es »in die selbige region, dohin der radius invidiae gat.«[50] Michel Foucault hat einmal festgestellt, daß sich das Ende der Hexenprozesse in jener Ansicht vorbereitet hat, die den Hexen jede Zaubermacht absprach und ihnen letztlich nur noch den bösen Willen unterstellte.[51] Paracelsus' Konzept bedeutet einen frühen Schritt in diese Richtung. Sein »radius invidiae« bezeichnet genau die Sphäre des bösen Willens. Dieser zeitigt zwar noch eine indirekte Wirkung, aber er ist das einzige Agens, das der Hexe verbleibt, während sich ihre Zaubermacht bereits in bloßes »fantasiren« und »wenen« aufgelöst hat.

In mancher Hinsicht ähnelt dieser dämonologische Entwurf den Ansichten, die Johann Weyer ein halbes Jahrhundert später zur Entlastung der Hexen entwickelte. Schon bei Paracelsus erscheint die Hexe vor allem als betrogenes Opfer eines bösen Geistes, das durch dämonische Imaginationen und Träume verblendet wird. Doch wird der Gedanke von dem imaginären Charakter der Hexerei in »De sagis« weder entwickelt noch zur Argumentationsgrundlage gegen die Hexenprozesse gemacht. Die Argumentation, mit der Paracelsus die Hexen entlastet und ihre grausame Verfolgung kritisiert, basiert vielmehr auf dem Gedanken, daß der Ascendent einen üblen Einfluß auf die heranwachsende Frau ausübt, und daß dieser Einfluß durch richtige Erziehung beseitigt werden sollte. Er schreibe über die Hexen, betont Paracelsus, »domit nicht das sie dester ergerlicher gehalten werden oder zu feur verurteilt und dergleichen.«[52] Paracelsus hat die Existenz von Hexen nicht bezweifelt, doch war es im Vergleich zur Praxis der Hexenverfolgungen human und fortschrittlich, wenn er dafür plädierte, daß die beschuldigten Frauen nicht bestraft werden, sondern »das sie in die arznei komen und von denen dingen erlöst werden.«

Paracelsus' Schrift »Von den Hexen und ihren Werken« stellt eine komprimierte Anwendung seiner Magietheorie auf das Phänomen der Hexerei dar.[53] Unter diesem Gesichtspunkt hat er alle wichtigen Bestandteile der Hexenlehre aufgegriffen und einer radikalen Umdeutung unterzogen, hat sie rational gebrochen und säkularisiert. Das herkömmliche Hexenmuster wird vor allem dadurch untergraben, daß Paracelsus die Macht des Dämons den Naturgesetzen und deren Erkenntnis durch die Menschen unterordnet, und daß er die Hexerei weitgehend als Resultat einer falschen Erziehung deutet. Vor allem der letzte Gedanke wies auf ein Denkmuster voraus, das in der Folgezeit immer mehr gesellschaftliche Bedeutung erlangen sollte.

Fünfundzwanzig Jahre nach der Entstehung von »De sagis« veröffentlichte der protestantische Arzt Johann Weyer (1515/16 – 1588) Ansichten über die Hexerei, die denen des Paracelsus in vielem ähnlich waren, obwohl er sich in ausdrücklicher Gegnerschaft zu dessen Magielehre auf die traditionelle Humoralpathologie und die Melancholielehre stützte. Weyer hatte seine Ausbildung unter dem Einfluß eines erbitterten und prominenten Gegners der Hexenlehre begonnen: 1532 wurde er von seinem Vater, einem in Nordbrabant ansässigen Großhändler, zu dem bekannten Gelehrten Agrippa von Nettesheim nach Bonn geschickt, um sich dort auf sein Studium vorzubereiten. Agrippa war gerade dem Schuldgefängnis in Brüssel entronnen und hatte sich vor seinen Gläubigern nach Bonn zu dem Kurfürsten-Erzbischof von Köln, Hermann von Wied, in Sicherheit gebracht. In den Jahren 1532/33, in denen der siebzehnjährige Weyer als Schüler in Agrippas Haus wohnte, konnte er verfolgen, wie sein Lehrer heftige Angriffe gegen die konservative Kölner Universität richtete und seine Schrift gegen die Hexenverfolgung, »Adversus lamiarum inquisitores«, verfaßte.[54] Wie seine späteren Schriften zeigen, hat Weyer nicht nur eine anhaltende Zuneigung zu seinem »verehrten Lehrer und Hausherrn« gefaßt, er hat auch zwei Grundgedanken Agrippas zur Hexerei übernommen und ausgebaut: die Ansicht von dem imaginären Charakter der Hexerei und die Vorstellung, daß den meisten Berichten über Hexereiphänomene ein Zustand geistiger Verwirrung bei den betroffenen Frauen zugrunde liege.

Nach seinem Aufenthalt bei Agrippa studierte Weyer in Frankreich Medizin, arbeitete seit 1545 als Stadtarzt von Arnheim (Arnhem in Geldern) und versah von 1550 bis 1578 die Stelle des Leibarztes von Herzog Wilhelm III. von Cleve–Jülich–Berg.[55] Im Jahre 1563 veröffentlichte Weyer sein Hauptwerk mit dem Titel »De praestigiis daemonum, et incantationibus, ac veneficiis«.[56] Es war die erste umfangreiche Schrift gegen die Hexenprozesse, die über die Landesgrenzen hinaus allgemeine Beachtung fand, von Theologen, Juristen und Medizinern zitiert wurde und prominente Gegner auf den Plan rief. Wie der Titel bereits andeutet, ist die Auseinandersetzung mit der Wirkungsweise des Dämons für die Schrift von entscheidender Bedeutung. Bei Weyer, der im Unterschied zu Agrippa und Paracelsus ein streitbarer Anhänger Luthers war,[57] erhält der Teufel eine überaus wichtige Funktion, die in den Schriften der beiden anderen Autoren kaum eine Rolle spielt: Er dient der Schuldzuweisung an die katholische Geistlichkeit, die nach Weyers Ansicht viel eher mit dem Teufel im Bunde ist, als die Hexen.

Als herzoglicher Leibarzt war Weyer tief in politische und religiöse Auseinandersetzungen verstrickt, wozu auch die besondere Situation in Cleve–Jülich–Berg beitrug. Zu diesen Besonderheiten gehörte die geographische Lage des Herzogtums in unmittelbarer Nachbarschaft einerseits zu dem konservativ–katholischen Köln, einer Hochburg der Hexenlehre, andererseits zu den aufständischen Niederlanden, in denen sich die calvinistische Reformation durchsetzte. Es ist durch Briefe belegt, daß Weyer den Freiheitskampf der Niederländer gegen die spanische Vorherrschaft unter anderem durch Geldsammlungen unterstützte. Außerdem gibt es Anhaltspunkte dafür, daß er den Geusen und anderen Gegnern der spanischen Regierung Informationen über die Vorgänge im Herzogtum, besonders über die Korrespondenz zwischen dem Herzog von Alba und Wilhelm III., zukommen ließ.[58]

Weyers Engagement und die Veröffentlichung von »De praestigiis daemonum« wurden dadurch ermöglicht, daß Cleve–Jülich–Berg seit dem Ende der vierziger Jahre bis ca. 1580 eine Phase friedlicher Entwicklung, humanistischer Reformen und einer gewissen Liberalisierung im Bereich der Kultur– und Religionspolitik durchmachte. Herzog Wilhelm III. war ganz im Sinne des Erasmus von Rotterdam nach den humanistischen Idealen des christlichen Fürsten erzogen worden und ein begeisterter Anhänger des Erasmus.[59] Drei Jahrzehnte versuchte Wilhelm mit gewissem Erfolg, diese Ideale gegen den Druck der spanischen Krone zumindest in einigen Bereichen seiner Politik umzusetzen. Er zog humanistische Gelehrte als seine Ratgeber heran, und die Gruppe der orthodoxen »Papisten« wurde am Hofe in den Hintergrund gedrängt. In dieser Atmosphäre war es möglich, daß sich der protestantische Leibarzt des Fürsten mit medizinischen Argumenten in die Politik einmischte, ein Buch gegen kriegerische und gewalttätige Willkür mit dem Titel »De morbo irae« und eine Schrift gegen die Hexenverfolgung veröffentlichte, die zugleich einen heftigen Angriff auf die katholische Geistlichkeit darstellte. Zusätzlich wurde Weyers Stellung dadurch gestärkt, daß der Herzog seit einem Schlaganfall im Jahre 1566 gelähmt und schwerkrank war. Er war auf die permanente Hilfe und Beratung seines Arztes angewiesen, was zu einer gewissen gegenseitigen Abhängigkeit führte. Der besondere Einfluß des Mediziners in der Position eines fürstlichen Leibarztes gehörte zu dem Zusammenspiel von politischer Macht und wissenschaftlicher Kultur, das Voraussetzung und Hintergrund für Weyers Auftreten gegen die Hexenverfolgung bildete.

Im Gegensatz zu Agrippa oder Paracelsus hat Weyer ein ruhiges Leben in gesicherter Position geführt. Dem Sohn eines Großhändlers in Kohle und Hopfen gelang die Karriere als Gelehrter an einem Fürstenhof, gleichzeitig kam er den Pflichten eines »Hausvaters« auf seinem Landgut nach. Diesem sozialen Standort entsprechen in hohem Maße die Ansichten und der Moralkodex, die für Weyers Werk bestimmend sind. Eine gemessen an den Ansichten der Zeit aufklärerische Haltung, eine verinnerlichte Religiosität, die bürgerlichen Tugenden der Vernunft und der Mäßigung sowohl im Erwerbsleben als auch gegenüber dem »schwachen Geschlecht«, Verantwortung für das Gemeinwohl, Sittsamkeit, Milde und Friedfertigkeit im privaten wie im politischen Bereich, dies sind die zentralen Werte, die Weyers Werk durchziehen. Doch es bedurfte zusätzlich der besonderen politischen Konstellation am Hof des Herzogtums, um dem Arzt die Protektion und den Spielraum zu verschaffen, die er brauchte, um mit der Propagierung dieser Werte an die Öffentlichkeit treten zu können.

Sein umfangreiches Werk gegen die Hexenprozesse hat Weyer in sechs Bücher unterteilt, wobei das gesamte erste Buch das Wirken und die Macht des Teufels behandelt. Aber auch in den folgenden fünf Büchern kommt er immer wieder auf den Einfluß des Teufels zurück, der für ihn den zentralen Aspekt der Hexerei darstellt. Das ganze Vermögen des Teufels beruht nach Weyers Ansicht auf Verblendung. Um seine Opfer zu verblenden, stehen ihm drei Möglichkeiten zu Gebote: Er kann im einzelnen Menschen Halluzinationen hervorrufen, den Menschen Trugbilder vor die Augen stellen, die von mehreren, unabhängigen Beobachtern wahrgenommen werden, und er kann wie ein geschickter Trickkünstler Gegenstände mit solcher Schnelligkeit verschwinden lassen oder an einem Ort plazieren, daß die Beobachter den Vorgang nicht bemerken. Mit diesem Repertoire kann der Teufel zwar überall Verwirrung und Unglauben stiften, eines kann er aber niemals: sich über die »Ordnung der Natur«

hinwegsetzen.[60] Gott hat alle Bestandteile der Schöpfung nach Maß und Gewicht, nach Eigenschaften und Kräften festgelegt, und an diese Gesetze der göttlichen Naturordnung ist der Teufel unbedingt gebunden.[61] Er hat keine Gewalt über die »corporea materia«[62], kann weder kleine Dinge größer, noch feste Körper durchlässig machen oder gar etwas aus dem Nichts erschaffen.[63] Wie bei Agrippa und Paracelsus wird der Dämon also auch hier strikt auf die Naturgesetze verpflichtet. Diese Denkfigur beinhaltet für den modernen Leser einen absurden Gegensatz, doch Weyers weitschweifige Erklärungen verdeutlichen, wie sich dieser Widerspruch im religiösen Weltbild seiner Zeit löste: Die Gesetze der Natur waren Ausdruck göttlichen Willens und Bestandteil der Schöpfung, und in dieser Schöpfung hatte auch der Teufel seinen Platz, damit sich die Frommen gegenüber seiner Versuchung bewähren und damit die Gottlosen bestraft werden konnten.[64] Den Gelehrten, die mit zunehmend naturwissenschaftlichen Argumenten gegen die kirchliche Dämonologie stritten, mußte es aber darum gehen, der göttlichen und eben deshalb auch natürlichen Ordnung einen festeren Bestand gegenüber willkürlichen und schrankenlosen Übergriffen des Dämons zu geben. Solange die Gesetze dieser Ordnung durch dämonische Eingriffe jederzeit zunichte gemacht werden konnten, war jeder auch nur in Ansätzen naturwissenschaftlichen Argumentation die Grundlage entzogen.

An einem anschaulichen Beispiel zeigt Weyer, wo dem Eingriff des Teufels durch die menschliche Anatomie Grenzen gesetzt sind und wie sein Wirken durch die medizinische Diagnose als bloße Sinnestäuschung entlarvt wird. Er wendet sich gegen einen weitverbreiteten Aberglauben seiner Zeit, nach dem Hexen mit des Teufels Hilfe den Menschen ungenießbare Gegenstände - Hufnägel, Nadeln, Knochen, Wolltücher, etc. - ins Leibesinnere zaubern konnten. Derartige Injecta, so glaubte man, wurden dann aus dem Innern des Körpers durch den Mund wieder hervorgebracht und ausgespuckt.[65] Als er Stadtarzt in Arnheim war, schreibt Weyer, habe man ganze Wagenladungen solcher »vom bösen Geist gefatzten« Patienten zu ihm gebracht.[66] Der skeptische Arzt wandte ein einfaches Diagnoseverfahren an: Er betastete sorgfältig Magen und Darm, fühlte aber keine harten Gegenstände; er drückte den Magen kräftig hin und her, verursachte dabei aber keine Schmerzen. Die Diagnose war eindeutig, die Gegenstände, welche die Patienten vor seinen Augen ausspien, konnten nicht im Magen, sondern lediglich im Mund gesteckt haben. Weyer beschreibt Größe und Beschaffenheit von Luft- und Speiseröhre, die Funktion des Kehlkopfes und betont, daß diese Körperteile mit empfindlichen Nerven durchsetzt seien. Er zieht alle Register seiner medizinischen Kenntnisse, um wissenschaftlich zu beweisen, daß harte Gegenstände einer bestimmten Größe niemals, auch nicht durch den Teufel selbst, in den Magen gebracht werden können. Damit ist der Teufel aber keineswegs aus dem Vorgang entlassen, er tritt vielmehr auch hier als Betrüger und Trickkünstler auf. Weyer zieht nämlich aus seiner Beweisführung den Schluß, »daß solche ding durch die unbegreiffliche subtiligkeit und geschwindigkeit deß Teuffels / dem Menschen heimlich in den Mundt gestossen worden sind«[67], wobei der Vorgang durch die große Schnelligkeit für das menschliche Auge nicht wahrnehmbar sei.

Diese Argumentation gibt ein beeindruckendes Beispiel dafür, wie mühsam und in welch kleinen Schritten sich die Verwissenschaftlichung des Denkens vollzogen hat, und markiert gleichzeitig eine bestimmte Stufe in diesem Prozeß: Was nicht durch die Speiseröhre paßt, das kann kein noch so mächtiger Dämon jemals in den Magen hinunterbringen. Andererseits bleibt der Dämon aber real und wirksam, denn daß er ungesehen etwas in die Mundhöhle stoßen kann, bleibt vorstellbar. Doch auch dies ist keine Zauberei, sondern eine mechanische Bewegung, die sich nur durch ihre Schnelligkeit der Wahrnehmung entzieht. Was die Kenntnisse der Anatomie nahelegen, wird durch die Diagnose bestätigt: Die Macht des Teufels reicht in diesem Fall nicht bis ins Körperinnere, sondern findet ihre präzis bestimmbare Grenze am Kehlkopf - einem Hindernis, mit dem Inquisitoren und Exorzisten kaum gerechnet haben dürften.

Dem Teufel liegt aber viel daran, den Anschein zu erwecken, als habe er, eventuell unter Mithilfe einer Hexe, derartige Gegenstände tief ins Körperinnere seiner Opfer hineingezaubert. Solche Blendwerke sind für ihn das sicherste Mittel, um zu Unglauben, Unfrieden und Mord anzustiften. So berichtet Weyer von einem jungen Mädchen, das vorgab, des öfteren einen ganzen »gümpelmarckt« aus ihrem Magen ausspucken zu müssen. Als Verursacherin des Schadens denunzierte das Mädchen eine Frau, die bereits unter dem Verdacht der Hexerei stand.[68] Doch Weyer konnte den Plan des Teufels vereiteln, die zu unrecht denunzierte, »ehrbare Matrone« auf den Scheiterhaufen zu bringen. Der Arzt konnte den Teufelsbetrug sofort entlarven und zog dem Mädchen ein Stück Stoff aus dem Mund, das es hinter der Zunge versteckt hatte. So war zwar der Mord an einer Unschuldigen abgewendet, dem Aberglauben, den der Teufel mit seinem Betrug gesät hatte, konnte Weyer aber nicht beikommen. Die Eltern des Mädchens, »abergläubige Leute«, versuchten nämlich, ihre Tochter durch Vorhalten des Kreuzes zu heilen und ließen sich nicht davon überzeugen, daß die Kraft des Kreuzes »nicht in dem eusserlichen zeichen / sonder in der nachfolgung Christi deß gecreuzigten«[69] liege. Statt den »natürlichen mitteln« des Arztes zu vertrauen, liefen die Eltern sogar zu einem »Pfaffen«, der ihnen zur Heilung des Mädchens Weihwasser verkaufte, um den »falsch wahn von veruntrewen der Hexen bey leichtgläubigen Leuthen« zu stärken.[70] Solche Geistlichen, die entsprechend der katholischen Dämonologie mit Kreuzen und Weihwasser operieren, begehen nach Weyers Ansicht gleich ein zweifaches Verbrechen: Sie unterstützen die Betrügereien des Teufels und verletzen dabei zusätzlich den Zuständigkeitsbereich, den der Mediziner für sich in Anspruch nimmt. Von diesem müssen sie sich nun nicht nur Aberglauben vorwerfen lassen, sie werden von Weyer sogar als direkte Handlanger des Dämons, als des »Teuffels Engel« bezeichnet.[71]

Die These, daß die Verblendung das eigentliche Wirkprinzip und das Medium des Dämons darstellt, ist der gedankliche Kern und die argumentative Grundlage von Weyers Schrift. Sie ist zugleich der Hebel, mit dem er die Hexenlehre so wendet, daß ihre Vertreter als die wirklich Schuldigen erscheinen, während die Hexen weitgehend entlastet werden. Die Handlanger und Agenten des Teufels sind für Weyer nicht die betrogenen alten Frauen, sondern die »magi«, die Schwarzkünstler und Teufelsbeschwörer. Denn das Wesen der Zauberei besteht in nichts anderem, als daß der »magus infamis« im Dienst und mit Hilfe des Teufels die Menschen verblendet und betrügt.[72] Unter den Schwarzkünstlern stellen die Anhänger des hermetischen Okkultismus die harmloseren Vertreter[73], während die weitaus schlimmere und gefährlichere Gruppe von den »Zauberpfaffen« der katholischen Geistlichkeit gestellt wird.[74]

Die meisten »Meßpfaffen« und Mönche - es wird betont, daß es auch fromme unter ihnen gibt - sind nach Weyers Ansicht nämlich treffliche Werkzeuge des Teufels, die »under dem deckmantel der geistligkeit / iren dienst im trewlich und unverdroßlich leisten: Welche entweders von Gelts / oder ehrgeitz wegen / ire eigenen / unnd auch anderer Leuthen Seelen / dem Teuffel so schendtlich auff den Schwantz binden«.[75] Im fünften Buch, das vor allem gegen Wunderheilungen und Exorzismen gerichtet ist, entwickelt Weyer dann in aller Ausführlichkeit und anhand von zahllosen Exempeln seine Ansicht, daß nicht die Hexen, sondern große Teile der katholischen Geistlichkeit die Agenten des Teufels unter den Menschen stellen. Diese Teufelsbeschwörer, heißt es dort, stiften mit Lügen und Betrug zu Unglauben an. Mit Vorliebe schüren sie zu diesem Zweck den Hexenglauben, der dazu führt, daß überall Feindschaft und Blutvergießen entstehen und »durch solche groben / stinckenden lügen deß Sathans Reich auffgehet«.[76] Nirgendwo aber wird die Umkehrung der Hexenlehre deutlicher als in folgender Attacke gegen die hohen Funktionäre der Kirche: »Die Bischoff sind des Teuffels gefangene unnd gebundene Leute / welche Gott den Herrn iren Schöpfer hindan gesetzt / hüllff unnd trost bey dem Teuffel suchen.«[77] Diese Formulierung übernimmt dem Inhalt nach genau die Definition des Teufelspaktes, wie er unter anderem im »Malleus maleficarum« den Hexen vorgeworfen wird! Als streitbarer Lutheraner entließ Weyer die Hexen aus der Rolle der Teufelsagenten, um diese Rolle durch seine Glaubensgegner, die katholischen »Zauberpfaffen« neu zu besetzen.[78] Ein wichtiger Antrieb seiner Kritik war dabei die dem Protestantismus eigene, starke Tendenz zur Verinnerlichung des Glaubens, die ihn die äußerlichen, symbolhaften Zeremonien der alten Kirche als schwarze Magie interpretieren ließ. Beide Argumentationslinien - die Kritik an der Hexenverfolgung und an der gegnerischen Konfession - überschneiden sich in Weyers Schrift auf der Grundlage seines dämonologischen Konzeptes, aus dem er die wichtigsten Argumente für beide Bereiche ableitete.

Ausgehend von seiner Revision der kirchlichen Dämonologie verband Weyer aber die Entlastung der Hexen und die Belastung seiner Glaubensgegner noch mit einem weiteren Strang der gesellschaftlichen Auseinandersetzung, der ihm aus berufsständischen Interessen besonders am Herzen lag: In »De praestigiis daemonum« wird immer wieder die alleinige Kompetenz der Medizin für die Betreuung des Körpers proklamiert. Weyers Angriffe gegen die Schwarzkünstler und »Zauberpfaffen« sind immer auch die eines studierten Mediziners gegen seine Konkurrenten. Vor allem das fünfte Buch stellt einen breiten Frontalangriff gegen alle Personengruppen dar, die neben den Medizinern für die Gesundheit des Körpers zuständig waren. Der Reliquienkult, die Heilung durch Amulette und magische Handlungen aller Art werden verurteilt und als teuflische Magie ausgegrenzt.[79] Dabei warnt der akademisch ausgebildete Weyer auch vor den ungebildeten Wundärzten und fahrenden Chirurgen, deren angebliche Kurpfuscherei in den schwärzesten Farben gemalt wird.[80] Was seinen Zorn aber am meisten erregt, ist die aus der mittelalterlichen Verbindung von Medizin und Theologie[81] überkommene Zuständigkeit des Geistlichen für die Heilung von Krankheiten. Die »Teuffelsüchtigen Pfaffen«, erklärt Weyer, die rein gar nichts von der Medizin verstünden, deuteten jede Krankheit als eine Folge von Hexerei oder Besessenheit. Daraufhin begännen sie mit ihren gottlosen Exorzismen und Anschuldigungen, wodurch sich nicht nur die Krankheit meist verschlimmere, sondern auch das Blut unschuldiger Frauen vergossen werde.[82] In zahllosen Exempeln werden die abergläubischen Heilungsversuche der Konkurrenz lächerlich gemacht, und Weyer kommt zu dem Schluß, daß mit solchem Mummenschanz zugleich »Gottes Namen geschmehet / und unser hochgelobte kunst der Medicin besudlet...werde« - eine interessante Formulierung, die impliziert, daß Gott in dem Kompetenzstreit auf der Seite der Medizin steht.[83]

Bei alldem leugnet Weyer durchaus nicht, daß Krankheiten vom Teufel verursacht werden können. Man solle aber in jedem Fall, auch bei Symptomen, die »ausserhalben dem allgemeinen lauff der Natur« liegen, zu dem zuständigen Gelehrten, nämlich zum Arzt gehen. Es gebe nämlich viele Symptome natürlicher Krankheiten, die von unverständigen Leuten für die Folge von Schadenszauber gehalten würden.[84] Halten die Patienten aber ihre Krankheit für eine Folge von Hexerei und fragen statt eines Arztes einen Zauberpriester um Rat, so erlaubt Gott dem Teufel, mit diesen Patienten sein Spiel zu treiben, und die Krankheit verschlimmert sich.[85] Weyers Argumentation nimmt hier eine bemerkenswerte Wendung. Die alte, im Mittelalter dominierende Vorstellung von Krankheit als einer Bestrafung für Sünden[86] wird von dem Mediziner noch einmal mit aufklärerischer Intention und als Argument für die Ausweitung seines Kompetenzbereiches angeführt: Krankheit wird zur Strafe für die Sünde, sich vom Hexenglauben verblenden zu lassen und mit körperlichen Beschwerden nicht den Arzt, sondern einen von dessen Konkurrenten aufzusuchen.[87]

Selbst wenn bei einer Krankheit der Teufel tatsächlich seine Hand im Spiel haben sollte, ist immer noch zunächst der Arzt zuständig. So berichtet Weyer von einer Patientin, der der Teufel Insekten in die Ohren gesteckt hatte. Mit Gottes Hilfe, erklärt Weyer stolz, konnte er das Mädchen von den Insekten befreien und den Dämon besiegen. Der ärztliche Eingriff kann die Funktion des Exorzismus übernehmen, denn da der Dämon an die Gesetze der göttlichen Naturordnung und damit an die Regeln der Medizin gebunden ist, unterliegt er auch bis zu einem gewissen Grad dem Zugriff und der Kompetenz der Medizin. Erst wenn auch der erfahrene Arzt ganz am Ende seiner Kunst ist, sollte ein Pfarrer zugezogen werden, erklärt Weyer, wobei er sich dann seinerseits in die Domäne der Theologen einmischt und ihnen genaue Anweisungen über die Anwendung von Arzneien »auß der Apoteck / heiliger Göttlicher Schrifft« gibt.[88]

Insgesamt markieren Weyers Vorstellungen vom Teufel natürlich einen Schritt zur Abstrahierung des Dämonischen und zur Säkularisierung des Denkens. Komplementär zu dem lutherischen Gedanken, daß Gott im Glauben der Gemeinde lebt, lebt der Dämon nach Weyers Auffassung im Unglauben der Menschen: »Nun solch Teuffels fatzwerck unnd gespött...gewinnt alle sein krafft mehrteils von Gottloser ungläubigkeit der Menschen«.[89] Durch die äußerst enge Assoziation des dämonischen Bösen mit Lüge, Betrug und Aberglauben untermauert Weyer seine Überzeugung, daß nicht das angebliche Treiben der Hexen, sondern der orthodoxe Hexenglaube selbst das Übel darstellt, welches der Teufel verbreitet. Denn der Schaden besteht darin, daß an die Blendwerke des Teufels und seiner verbündeten »Zauberpfaffen« geglaubt wird, was der christlichen Religion Abbruch tut und große Verwüstungen anrichtet.

Agrippa, Paracelsus und Weyer ging es nicht nur um die Entlastung der als Hexen verfolgten Frauen, sondern darüber hinaus um eine generelle Verschiebung der Grenze zwischen Glauben und Aberglauben. Viele Argumente, die sie dabei ins Feld geführt haben, lassen sich - gemessen an den Maßstäben der Zeit - als naturwissenschaftlich–medizinisch charakterisieren. Trotz des Spekulativen und Phantastischen, das sie aufweisen, lesen sich ganze Passagen ihrer Schriften wie eine Herausforderung des naturwissenschaftlichen Denkens an die alten Muster des Dämonen– und Zauberglaubens. In diesem Punkt treffen sich ihre Argumentationslinien, trotz aller Verschiedenheit und der teilweisen Gegensätzlichkeit ihrer Ansichten. Die drei Ärzte haben die Grenze zwischen Glauben und Aberglauben deutlich zu Ungunsten der dämonischen Mächte verschoben, doch leugnen sie die Existenz des Teufels keineswegs. Vor allem bei Weyer bleibt der Teufel, wenn auch auf die Rolle eines Illusionskünstlers beschränkt, durchaus real und wird nicht, wie dies in der Forschung gelegentlich behauptet wurde,[90] durch die moderne Psychiatrie ersetzt.[91] Die drei Mediziner haben sich vielmehr dazu aufgemacht, den Dämon in die Schranken natürlicher, durchschaubarer Gesetzmäßigkeiten zu verweisen, ihn mit naturwissenschaftlichen und medizinischen Mitteln begreifbar und angreifbar zu machen. Auf jeweils verschiedene Weise haben sie dabei die traditionelle gedankliche Verbindung zwischen Weiblichkeit und Dämonie, die sich in der Figur der Hexe manifestiert, ein gutes Stück gelöst. An Johann Weyers Schrift zeigt sich sogar bereits die Tendenz, den Teufel viel eher an die Seite des Mannes zu stellen, während die Frau vornehmlich in der Rolle des verleumdeten oder verblendeten Opfers auftritt.

Um die Bedeutung dieser Entwicklungen ermessen zu können, muß man sich vor Augen halten, daß die Dämonologie keineswegs eine bloße Geistesverwirrung einiger unter dem Zölibat leidender Mönche war, wie es die liberale Historiographie des 19. Jahrhunderts sah. Sie war vielmehr jahrhundertelang eine anerkannte Wissenschaft, und auf der Grundlage der damaligen Prämissen waren die Dämonologen in der Lage, logisch und scheinbar unwiderlegbar zu argumentieren.[92] Zu den Prämissen, die von nahezu allen Christen geteilt wurden, gehörte es, daß sich die Geschlechtlichkeit selbst erst durch den Eingriff des Dämons im Sündenfall konstituierte, womit die moralisch–religiöse Deutung von Weiblichkeit als Einbruchstelle des Dämonischen vorgegeben war. Waren seit der Hochscholastik biologische Vorstellungen, die der aristotelischen Generationslehre entstammten, konfliktfrei in das religiöse Denkmuster integriert worden,[93] so entstand im Disput um die Hexenverfolgungen eine scharfe Konfrontation zwischen dem religiösen Paradigma und einer Argumentationslinie, die mit der weiblichen Biologie operierte. Diese Konfrontation konnte nicht vonstatten gehen, ohne daß dabei prinzipielle, weltanschauliche Fragen debattiert wurden. Es war nichts geringeres, als das neuzeitliche Naturverständnis, das im Zusammenhang mit der Hexenfrage zur Diskussion stand. Der in sich geschlossenen, »logischen« Argumentation der Dämonologen stand dabei die zunehmende Beweiskraft der sich entwickelnden Naturwissenschaften gegenüber. Das moraltheologisch bestimmte und das medizinisch–naturwissenschaftlich ausgerichtete Aussagesystem über die Frau traten sich auch in der Frage gegenüber, ob weibliche Sündhaftigkeit mit Hilfe der Wasserprobe meßbar sei, oder ob dieses Verfahren als Ausdruck von Aberglauben abgelehnt werden müsse.

1.1.1 Ärzte im Disput um die Wasserprobe

Im September 1583 wurden in Lemgo (Gft. Lippe) drei Frauen, völlig entkleidet und mit den Händen kreuzweise an die Füße gefesselt, vor den Augen einer schaulustigen Menge ins Wasser geworfen. Im Rahmen einer Reihe von Hexenprozessen hatte der Magistrat der Stadt diese Wasserprobe angeordnet und das grausame Spektakel damit als juristisches Verfahren zur Ermittlung von Schuld oder Unschuld der Angeklagten anerkannt.[1] Als juristisches Beweismittel war die Wasserprobe durchaus umstritten, und sie ist auch nur zeitweilig in einigen Gebieten (vor allem Niedersachsen und Westfalen, nach 1581 auch in Cleve–Jülich–Berg) angewandt worden.[2] Die Ratsherren von Lemgo mögen unter einem gewissen Druck gestanden haben, denn sie beauftragten den bekannten Marburger Arzt Guilhelmus A. Scribonius (Wilhelm Schreiber),[3] eine Rechtfertigung der Wasserprobe zu verfassen. Scribonius kam dieser Aufforderung nach und legte seine Schrift »De examine et purgatione sagarum per aquam frigidam Epistola.«[4] vor, die noch im gleichen Jahr (1583) gedruckt wurde.

Dieser Brief löste einen schriftlich geführten Streit aus, der sich über mehrere Jahre hinzog. Zunächst verfaßte Hermann Neuwaldt, Doktor der Medizin in Helmstedt, eine Entgegnung, in der er die Ansichten von Scribonius zurückwies. Außerdem beteiligte sich ein weiterer Autor unter dem Pseudonym Ignotus Patronus Veritatis mit mehreren Schriften gegen die Wasserprobe an dem Streit, was 1590 wiederum zu einer »Responsio« von Scribonius führte. Schließlich ist noch die Stellungnahme einer Gruppe Marburger Theologen überliefert, die sich gegen die Wasserprobe richtete.[5] Da die zuerst erwähnten Schriften der Ärzte Scribonius und Neuwaldt bereits alle wesentlichen Argumente dieser Auseinandersetzung enthalten, wird die Untersuchung sich auf diese beiden Texte konzentrieren.

Scribonius' Schrift, in der Form eines Briefes verfaßt, wendet sich in der Anrede an die Auftraggeber, die Bürgermeister und Ratsherren von Lemgo. Diese Herren, so schreibt Scribonius in den einleitenden Abschnitten, hegten keine Zweifel daran, daß die unschuldigen Frauen bei der Wasserprobe untergehen, während die schuldigen Hexen oben auf dem Wasser schwimmen. Sie hätten es aber als Mangel empfunden, nichts über die natürlichen Ursachen dieses Phänomens zu wissen und ihn deshalb um eine Erklärung gebeten. Er habe sich also eingehend damit beschäftigt, »an Physica aliqua et naturalis ratio huius præsertim rei (...)

inveniri et describi posset.«[6] Scribonius' Schrift stellt also den Versuch dar, die Wasserprobe nachträglich zu rechtfertigen, und zwar explizit mit naturwissenschaftlichen Argumenten.

Die Entstehungsgeschichte des Textes ist ein weiteres Indiz dafür, daß naturbezogenen Erklärungsmustern bereits ein hoher Entscheidungswert zugestanden wurde: Bemerkenswert ist zunächst, daß der Magistrat überhaupt die Frage nach den natürlichen Ursachen für das vermeintliche Funktionieren der Wasserprobe stellte und als zuständigen Experten einen Mediziner heranzog. Es handelte sich hier ja nicht um das durchaus übliche Verfahren, daß ein Arzt in der forensischen Situation zur Diagnose von Hexenzeichen (Stigma, Anästhesie, Unfähigkeit zu weinen, etc.) oder zur Überwachung von Hexenproben herangezogen wurde.[7] Das Verlangen des Magistrats zielte vielmehr auf eine medizinisch–wissenschaftliche Erklärung der Probe und des entsprechenden Hexenzeichens (geringes Körpergewicht). Darüber hinaus billigte man dem Mediziner die Autorität zu, mit seiner Expertise die Position der Obrigkeit festigen zu können, obwohl es sich dabei nicht um ein formelles gerichtliches Gutachten handelte. Diese Vorgänge sind undenkbar ohne die Übereinkunft, daß naturwissenschaftliche Erklärungen als beweiskräftige Argumente von einiger Überzeugungskraft anzuerkennen seien.

Scribonius beginnt seine Abhandlung denn auch mit einem durchaus wissenschaftlich gefaßten Aufriß des Problems: Gegenstände, die wegen ihrer geringeren Dichte (propter raritatem essentiæ) leichter seien, so schreibt er, strebten nach oben, während schwere Gegenstände nach unten strebten und im Wasser untergingen. Ausgehend von diesen physikalischen Voraussetzungen, betont Scribonius, sollte die Frage gelöst werden: »Ex hoc igitur fundamento physicorum propositæ quæstionis sententia deducenda (...) videtur«.[8] Um seinen Zweck zu erreichen, muß Scribonius nach Anerkennung dieser physikalischen Grundlagen aber nachweisen, daß Hexen im Vergleich zu anderen Frauen ein geringeres Gewicht haben. Dies ist der Punkt, an dem der für sich genommen rationale Ansatz in dämonologische Phantasterei übergeht: Wenn sich die Hexen mit dem Teufel verbünden, schreibt Scribonius, so verändert ihr Körper dabei seine innere Form (formam interiorem). Sie haben den Teufel buchstäblich im Leib: »Sagae scilicet definiri possunt homines essentiam Diaboli...participantes.«[9] Da der Teufel aber als ein leichter, luftiger Geist rein spiritueller oder ätherischer Natur ist, so müssen auch die Körper der Frauen, die von dieser luftigen Essenz durchdrungen sind, wesentlich leichter werden. Das Wasser trägt sie, ob sie wollen oder nicht, während die unschuldigen Frauen bei der Wasserprobe untergehen.[10] Abgesehen von ihrem phantastischen Charakter enthält diese Argumentation eine logische Inkonsequenz: Scribonius spricht zunächst vom Gewicht als einer Eigenschaft der Materie, beschreibt den Eingriff des Dämons im folgenden aber als eine Veränderung der Form, die das spirituelle Wesen des bösen Geistes in den Hexen bewirke. Kaum war Scribonius' Brief 1584 im Druck erschienen, wies der Helmstedter Arzt Hermann Neuwaldt auf diese Inkonsequenz hin und benutzte sie als Ausgangspunkt für seine Widerlegung. Gegen Ende seiner Schrift betont Scribonius noch einmal, daß es naturbezogene und vernunftgemäße Gründe seien, welche die Wasserprobe zu einem geeigneten und empfehlenswerten Beweisverfahren machten.[11] Tatsächlich läßt der gesamte Text - so phantastisch Scribonius' Anschauungen auch sein mögen - ein starkes Bedürfnis nach rationaler Rechtfertigung erkennen. Selbst die Befürworter der Hexenverfolgung, zu denen Scribonius gehörte, suchten unter Umständen die Überzeugungskraft naturwissenschaftlicher Argumente. Zu den überzeugendsten wissenschaftlichen Verfahren gehörten das Messen und Wiegen. Schon ein Jahrhundert zuvor hatte Nikolaus Cusanus (1401–1464) in seiner Schrift »Idiota de sapientia, de mente, de staticis experimentis« (Der Laie über...Versuche mit der Waage) die quantitative Untersuchung sämtlicher Gegenstände und Prozesse als Mittel zur exakten Erkenntnis zum Programm erhoben. Seitdem hatten Zählen, Wiegen und Messen durch die Entwicklung von Technik und Handel noch allgemein an Bedeutung gewonnen, entscheidende Schritte zur Einführung physikalischer Meßverfahren in die Medizin erfolgten mit Beginn des 17. Jahrhunderts.[12] Auch die inquisitorische Behauptung, Hexen seien leichter als Wasser, wurde auf die Waagschale gelegt, im holländischen Oudewater zum Beispiel widerlegten aufgeklärtere Stadtväter diese Annahme mit Hilfe einer »Hexenwaage«. In diesem Zusammenhang ist Scribonius' Versuch zu sehen, die Wasserprobe, ein aus vorchristlicher Zeit stammendes Gottesurteil, durch eine nachträglich konstruierte, scheinwissenschaftliche Rechtfertigung als physikalisches Meßverfahren auszugeben, bei dem das Gewicht von Frauen anhand der Tragfähigkeit des Wassers verglichen wird. Bei seinem Bemühen, vom medizinischen Standpunkt aus die Wasserprobe als akzeptables Diagnoseverfahren erscheinen zu lassen, konnte aber auch ein Anhänger der Hexenlehre wie Scribonius nicht umhin, die Dämonologie zu verändern und der »physica et naturalis ratio« anzupassen: Er spricht dem bösen Geist eine physikalische Eigenschaft - sein geringes Gewicht - zu, der Dämon wird wägbar, und der Teufelspakt stellt sich als ein Vorgang dar, der mit meßbarem Gewichtsverlust einhergeht.

Hexenproben ließen sich jedoch mit naturwissenschaftlichen Argumenten auch vor den Zeitgenossen nur schwer rechtfertigen. Sribonius' Schrift stieß bei Medizinern und Theologen, bei Gegnern und Befürwortern der Hexenverfolgung auf Ablehnung. Zunächst wurde sie von einem Mediziner angegriffen, der ansonsten eher ein gemäßigter Fürsprecher der

Hexenprozesse war. Hermann Neuwaldt, Doktor der Medizin und Professor an der Julius–Universität in Helmstedt, veröffentlichte seine Schrift unter dem Titel »Exegesis purgationis sive examinis sagarum super aquam frigidam proiectarum: In qua refutata opinione G. A. Scribonii...« (Helmstedt 1585).[13] Neuwaldt hielt die Verfolgung und Bestrafung von Hexen grundsätzlich für gerechtfertigt, forderte aber von der Obrigkeit, sie dürfe keine falschen Beweise gelten lassen und kein unschuldiges Blut vergießen.[14] Daher sei auch die Wasserprobe unbedingt abzulehnen, da sie abergläubisch und grausam sei.[15] Seine Auseinandersetzung mit Scribonius trägt den Charakter eines Expertenstreites, denn Neuwaldt bemüht sich vor allem darum, die von seinem Fachkollegen vorgebrachten »causae physicae« oder »causae naturales« zu widerlegen. Ohne Zweifel wisse jener »Physicus«, so greift er Scribonius an, daß das Gewicht seinen Grund nicht in der Form, sondern allein in der Beschaffenheit der Materie habe.[16] Eine Hexe würde keineswegs leichter, selbst wenn der Dämon die innere Form ihres Körpers verändere. Nachdem er diese Schwäche von Scribonius' Darlegung aufgedeckt hat, kann Neuwaldt sein wichtigstes Argument ins Feld führen: »Demones rerum naturas contra materiæ habilitatem à creatore inditam nullo modo posse immutare«.[17] Wer auch nur ein wenig von den »principia physica« verstehe, müsse Scribonius' Ansicht ablehnen, denn die Dämonen könnten die Eigenschaften der Materie niemals verändern. Dieser Leitgedanke, der bereits in Texten von Agrippa, Paracelsus und Weyer hervorgehoben worden war, bildet auch hier, im Disput um die Wasserprobe, die Barriere, mit der die im Entstehen begriffene Naturwissenschaft ihren Erkenntnisgegenstand, die Eigenschaften und Gesetzmäßigkeiten der Materie, gegen willkürliche Eingriffe des Dämonen–Aberglaubens sicherte.

Die Meinungsverschiedenheit zwischen Scribonius und Neuwaldt steht in engem Zusammenhang mit dem Übergang von der symbolischen Deutung zur medizinischen Bestandsaufnahme des Frauenkörpers. In Scribonius' Ansichten ist noch das mittelalterliche Verständnis enthalten, demzufolge das Körperinnere der Frau von guten oder dämonischen Geistern, von heilbringenden oder unheilvollen Kräften durchdrungen ist. Als Angriffspunkt und Medium des Bösen nennt Scribonius die »forma interior«, eine unbestimmte Qualität des Leibesinneren, die als Träger des symbolischen Bezuges fungiert. Andererseits versuchte Scribonius aber, diese mittelalterliche Sichtweise mit einer neuzeitlichen, naturwissenschaftlichen Argumentation zu verteidigen, was zu jener willkürlichen Vermischung der Kategorien von Form und Materie, »levitas« und »essentia diaboli« führte. Für Neuwaldt hingegen ist die Beschaffenheit des Frauenkörpers ausschließlich durch die »dispositio materiæ«[18] bestimmt, auf die der Dämon keinerlei Zugriff hat. Das Phänomen der Hexerei wird auf eine abstraktere Ebene verlagert, es betrifft nicht die physische, sondern nur mehr die moralische oder geistige Disposition der Frau.

Nachdem er die von Scribonius vorgebrachten »caussae naturales« widerlegt hat, räumt Neuwaldt allerdings ein, daß bei der Wasserprobe in seltenen Fällen auch »caussae praeternaturales« eine Rolle spielen könnten. Das heißt, der Dämon könne jenseits aller Naturgesetze, allein durch seine übernatürlichen Kräfte, eine Frau über Wasser halten. Wegen des betrügerischen Wesens des Teufels sei die Wasserprobe damit aber völlig haltlos und unzuverlässig.[19] Die als Ausnahmefall für möglich gehaltene dämonische Einwirkung entwertet also die Wasserprobe als Diagnoseverfahren vollständig. Neuwaldt verwendet hier ein Argumentationsmuster, das in ärztlichen Abhandlungen über dämonische Einwirkungen auf den menschlichen Körper häufig zu beobachten ist: Übernatürliche, dämonische Ursachen werden für möglich gehalten, aber dieses Eingeständnis bleibt ohne praktische Konsequenzen. Was nicht auf natürlichen Ursachen beruht, ist für den Arzt uninteressant und für die Diagnose wertlos. Es liegt nahe, in diesem Argumentationsmuster ein »gemäßigtes« Verfahren zu sehen, das es dem Arzt ermöglichte, den Dämon aus seinem Fachgebiet herauszuhalten, ohne dabei in einen allzu schroffen Gegensatz zur kirchlichen Dämonologie zu geraten. Gleichzeitig hielt man sich damit die Möglichkeit offen, eigene Fehler und Unkenntnis zu kaschieren, indem man unverstandene Krankheiten als übernatürliche Phänomene dem Priester überantwortete.

Sein Bestreben, das Übernatürliche aus der Medizin auszugrenzen, begründet Neuwaldt unter Berufung auf die Vernunft: Natürliche Ursachen seien mit der Vernunft in Einklang zu bringen (cum ratione possunt adhiberi) und böten sichere Erkenntnis, übernatürliche seien dagegen unsicher und als irrational zu meiden (ut irrationabiles fugiendæ).[20] Und wenn Neuwaldt nach dieser aufgeklärten Feststellung noch seitenlang die Frage erörtert, ob die Wasserprobe »contra«, »praeter«, »supra« oder »trans naturam« sei,[21] so macht dies deutlich, wie sehr die Natur ihm bereits als Maßstab der Einordnung und Bewertung galt, es zeigt aber auch, wie mühsam das medizinische Denken noch zwischen Physik und Metaphysik zu balancieren hatte.

Neuwaldt hatte sich mit Argumenten gegen die Wasserprobe gewandt, die offensichtlich auch vielen theologisch denkenden Gelehrten einleuchteten. Ausgerechnet in Marburg, wo Scribonius als Arzt tätig war, veröffentlichten vier einflußreiche Theologen eine Stellungnahme, die in den wesentlichen Punkten genau mit Neuwaldts Ansichten übereinstimmt. Für die Entstehung dieses Schreibens dürfte allerdings auch die Ausstrahlung der protestantischen Philipps–Universität eine bedeutende Rolle gespielt haben. »Der Marpurgischen Theologen bericht an den Graffen zu N. wider die Wasserprobe der Hexen« (o.J., ca.1585), wurde unter anderem von dem Rektor, zugleich Mitglied der theologischen Fakultät, unterzeichnet.[22] Auch die vier Theologen ziehen die Naturgesetze als Kriterium für ihr Urteil heran: Sie lehnen die Wasserprobe ab, denn diese könne »keine Ursache in der Natur« haben, sondern sei »derselben lauff und ordnung stracks zu wider«. Ebenso wie Neuwaldt argumentieren sie weiter, daß der Dämon bei einem eventuellen Eingriff gerade die Unschuldigen der Strafe zuführen und die Schuldigen verschonen würde. Auch in dieser theologischen Stellungnahme steht also das Problem der physikalischen Erklärbarkeit im Mittelpunkt, ihre Verfasser beziehen sich auf die gleiche Frage, die Scribonius aufgeworfen hatte und beantworten sie mit dem gleichen Argumentationsmuster, das sich auch bei Neuwaldt findet.

Am Beispiel dieses gelehrten Disputes um die Wasserprobe zeigt sich, daß die Subversivkraft naturwissenschaftlicher Denkweisen sich mitunter auf verschlungenen Wegen Geltung verschafft hat. In diesem Fall drangen medizinsch–physikalische Fragestellungen und Erklärungen nicht in die Dämonologie ein wie in ein feindliches Territorium, sie wurden ursprünglich sogar ganz im Sinn der kirchlichen Hexeninquisition vorgebracht. Dabei wurden aber bereits medizinisch–physikalische Kategorien (Gewicht, etc.) in die Dämonologie hineingetragen. Die Stellungnahme der Marburger Theologen zeigt darüber hinaus, wie naturbezogenes Denken mit seinen Kriterien und Maßstäben in die Theologie hineinwirkte und auf die theologische Argumentation abfärbte.

Doch nicht nur auf dem Umweg über die Theologie konnten Abhandlungen gelehrter Mediziner über Fragen der Hexerei auch außerhalb der eigenen Fakultäten wirksam werden. 1586 erschien ein deutschsprachiges Sammelwerk mit dem Titel »Theatrum de veneficis«,[23] das eine praktische Orientierungshilfe für die Obrigkeit und ihre Funktionsträger darstellen sollte. Auf dem Titelblatt ist ausdrücklich vermerkt, der Inhalt sei »allen Vögten/ Schuldtheissen/ Amptleuthen deß Weltlichen Schwerdts (...) sehr nützlich und dienstlich zu wissen«. Zu den Autoren gehören Juristen, Theologen und Mediziner. Auch die Schriften von Scribonius und Neuwaldt wurden übersetzt und in dieses Handbuch aufgenommen.[24] Nicht nur das forensische Gutachten eines Mediziners, nicht nur das aufsehenerregende Werk eines Johann Weyer, auch eine »epistula« oder »refutatio« konnten an die Öffentlichkeit gelangen, konnten den gesellschaftlichen Diskurs über die Hexerei, unter Umständen sogar die Praxis der Hexenverfolgung beeinflussen.

1.2 Erziehung statt Vernichtung

Medizinische Vorstellungen, nach denen der Teufel weder einen Nagel ins Körperinnere zaubern, noch das Gewicht einer Frau verändern konnte, stellten einen bedeutenden Eingriff in die Dämonologie dar. Die gedankliche Verbindung zwischen Frau und Teufel war damit zwar nicht unterbrochen, doch der Zugriff des Dämons auf den Menschen schien nur sehr bedingt und nur unter bestimmten Voraussetzungen möglich zu sein. Mehrere Mediziner und andere Gelehrte meinten weiterhin, diese Bedingungen nicht nur erklären, sondern auch beeinflussen zu können. Die Naturforschung hatte damit begonnen, den Dämon in die Schranken zu weisen, und je geringer Macht und Einflußbereich der Dämonen eingeschätzt wurden, desto größer wurde der Handlungsspielraum des Menschen. Damit konnte der Gedanke an Bedeutung gewinnen, daß das dämonische Böse in der Frau zu bekämpfen sei, und zwar nicht durch deren Vernichtung oder durch Magie, sondern durch angemessene Behandlung, durch christliche Unterweisung und andere Formen der Erziehung.

Der pädagogische Gedanke hatte in der Renaissance bereits durch den Humanismus und die Reformation Auftrieb erhalten. Wirtschaftliche Bedürfnisse und soziale Umorientierung bürgerlicher Schichten in den Städten wie an den Höfen verlangten nach einer qualitativ besseren Kindererziehung und nach der Durchsetzung von bestimmten Verhaltensnormen für die Frau. Dies wird im Zusammenhang mit der Durchsetzung des »Hausmutter«–Ideals noch ausführlich darzustellen sein. Hier geht es zunächst nur um den exemplarischen Nachweis, daß in einigen ärztlichen Stellungnahmen zur Hexenverfolgung der Gedanke der Erziehung gegen die physische Vernichtung der Hexen ins Feld geführt wird.

Nach dem zeitgenössischen Selbstverständnis der Medizin lag der pädagogische Gedanke dem gelehrten Arzt ohnehin nicht fern. Erinnert sei nur an die umfassende Bedeutung des Begriffs »Diät«, der sich auf die gesamte Lebensführung des Patienten erstreckte. Der akademisch ausgebildete Mediziner verstand sich zudem meist auch als Philosoph, der Ratschläge und Anordnungen in familiären, moralischen, ja sogar in theologischen Angelegenheiten zu erteilen hatte.[1] Dies trifft in besonderem Maße auf Paracelsus zu, der in seiner Lehre Philosophie und Medizin untrennbar miteinander verband. In mehreren seiner Schriften hat sich Paracelsus immer wieder mit Erziehungsfragen beschäftigt.[2] In seiner »Auslegung über die zehen Gebott Gottes« wandte er sich dabei vor allem gegen das kirchliche Monopol und gegen die Praxis einer verkommenen und daher zur Erziehung unfähigen Geistlichkeit.[3] Die christlich verantwortlichen Eltern sollten die Erziehung der Kinder selbst in die Hand nehmen. Dabei sollten sie vor allem durch das Beispiel einer guten

Ehe wirken, heißt es in »De thoro, vidua et virgine«(verf.ca.1530). Den Müttern schrieb Paracelsus eine besondere Verantwortung für die Erziehung zu,[4] aber auch die Väter sollten sich daran beteiligen und es an körperlicher Züchtigung nicht fehlen lassen.[5] Darüber hinaus hat Paracelsus einige konkrete pädagogische Ideen entwickelt. Im Kind, schrieb er in »De fundamento scientiarum sapientaeque«, »ligent alle hantwerk, alle künst, aber nicht alle offenbar.« Als Erziehung verstand er vor allem »das aufwecken« dieser latenten Fähigkeiten,[6] das möglichst schon »in der wiegen«[7] beginnen sollte, denn »ein kint (ist) ein ambiguumm, darnach du es erwekst, darnach hastus.«[8]

Hier ist natürlich in erster Linie der Junge oder der junge Mann gemeint, der zum »magus«, zum Arzt und Philosophen ausgebildet werden soll. Aber hinsichtlich der Heranbildung schlechter oder guter Eigenschaften betrachtete Paracelsus auch das Mädchen als ein »ambiguum«, und diesen Gedanken hat er in seiner Schrift »De sagis et eorum operibus« mit großem Nachdruck in den Diskurs über die Hexerei eingeführt.[9] Drei Faktoren spielen nach Paracelsus eine Rolle, wenn ein Kind zu einem Verbrecher oder einer Hexe wird: die angeborene Fähigkeit zum Bösen, ein böser Geist und eine schlechte Erziehung. Es kann geschehen, daß der als »ascendens« verstandene böse Geist bei der Geburt von einem Kind Besitz ergreift. Er hält sich zunächst verborgen und »laßt das kint ein kint bleiben.«[10] Doch dem Menschen ist »ein fleischliche art aus Adam angeboren«,[11] die ihm Eigenschaften wie Haß, Neid, Untreue und Rachsucht nahelegt. Diese angeborenen Eigenschaften fördert der Ascendent schon im Kindesalter, er läßt »die kinder in solchem neit und haß aufwachsen, (...) damit er in irem alter die gewonheit in der hant hab.«[12] Wird dies nicht verhindert, so wird aus dem Kind nach der Geschlechtsreife ein Mörder, ein Dieb oder eine Hexe. Entscheidend ist nun, daß Paracelsus diese Entwicklung zum Bösen nicht als zwangsläufig und schicksalshaft betrachtet, sondern der Erziehung einen ausschlaggebenden Einfluß zuschreibt.

Leider sind drei Kapitel der Schrift verlorengegangen, in denen Paracelsus seine Ansichten über eine richtige Kindererziehung darlegt.[13] Doch belegt auch der erhaltene Text unzweideutig, daß die Erziehung für Paracelsus eine ebenso große Bedeutung hat wie das Wirken des bösen Geistes: »so wissen am ersten, das keine kein unholt sein mag, sie sei dan mit den unholdischen ascendenten geboren und von im durch erbare erziehung nicht gescheiden«.[14] Durch eine »erbare erziehung« ist es also durchaus möglich, den Einfluß des bösen Geistes zu neutralisieren. Die Hexe ist, zumindest teilweise, das Produkt einer falschen Erziehung. Folgerichtig sieht Paracelsus in der Erziehung der Mädchen das wirksamste Mittel gegen das Hexenwesen,[15] womit die Verantwortung für das Hexereiproblem zum großen Teil aus den Händen der Obrigkeit genommen und in den Zuständigkeitsbereich der Familie verwiesen wird. Dieser Gedanke eröffnet dem Menschen einen größeren Handlungsspielraum, eine höhere Verfügungsgewalt über sein Leben. Die Erziehung wird zum Kampfplatz gegen die bösen Geister, der Mensch kann hier als bewußt handelndes Subjekt den teuflischen Umtrieben einen Riegel vorschieben. In Bezug auf die Frauen gilt dies natürlich nur mit starken Einschränkungen, denn als Hexe wird die Frau von Paracelsus ausschließlich als Objekt der Umerziehung verstanden, und auch als erziehende Mutter ist sie zugleich immer der Leitung und Befehlsgewalt des Ehemannes unterworfen.[16]

Selbst wenn sich eine Frau bereits zur Hexe entwickelt hat, ist es nach Paracelsus' Ansicht noch nicht zu spät, sie durch erzieherische Maßnahmen wieder auf den richtigen Weg zu bringen. Der praktisch denkende Arzt listet eine Reihe von Merkmalen auf, an denen man die Hexen erkennen kann. Sobald die ersten dieser Kennzeichen bemerkt werden, soll man den Frauen helfen, »das sie in die arznei komen und von denen dingen erlöst werden«.[17] Die Hexen seien »hindan zuführen und sonderlich an zu halten, dieweil die ersten zeichen erfunden werden.«[18] Absonderung und eine besondere Art der Erziehung, bei der Fasten und Beten eine große Rolle spielen, dies ist die »arznei«, durch die Paracelsus die Bestrafung und Vernichtung der Hexen ersetzen will (»domit nicht das sie dester ergerlicher gehalten werden oder zum feur verurteilt und dergleichen.«).[19]

Paracelsus war weit davon entfernt, den wahren Charakter des Hexenglaubens zu durchschauen, das Problem lag nach seiner Ansicht immer noch bei den beschuldigten Frauen, die einer Behandlung bedürfen. Die Behandlung durch den Henker soll allerdings ersetzt werden von der Behandlung durch den Arzt, Priester oder einen anderen geeigneten Erzieher. In dieser Hinsicht wird die Hexe von Paracelsus folgerichtig mit der Besessenen gleichgesetzt. Die Anweisungen, die er für die Umerziehung der Hexen gab, unterscheiden sich nicht von den Vorschlägen, die er in seiner Schrift »De daemoniacis et obsessis« für die Behandlung von Besessenen machte. Paracelsus' Hexenschrift kündigte schon in der ersten Hälfte des 16. Jahrhunderts an, daß sich das Bild von der dämonischen Frau entscheidend verändern sollte: Die aktive, zaubermächtige Verbrecherin erscheint bei einer zunehmenden Zahl von Autoren eher als pathologischer Fall, als ohnmächtiges, passives Opfer des Dämons oder ungünstiger Lebensumstände.

Paracelsus konnte der Erziehung eine relativ große Bedeutung beimessen, da er den Einfluß der Ascendenten und anderer astraler Kräfte nicht als absolut betrachtete, sondern im Individuum ebenfalls Qualitäten und Kräfte wirksam sah, die dem Einfluß der Gestirne gleichrangig oder sogar überlegen sein konnten.[20] Einen ganz anderen gedanklichen Hintergrund hatte Johann Weyer, wenn er ebenfalls den Gedanken der Erziehung gegen die Hexenvernichtung ins Feld führte. Ausgehend von der Viersäftelehre, die Paracelsus scharf ablehnte, gelangte Weyer zu der Ansicht, daß Frauen weit stärker zur Melancholie neigten als Männer. Melancholiker galten aber als besonders anfällig für die Einflüsterungen des Teufels, und sie hatten nach Weyers Meinung noch eine weitere Schwäche: Sie neigten besonders zum »morbus irae«, der gefährlichen Krankheit des Zorns.[21] In Zorn und Haß gegen die Mitmenschen sah Weyer nicht nur ein wesentliches Motiv der Hexen,[22] sondern darüber hinaus auch die gefährlichste Seuche, die durch Krieg und Tyrannei das Land wie die Pest vernichte. In seiner umfangreichen Schrift »Vom Zorn. Iracundiae antidotum« (1585) behandelte er den Zorn als eine Krankheit, zu deren Heilung er neben medizinischen Ratschlägen ein ganzes Repertoire an Techniken der Affektbeherrschung an die Hand gab.

Als Grund für die weibliche Zornsucht führt Weyer in dieser Schrift neben der melancholischen »complexion« auch die geistige Schwäche des weiblichen Geschlechts an.[23] Wie Kinder, neigten auch Frauen wegen ihres schwachen Verstandes besonders zu Zornausbrüchen. Bei Frauen und Kindern äußert sich der Zorn aber weniger in aggressivem Verhalten, denn wegen ihrer Schwäche neigen sie eher dazu, sich durch »Greinen« und Tränenvergießen Luft zu machen.[24] Zwischen dieser weiblichen Variante der Zornsucht und dem Hexenwesen stellt Weyer in seiner Schrift »De praestigiis daemonum« folgende Verbindung her: Ist eine Frau voll Zorn und Haß gegen ihre Mitmenschen und außerdem noch melancholisch veranlagt, so ist sie ein leichtes Opfer für den Teufel. Da sie selbst viel zu ohnmächtig ist, um ihren Haß in Taten umzusetzen, spiegelt ihr der Teufel vor, sie könne mit seiner Hilfe Rache üben und durch Zauberei großen Schaden anrichten. Das sind jedoch nur »leppische Phantaseyen«, denn die Hexen können in Wirklichkeit nicht einen einzigen Regentropfen zustande bringen.[25] Die hexischen Untaten existieren für Weyer also nur in der verrückten Phantasie vom Teufel verblendeter Frauen. Wenn Hexerei aber nichts anderes ist, als eine Mischung aus bösem Willen und Verblendung, so muß es möglich und sinnvoll erscheinen, ihr durch angemessene Erziehung entgegenzuwirken.

Eine vorbeugende »natürliche Ertzney« gegen Zorn, Neid und Rachsucht sah Weyer in der richtigen »Aufferzihung« der Kinder, für die er in seiner Schrift »Vom Zorn« folgende Anweisungen gibt: Die Eltern sollen nicht so faul und vergnügungssüchtig sein, ihre Kinder aus dem Haus zu geben, statt sie selbst zu erziehen. Lehrer und Eltern sollen selbst nicht gleich zürnen und die Kinder schlagen, sondern freundlich und immer bemüht sein, mit den Mitteln der Vernunft auf ihre Zöglinge einzuwirken. »Der Mut wechset den kindern/ wenn man inen nachhengt/ und werden kleinmütig/ wenn man sie hart helt«,[26] darum sollte man das richtige Mittelmaß finden. Außerdem soll man die Kinder auch spielen lassen, da »zimliche lust die Gemütter lindert.«[27] Pädagogische Maximen wie Vernunft, Mittelmaß, Milde und Selbstbeherrschung verweisen bereits deutlich auf die Heranbildung bürgerlicher Verhaltensnormen. In ihnen sah Weyer die beste Gewähr dafür, daß aus Jungen keine tyrannischen Gewalttäter und aus Mädchen keine »boßhafftigen Weiber« werden. Und in »De praestigiis daemonum« führt Weyer dieselben Tugenden als das beste Mittel an, mit denen sich der Mensch vor dem Zugriff des Teufels schützen kann.[28]

Weyer sah in der Erziehung nicht nur eine vorbeugende Maßnahme, er betrachtete sie auch als die geeignete Behandlung für die Hexen. Er setzte sich dafür ein, »daß man diese alte Mütterlein / welche an irem Gemüt / vom Teuffel so gar verletzt / inen auch das Hirn so gar verrückt (...) fleissig gehört / und gründlicher in den fürnemmsten Artickeln unserer Christlichen Religion underwiese / auch mit grossem ernst anhalt und vermane...«.[29] Eine solche Bekehrung hält Weyer sogar für »gantz leicht«. Man müsse den Frauen dabei ihre langwierigen, falschen Gewohnheiten austreiben, sie sorgfältig kontrollieren und bei Rückfälligkeit gegebenenfalls den Unterricht verbessern. Deshalb gebühre es der christlichen Obrigkeit nicht, » daß sie arbeitselige vetteln / so (...) am glauben und auch gemüt oder natürlichem verstandt schwach seyn / (...) in so schendliche / grawsame böse Thürn hinab werfen«, unbarmherzig martern und auf den Scheiterhaufen bringen.[30]

Jene ohnmächtige Wut, die die »arbeitseligen vetteln« dem Teufel in die Hände treibt, hat nach Weyers Ansicht ihre Ursachen auch darin, daß diese Frauen unter sehr schweren Bedingungen leben und von ihren Mitmenschen schlecht behandelt werden. Das Geständnis einer gefolterten Frau, sie habe mit dem Teufel paktiert, gebuhlt und Schadenszauber verübt, kommentiert Weyer mit dem Hinweis, daß »diß aberwitzig weib in grosse mördliche armut gerathen« war. Kummer, Herzeleid und verzagter Mut hätten dazu geführt, daß die Frau sich diese Untaten einbildete. Wäre man ihr mit Barmherzigkeit und Freundlichkeit begegnet, so hätte man sie von solchem »Gauckelwerck« abbringen können.[31] Vor allem »dieweil die Unholden / alt und betagt / armuts unnd elendts halben in Zweiffelung gerathen«, kann der Teufel ihre Phantasie verwirren. Um seine Opfer unter Druck zu setzen, »helt er den armen Weibern ihre Armuth / Verachtung / Hassz unnd Neidt der Menschen für die Nase«.[32] Schlechte Behandlung durch die Menschen schafft die Voraussetzungen für den Zugriff des Teufels. Auch das Einsperren in Nonnenklöster, prügelnde Ehemänner und Zwangsheiraten begünstigen Hexerei- und Besessenheitsphänomene, da sie dem Treiben des Teufels Vorschub leisten.[33] Die schlechte soziale Lage und eine über Erziehungsfragen hinausgehende falsche Behandlung von Frauen werden von Weyer also deutlich mit der Hexerei in Zusammenhang gebracht. Die Argumentation wird in dieser Richtung nicht weiter entwickelt, und Weyer gibt kaum Hinweise darauf, wie Frauen richtig zu »halten« seien. Doch kommt in »De praestigiis« bereits der Gedanke zum Ausdruck, daß die Hexenverfolgungen durch eine angemessene Behandlung der Frauen zu ersetzen seien. Paracelsus und Weyer sahen in den Hexen eher schwache Opfer als mächtige Zauberinnen, doch rückten sie die beschuldigten Frauen immer noch in die Nähe des Dämons. Diese Frauen bildeten sich angeblich hexische Untaten ein und gestanden Verbrechen, die sie gerne begangen hätten. Sie gaben damit selbst den Anlaß für ihre Verfolgung, auch wenn diese von den beiden Ärzten mißbilligt wurde. Da sie die inkriminierten Frauen immerhin für verblendet oder böswillig hielten, führten Paracelsus und Weyer gegen die rohe physische Vernichtung der Hexen den pädagogischen Gedanken ins Feld, wobei sie die Frauen zum Objekt einer christlich–patriarchalischen Erziehung machen wollten. Einen gänzlich anderen Zusammenhang zwischen Erziehungsfragen und angeblichen Schwächen des weiblichen Geschlechts hatte Weyers Lehrer Agrippa von Nettesheim hergestellt. Für Agrippa waren die Frauen nicht Opfer dämonischer Kräfte, sondern Opfer eben jener patriarchalischen Erziehung, die Paracelsus, Weyer und viele andere Autoren forderten.

Als sich Agrippa 1509 in Dôle am Hofe Margaretes von Österreich aufhielt, schrieb er, wahrscheinlich um die Gunst der kaiserlichen Statthalterin bemüht, seine Abhandlung »Declamatio de nobilitate et præcellentia fœminei sexus«. Die Schrift enthält nicht nur die spielerische Rethorik, die der Form einer declamatio entspricht, sondern wirklichen Enthusiasmus für die Weiblichkeit und echtes Engagement für die Gleichberechtigung der Frau. Durch Nachstellungen von Seiten des Klerus an der Publikation gehindert, veröffentlichte Agrippa die Schrift erst 1529 in Antwerpen.[34] Schon 1530 ins Französche übersetzt, wurde sie bald zum Vademecum der »feministischen« Kreise um Margarete von Navarra, und bis in die Mitte des 18. Jahrhunderts erlebte die Schrift zahllose Auflagen und Übersetzungen.[35] Vor allem im französischen Humanismus entwickelte sich die Idee von der Überlegenheit der Frau[36] seit Ende des 15. Jahrhunderts zu einem literarischen Genre, das sich neben der frauenfeindlichen Satire behauptete.[37] Das Argumentationsschema, dem diese Schriften für lange Zeit folgten, stammt von Agrippa:[38] Die Argumente, die er in »De nobilitate« anführte, entnahm er einer sehr persönlichen Interpretation des Aristoteles, einer ebenso eigenwilligen Auslegung der Genesis, der galenischen Medizin, sowie einer Liste positiver Beispiele von Judith bis Jeanne d'Arc. Das Werk hat Schwächen und Widersprüche, aber es verfolgt seine Absicht offensiv und mit beißender Schärfe. Vor allem die bibelgestützte Kritik an der Inferioritätsthese führte dazu, daß es von der

Sorbonne und der katholischen Geistlichkeit, aber auch von Calvin hart attackiert wurde.

Mit seiner Schrift über die Überlegenheit des weiblichen Geschlechts hatte Agrippa die geistigen Wurzeln der Hexenverfolgungen angegriffen. Mit Recht hat G. Kimmerle betont, daß »De nobilitate« eine Verteidigung der Frau gegen die massenhafte Vernichtung unter dem Vorwurf der Hexerei darstellte.[39] Die Hexenpogrome beruhten zum erheblichen Teil auf dem weit zurückreichenden kirchlichen Traditionsstrang der Frauenverachtung und des Frauenhasses. Diese Voraussetzungen des inquisitorischen Fauenbildes hat Agrippa mit medizinischen und theologischen Argumenten in der schärfsten Form angegriffen. Im Gegensatz zu Paracelsus oder Weyer, die die These von der weiblichen Minderwertigkeit in modifizierter Form übernahmen, betonte Agrippa, daß Mann und Frau bis auf den Unterschied der Geschlechtsorgane völlig gleich seien, vor allem in Bezug auf ihren Verstand (mens, ratio).[40] In der Zeit, als der »Hexenhammer« seine furchtbare Wirkung entfaltete, schrieb Agrippa, daß alle, die die Frauen verachteten und haßten, von jeder Tugend und Frömmigkeit verlassen und keine Menschen zu nennen seien.[41]

Da Agrippa die Frau nicht als potentielle Hexe betrachtete, sah er in der Erziehung auch keine Vorbeugung gegen das Hexenwesen. Dennoch spielt die Mädchenerziehung in »De nobilitate« keine geringe Rolle. Die Frau hat zwar die gleichen Fähigkeiten wie der Mann, doch ist sie ihm im öffentlichen Leben unterlegen. Dies ist nach Agrippas Ansicht aber allein eine Folge der Gewohnheit und der Erziehung. Gegen göttliches und natürliches Recht wird die Freiheit der Frau durch die Tyrannei der Männer schon mit der Erziehung erstickt (educatione extinguitur). Sobald ein Mädchen geboren wird, fährt Agrippa fort, »a primis annis domi detinetur in desidia: ac velut altioris provinciæ incapax, nihil praeter acus et filum concipere permittitur.«[42] Die Entwicklung der Mädchen wird unterdrückt, indem man sie keinen Gebrauch von ihren Fähigkeiten machen läßt. Als ob sie zu nichts anderem fähig seien, gestattet man ihnen keine andere Beschäftigung, als den Umgang mit Nadel und Faden. Kaum haben sie dann das heiratsfähige Alter erreicht, so zwingt man sie unter die Herrschaft eines eifernden Ehemannes oder in die immerwährende Sklaverei des Klosterlebens: »Ubi exinde pubertatis annos attigerit, in maritita ditur zelotypum imperium, aut vestalium ergastulo perpetuo recluditur.«[43] Die Erziehung ist ein Schauplatz im Kampf der Geschlechter, denn die Frauen werden von den Männern wie in einem Krieg überwunden (mulieres viris tanquam bello victæ). Sie müssen den Siegern weichen, was aber keine natürlichen oder göttlichen Ursachen hat, sondern allein durch Gewohnheit, Erziehung und tyrannische Gesetze erzwungen wird.[44] Das Resultat ist die Verbannung der Frau aus dem öffentlichen Leben: Alle Ämter, selbst die Gerichtsfähigkeit bleiben ihr versagt. Was die

Verteidiger des »schwachen Geschlechts« als biologisch bedingte Schwäche der Frau proklamierten, war für Agrippa in Wirklichkeit ein Zustand gewaltsamer Unterdrückung. Die Herrschaft des Mannes wurde von ihm nicht aus natürlichen Ursachen gerechtfertigt, sondern gesellschaftlichen Ursachen zur Last gelegt, wobei er in der Mädchenerziehung eines der Hauptübel sah.

Gegen Ende der Schrift hat Agrippa seine Idealvorstellung von der Rolle der Frau in der Gesellschaft entwickelt. Anhand von Beispielen aus der antiken römischen und griechischen Geschichte entwarf er ein Bild, nach dem die Frau auf allen Gebieten völlig gleichberechtigt ist und hoch geachtet wird.[45] Die Verbannung der Frau aus dem öffentlichen Leben ist aufgehoben, sie kann sämtliche weltlichen und geistlichen Ämter bekleiden. Wenn, wie M. Angenot vermutet,[46] das literarische Motiv von der Überlegenheit der Frau eine Fortsetzung des überhaupt sehr fruchtbaren Topos des »mundus inversus« darstellte, so zeigt dieser Entwurf von Agrippa, wie der Topos der verkehrten Welt offen gesellschaftskritische und utopische Züge gewann - eine Entwicklung, für die Erasmus' »Lob der Torheit« (1511) als Musterbeispiel gelten kann. Wenige Jahre, nachdem »De nobilitate« geschrieben wurde, kam Thomas Morus auf den Gedanken, sein positives Gegenbild zu den bestehenden gesellschaftlichen Verhältnissen auf die Insel »Utopia« (1516) zu verlagern, und er begründete damit ein neues literarisches Genre. Auch auf Utopia sollte weitgehend die Gleichberechtigung der Frau herrschen, ebenso wie ein Jahrhundert später in Campanellas »Sonnenstaat« (1623). Agrippa folgte noch einem konventionellen Schema, indem er seinen Gegenentwurf in eine idealisierte Antike verlagerte. Doch seiner Haltung nach ist dieser Entwurf utopisch: Die bestehenden schlechten Zustände werden auf den Kopf gestellt, ein positiver Gegenentwurf zeigt die Wohltat, die eine Befreiung der Frau für alle Menschen bedeuten würde, und die mögliche Verwirklichung dieses Idealzustandes in der Zukunft wird angedeutet.

Was dieser Verwirklichung im Wege stand, war nach Agrippas Ansicht eben jene Art der Erziehung, die Paracelsus und Weyer als Mittel gegen reale oder eingebildete Hexerei anstrebten. Diese patriarchalische Erziehung, welche die Frauen in die bestehenden Herrschaftsverhältnisse eingliedern sollte, betrachtete Agrippa als eine Strategie der männlichen Kriegführung gegen das weibliche Geschlecht. Der Domestizierung der Frau schon im Mädchenalter, ihrer Zurichtung auf »Nadel und Faden«, setze er eine Erziehung zur Gleichberechtigung entgegen. Hat die Frau von Natur aus die gleichen Fähigkeiten wie der Mann, so sollte die Erziehung diese Fähigkeiten zur Entfaltung bringen. Die männlichen Ideologien über Beschaffenheit und gesellschaftliche Rolle der Frau entwickelten sich jedoch ganz und gar nicht in die von Agrippa gewiesene Richtung. Während einerseits die Hexenverfolgung immer schlimmere

Ausmaße annahm, versuchten auf der anderen Seite einige Gelehrte wie Johann Weyer, die Frau in Schutz zu nehmen, indem sie ihre naturbedingte Unterlegenheit mit medizinischen Argumenten zu beweisen suchten.

1.3 Die melancholische Frau als Opfer des Teufels

Mit seiner Absicht, Frauen vor der Hexenverfolgung zu schützen, sah Johann Weyer sich vor folgendes Problem gestellt: Viele Angeklagte gestanden hexische Untaten, berichteten ausführlich von ihrem Pakt mit dem Teufel, von der Teufelsbuhlschaft und von begangenem Schadenszauber. Diese Schilderungen entsprachen in stereotyper Weise der Hexenlehre und schienen sie zu bestätigen. Ein halbes Jahrhundert nach Weyer gelangte der Jesuit Friedrich von Spee (1591–1635) aus seinen Erfahrungen als Gefängnispfarrer zu der Erkenntnis, die dieses Phänomen auf einfache Weise erklärte. In seiner bekannten Schrift »Cautio Criminalis« (1631) schrieb Spee, man könne aus jedem Menschen einen Zauberer oder eine Hexe machen, wenn man ihn nur lange genug foltere.[1] Diese Einsicht fehlt bei Weyer. Zwar war auch ihm bekannt, daß Geständnisse erpreßt wurden,[2] doch war er nicht in der Lage, die Bedeutung dieses Umstandes zu erkennen und die entsprechenden Schlußfolgerungen daraus zu ziehen. Dieser Mangel, das wird in »De praestigiis daemonum« deutlich, steht in Zusammenhang mit Weyers Vorurteilen gegenüber dem weiblichen Geschlecht. Obwohl er die Hexenlehre angriff, übernahm er doch die Vorstellung, daß es die Frauen selbst waren, die den Anlaß zu ihrer Verfolgung gaben. Zwar entsprechen die Geständnisse der Hexen nach seiner Ansicht keineswegs der Wahrheit, aber sie sind auch nicht bloßes Resultat der Folter. Sie beruhen vielmehr darauf, daß sich die Frauen in ihrer melancholischen Verwirrung einbilden, Hexen zu sein. Um diesen Gedanken hat Weyer ein Gebäude an medizinischen Argumenten errichtet. Seine ganze Melancholiethese dient im Grunde dazu, die Geständnisse angeblicher Hexen so zu interpretieren, daß die Angeklagten entschuldigt werden. Hätte sich Weyer zu Spees Einsicht durchgerungen, daß es die Folter ist, die die Hexen macht, so hätte sich dieses ganze Gedankengebäude erübrigt.

Mit seinem Bemühen, die Hexen durch die Melancholielehre zu entschuldigen, konnte sich Weyer immerhin auf ehrwürdiges klassisches Gedankengut stützen. Daß die Melancholie das Bad des Teufels sei (melancholiam esse balneum diaboli[3]), war ein häufig zitierter Topos. Die Vorstellungen von der Melancholie basierten auf der antiken Viersäftelehre. Es galt als gesichert, daß ein Überschuß an schwarzer Galle (cholè: die Galle, melas: schwarz) neben Malaria, Krebs und anderen Krankheiten auch krankhafte Einbildungen und Wahnvorstellungen verursachen konnte. Diese schwarzgalligen Verzerrungen der Phantasie konnten alle nur denkbaren Formen annehmen. Weyer gibt eine Liste von Beispielen melancholischer Verwirrung, aus der hervorgeht, daß nahezu alle Menschen, denen nach damaligen Maßstäben der »sinn verruckt« war, als Melancholiker bezeichnet werden konnten.[4] Nun ist es aber nach Weyers Ansicht vor allem das weibliche Geschlecht, das wegen seines kalten und feuchten Temperaments »mehrteils Melancholisch befunden wirt.«[5] So geschieht es vor allem Frauen, daß üble Feuchtigkeiten und Dämpfe von der schwarzen Galle zum Gehirn aufsteigen, wo sie Trugbilder und Wahnvorstellungen hervorrufen.[6] Solche Halluzinationen entstehen vor allem dann, wenn die Imaginatio, die imaginierende Kraft, in Mitleidenschaft gezogen wird. Die Lehre von der Imagination war ebenfalls ein medizinisches Gedankengut von hohen Würden. Die »vis imaginatrix« galt als eine natürliche, physiologische Kraft von erheblicher Bedeutung. Eine Einbildung war im Sinne dieser Lehre nicht eine Vorstellung, der keine Wirklichkeit entspricht, sondern ein im Körper wirksames Bild, dem ein hoher Realitätswert zukam.[7] Ein solches Bild konnte im Körper entstanden oder durch die Sinnesorgane aus der Außenwelt in den Körper gelangt sein. Um die reale Wirkkraft der Imagination zu verdeutlichen, führt Weyer die alte Vorstellung an, daß durch starkes Imaginieren einer Schwangeren das Kind im Mutterleib geschädigt werden kann (z.B. durch Bewirken einer Hasenscharte).[8] Nicht nur zur Melancholie, auch zur Imagination neigt die Frau stärker als der Mann. Ihre Einbildungskraft wird weniger durch den Verstand kontrolliert, außerdem ist sie furchtsamer, und die Furcht, das betont Weyer besonders, ist ein wesentlicher Antrieb für die Imagination.[9]

Ihre Anfälligkeit für die Melancholie und ihre Neigung zur Imagination stellen in ihrem Zusammenwirken eine besondere Schwäche der Frau dar. Weyer betont, daß ein Überwiegen der schwarzen Galle die Imagination in klassischer Weise stört, daß krankhafte Einbildungen und Wahnideen zu den typischen Symptomen der Melancholie gehören. Diese Verbindung von Melancholie und Imagination schafft nun die besten Voraussetzungen für den Eingriff des Dämons, und aus der Verbindung von Melancholie- und Imaginationslehre mit der Dämonologie erklärt Weyer die Hexerei, die für ihn immer eingebildete Hexerei ist.

Zunächst führt er den »Phenix aller Artzen Galenus« als Zeugen dafür an, daß »die Vis imaginatrix oder innerliche einbildung von den ubrigen (überschüssigen) feuchtigkeiten deß Menschlichen Leibes dermassen verwüstet« werden kann, daß den Betroffenen »viel ding / die aber in der warheit nichts denn wie ein Traum ihn schlaff/ oder schatten an der Wandt/ fürkommen unnd vorschweben...«.[10] Da diese inneren Bilder auch von den Sinnesorganen Besitz ergreifen, entsteht eine perfekte Illusion, und es ist den Betroffenen nicht möglich, diese Trugbilder von der äußeren

Wirklichkeit zu unterscheiden: »Daher denn gentzlich erfolgt / daß die fürkommenden Bilder / so in der vorbildung entstehen / mehrteils auch durch den Spiritum visorium in Nervis Opticis widerscheinen / und das so eigentlich und wesentlich / daß solchen angefochtenen Personen ein jede / den todt darob erlitte / ehe sie / daß es anderst warlich ergangen / bekendtlich unnd anredt were.«[11] Wesentlich ist nun, daß der Dämon als ein geschickter Illusionskünstler diesen Vorgang beeinflussen kann: »Auff solche weise mögen nun die bösen Geister gar leichtlich die Spiritus unnd Feuchtigkeiten der innerlichen und eusserlichen sinnen bewegen/ unnd in die Organa oder Instrument derselben etliche gestalten einführen / daß den Menschen/ er schlaffe oder wache/ nicht anderst/ dann als wenn er solche warhafftig gesehe/ bedünckt.«[12] Dies kann jedem Menschen im Schlaf widerfahren, jedoch werden Frauen, vor allem Melancholikerinnen, auch im wachen Zustand häufig von solchen dämonischen Trugbildern heimgesucht: »Solches vermag nun der Satan viel leichter / vorab in denen / so als zu einem betrug kömmliche Instrument sindt / den Weibern nemlich / auch so nicht wol bey inen selbst / welche er mit solchen gestalten / die er inen weiß gantz anmütig seyn / fatzt unnd umbtreibt. Und wie den vollen / unsinnigen / unnd Melancholischen die Ratio oder vernunfft / durch ihre böse feuchtigkeiten unnd dämpff / geschendet wirdt / also kan sie auch der Satan / welcher selbst ein Geist ist / bewegen / zu seinem fatzwerck (...) brauchen / und dardurch die vernunfft dermassen verderben / daß sie deren dingen die niergendt in der Welt vohanden / (...) nicht anderst / denn als ob sie zugegen / fassen / und darob auch steiff halten.«[13]

Dies ist Weyers Beschreibung des Mechanismus, dessen sich der Dämon bedient, um die Hexen zu verblenden. Um sich zu tarnen und Unglauben zu stiften, treibt er die Frauen zu der Wahnvorstellung, sie hätten all die Verbrechen begangen und die Schäden angerichtet, die er in Wirklichkeit selbst verursacht hat. Die angeklagten Frauen sind von ihrem Hexentreiben also selbst völlig überzeugt, »... derhalben sie es auch / so sie peinlich gefragt / verjähen«[14] - eine Formulierung, an der Weyers Ignoranz gegenüber der Folter besonders deutlich wird. Auf der Grundlage dieser medizinisch-dämonologischen Ansichten widerlegt Weyer nun die einzelnen Bestandteile der Hexenlehre von der Teufelsbuhlschaft bis zum Hexensabbat. All diese Phänomene existieren nach seiner Auffassung »nur im geist und nit im leibe« (fieri in spiritu, non in corpore),[15] sind lediglich Produkte einer verstörten Einbildung. Etwas vereinfacht läßt sich sagen, daß eine Hexe für Weyer eine Frau ist, die sich einbildet, eine Hexe zu sein. An manchen Formulierungen - er spricht zum Beispiel von »Weiber(n) so Hexen unnd Unholden gennenet werden«[16] - wird dann auch deutlich, daß der Begriff »Hexe« für Weyer stark an Realitätswert verloren hat.

Die weiblichen Neigungen zu Melancholie und unkontrollierter Imagination sind zwar die wichtigsten Ursachen der eingebildeten Hexerei, doch kommen noch andere weibliche Schwächen, wie Leichtgläubigkeit, schwacher Verstand, Unbeständigkeit etc. hinzu.[17] In einem Kapitel mit der Überschrift »Von leichtglaubigen und schwachheit deß Weiblichen geschlechts« wiederholt Weyer immer wieder mit verschiedenen Formulierungen den gleichen Gedanken: Das weibliche Geschlecht ist »von Natur unnd seines Temperaments halben (...) das schwecher Geschirr« (vgl. 1.Petr 3)[18] Bei dem Bemühen, das Dämonische naturkundlich zu erfassen, verändert Weyer die Auffassung von der Inferiorität der Frau: Die erbsündliche Verderbtheit der Evastochter wird als Hauptargument für die weibliche Inferiorität verdrängt durch die Anfälligkeit des weiblichen Organismus, dessen Körpersäfte, Dünste, Nerven und Sinnesorgane der Dämon manipulieren kann. Die Frau hat zwar immer noch eine gewisse Neigung zur Böswilligkeit, doch die moraltheologische Diskriminierung wird im wesentlichen abgelöst durch die Ansicht, daß die Frau »von Natur« aus schwach ist. Der Paradigmawechsel, in dem die Hexe von einer mächtigen, lebensbedrohenden Zauberin zu einem Wesen des Traums, des Wahns entwirklicht wird, ist nur ein besonders deutlicher Teilaspekt einer umfassenderen Veränderung, die sich im Deutungsmuster der Weiblichkeit vollzieht. Hatte Thomas von Aquin im 13. Jahrhundert den Gedanken der schuldfreien, biologisch bedingten Unterwerfung (subjectio) der Frau eingeführt, ohne die traditionelle Auffassung von der erbsündlichen Unterwerfung in Frage zu stellen,[19] so zeigt sich im Wirklichkeitshorizont »aufgeklärten« Denkens im 16. Jahrhundert, daß der Inferioritätsgedanke zunehmend naturkundlich begründet wird, während die moralisch-theologische Diskriminierung in den Hintergrund tritt.[20] Die Verschiebung des Hexenbildes von der gefährlichen Teufelsagentin zur armen Irren verläuft parallel zur Verschiebung des Frauenbildes vom sündhaften zum schwachen Geschlecht.

Besonders deutlich manifestiert sich dieser Paradigmawechsel in zwei gegensätzlichen etymologischen Erklärungsversuchen, die sich im »Malleus Maleficarum« und in »De praestigiis daemonum« finden. Die Verfasser des »Hexenhammer« hatten das Wort »fœmina« aus »fe et minus« als ein Synonym für »Unglauben« erklärt.[21] Weyer dagegen leitet das Wort »mulier« von »mollis« ab, da »die Weiber / wie gesagt / weich gebacken / zart und gar schwach seyen«.[22] Diese Etymologie ist ebenso willkürlich wie die von Institoris und Sprenger, zeigt aber gerade deshalb sehr gut den Unterschied in der Auffassung von der weiblichen Minderwertigkeit. Der Paradigmawechsel von scholastischer Dämonologie zu medizinischer Aufklärung, vom sündhaften zum schwachen Geschlecht, ist jedoch nicht als scharfer Schnitt zwischen einander unvermittelt ablösenden Deutungsmustern zu verstehen, die Übergänge sind vielmehr fließend.

Der Vorgang spiegelt vor allem den allmählichen Aufstieg naturwissenschaftlicher Erklärungsmuster, die vom Gedankenspiel zur beweiskräftigen Argumentation avancierten. Während die sozialen Ursachen für die Diskriminierung der Frau bestehen blieben, bildete sich die Übereinkunft heraus, daß naturwissenschaftlichen Argumentationen eine hohe Beweiskraft zukomme. So verdrängte die medizinisch–naturwissenschaftliche »Beweisführung« zunehmend die moraltheologische Argumentation. Das Verfahren, diskriminierende Denkweisen mit scheinbar naturwissenschaftlichen Argumenten zu rechtfertigen, erlebte am Beginn der frühen Neuzeit einen Aufschwung, der sich bis ins 20. Jahrhundert fortgesetzt hat.[23] Die Hexen wurden zwar von der Nachwelt rehabilitiert, doch die Naturwissenschaften müssen gerade wegen ihrer Überzeugungskraft bis heute dazu herhalten, Vorwände für die Diskriminierung von Gruppen oder Individuen zu liefern.

Die Rehabilitation der vermeintlichen Teufelsagentin begann im 16. Jahrhundert damit, daß die Frauen in der Gestalt der Hexe der Lächerlichkeit preisgegeben wurden. »Wer wil aber mit warheit sagen«, schreibt Weyer, »dz solche alte Vetteln / als närrische instrumenta und organa den Himmel / Erd / Wolcken / und Lufft / solte bewegen und verändern können?«[24] Diese Aussage, die sich präzise gegen die Agentur–Lehre der Hexenverfolger richtet, stellt das Hauptargument dar, mit dem Weyer die Hexen vor juristischer Verfolgung in Schutz nimmt. Da die Unholden »weder willen / vernunfft / rath oder that / verstand noch anders haben«,[25] sind sie völlig unzurechnungsfähig und deshalb nach dem Römischen Recht nicht zu strafen.[26]

Aus alldem zieht Weyer den Schluß, »dz die Unholden viel mehr die leidenden denn die wirckenden seyen«.[27] Dieser Gedanke schlägt sich auch in seiner Wortwahl nieder. Nachdem er erklärt hat, wie der Dämon die melancholischen Hexen verblendet, nennt er sie nicht selten »nostræ mulierculæ«[28] oder »misellæ Dei creaturæ«[29], in der Übersetzung von Füglin werden sie als arme Weiblein«,[30] »die armen ohnmechtigen Hexen«[31] oder gar »unsere armen Hexlein«[32] bezeichnet. Die Hexen sind eher Opfer als Täterinnen. Nicht sie treiben andere Menschen in die Besessenheit, sie sind selbst vom Teufel besessen. Er ergreift Besitz von ihrer Imagination, und in ihrem Körper wüten unbeherrschbare dämonische Kräfte: »Derhalben mögen sie billicher verzauberte Weiber / denn Zauberweiber genennet werden.«[33] Eingebildete Hexerei, Besessenheit und andere dämonische Krankheiten entstehen nach Weyer auf die gleiche Weise.[34] Sie werden gleichermaßen dadurch verursacht, daß der Teufel die Feuchtigkeiten, Dämpfe und Nerven des menschlichen Körpers manipuliert und verwirrt. Schon von der Pathogenese her erscheint Hexerei also als ein Sonderfall von Besessenheit. Auch die allgemeinen Symptome, die Hexen und andere Besessene erkennen lassen, sind so ähnlich, daß man beide Gruppen nicht voneinander unterscheiden kann.[35] Weyer beruft sich in diesem Zusammenhang auf die Melancholielehre, die Cardano (1501–1576) in seiner Schrift »De rerum varietate« entwickelt hatte, und gibt eine Liste von Symptomen, an denen man die Hexe, die Melancholikerin und die Besessene gleichermaßen erkennen kann. Hatte Paracelsus in seiner Schrift »De sagis et eorum operibus« als Erkennungszeichen der Hexen vor allem anomal erscheinende Verhaltensweisen aufgelistet,[36] so bilden die von Weyer angeführten Merkmale eine Liste von Krankheitssymptomen: Unterernährung, äußerst grämliches Aussehen, schlechter Atem, unsinniges Reden und allgemeine Häßlichkeit.[37] (Unabhängig von seiner Haltung zur Hexerei ist es als wirkliches Verdienst von Weyer anzuerkennen, daß er die Unterernährung mit Zuständen geistiger Verwirrung in Zusammenhang gebracht hat.)

Nicht nur hinsichtlich ihrer Ursachen, auch in Bezug auf ihre Symptome wird die Hexerei von Weyer also als ein Spezialfall von Besessenheit behandelt. Es sollte nicht von den Handlungen, sondern eher von den Leiden (actiones seu potius passiones) der angeblichen Hexen gesprochen werden, betont Weyer. Denn »was können sie denn ärgers oder schwerers / denn auch andere so irer sinn beraubt / vom Teuffel besessen/ oder die so da schlaffen / verwircken oder begehen?«[38] In ihrem Buch »Teufelsaustreibungen« hat Cécile Ernst herausgearbeitet, daß man Hexerei im 16. Jahrhundert zwar als mögliche Ursache der Besessenheit betrachtete, daß zwischen beiden Phänomenen aber normalerweise deutlich unterschieden wurde.[39] Auch wurden beide Erscheinungen meist in unterschiedliche Beziehungen zur Melancholie- oder Hysterielehre gesetzt. Bei Weyer aber wird bereits ein verändertes Deutungsmuster sichtbar: Die aktive Hexe wird zur passiven Besessenen. Michel Foucault hat dargestellt, daß sich im Frankreich des 17. Jahrhunderts der Hexenprozeß weitgehend zum Besessenheitsprozeß entwickelte.[40] Vor allem in den Städten richteten sich diese aufsehenerregenden Verfahren meist gegen Priester, die ihre weiblichen Opfer dem Teufel in die Hände getrieben haben sollten. Bei diesen Prozessen, in denen häufig Unzucht im Mittelpunkt stand, wurden vor allem Männer als Verbündete des Dämons vorgeführt, während die Frauen weitgehend in der Rolle der Verführten und Unschuldigen auftraten.[41] Die Veränderung des sozialen Deutungsmusters der Weiblichkeit in Richtung auf das »schwache Geschlecht« und die Verwertbarkeit der Hexenprozesse gegen politische oder konfessionelle - das heißt männliche - Gegner wirkten dabei zusammen und verstärkten diese Tendenz. Hinzu kam das wachsende Bedürfnis des absolutistischen Staates nach Sozialdisziplinierung: Die weitere Entwicklung im 17. Jahrhundert ging nicht nur in Frankreich, sondern mit dem Erstarken den Absolutismus auch in den protestantischen Ländern dahin, die Hexe als arme Verrückte eher in Irrenanstalten oder Gefängnisse zu sperren, als sie dem Inquisitor und dem Scheiterhaufen zu überliefern.[42] Foucault hat betont, daß Johann Weyer ein wichtiger theoretischer Wegbereiter für diese Entwicklung gewesen ist.[43]

Tatsächlich erscheint schon bei Weyer die Frau als Opfer nicht nur des Dämons, sondern auch des Mannes. Da gibt es »freche und geile junge Gesellen«, welche »die guten schwesterlein« eines Nonnenklosters in die Besessenheit treiben. Da gibt es einen treulosen Verlobten, der ein Mädchen in solche Betrübnis stürzt, daß es bald dem Teufel in Gestalt eines schönen Jünglings in die Hände fällt.[44] Von einem Vater wird berichtet, der seine Tochter auf barbarische Weise verstümmelt, um sie vom Sexualverkehr abzuhalten.[45] Auch die von Weyer so verachteten Wundärzte treten wiederholt als schurkische Verführer weiblicher Unschuld auf.[46] Ein Pfarrer versucht einer Frau zuzusetzen, indem er sich, mit einem Bettlaken als Poltergeist verkleidet, in ihr Schlafzimmer schleicht.[47] Die »Zauberpfaffen« aus den Reihen der katholischen Geistlichkeit bilden natürlich das Hauptangriffsziel. Es wurde bereits dargestellt, daß Weyer in ihnen die eigentlichen Agenten des Dämons sieht, denen gegenüber sich die Hexen in der Rolle verleumdeter Opfer befinden.[48] Die Schwarzkünstler und »Zauberpfaffen«, hebt Weyer mehrmals hervor, seien schon deshalb gefährlich, weil sie gelehrt seien und ihre Kunst aus Büchern hätten, während die Hexen nicht nur verblendet und verrückt, sondern auch völlig ungebildet seien und nicht einmal lesen könnten.[49] Die Stoßrichtung des Angriffs wird also von den ländlichen Frauen abgelenkt und richtet sich gegen Gelehrte, vor allem städtische Intellektuelle.

Natürlich führt Weyer auch viele theologische und juristische Argumente ins Feld, doch steht die medizinische Argumentation im Mittelpunkt. Sie stellt den Hebel dar, mit dem Weyer die geläufigen Anschauungen über Hexerei so dreht, daß nicht die weiblichen Verfolgten, sondern die männlichen Verfolger als die Schuldigen erscheinen. Der Punkt, an dem er diesen Hebel ansetzt, ist der Gedanke von der Schwäche des weiblichen Geschlechts. Auch wenn Weyer mit seinem Anliegen wenig unmittelbaren Erfolg hatte, so kam in »De praestigiis daemonum« doch ein bedeutender Wandel im sozialen Deutungsmuster der Weiblichkeit zum Ausdruck, der sich im 17. Jahrhundert fortgesetzt hat. Im historischen Rückblick erscheint Weyers Buch als ein früher Schritt auf dem Weg zum bürgerlichen Frauenbild, wie es im 18. Jahrhundert deutlich hervortritt. Ansichten, denen zufolge die Frau eher schwach, zerbrechlich und schutzbedürftig ist, nach denen der Teufel viel eher den Mann reitet, der als Verführer weiblicher Unschuld, als Verfolger passiver weiblicher Opfer auftritt, verfestigten sich in der Folgezeit soweit, daß die Vorstellung von einem Heer aggressiver, zaubermächtiger Hexen immer mehr an Bedeutung verlor.

1.3.1 Exkurs: Die Pathologisierung der Hexe in der modernen Psychiatriegeschichtsschreibung

In der wissenschaftlichen Literatur, die im 19. und 20. Jahrhundert über die Hexenverfolgungen erschienen ist, herrscht weitgehende Übereinstimmung darüber, daß die Geständnisse der Hexerei angeklagter Frauen und Männer einen Widerhall der Hexenlehre darstellten, der durch Haft und Folter, häufig auch unter Zuhilfenahme vorgefertigter Fragelisten (interrogaria) erzwungen wurde.[1] Weyers mangelnde Einsicht in diesen Sachverhalt kann durch seine zeitbedingt beschränkte Perspektive erklärt werden. Jedoch finden sich auch unter den modernen Psychiatriehistorikern nicht wenige Autoren, welche die Berichte über hexische Untaten nicht als Resultat der Folter, sondern als Ausdruck von Geisteskrankheiten der Angeklagten interpretieren.

Ein wichtiger Wegbereiter dieser Auffassung war der amerikanische Medizinhistoriker Gregory Zilboorg.[2] Seine 1935 im Druck erschienene Vorlesungsreihe »The medical man and the witch during the renaissance«[3] bezieht sich zum großen Teil auf Weyers Hauptwerk, das Zilboorg als historisches Beweismaterial für die Geisteskrankheit der angeklagten Frauen interpretiert. Aus »De praestigiis daemonum« gehe hervor, schreibt Zilboorg, daß Weyer überhaupt nicht an den Teufel glaube, daß er das Wort vielmehr in dem Sinne benutze, »as we use the colloquial expression *crazy*.« Ganz allgemein habe der Begriff »Dämon« im 16. Jahrhundert nichts anderes bezeichnet, als die modernen Worte »Komplex« oder »Minderwertigkeitskomplex«.[4] Aus diesem Blickwinkel wird aus Weyer ein »enlighted man«,[5] der, frei vom Dämonenglauben seiner Zeit, niemals den positivistischen, empirischen Standpunkt des Mediziners verläßt.[6] Weyers Bemühungen, die Geständnisse hexischer Untaten als Folge melancholischer und dämonischer Verblendung zu erklären, werden von Zilboorg durchweg als psychiatrische Diagnosen ernst genommen. Er hält diese Diagnosen darüber hinaus für so zutreffend und modern, daß er Weyer zum »founder of modern psychiatry«[7] erklärt, der seiner Zeit um Jahrhunderte voraus gewesen sei und klinische Entdeckungen des 20. Jahrhunderts über Schizophrenie und Halluzinationen vorweggenommen habe.[8]

Mit der Überbewertung Weyers als Begründer der modernen Psychopathologie stützt Zilboorg seine These, daß es sich bei den Opfern der Hexenprozesse um fehldiagnostizierte Geisteskranke gehandelt habe. Generalisierend stellt er fest: »Witches were mentally sick women.«[9] Die zahlreichen Historien und Exempel, die Weyer für die Verblendung der

Hexen anführt, betrachtet Zilboorg als klinisches Studienmaterial, das ihm genügt, um bei den betreffenden Frauen halluzinatorische Zustände, Hysterien oder Schizophrenien zu diagnostizieren. Selbst wenn Weyer hervorhebt, daß es sich bei derartigen Schilderungen um erfolterte Geständnisse handelt, die er Gerichtsakten entnommen habe, spricht Zilboorg unbeirrt von »the pathological hallucinatory nature« solcher Berichte, wobei er Weyers Hinweis auf die Folter unterschlägt.[10]

In Zilboorgs Schrift findet sich kein einziger Beleg dafür, daß sich Frauen freiwillig, das heißt unabhängig von den Zwangsmaßnahmen eines Gerichtsverfahrens, als Hexen bezeichnet und entsprechende Handlungen oder Erlebnisse beschrieben hätten. In Weyers umfangreichem Werk findet sich kein Beispiel für einen derartigen Fall, und es ist zu bezweifeln, ob überhaupt ein Dokument solcher Art existiert. Vielmehr ist davon auszugehen, daß die Geständnisprotokolle von Hexenprozessen keine wirklich freiwilligen Aussagen der Angeklagten enthalten, auch wenn diese mitunter als »gütliche« Aussagen bezeichnet wurden. Allein die Haftbedingungen, von deren Grausamkeit wir aus vielen Quellen wissen, waren dazu angetan, den Willen der Inhaftierten zu brechen. Zudem versuchte man oft, die Begklagten vor der eigentlichen Tortur mit Drohungen zu zermürben, wobei ihnen die Folterinstrumente vorgeführt (territio verbalis) oder angelegt (territio realis) wurden, ohne zunächst zur Anwendung zu kommen. Schilderungen von der Teufelsbuhlschaft, von Schadenszauber oder Hexenflügen, die auf diese Weise erzwungen wurden, figurieren in den Protokollen als »gütliche« Aussagen. Sie belegen keineswegs die Geisteskrankheit oder die halluzinatorischen Erlebnisse der Angeklagten, sondern die Grausamkeit der Gerichtsverfahren.

Angesichts dieser Quellenlage erweist sich die Behauptung, die typische Hexe sei eine halluzinierende Geisteskranke gewesen, als unhaltbar. Ebenso verfehlt ist der neuere Versuch von H.P. Dürr, auf der Grundlage einer Unterscheidung von »gütlichen« und »peinlichen« Geständnissen die Hexe als Trägerin einer Gegenkultur zu deuten, die mit »bewußtseinsverändernden Pflanzen« operierte.[11] Allerdings sind im Zusammenhang mit Hexenprozessen auch Äußerungen der Angeklagten überliefert, die nicht unmittelbar durch Willkürmaßnahmen erzwungen wurden. In diesen Zeugnissen, abgefangenen Briefen zum Beispiel, beteuern die Beklagten jedoch durchweg ihre Unschuld und erklären, daß ihnen alles, was sie über ihr angebliches Hexentreiben ausgesagt hätten, nur durch die Folter abgepreßt worden sei.[12]

Die Fehleinschätzung Weyers, wie sie sich bei Zilboorg zeigt, ist von der Forschung inzwischen korrigiert worden.[13] Als zählebiger hat sich die These erwiesen, daß es sich bei den Hexen typischerweise um Geisteskranke gehandelt habe.[14] Dazu hat auch Erwin Ackerknecht beigetragen, der in seiner ansonsten immer noch grundlegenden Schrift »Kurze

Geschichte der Psychiatrie« ausgerechnet die frauenfeindlichen Haßtiraden des »Malleus maleficarum« als Beleg dafür anführte, »daß nicht nur die Besessenen, sondern auch viele Hexen geisteskrank waren«[15]. Während Ackerknecht aber seine Diagnose mit einer vorsichtigeren Formulierung auf »viele Hexen« bezogen hat, verallgemeinerten andere Autoren den Befund der Geisteskrankheit auf »die Hexe« schlechthin. In einem geläufigen, auch im deutschen Sprachraum weit verbreiteten Handbuch, »The history of psychiatry« von Alexander und Selesnick, wird das Bild von der geisteskranken Hexe in besonders unredlicher Weise ausgemalt: »A witch relieved her guilt by confessing her sexual fantasies in open court; at the same time, she achieved some erotic gratification by dwelling on all the details before her male accusers. These severely emotionally disturbed women were particularly susceptible to the suggestion that they harbored demons and devils and would confess to cohabiting with the evil spirit, much as disturbed individuals today, influenced by newspaper headlines, fantasy themselves as sought-after murderers.«[16] Die furchtbare Lage von Opfern der Hexenverfolgung mit der Situation eines geistig verwirrten Zeitungslesers unserer Zeit zu vergleichen, stellt bereits eine unzulässige Verharmlosung der Hexenprozesse dar. Gänzlich verfehlt und unredlich ist jedoch die generalisierende Behauptung, daß die gefolterten Frauen einen erotischen Genuß beim Ablegen von Geständnissen empfunden hätten, deren Inhalt lediglich von den Erwartungen ihrer Peiniger bestimmt war.

Trotz ihrer frauenfeindlichen Vorurteile war Johann Weyers forensisch-psychiatrische Argumentation in ihrer Zeit Ausdruck eines humanen Eintretens für die Opfer der Verfolgungen. Das trifft jedoch nicht auf die nachträgliche Pathologisierung dieser Opfer zu, die zum Teil unter Rückgriff auf Weyers Werk in den vergangenen Jahrzehnten betrieben wurde. Die psychiatrische Perspektive auf die Hexenprozesse hat die Aufmerksamkeit nicht auf die Verfolger und deren Motive gelenkt, sondern auf die Verfolgten, die sie für geisteskrank erklärt. Zilboorg und auch Ackerknecht führen den »Hexenhammer« nicht als Dokument für den Wahnwitz seiner Verfasser, sondern als Beleg für die Geisteskrankheit der darin verleumdeten Frauen an. Was sich in Übereinstimmung mit den Quellen als Resultat der Androhung oder Anwendung brutalster körperlicher Martern darstellt, wird leichtfertig als Ausdruck eines unter der weiblichen Bevölkerung verbreiteten Massenwahns interpretiert, durch den die verfolgten Frauen ihre Verfolgung wesentlich mitverursacht haben sollen.

Weyers bleibendes Verdienst besteht in seiner Empörung gegen die Grausamkeit der Hexenverfolgung und gegen despotische Willkür im allgemeinen. Der psychiatrische Rückgriff auf Weyer bezog sich aber gerade auf diejenigen Aspekte seines Werkes, in denen seine zeitbedingt mangelhafte Einsicht in die Bedeutung der Folterpraxis, in den Mechanismus der Prozesse und seine Vorurteile gegenüber dem schwachen, zu Wahnvorstellungen und Geisteskrankheiten neigenden Geschlecht zum Ausdruck kommen.[17]

1.4 Der Einsatz der Hysterielehre zur Entlastung der Hexen

In den Jahrzehnten, die auf die Veröffentlichung von »De praestigiis daemonum« (1563) folgten, entstand unter Medizinern, Theologen und Juristen ein Streit um Weyers Melancholiethese. Die Auffassung von der typischen Hexe als einer schwachsinnigen Melancholikerin fand einige Anhänger, aber auch namhafte Gegner, sie wurde häufig angegriffen und erwies sich als eine besonders schwache Stelle in Weyers Argumentation. Dies führte letztlich dazu, daß der englische Arzt Edward Jorden (1569–1632) die Melancholielehre als Instrument zur Verteidigung der Hexen durch die Hysterielehre ersetzte.

Eine halbherzige Unterstützung fand Weyer für sein Melancholie-Argument zunächst bei dem protestantischen Arzt Johann Ewich, der seit 1562 Stadtphysikus in Bremen war. In seiner Schrift, »De sagarum natura« (1584) beschrieb Ewich die Hexen mit recht vagen Formulierungen ebenfalls als schwache, »gleichsam melancholische« Frauen (quasi melancholicæ), die zumindest zeitweilig delirierten und durch die Trugwerke des Teufels verblendet würden.[1] Andererseits übernahm Ewich auch viele Auffassungen von Weyers Gegnern, so daß seine Stellungnahme insgesamt eher einen Kompromiß darstellt. Eindeutiger äußerte sich der Jurist Johann Georg Godelmann, der in seiner Schrift »De magis, veneficis et lamiis« (1591) sehr häufig die Meinungen von Medizinern zu Fragen der Hexerei zitiert hat. Unter Berufung auf Weyer bezeichnete er die Hexen als leidende, unzurechnungsfähige Melancholikerinnen, die in den meisten Fällen straffrei ausgehen sollten.[2]

Zu den entschiedenen Gegnern Weyers gehörte der bekannte Arzt, protestantische Theologe und Philosoph Thomas Erastus[3] (Th.Liebler, 1524–1583). Ein teils öffentlich, teils in privater Korrespondenz geführter Schlagabtausch zwischen beiden Ärzten führte dazu, daß Erastus schließlich mit einer längeren Schrift, seiner »Disputatio de lamiis seu strigibus« (1578)[4] gegen Weyer zu Felde zog. Das in Dialogform verfaßte Werk zeigt das Bemühen, die Hexenlehre mit verfeinerten, »wissenschaftlichen« Argumenten abzustützen, damit möglichst keine Hexe dem Tod durch den Strang oder den Scheiterhaufen entgehe. Es liefert ein Beispiel dafür, mit welcher lebensbedrohlichen Intoleranz und abergläubischen Borniertheit sich auch protestantische Gelehrte für die Hexenverfolgungen einsetzen konnten. Erastus legte besonderen Wert darauf, Weyers Argument hinsichtlich der Melancholie zu widerlegen. In der »Disputatio de lamiis« bringt einer der beiden Dialogpartner, der die Kritik an der Hexenlehre repräsentiert, Weyers Melancholiethese als Argument gegen Erastus vor. Dieser antwortet, unter den Hexen fänden sich keineswegs nur alte Melancholikerinnen, sondern auch viele junge, gesunde Frauen und sogar Männer. Außerdem könnten die Berichte über das Hexentreiben nicht melancholische Halluzinationen und Träume zur Grundlage haben, denn die Angeklagten machten ja an den verschiedensten Orten unabhängig voneinander ganz gleiche Aussagen.[5] Beide Argumente mußten für die Zeitgenossen einige Überzeugungskraft besitzen, denn sie deckten wirkliche Schwächen in Weyers Beweisführung auf. Vor allem das erste Argument wurde in der Folgezeit von anderen Autoren aufgegriffen und ausgebaut.

Der berühmte Staatsrechtler Jean Bodin (1530–1596) verzögerte den Druck seiner Schrift »De la Démonomanie des sorciers« (1580) in letzter Minute, um dem Werk eine wütende »Réfutation« von Weyers Ansichten hinzuzufügen.[6] Zu den bissigsten Bemerkungen der »Réfutation« gehört die Kritik an der Melancholiethese. Als Arzt hätte Weyer wissen müssen, schreibt Bodin, daß die weiblichen Körpersäfte der Melancholie direkt entgegenwirken. Galen zufolge entstehe die Melancholie nämlich durch ein extrem warmes und trockenes Temperament, während die Frauen jedoch von Natur besonders kalt und feucht seien.[7] Weyers Behauptungen seien auch deshalb absurd, weil die melancholische Feuchtigkeit nach Auskunft der antiken Ärzte und Philosophen den Menschen klug, bescheiden und nachdenklich mache, diese guten Eigenschaften aber mit der Frau ebenso unvereinbar seien wie das Wasser mit dem Feuer.[8]

Bodin hatte klar erkannt, daß Weyers Melancholie-Argument auf eine grundsätzliche Umdeutung des weiblichen Geschlechtscharakters hinauslief. Der Auffassung vom schwachen Geschlecht setzte er deshalb noch einmal mit aller Entschiedenheit das Deutungsmuster vom sündhaften Geschlecht entgegen, aus dem die Hexenlehre erwachsen war. Nach der Feststellung, daß Hexerei bei Frauen fünfzigmal häufiger sei als bei Männern, fährt Bodin fort: »Ce que aduient, non pas pour la fragilité du sexe, à mon aduis: Car nous voyons vne opiniastreté indontable en la plus part, & qu'elles sont bien souuent plus constantes à souffrir la question (hier: Befragung durch Folter) que les hommes, (...) il y auroit plus d'apparence de dire, que c'est la force de la cupidité bestiale, qui a reduit la femme à l'extrimité pour iouyr de ses appetits, ou pour se venger. Et semble que pour ceste cause Platon met la femme entre l'homme & la beste brute. Car on voit les parties viscerales plus grandes aux femmes qu'aux hommes, qui n'ont pas les cupiditez si violentes.«[9] Unter Berufung auf Hippokrates und Galen fügt Bodin hinzu, daß Frauen allgemein eine viel stabilere Gesundheit haben als Männer, weil das Menstrualblut sie von tausend

Krankheiten befreit.[10] Die Frau ist also hartnäckiger, widerstandsfähiger und gesünder als der Mann, und sie kann die Schmerzen unter der Folter besser ertragen. Von Zerbrechlichkeit ist keine Rede, die Frau ist dem Mann in vieler Hinsicht sogar körperlich überlegen. Ihre starke Neigung zur Hexerei entsteht vor allem durch ihre viehischen Begierden. Dieses Frauenbild wird von Bodin ebenfalls mit medizinischen Argumenten gestützt. Die Menstruation sorgt für die stabile Gesundheit, während die übergroßen »visceralischen« Körperteile der Frau (Geschlechtsorgane, Magen–Darm–Trakt etc.) sie auf eine Stufe zwischen Tier und Mensch stellen. Wie schon im Fall von Wilhelm Scribonius' Stellungnahme zur Wasserprobe zeigt sich auch bei Bodin, daß selbst die Befürworter der Hexenprozesse ihre Ansichten zunehmend mit naturwissenschaftlichen Argumenten zu rechtfertigen suchten.

Bodin hatte zu Recht darauf verwiesen, daß Weyers Darstellung in einigen Punkten von der antiken Melancholielehre abwich, in deren Tradition die Melancholie viel eher mit intellektuellen, introvertierten Personen in Verbindung gebracht wurde, als mit senilen Frauen der ländlichen Unterschichten. Auch der italienische Arzt Codronchi (1547–1628) umriß 1595 in seinem Traktat »De morbis veneficis ac veneficiis« die Differentialdiagnose nach ähnlichen Kriterien: dem lebenslustigen, häufig beleibten und weltlichen Genüssen hingegebenen Typ stellte er die blassen, mageren, einsamkeitsliebenden Menschen gegenüber, die zur Melancholie neigten.[11] Viele Angeklagte paßten nicht zu diesem Stereotyp. Sie entsprachen nicht einmal dem Bild, das Weyer selbst von der melancholischen Hexe gezeichnet hatte: Sie waren weder weiblich noch alt, weder unterernährt noch blaß oder von auffällig grämlichem Aussehen. Solche Ungereimtheiten boten Weyers Gegnern zusätzliche Angriffspunkte, und die wiederholte Kritik dürfte dazu beigetragen haben, daß das Melancholie–Argument bis zum Beginn des 17. Jahrhunderts viel von seiner Überzeugungskraft einbüßte.

Im Jahr 1597 veröffentlichte James VI. von Schottland (1566–1625) eine »Daemonologie«,[12] in der er die Kritik an Weyers Vorstellungen dahingehend zusammenfaßte, daß die meisten der Hexerei Überführten keine Melancholikerinnen seien, da sie keine entsprechenden Symptome erkennen ließen. Empört über Weyer, Reginald Scott[13] und andere Gegner der Hexenverfolgung, versuchte der calvinistische König in dieser Schrift, die Hexenlehre zu rechtfertigen. Als er 1603 als James I. den englischen Thron bestieg, erließ er verschärfte Gesetze zur Hexenbekämpfung. Als Reaktion auf James' »Daemonologie« und auf einen Hexenprozeß des Jahres 1602 veröffentlichte der englische Arzt Edward Jorden 1603 eine kurze Abhandlung mit dem Titel »A briefe discourse of a disease called the suffocation of the mother«.[14] Die Schrift wendet sich gegen die dämonologische Stigmatisierung von Hexen und Besessenen, aber Jorden griff nicht mehr auf die weitgehend entkräftete Melancholiethese zurück, sondern er setzte nunmehr die Hysterielehre als ein Instrument zum Schutz der Hexen ein.

Die Schrift trägt insgesamt einen deutlich moderneren Charakter als frühere ärztliche Stellungnahmen zur Hexenverfolgung. Jorden setzt sich mit einer spezifischen Krankheit auseinander, erörtert ihre Ursachen und äußert sich lediglich in diesem Zusammenhang über Hexereiphänomene. Er verzichtet völlig auf die bei anderen Autoren beliebten Teufels- und Geistergeschichten, er argumentiert nicht mit der Bibel und schweift auch sonst kaum von der medizinischen Darstellung ab. Im Titel und im Mittelpunkt stehen nicht Hexen und Dämonen, sondern ein Gebärmutterleiden, »the suffocation of the mother«. Schon auf dem Titelblatt faßt Jorden zusammen, worum es ihm geht: In der Schrift werde erklärt, »that diuers strange actions and passions of the body of man, wich in the common opinion are imputed to the Diuell, haue their true naturall causes, and do accompanie this disease.« In der Widmung, die nicht an einen Fürsten, sondern an das »Colledge of Phisitions in London« gerichtet ist, dessen Mitglied der Autor war, erklärt Jorden zunächst sehr selbstbewußt seine Zuständigkeit für den behandelten Gegenstand. Die befremdlichen Verhaltensweisen sogenannter Hexen und Besessener seien Krankheitssymptome, und man solle in dieser Hinsicht auf das Urteil von Ärzten hören, wie man auch Geistlichen und Juristen ihren Kompetenzbereich zugestehe.[15]

Wie Agrippa, Paracelsus und Weyer will auch Jorden den Geltungsbereich der Naturgesetze gegen das Übernatürliche sichern und erweitern: Aufgeklärt werden müßten jene Ungebildeten, »who are apt to make euery thing a supernaturall work wich they do not understand, proportioning the bounds of nature unto their own capacities«.[16] Doch geht Jorden auch in seinen Äußerungen zu dämonologischen Fragen weit über die Ansichten früherer Kritiker der Hexenlehre hinaus. Er zieht eine scharfe Grenze zwischen dem Bereich des Übernatürlichen und dem Bereich der Medizin: »They are disperats in Logicke, but not contraries. For contrarietie is beweene such as are comprehended under one generall.«[17] Übernatürliches und Medizinisches werden hier mit großer Klarheit gänzlich verschiedenen Kategorien zugeordnet, womit Jorden nicht nur »diabolicall possession« und »witchcraft«, sondern auch »the immediate finger of the Almightie« aus dem ärztlichen Blick verbannt. In einer erstaunlichen Formulierung nennt er in einem Atemzug Teufel, Hexen und »Gottes Finger« als die angeblichen übernatürlichen Ursachen, denen viele Krankheitssymptome von abergläubischen und unwissenden Menschen zugeschrieben werden.[18]

Die wirkliche Ursache dieser Symptome ist nach Jordens Ansicht die Hysterie, die er »suffocation of the mother« nennt. Die Gebärmutter (gr.

hystéra) galt seit der Antike als ein eigenwilliges Organ (bei Plato sogar als eigenständiges Lebewesen), das seine Lage im Körper verändern und dabei Atemnot und Erstickungsanfälle (suffocationes) hervorrufen konnte.[19] Sie galt als empfänglich nicht nur im Sinne der Konzeption, sondern darüber hinaus als aufnahmefähig für Sinneseindrücke, weshalb sie auch in der Imaginationslehre eine wichtige Rolle spielte.[20] Damit war der Uterus aber auch ein sehr anfälliges Organ, das viele Krankheiten und zusätzliche Komplikationen verursachen konnte, was seit dem ausgehenden Mittelalter von immer mehr Ärzten betont wurde.

In Jordens Schrift tritt dieser Gedanke besonders in den Vordergrund: Da der Uterus mehrere Aufgaben und vielfältige Wechselwirkungen mit anderen Organen hat, kann er viele schwere Krankheiten im ganzen Körper hervorrufen. Die Symptome sind dabei vielfältig und oft so gegensätzlich, daß es dem Laien und dem weniger erfahrenen Arzt meist nicht möglich ist, sie von Hexerei oder Besessenheit zu unterscheiden.[21] Wegen seiner engen Verbindung zu anderen Organen kann der erkrankte Uterus das Herz, das Gehirn und die Leber in Mitleidenschaft ziehen, womit Störungen der vitalen, der animalischen und der natürlichen Funktionen verbunden sind. Bei der Störung der vitalen Funktion des Herzens sind Anästhesien und Bewußtlosigkeit die häufigsten Symptome.[22] Die verschiedenartigsten und schrecklichsten Folgen hat die Störung des Gehirns, das für die animalische Funktion zuständig ist. Hier liegt eine häufige Ursache für Delirien, Melancholie, Furor und alle Erscheinungsformen des Wahnsinns. Die Patientinnen nehmen häufig Dinge wahr, die nicht existieren, oder sie erinnern sich an Ereignisse, die nicht stattgefunden haben.[23] Jorden beschreibt hier genau die Symptome, die Weyer als Folgen der Melancholie erklärt hatte. Die Beeinträchtigung des Gehirns kann aber auch Epilepsie und Koma sowie alle Arten von Krämpfen und Distortionen verursachen. Wird die Leber mit ihrer »natürlichen« Funktion in Mitleidenschaft gezogen, so können die verschiedenartigsten Symptome auftreten: sämtliche Beschwerden des Magen–Darm–Trakts, Unfruchtbarkeit, Schwellungen an Kehle und Füßen, Durchblutungsstörungen, Fieber und Tumore - kurz, es gibt kein Krankheitsbild, das sich nicht durch Hysterie erklären ließe.[24] Nahezu alle Zeichen, die in der Hexen– und Besessenheitslehre als Merkmale dämonischer Einwirkung galten, werden bei Jorden zu klassischen Symptomen der Hysterie. Die Gefühllosigkeit und das Ausbleiben von Blutungen bei der Nadelprobe, die Ohnmacht bei der Folter, die Darstellung monströser Erlebnisse und Handlungen, die Abneigung gegen Essen und Trinken werden auf diese Weise ebenso erklärt wie die Krankheitssymptome, die als typische Folgen von Schadenszauber betrachtet wurden (Kreisbogen, Krämpfe, Erstickungsanfälle, periodisches Auftreten der Anfälle etc.).

Jordens Ansichten erklären aber vor allem den Umstand, daß es sich bei den meisten der Hexerei Verdächtigen um Frauen handelte, denn als Ursache all dieser Übel wird letztlich ein Uterusleiden angeführt. Die Frau kann aus den gleichen Gründen wie der Mann an Hirn, Herz oder Leber erkranken, doch die labile Gebärmutter stellt einen zusätzlichen Faktor dar, der sie für alle Krankheiten noch viel anfälliger macht.[25] Der Uterus ist ein Herd, eine zentrale Schaltstelle, eine erstrangige Brutstätte für Krankheiten, die über Nerven, Arterien und Bänder, durch Dämpfe, Flüssigkeiten und mechanische Bewegung an alle Teile des Körpers weitergegeben werden. »The passiue condition of womankind is subiect unto more diseases and of other sortes and natures than men are«, betont Jorden gleich am Anfang seiner Schrift.[26] Der Gedanke von der besonderen körperlichen Fragilität und potentiellen geistigen Unzurechnungsfähigkeit der Frau kommt in Jordens Schrift mindestens ebenso stark zur Geltung wie bei Weyer.

Als angemessene Reaktion auf angebliche Hexerei– oder Besessenheitsphänomene empfiehlt Jorden dementsprechend, einen Arzt zu Rate zu ziehen (referring Physitions workes unto Physitions),[27] von einer Bestrafung der Hexen ist in seiner Schrift überhaupt nicht die Rede. Er gesteht zwar zu, daß auch sehr seltene Fälle von wirklicher Hexerei vorkämen, doch wird dieses Zugeständnis durch seine weiteren Ausführungen nahezu bedeutungslos. Jordens Hysterie–Diagnose geht in ihrer schützenden und entschuldigenden Funktion noch über Weyers Melancholiethese hinaus. Bei Weyer stand die Hexe - wenn auch nur als betrogenes Opfer - immer noch in einer gewissen Verbindung zum Dämon, während Jordens Argumentation gerade darauf zielt, den Dämon gänzlich aus dem Diskurs über angebliche Hexereiphänomene auszugrenzen. Auch im Hinblick auf die Pathologisierung der Hexe führt Jorden Weyers Gedanken konsequent zu Ende. Die Hexerei löst sich nach seiner Darstellung gänzlich in Krankheitssymptome auf, und die Frau erscheint in seiner Schrift nur noch in der Rolle der Patientin. Er geht dabei so weit, daß er alltägliche und nach heutigen Maßstäben völlig normale Verhaltensweisen von Frauen als hysterisch bezeichnet. Der normative, reglementierende Charakter solcher Äußerungen wird noch im Zusammenhang mit der Konstruktion des »Hausmutter«–Ideals zu untersuchen sein. In Bezug auf das Frauenbild ist zunächst festzuhalten, daß sich Jordens und Weyers Argumente trotz der erwähnten Unterschiede doch in einem wichtigen Punkt gleichen: Die Vorstellung von der besonderen teuflischen Boshaftigkeit der Frau wird durch den Gedanken der weiblichen Schwäche verdrängt. Die Stellungnahmen beider Ärzte zur Hexenverfolgung belegen damit beispielhaft die Rückwirkung gesellschaftlicher Deutungsmuster auf die medizinischen Vorstellungen einer Zeit. Sieht man nämlich beide Schriften im Zusammenhang, so erweist sich der Paradigmawechsel, auf den Jorden und Weyer hinwirken, als das Primäre, während die medizinischen Lehren, mit denen jeweils argumentiert wird, als funktional und auswechselbar erscheinen. Ist die Melancholie als Argument zum Schutz der verfolgten Frauen abgenutzt, kann sie durch die Hysterie ersetzt werden, wenn dies dem gleichen Zweck dient. In beiden Fällen aber wird der Inferioritätsgedanke nur seines transzendentalen Charakters entkleidet, um mit medizinisch-naturwissenschaftlichen Argumenten ausgestattet zu werden. Die Minderwertigkeit wird aus der Metaphysik in die Anatomie verlagert, wobei die tödliche Bedrohung durch eine Haltung verständnisvoller Entmündigung ersetzt wird.

1.5 Die Zersetzung des Virginitätsideals

Das Stereotyp der wollüstigen Sünderin, das die gedankliche Grundlage des Hexenbildes darstellte, fand sein positives Gegenstück in dem Stereotyp der enthaltsam lebenden, heiligen Frau, die dem Ideal der Jungfrau Maria nachlebte.[1] Die medizinische Durchleuchtung des Frauenkörpers führte dazu, daß beide Seiten dieses moralischen Wertsystems in Frage gestellt wurden. Der Kritik an der Hexenlehre entspricht im ärztlichen Schrifttum eine zunehmende Tendenz zur Zersetzung des Virginitätsideals. Im Zentrum der medizinischen Argumentation gegen das Postulat eines jungfräulichen Lebens steht der Einwand, daß das Ausbleiben des Koitus' auf lange Sicht gesundheitsschädigend wirkt. Dieser Gedanke läßt sich über die arabische Medizin bis zu Galen zurückverfolgen, seine Verbreitung wurde im Mittelalter aber durch die Kontrolle der autoritativen Theologie stark behindert.[2] Er konnte in viel größerem Umfang veröffentlicht und in der ärztlichen Praxis berücksichtigt werden, als sich der restriktive Einfluß der Kirche auf die Medizin während der Renaissance abschwächte. Auch die scharfe Ablehnung des Zölibats und der mönchischen Askese durch die Reformation trug dazu bei, daß sich mehr Ärzte als zuvor mit Argumenten gegen die sexuelle Enthaltsamkeit an die Öffentlichkeit wandten.

Die mit der Reformation einhergehende Aufwertung von Ehe und Elternschaft gegenüber dem Zölibat wurde auch von Medizinern propagiert, die in der katholischen Kirche verblieben. Zu den bekannten Vertretern dieser Gruppe gehörte Agrippa von Nettesheim. Sein Ehetraktat »De sacramento matrimonii« (1532) gehörte zu den wegbereitenden Schriften der neuen Ehe- und Familienethik. Im Hinblick auf medizinische Argumente, die dazu angetan waren, das Virginitätsideal abzuwerten, ist jedoch seine Schrift »De nobilitate et praecellentia foemini sexus« von größerem Interesse. Hier führt Agrippa die Fähigkeit, Kinder zu gebären, als einen wichtigen Beweis für die Überlegenheit der Frau an. Auf Grund ihrer körperlichen Beschaffenheit sei sie für die Fortpflanzung ungleich wichtiger als der Mann. Galen und Avicenna zufolge sei der männliche Samen nur ein zweitrangiges und zufälliges Beiwerk, während die Frau die wesentliche Substanz für die Entstehung des Kindes bereitstelle.[3] Es ist besonders aufschlußreich, wie Agrippa traditionelle Vorstellungen über Qualitäten und Eigenschaften der Gebärmutter in seine Argumentation einfügt. Nach antikem Vorbild beschreibt er den Uterus als ein Gefäß, das heftig nach der Empfängnis verlangt. Dieses Verlangen kennzeichnet die Frau schlechthin, es ist ein wesentlicher Bestandteil ihres Geschlechtscharakters.[4] Dabei wird diese Empfängnisbereitschaft von Agrippa durchweg positiv eingeschätzt: Da die Frau den Koitus so stark begehrt, ist sie fruchtbarer als der Mann und sorgt besser als er für die Arterhaltung. Sie erfüllt diese Aufgabe so rückhaltlos, daß sie sogar während der Schwangerschaft den Beischlaf begehrt und schon kurze Zeit nach der Niederkunft wieder zur Empfängnis bereit ist.[5] Agrippa reproduziert an dieser Stelle also keineswegs das Bild von der wollüstigen Sünderin, sondern führt die althergebrachte Vorstellung von dem starken sexuellen Verlangen der Frau als einen Beweis für den Adel und die Vortrefflichkeit des weiblichen Geschlechts ins Feld. Nicht die Askese, sondern ihr Gegenteil, die sexuelle Aktivität ist es, für die die Frau hier gelobt wird. Dem Virginitätsideal setzt Agrippa das Ideal der fruchtbaren, mütterlichen Frau entgegen: »Maximum enim ut ait lex, atque præcipuum munus est fœminarum concipere conceptumque tueri«.[6]

Wird die Sexualität in diesem Zusammenhang lediglich wegen ihrer arterhaltenden Funktion gelobt, so schildert Agrippa an anderer Stelle die körperlichen Vorzüge der Frau in einem Tonfall, der unübersehbar von sinnlicher Freude inspiriert ist. Um die Überlegenheit der Frau auch im Hinblick auf ihre Schönheit zu beweisen, beschreibt er den Frauenkörper vom Haar über die Brüste und Schenkel bis hinab zu den Füßen.[7] Mit ihrer lebhaften Freude am anatomischen Detail war diese Schilderung durchaus dazu angetan, das Virginitätsideal zu untergraben und dem männlichen - zumal dem zölibatär lebenden - Leser die sexuelle Askese zu verleiden.

Noch stärker als bei Agrippa wird die Bedeutung des Uterus' und seiner Funktionen von Paracelsus betont. In seinen Schriften »De caduco matricis« (ca.1530) und »De matrice« (1531) beschrieb Paracelsus den Uterus, den er »matrix« nennt, als einen eigenständigen Mikrokosmos, einen »mundus minor«, den die Frau in ihrem Leibesinneren trägt.[8] Er faßte das Organ als Zentrum einer spirituellen Kraft auf, die den gesamten Körper der Frau durchdringt und ihre Eigenart prägt. »So nun die Fraw ein anders ist«, schreibt Paracelsus, »so stehet sie auff einer andern wurtzen: Die wurtz ist Matrix / von ihren wegen ist sie beschaffen: So sie nuhn von der Matrix wegen beschaffen ist / so (...) muß sie auß ihr da sein / muß auch all ihr arth / Condition uñ dergleichen auß ihr haben.«[9] Allein diese Definition des weiblichen Geschlechts über den Uterus enthält bereits eine Abwertung des Virginitätsideals, denn sie besagt, daß die Verneinung von Sexualität und Fortpflanzung der Beschaffenheit, Eigenart und Funktion der Frau grundsätzlich zuwiderläuft. Darüber hinaus kann es nach Paracelsus' Ausführungen aber auch zu schwerwiegenden Folgen für die Gesundheit einer Frau kommen, wenn sie durch äußere Zwänge daran gehindert wird, ihrer vom Uterus abgeleiteten Bestimmung nachzukommen. Solche gesundheitsschädigenden Wirkungen werden vor allem durch die Imagination verursacht, denn der als Mikrokosmos verstandene Uterus war nach Paracelsus' Vorstellung besonders eng mit der imaginativen Kraft der Frau verbunden.[10] Als Konversion von etwas Geistigem in etwas Materielles wird die Imaginationskraft vor allem durch starke Emotionen in Gang gesetzt. Werden beispielsweise »lust« oder »begeren« (von Paracelsus im weitesten Wortsinn gebraucht) einer Frau so stark, daß sie die »virtus imaginativa« aktivieren, so kann es zu schweren Frauenkrankheiten oder - im Fall einer Schwangerschaft - zu Mißbildungen des Fötus' kommen.[11] Zur Vorbeugung gegen die Imagination empfiehlt Paracelsus daher, die Frauen vor starken seelischen Belastungen zu bewahren. Man solle sie nicht bekümmern, »sonder frölich behalten, und bein leuten lassen wonen.«[12] Das entbehrungsreiche, asketische Dasein hinter Klostermauern ist nach diesen ärztlichen Ratschlägen wenig empfehlenswert. Weniger bedenklich ist das asketische Leben für den Mann, der sich im Gegensatz zur Frau die Kraft der Imagination zunutze machen kann. Mit ihrer Hilfe kann er die geistige Qualität eines »magus« erreichen, »er mag artem gabalisticam regiren, und im ist nichts zu schwer.«[13]

In enger Übereinstimmung mit diesen medizinischen Vorstellungen stehen Paracelsus' Ansichten über die Ehe. Nur die wenigen Männer, die zu einem kontemplativen, apostolischen Leben berufen sind, sollten auf die Ehe verzichten.[14] Für die anderen Menschen ist die Ehe »höchste eher und heiliger stand«.[15] In seinem Traktat »Von der ehe ordnung und eigenschaft« (ca.1530–35) hat Paracelsus die Sexualfeindlichkeit der katholischen Kirche scharf angegriffen. Der Leser wird in dieser Schrift aufgefordert, sich nicht um den »dreck« zu kümmern, den der Papst, Kaiser oder die Obrigkeit zu Fragen der Ehe und der Liebe »erdichtet« haben.[16] Denn die Ehe ist rein göttlichen Ursprungs und die von Herzen kommende Liebe ist unmittelbarer Ausdruck des göttlichen Willens, zwei Menschen zusammenzuführen.[17] Die Eheschließung hat Gott »also frei in den grund herzlicher lieb gesetzt.«[18] Keine Autorität, weder die Kirche noch die Eltern, dürfen die Heirat zweier Liebender verhindern oder erschweren, weil damit gegen Gottes Willen verstoßen würde. Es sei auch eine Art von Ehebruch, schreibt Paracelsus, »die gebott für die gelübd der jungfrauschaft zu ton. wir sollen nichts verbieten, das gott nit verbotten, ... das einer frauen freiheit ist, ist aller; (...) darumb ists wider das gebott: „du solt nit ehebrechen", so einer eine frau von der ehe aufhelt, er sei wer da wolle. sie mag solche, das ist die obrigkeit, also woll verlassen als vater und mutter verlassen.«[19] Paracelsus ermutigt vor allem Frauen, denen das Gelübde der Jungfräulichkeit abgezwungen werden soll, sich über diesen Zwang hinwegzusetzen und notfalls heimlich zu heiraten.[20] Weder Vermögensunterschiede noch Standesunterschiede sollen dabei im Wege stehen, denn der Zweck der Ehe besteht einzig darin, »Kinder zu haben«.[21] Voraussetzungen für eine gute Ehe sind daher vor allem gegenseitiges Gefallen und die »freie Lust« der Partner.[22] Die Zweckbezogenheit der Ehe auf Fortpflanzung und Kindererziehung betont Paracelsus besonders in seiner Schrift »De thoro, vidua et virgine« (ca.1530–35), wo er den Müttern auch die Hauptverantwortung für die Versorgung und gute Erziehung der Kinder zuspricht.[23]

Vor dem Hintergrund solcher unkonventionellen und zum Teil modern anmutenden Ansichten überrascht zunächst die außergewöhnliche Schärfe, mit der Paracelsus den Ehebruch verurteilt. In »Von der ehe ordnung« erklärt er ihn zu einem todeswürdigen Verbrechen.[24] Diese ethische Anschauung entspricht jedoch genau der medizinisch–philosophischen Deutung des Uterus' als einer »kleineren Welt«: Da die »matrix« ein Mikrokosmos ist, der die gesamte Schöpfung repräsentiert, muß der Ehebruch als Analogon der Entweihung und Schändung der göttlichen Schöpfung aufgefaßt werden. So darf die Liebe zwischen Mann und Frau als ein Ausdruck göttlichen Willens zwar nicht durch eine falsche Moral behindert werden, sie findet aber nur in der Ehe ihren rechtmäßigen Ort. Die Ehe, von Gott zum Zweck der Fortpflanzung und Kindererziehung eingerichtet, darf nicht unter dem Druck des kirchlichen Virginitätsideals abgewertet oder verhindert werden. Sie ist für die Frau der legitime Rahmen, in dem sie ihrer Bestimmung nachzukommen hat, der im Mikrokosmos der Gebärmutter verankerten Bestimmung zur Mutterschaft.

Weitaus pragmatischer als die medizinischen, philosophischen und theologischen Erwägungen von Paracelsus klingen Johann Weyers Bemerkungen über die Folgen der sexuellen Askese. In »De praestigiis daemonum« wird über viele Fälle von Besessenheit berichtet, die in Nonnenklöstern aufgetreten waren. Mehrfach war Weyer in solchen Fällen als ärztlicher Ratgeber herangezogen worden. Bei diesen Gelegenheiten stellte er vor Ort eingehende Nachforschungen an und sprach mit den betroffenen Frauen. Als Lutheraner stand Weyer den monastischen Idealen ohnehin ablehnend gegenüber, und seine Berichte über das Treiben in Nonnenklöstern gerieten zu einer Reihung abschreckender Beispiele für die schädlichen Folgen zwanghafter sexueller Abstinenz.

Meist stand Unzucht im Mittelpunkt der skandalösen Ereignisse, von denen Weyer berichtet. Von den »andächtigen Schwesterlein / zu Cöln im Closter Nazareth« heißt es zum Beispiel, daß sie auf die Erde fielen und mit dem Unterleib zuckten, »als wann sie mit jemands etwan unzucht trieben.«[25] In anderen Klöstern traten Dämonen in der Gestalt von Hunden auf, die den Nonnen ins Bett oder unter die Kleider sprangen, um dort »spurcissimæ velitationes« zu vollführen.[26] Die Besessenheit konnte sich aber auch darin äußern, daß die Nonnen wüste Schlägereien anzettelten, wie Schafe blökten oder in dramatische Konvulsionen verfielen. Bei diesen Vorgängen sieht Weyer zwar überall den Dämon am Werk, der sich als schwarze Katze oder als Hund in die Klöster schleicht, doch zeugen die Berichte auch von wirklichem Verständnis für die Lage der betroffenen Frauen.

Bezeichnend für Weyers Haltung ist folgende Darstellung, die er von den Ursachen der Besessenheit einer jungen Nonne gibt: Bevor diese Frau ins Kloster kam, hatten ihre Eltern die Heirat hintertrieben, weil ihnen der Geliebte ihrer Tochter mißfiel. »In höchstem Kummer unnd Hertzleid« unterlag die schwangere Frau den Einflüsterungen des Teufels soweit, daß sie sich »in den Notstall (das Kloster) hat sperren lassen«. Als sie hier den »strengen gesatzen S. Brigitten« unterworfen wird, zeigt sie Anzeichen von Besessenheit, das heißt sie beginnt ein großes »Spectackel«, das bald auf andere Nonnen übergreift. Sie wird daraufhin ins Gefängnis geworfen, wo der Wächter sie vergewaltigt.[27] Andere Geschichten, die Weyer erzählt, haben den gleichen Tenor. Stets ist die Rede davon, daß die Frauen eingesperrt, unter Zwang gehalten, auf verschiedene Weise mißhandelt und abergläubischen Ritualen unterworfen werden. Die Mitglieder der Nonnenkonvente werden weniger als keusche, tugendhafte und heilige Frauen beschrieben, sie erscheinen eher als Unterdrückte, die auf Grund ihrer unnatürlichen Zwangslage besonders leicht zu Opfern des Teufels werden, der sie zu allen möglichen Exzessen und zu unzüchtigem Verhalten antreibt. Die Nonnenklöster, so faßt Weyer seine Ansicht zusammen, sind »dem Sathan gantz tugentliche / fügliche Instrument unnd Werckzeug«.[28]

Dementsprechend fällt der ärztliche Rat aus, den Weyer zur Heilung besessener Nonnen gibt. Er empfiehlt, sie aus dem Kloster zu entlassen und in die Obhut ihrer Eltern und Verwandten zurückzubringen.[29] Wenn die Frauen dann noch heiraten, kann dies ihrer Heilung sehr dienlich sein. Auch diese Empfehlung wird von Weyer durch Erfahrungen aus seiner ärztlichen Praxis untermauert. Er stützt sich dabei zum Beispiel auf den mündlichen Bericht der Anna Lemgou, einer älteren Frau, die ihm von ihrem langen Leidensweg in einem Kloster erzählt hatte. Wegen dämonischer Krankheiten, von denen Anna Lemgou und andere Nonnen des Klosters befallen waren, hatte man die Klosterköchin und deren Mutter als Hexen verbrannt. Dies brachte jedoch keine Besserung, die Besessenheit trat nur noch schlimmer in Erscheinung. Endlich entschloß sich Anna Lemgou, das Kloster zu verlassen, um Gott besser dienen zu können. Dadurch verbesserte sich ihr Zustand sofort von Grund auf. Die Anfälle traten aber erneut auf, wenn sie Briefe von ihrer ehemaligen Äbtissin erhielt. Erst als Anna Lemgou heiratete, wurde sie gänzlich von der Plage ihrer Besessenheit befreit.[30]

In diesem Exempel werden die Hexenlehre und das klösterliche Virginitätsideal als zwei Übel dargestellt, die sich gegenseitig ergänzen und verschlimmern. Nicht die vermeintliche Hexe, sondern die ungesunde Zwangssituation des Klosters entlarvt sich als das »fügliche Instrument unnd Werckzeug« des Dämons. Der Zwang zur sexuellen Enthaltsamkeit fördert nicht die Tugend, sondern eher die Unzucht, und er erhöht die Anfälligkeit für dämonische Krankheiten. Als natürliches Heilmittel gegen solche Krankheiten wird die Ehe angeboten.

Im Unterschied zu Weyer, dessen Argumentation sich lediglich auf negative Folgen des Klosterlebens bezieht, hat Edward Jorden einige Anmerkungen zur Anatomie und Pathologie des Frauenkörpers gemacht, welche die sexuelle Askese als medizinisch bedenklich erscheinen lassen. In seiner Schrift »A brief discourse of a desease called the suffocation of the mother« stellt Jorden dar, warum das Ausbleiben des Koitus' einen erheblichen Risikofaktor für diese Gebärmutterkrankheit bildet. Demnach kann es zur Hysterie kommen, wenn dem Uterus zuviel oder zuwenig Blut zugeführt wird.[31] Weit gefährlicher aber wirkt sich der Überschuß einer anderen Flüssigkeit aus, die Jorden »nature or sperma« nennt.[32] Unter Berufung auf Galens Zweisamen–Theorie ging Jorden, wie viele Ärzte seiner Zeit, von der Existenz eines weiblichen Samens aus. Beim Geschlechtsverkehr, so die verbreitete Vorstellung, wurde der weibliche Samen abgesondert, um sich mit dem männlichen zu verbinden. Das Ausbleiben des Geschlechtsverkehrs hatte demnach zur Folge, daß sich überflüssiger, verdorbener Samen in der Gebärmutter sammelte. Jorden betont, daß sich verdorbener Samen weit giftiger und gefährlicher auswirke als verdorbenes Blut.[33] Er könne leicht hysterische Leiden hervorrufen und durch seine schädlichen Dämpfe vom Uterus aus den ganzen Körper vergiften.

Es entspricht diesen Vorstellungen, daß unverheiratete Frauen im empfängnisfähigen Alter nach Jordens Darstellung besonders leicht zu hysterischen Symptomen neigen. Dies betrifft zum einen junge Frauen, die noch nicht verheiratet sind. So wird die scheinbar grundlose Albernheit junger Mädchen, die heute als pubertär gelten würde, als Ausdruck hysterischer Anfälle interpretiert.[34] Besonders gefährdet sind nach Jordens Ansicht jedoch Witwen. Bei ihnen nimmt die Hysterie stets einen schwereren Verlauf als bei verheirateten Frauen.[35] Jorden gibt jedoch keine therapeutischen Ratschläge, die sich auf das Heiratsverhalten oder auf die Ehe beziehen. Er empfiehlt den unter Hysterie leidenden Frauen lediglich eine spartanische Diät unter Vermeidung aller Nahrungsmittel, die im Körper in Blut oder Samen verwandelt werden.« »Yong and lustie bodies« müßten durch ständiges Fasten und Beten behandelt werden, denn Heilung von der Hysterie erreiche man in vielen Fällen »by pulling down the pride of the bodie, and the height of the naturall humors therof.«[36] Wenn in solchen Therapievorschlägen auch puritanische Moralvorstellungen anklingen, so bleibt doch festzuhalten, daß nach Jordens Ansicht sexuell enthaltsam lebende Frauen ein weit höheres Gesundheitsrisiko eingingen als Frauen »enioying the benefit of mariage«.[37]

Warnungen vor den gesundheitsschädlichen Folgen sexueller Enthaltsamkeit gab es nicht nur in der gynäkologischen Fachliteratur, sie tauchten auch in geburtskundlichen Lehrbüchern auf, die sich an den medizinischen Laien wandten. Eine große Ähnlichkeit zu Jordens Äußerungen findet sich zum Beispiel in einer Passage des Hebammenbuches »Newe Frawenzimmer / oder Gründtliche Unterrichtung / von den Schwangern und Kindelbetterinnen...« (ca. 1600). Sein Autor, der Lübecker Stadtphysikus David Herlitz (1557–1636), warnte ebenfalls vor den hysterischen Anfällen, die durch das Aufsteigen der Gebärmutter verursacht werden: »Insonderheit steigt die Mutter auff mehrerntheils den Jungfrawen / die da reiff oder zeitig seind / Item den Jungen Witwen / so des Mannes gewohnet / und darnach seiner entberen müssen / wenn der natürliche Samen verhalten wird / davon entstehen in der Mutter viel Winde / welche sie empor heben...«.[38] Herlitz und Autoren anderer Hebammenbücher haben außerdem darauf hingewiesen, daß der verhaltene Samen der Frau auch Mißgeburten, sogenannte Molen, verursachen könne.[39]

Die meisten Mediziner, die der Lehre vom weiblichen Samen folgten, waren der Ansicht, daß die Emission des Samens nur durch ein gewisses Maß an Lust oder Bereitschaft der Frau beim Geschlechtsverkehr erfolgen könne. Diese Lust zu wecken, gehörte demnach zu den unabdingbaren Voraussetzungen für Konzeption und Schwangerschaft, und manche Ärzte versorgten ihre Leser mit entsprechenden Ratschlägen. Als Beispiel seien die besonders detailfreudigen Empfehlungen angeführt, mit denen sich der berühmte Chirurg Ambroise Paré (1510–1590) in seinem Lehrbuch »Wund Artzney oder Arzneyspiegell« an den männlichen Leser wandte. Der Mann, schreibt Paré, solle die Frau »zuvor in seine Arme nemmen / freundlich umbfassen / erwärmen / begütigen / und mit aller Holdseligkeit hin und wider kitzeln / und nicht (...) so bald ihn die Begierde ankommen / sich deß Kampffs und Anlauffs unterstehen / sondern etliche liebliche und bülerische Küß (...) lassen voher gehen / die Brüstlin und anders betasten / und nachmals den Handel antretten. Denn also werden sie je mehr und mehr angereitzt und entzündet / und läst die Gebärmutter (...) ihren selbst eygenen Samen desto besser und frewdiger von sich«. Bleiben diese Bemühungen vergeblich, so soll man der Frau

»das Gemächt zuvor mit der Brühe von erwärmenden Kräuttern in Malvasir oder einem andern dergleichen herrlichen und köstlichen Wein gesotten / wol bähen und erwärmen / und ein wenig Bisam oder Zibeth in den Eyngang und Mundlöchlin der Gebärmutter hineyn schieben.«[40] Die zuletzt zitierten Anweisungen erscheinen weniger kurios, wenn man bedenkt, daß der Uterus als ein für Sinneseindrücke zugängliches Organ und als Sitz des weiblichen Sexualtriebs aufgefaßt wurde. Derartige Ratschläge von Paré und anderen Ärzten waren natürlich nicht ausdrücklich gegen das kirchliche Virginitätsideal gerichtet. Es gehörte jedoch zu den traditionellen Anliegen der Medizin, den gesunden und störungsfreien Ablauf der zur Fortpflanzung gehörenden Vorgänge zu gewährleisten. In dem Maße, wie sich die galenische Auffassung, nach der die Frau mit ihrem Samen einen aktiven Beitrag zur Zeugung lieferte, gegen die aristotelische Ansicht von der rein passiven Rolle der Frau durchsetzte,[41] fühlten sich Ärzte veranlaßt, ihre Beratung auch auf das menschliche Sexualverhalten auszudehnen. Wie das Beispiel zeigt, wurde der männliche Leser dabei zum Teil regelrecht in Verführungskünsten unterrichtet, was nicht dazu beitragen konnte, die kirchlichen Ideale der Keuschheit und Jungfräulichkeit zu festigen.

Der Konflikt zwischen den Idealen der Jungfräulichkeit und der Fruchtbarkeit, mit dem sich die katholische Theologie immer wieder zu befassen hatte und der seine deutlichste Zuspitzung in der Figur der jungfräulichen Mutter Gottes fand, wurde im 16. Jahrhundert zunehmend zum Thema medizinischer Stellungnahmen. Wenn die Autoren dabei - gewollt oder ungewollt - das kirchliche Virginitätsideal in Frage stellten, so trugen sie gleichzeitig stets dazu bei, die Werte der Fruchtbarkeit und Mütterlichkeit im öffentlichen Ansehen zu heben. Sie verstärkten damit eine Tendenz, die im gesellschaftlichen Diskurs über das Frauenbild immer deutlicher hervortrat: Die sich ergänzenden Stereotypen der Sünderin und der Heiligen, der Hexe und der Jungfrau, verloren an Gewicht im Vergleich zum Stereotyp der Reproduzentin, das der Frau die Rollen der fruchtbaren und erziehenden Mutter sowie der Haushaltsgehilfin des Mannes zuwies. In den folgenden Kapiteln soll gezeigt werden, daß die Medizin an der Ausgestaltung und Durchsetzung dieses »Hausmutter«–Ideals ebenfalls einen erheblichen Anteil hatte.

2. DIE ANATOMIE DER »HAUSMUTTER«
MEDIZINER UND THEOLOGEN BEI DER
DURCHSETZUNG EINES FRAUENBILDES

2.1 Geburtshilfliche Lehrbücher und protestantische Eheschriften

Die Umdeutung des Inferioritätsgedankens von der erbsündlichen Bösartigkeit zur natürlichen Schwäche der Frau äußerte sich sowohl in der Destruktion des traditionellen Hexenbildes als auch in der Konstruktion und Durchsetzung des neuzeitlichen Hausmutterideals. (Der Begriff Hausmutter wird ausschließlich im zeitgenössischen Sinn benutzt und im weiteren ohne Zitatstriche angeführt.) Die vergleichende Untersuchung von medizinischen und theologischen Schriften wird zeigen, wie eng Ärzte und Moraltheologen zusammenwirkten, wenn es darum ging, die Frauen mit dem Argument ihrer schwachen und anfälligen Konstitution auf die Pflichten der Hausfrau und Mutter festzulegen. Der Schwerpunkt der Untersuchung wird auf geburtshilflichen Werken und Schriften der Erbauungsliteratur liegen, weil sich diese landessprachlichen und relativ öffentlichkeitswirksamen Texte unmittelbar an die Frauen wandten, deren Selbstverständnis und Verhaltensweisen die Autoren zu beeinflussen suchten. Obwohl sich auch in der katholischen Moraltheologie entsprechende Tendenzen aufzeigen ließen, beschränkt sich die Darstellung auf protestantische Eheschriften, weil der Protestantismus die Vorstellungen von Ehe und Geschlechterbeziehungen im 16. Jahrhundert am nachhaltigsten beeinflußte und eine Vorreiterrolle bei der Propagierung des Hausmutterideals übernahm.

Da die Arbeits- und Funktionszuweisungen zwischen den Geschlechtern einen entscheidenden Einfluß auf die Konstitution von Frauenbildern ausüben, mußten vor allem Luthers Lehren über den »Beruf« der Frau Bedeutung erlangen. Denn die im Zusammenhang mit Luthers Ehe- oder Hausstandslehre entwickelte Berufsethik enthielt genau jene geschlechtsspezifischen Arbeits- und Funktionszuweisungen und vermittelte die entsprechenden Verhaltensnormen für Frauen und Männer. Die weitere Untersuchung wird Anhaltspunkte dafür liefern, daß die Ehestandslehre mit ihrem Idealbild der Hausmutter die sozialen und ökonomischen Bedürfnisse vor allem städtischer Oberschichten reflektierte, die durch die Entwicklung des Marktes, frühkapitalistischer Handelsformen sowie durch die Expansion der städtischen und fürstlichen Bürokratie weitgehend aus traditionellen feudalen Herrschaftsstrukturen herausgelöst waren. Für viele Angehörige dieser Schichten stellte sich die Rezeption der neuen Ideen Luthers als ein Prozeß der Selbstverständigung dar.[1] Dieser Prozeß bezog sich auch auf die Haushalts- und Familienstrukturen, die den Erfolg der Erwerbstätigkeit und die Aufstiegschancen der Kinder aus solchen Familien beeinflußten. Der Umstand, daß sich viele Aussagen der lutherischen Hausstandslehre, der Ehepredigten und vor allem der »Hausväterliteratur« auf landwirtschaftliche Verhältnisse beziehen, widerspricht dieser These nicht, da der Landbesitz für fast alle Gruppen der städtischen Bevölkerung von erheblicher Bedeutung war.

Durch die Ablehnung des Priesterzölibats, des mönchischen Lebens und der grundsätzlichen Unterscheidung von heiligen und profanen Handlungen hatte Luther einen Säkularisierungsprozeß beschleunigt, der zu einer erheblichen Aufwertung des häuslichen Lebens mit seinen Arbeitsbereichen und familiären Angelegenheiten führte.[2] Dies war eine wichtige Voraussetzung für die konkrete und detaillierte Ausformulierung des Hausmutterideals. Der Haus- oder Ehestand (status oeconomicus) wurde von Luther neben dem »status politicus« und »status ecclasiasticus« als einer der drei Hauptstände aufgefaßt, in die sich das gesellschaftliche Leben unterteilte.[3] Je nach seiner Stellung im Hauswesen (als Hausvater, Hausmutter, Magd, Kind etc.) hatte der Mensch einen göttlichen Auftrag, seinen »Beruf« (vocatio) zu erfüllen, der sich auf die ihm zugewiesenen Tätigkeiten innerhalb des »Hauses« bezog.[4] Das »Haus« als ein streng hierarchisch gegliedertes, soziales Gebilde mit wirtschaftlichen und personalen Bezügen[5] wurde zum Ort einer praktischen Berufsethik, in der die Pflichten der Hausmutter eine wichtige Rolle einnahmen. Die große praktische Wirksamkeit der lutherischen Berufsethik ergab sich daraus, daß sie die Pflichterfüllung innerhalb der weltlichen »Berufe«, sofern sie eine Manifestation des inneren, wahren Glaubens war, zu einem äußerst wichtigen, wenn nicht zum obersten Kriterium für die Heilserwartung des Christen machte.[6] Aus diesem Gedanken ergab sich unter anderem die Notwendigkeit, Eheleute, Eltern, Dienstboten etc. darin zu unterrichten, wie sie in ihrem jeweiligen »Beruf« Gott in der Erfüllung ihrer Pflichten dienen sollten. Tatsächlich hat die Hausstandslehre einen ganzen Schub an pädagogischer Literatur ausgelöst, die auf die Durchdringung des Alltagslebens mit moralischen Normen zielte. Die Frau wurde in dieser Literatur stets zu dem Bewußtsein erzogen, daß sich ihre individuelle Heilsgewißheit - den wahren Glauben vorausgesetzt - aus der Erfüllung von Pflichten ableitet, die ihr in der täglichen Arbeit als Hausmutter, Ehefrau oder Magd, bei den Mühen der Schwangerschaft und Entbindung auferlegt waren.

Die Hausstandslehre wurde in unzähligen Predigten popularisiert und verfeinert, sie hat die »Oeconomia Christiana« von Justus Menius geprägt, sie ist in Ehespiegel und in die »Hausväterliteratur« eingeflossen. Da vor allem die Kanzelpredigt eine bedeutende Rolle bei der Verbreitung reformatorischen Gedankengutes spielte, kann davon ausgegangen werden, daß sie auch ein wichtiges Instrument bei der Durchsetzung jener sozialethischen Normen darstellte, die in ihrer Gesamtheit das Idealbild der Hausmutter ergaben. In diesem Zusammenhang sind die Predigten über den christlichen Ehe- oder Hausstand[7] von besonderem Interesse, die als Erklärung und Auslegung von Luthers »Kleinem Katechismus«[8] gehalten wurden. Sie wurden von ihren Autoren oftmals gesammelt und in schriftlicher Form veröffentlicht. Diese Predigtsammlungen richteten sich vor allem an Hausväter und Hausmütter aus lesekundigen Oberschichten, an Pfarrer und Lehrer.[9] Sie enthalten jedoch Predigten, die zuvor meist mündlich gehalten wurden und damit einen viel größeren Personenkreis erreichten. Da sie von Pfarrern als Muster für weitere Predigten herangezogen wurden, trugen sie auch dazu bei, ethische Normen und Verhaltensvorschriften aus den Städten zur breiten Masse der leseunkundigen Landbevölkerung zu transportieren.[10] Die weitere Untersuchung wird sich auf zwei geläufige Sammlungen stützen, den »Ehespiegel« (1563) von Cyriacus Spangenberg, in dem 70 Predigten zu Fragen der Ehe und des häuslichen Lebens versammelt sind, sowie den »Ehe und Regenten Spiegel« (1589) von Nikolaus Selnecker, der neben Texten in Predigtform auch viele Gebete und lehrhafte Reimschriften enthält. Im Unterschied zu diesen pädagogischen, oft mündlich vermittelten Kurzformen bietet die »Oeconomia Christiana« von Justus Menius eine in sich geschlossene Darstellung der lutherischen Hausstandslehre. Zusammen mit einem sehr aufschlußreichen Vorwort von Luther erschien Menius' Hausbuch bereits 1529. Es enthält für beide Geschlechter präzise Rollenzuschreibungen und Verhaltensmaßregeln, die für die vorliegende Untersuchung von Interesse sind. In der »Hausväterliteratur«, die erst am Ende des 16. Jahrhunderts einsetzte, nehmen landwirtschaftliche und handwerkliche Techniken einen weit größeren Raum ein als sozialethische Lehren. Dabei wird jedoch die Zweckbezogenheit des weiblichen Rollenverhaltens auf die Wirtschaft und den Erwerb oft deutlicher ausgesprochen, als dies in den Predigten geschieht. Deshalb wird mit der Schrift »Oeconomia oder Haußbuch« (1593) des lutherischen Pfarrers Johann Coler auch ein frühes Werk der »Hausväterliteratur« in die Untersuchung einbezogen.

Die Konstitution und Propagierung des Hausmutterideals, wie sie in diesen Quellengruppen sichtbar werden, stehen in enger Wechselwirkung mit medizinischen Vorstellungen über den Frauenkörper. Um diese Zusammenhänge herauszuarbeiten, werden die sozialethischen Texte im folgenden mit geburtshilflichen Werken in Beziehung gesetzt. Diese deutschsprachigen Druckschriften stellten insofern eine Neuheit dar, als sie sich ausdrücklich und unmittelbar an einen möglichst großen Kreis von Frauen richteten.[11] Sie sollten zunächst der Belehrung der Hebammen dienen und deren Arbeit reglementieren. Sie trugen dazu bei, die praktische Gynäkologie, die im Mittelalter in den Händen der Frauen lag, unter ärztliche, das heißt männliche Kontrolle stellen.[12] Im Titel oder im Vorwort wandten sich die Autoren darüber hinaus meist auch an alle gebildeten, lesekundigen Frauen, denen sie ihr Werk zur Lektüre empfahlen. Der Züricher Chirurg und Stadtarzt Jakob Rüff (Ruff, Ruffen)[13] forderte in der Vorrede seines Werkes »Ein schön lustig Trostbüchle von den empfengknussen und geburten der menschen...« (1554) die Leserinnen sogar dazu auf, den leseunkundigen Frauen wenigstens die wichtigsten Abschnitte des Buches vorzulesen. Das Bemühen, möglichst viele Frauen zu erreichen, zeigt sich auch darin, daß lateinische Fachtermini von den Autoren vermieden werden. Eines der frühesten gedruckten Werke über Geburtshilfe, »Der Swangern frawen und Hebammen Rosengarten« (1513) von Eucharius Roesslin (gest. 1526),[14] enthält sogar eine Liste mit Übersetzungen lateinischer Drogen– und Pflanzennamen, sowie eine Zusammenfassung der wichtigsten Verhaltensvorschriften in Reimform. Auch die Lehraussagen aus Rüffs »Trostbüchle« wurden in einer späteren Ausgabe des Werkes in gereimten Versen zusammengefaßt. Diese didaktische Form zielte nicht nur auf das Memorieren, sondern auch auf die mündliche Weitergabe wichtiger Verhaltensmaßregeln. Tatsächlich ist davon auszugehen, daß die geburtskundlichen Schriften ihren Einfluß nicht nur auf gebildete Frauen ausübten.[15] Die Hebammen, die mit der Einführung von Hebammenordnungen[16] und Prüfungen in zunehmendem Maß zur Lektüre dieser Bücher angehalten wurden, fungierten als Zwischenträgerinnen, die medizinische Vorstellungen und Haltungen in ihrer Berufspraxis an einen großen Kreis von Frauen weitergaben. Die geburtshilflichen Werke können also Auskunft darüber geben, wie medizinische Vorstellungen über Körper, Funktion und Verhalten der Frau zielgerichtet popularisiert, das heißt »an die Frau gebracht« wurden.

Zunächst wurde der Frau ein Bild über ihren eigenen Körper vermittelt. Während die frühen Werke, wie der »Rosengarten« oder Lorenz Fries' »Spiegel der Artzny« (1519) fast keine Anatomie des weiblichen Körpers enthalten, nimmt die Ausführlichkeit der anatomischen Darstellung und die Qualität der Kindslagebilder bei den späteren Werken deutlich zu. So illustrierte Johann Hildebrand, katholischer Stadtarzt in Passau, sein Hebammenbuch »Nutzliche Underweisung für die Hebammen und schwangeren Frawen...« (2.Ausg.1601) zum Beispiel mit den kunstvollen Bildern, die der Tizianschüler Calcar für Vesals »De humani corporis fabrica« gezeichnet hatte. Das theoretische Gerüst der Schriften bildet allemal die Humoralpathologie, aus der - wie auch aus dem Bereich der Magie - viele phantastische Vorstellungen eingeflossen sind.[17] Neben Abergläubischem und Phantastischem findet sich aber auch volksmedizinisches und aus eigener Erfahrung gewonnenes Wissen. Bei den Werken, die um die Wende zum 17. Jahrhundert erschienen sind, nimmt die Diätetik einen besonders großen Raum ein. Sie umfaßt alle Lebensbereiche und überhäuft die Frau mit detaillierten Handlungsanweisungen.

Das Selbstverständnis der Leserinnen wurde aber nicht nur hinsichtlich ihres Körpers, sondern auch in Bezug auf ihre soziale Rolle und das damit verbundene Verhalten beeinflußt. Dies geschah bereits in den Diätvorschriften, die deutliche Rollen- und Funktionszuweisungen beinhalten. Darüber hinaus enthalten vor allem die späteren Schriften auch rein moralische Appelle an die Leserinnen. Johann Wittich (1537–1598),[18] lutherischer Stadtarzt in Arnstadt, füllte beispielsweise 40 Prozent seines Buches »Tröstlicher Unterricht für Schwangere und geberende Weiber« (1597) mit Historien aus seiner ärztlichen Praxis, mit Trostsprüchen und Gebeten, in denen ethische Normen und Verhaltensvorschriften vermittelt werden. Der Lübecker Statdphysikus David Herlitz (1557–1636),[19] der auch einen »Frawen-Spiegel« verfaßt hat, ließ in seinem geburtshilflichen Werk »De curationibus gravidarum. Newe Frawenzimmer / oder Gründtliche Unterrichtung / von den Schwangern und Kindelbetterinnen...« (4.Ausg. 1610) in aller Ausführlichkeit einen Moraltheologen zu Wort kommen. Über viele Seiten zitierte er den lutherischen Prediger Thomas Guenther, um seinen Leserinnen das Bild »einer Züchtigen und Tugentsamen Frawen« zu vermitteln.

Aus den Werken über Geburtshilfe lassen sich jedoch nicht nur die Haltungen und Ansichten der Autoren ablesen. Die Schriften geben auch Auskunft über die Erwartungen und Fragen von Frauen, denen die Autoren in ihrer ärztlichen Praxis begegnet sind. Das »Kinderkriegen« bedeutete vom Beginn der Schwangerschaft bis zum Ende der Stillzeit oftmals eine angsterregende Gesundheits- und Lebensbedrohung. Dies wird weder von Ärzten noch von Theologen heruntergespielt. Die Bedrohung wird sogar besonders hervorgehoben und gibt Anlaß zu ausführlichen Belehrungen, mit denen Einfluß auf die seelische Verfassung der einzelnen Frauen genommen wird. Wie dabei die elementaren Sorgen und Ängste der Frauen aufgenommen und mit der Propagierung von Verhaltensnormen beantwortet werden, gehört zu den interessantesten Aspekten bei der Durchsetzung des frühneuzeitlichen Hausmutterideals, die sich aus der Zusammenschau von medizinischen und sozialethischen Texten ergeben.

2.2 Die Humoralpathologie zwischen der Rechtfertigung weiblicher Inferiorität und der Funktionalisierung des Frauenkörpers

Die antike Humoralpathologie beinhaltete ein System von Analogien, in dem die vier Säfte (Blut, Schleim, gelbe und schwarze Galle) mit den vier Elementen, mit bestimmten Organen und mit den Qualitäten Warm - Kalt, Trocken - Feucht in Zusammenhang gebracht wurden. Auf diesem System basierte wiederum ein ganzes Geflecht weiterer Vergleiche und Assoziationen, die sich auf körperliche und psychische Eigenschaften bezogen. Wärme wurde zum Beispiel mit Kraft, Energie, Mut und Leben assoziiert, während Kälte mit einem Mangel an diesen positiven Bedeutungsgehalten in Verbindung gebracht wurde. In diesem Gedankengebäude kam dem Mann das Warme, Trockene und Starke zu, während die Frau als feucht, kalt und daher in vielerlei Hinsicht als minderwertig betrachtet wurde.

Diese Ansichten blieben zwar während des gesamten 16. Jahrhunderts für das medizinische Frauenbild bestimmend, doch trat im gleichen Zeitraum eine wichtige Akzentverschiebung ein. Anhand gynäkologischer Quellen hat Ian Maclean herausgearbeitet, daß die aristotelische Auffassung der Frau als eines verunglückten Mannes (mas occasionatus) bis zum Ende des Jahrhunderts von den meisten Medizinern zugunsten einer funktionalen Deutung des Geschlechtsunterschiedes aufgegeben wurde.[1] Hatte man zum Beispiel die weiblichen Geschlechtsorgane nach aristotelischer und galenischer Tradition in Form, Anzahl und Funktion mit denen des Mannes verglichen und als biologische Fehlentwicklung aufgefaßt, so setzte sich gegen Ende des 16. Jahrhunderts die Ansicht durch, daß die Frau eine eigene, angemessene Anatomie und Physiologie besitze, die in Bezug auf ihre Fortpflanzungsfunktion als vollkommen zu betrachten sei, ebenso wie die des Mannes.

Auch der Gedanke von der Funktionalität des Frauenkörpers findet sich natürlich schon in der Antike, vor allem in den hippokratischen Schriften.[2] Die allmähliche Akzentverschiebung im medizinischen Frauenbild zeigt sich oft nur in der Art und Weise, wie das antike Gedankengut selektiert wurde. So haben zum Beispiel gegen Ende des 16. Jahrhunderts nur noch wenige Mediziner die Ansicht Galens wiederholt, daß die weiblichen Geschlechtsorgane mangels Wärme nicht nach außen treten können und damit als unausgereifte, im Körper verbliebene Entsprechung der männlichen Geschlechtsorgane zu deuten seien - eine Vorstellung, durch welche die aristotelische Auffassung der Frau als »mas occasionatus« gestützt wurde.[3] Was sich dagegen mit dem Argument von der spezifischen Funktion des Geschlechts in Einklang bringen ließ, wurde aus der antiken Überlieferung übernommen. Die Vorstellung von der Frau als einer inversen Verkörperung des Mannes trat langsam zurück, und die

Geschlechtlichkeit der Frau wurde unabhängig von der männlichen aus ihrer Anatomie bestimmt.

Dennoch wurde die Frau keineswegs als gleichwertig angesehen, denn sie galt weiterhin als kälter und feuchter, als physisch und psychisch schwächer als der Mann. Die Einschätzung der Frau als eines in ihrem Geschlecht vollkommenen, aber dem Mann dennoch unterlegenen Wesens entwickelte sich nicht nur in der Medizin, sondern auch in der protestantischen Ethik. Luther verurteilte die Ansicht der Peripatetiker, die Frau sei ein mißgebildeter Mann und damit etwas Unvollkommenes, als Gotteslästerung. Er verglich den Geschlechtsunterschied mit der Verschiedenheit von Mond und Sonne: Wie der Mond, der weniger Kraft und Licht als die Sonne habe, aber dennoch eine vollkommene Schöpfung sei, so müsse man auch die Frau als eine in sich vollkommene Kreatur Gottes betrachten, auch wenn sie dem Mann unterlegen sei.[4] Diese Auffassung entspricht völlig der skizzierten medizinischen Umdeutung des weiblichen Geschlechts von einer »species privata« zu einer »species relativa«[5]. Aber die Übereinstimmung reicht noch weiter: Zu dem medizinischen Bild vom funktional unterschiedlichen, auf Fortpflanzung ausgerichteten Frauenkörper traten in der Morallehre die funktional unterschiedlichen Tugenden und Pflichten der Mutterschaft. Aufwertung und Restriktion fielen in diesem Verständnis von Weiblichkeit zusammen: Statt als verunglückter, mangelhafter Mann, wurde die Frau als ein Wesen beschrieben, das durch seine Physiologie zur Mutterschaft bestimmt und auf die Rolle der Reproduzentin beschränkt ist.[6]

Die eben skizzierte Veränderung medizinischer Vorstellungen zeigt sich nicht nur in den gelehrten, gynäkologischen Schriften, sie spiegelt sich auch in den Darstellungen und Verhaltensvorschriften der geburtshilflichen Werke. Die Vorstellung einer inversen Entsprechung von Mann und Frau klingt in den Lehrbüchern nur noch vereinzelt nach.[7] Mit den Begriffen der Humoralpathologie werden die Geschlechter zwar miteinander verglichen, doch wird die Andersartigkeit des Frauenkörpers nicht vor dem Hintergrund der männlichen Anatomie, sondern in ihrem Bezug zur Fortpflanzungsfunktion gedeutet. So hat die Frau wegen ihrer feuchten und kalten Konstitution einen Überschuß an Blut und anderen Körperflüssigkeiten. Dieser Umstand bedingt einerseits ihre Unterlegenheit gegenüber dem Mann, er bedingt aber auch ihre Eignung für die Fortpflanzung. Denn die überschüssigen Feuchtigkeiten ermöglichen erst die Entstehung des Kindes, seine Ernährung während und nach der Schwangerschaft. Bei den Autoren der geburtskundlichen Lehrbücher mischt sich daher die Vorstellung von der weiblichen Inferiorität stellenweise mit einer gewissen Bewunderung für die funktionale Anatomie der Frau, für ihre Fähigkeit, Kinder zu gebären und zu ernähren. Der Inferioritätsgedanke nimmt dabei selbst funktionale Züge an: Die Frau **muß** kälter, feuchter, weniger dicht und weniger stark konstituiert sein, um ihre Aufgabe der Mutterschaft erfüllen zu können.

Nach der humoralpathologischen Lehre bringt die Überfeuchtung und mangelnde Wärme der Frau vor allem drei Körperflüssigkeiten hervor, die für die Fortpflanzung von Bedeutung sind, und zwar das Menstrualblut, den weiblichen Samen und die Muttermilch. Die gynäkologischen Vorstellungen über diese Flüssigkeiten und ihre jeweiligen Funktionen wurden in den geburtshilflichen Lehrbüchern popularisiert und in Verhaltensvorschriften umgesetzt. Wieviel christlich–patriarchalische Ideologie diese medizinischen Vorstellungen transportierten, zeigt ihre hohe Übereinstimmung mit den moralischen Lehren theologischer Autoren.

2.2.1 Das Menstrualblut: von der giftigen Frau zur schutzbedürftigen Mutter

Die Ansichten, die in der Renaissance über das Menstrualblut vorherrschten, gingen sowohl auf christliche Denktraditionen des Mittelalters, als auch auf die antike Humoralpathologie zurück.[1] Nach der Viersäftelehre entsteht das Blut – die Vorstellung enthält Analogien zur Technologie des bäuerlichen Betriebs – aus einer Reihe von »Kochungen«, durch welche die aufgenommene rohe Nahrung zunächst im Magen, dann in der Leber selektiert und aufbereitet wird. Infolge ihrer feuchten und kalten Konstitution leidet die Frau grundsätzlich an einem Überschuß an Blut und anderen Säften, der stark pathogene Eigenschaften hat. Damit die Frau nicht innerlich vergiftet, werden diese Überschüsse durch die Gefäße des Uterus abgeleitet.[2] Die Monatsblutungen sind aus dieser Sicht sowohl Symptom als auch Regulativ eines humoralen Ungleichgewichts. Hier liegt die Schlußfolgerung nahe, daß das pathogene Blut nicht nur im Körper, sondern auch nach seiner Evakuation schädlich und giftig ist. Dieser Gedanke wurde auch von antiken Autoren bereits formuliert, erlangte aber seine Bedeutung vor allem durch die christliche Sexualethik des Mittelalters.

Nicht nur die Schmerzen des Gebärens, auch die Periode wurden von den einflußreichen Gelehrten des Mittelalters, von Theologen also, aus der Sünde Evas hergeleitet (vgl. 3. Mose 15).[3] Die Menstruierende galt als unrein im materiellen wie im moralischen Sinn, denn ihr Blut war schädlicher Stoff und Sündenmal zugleich. Es konnte Pflanzen verdorren lassen, Krankheiten übertragen und in Form giftiger Dämpfe durch die Augen austreten, um den bösen Blick zu verursachen. Darüber hinaus galt das Menstrualblut als wichtige Zutat bei der Giftmischerei, die ohnehin als typisch weibliches Verbrechen betrachtet wurde. Ein Spezialfall von Giftmischerei, an dem der sexuelle Aspekt dieser Vorstellungen deutlich wird, war das Brauen von Liebestränken. Zu den meisterwähnten Ingredienzien des Liebestrankes (Philtrum) gehörte das Menstrualblut,[4] von dem man annahm, daß es bei dem Opfer eine besondere Art von Wahnsinn, die Liebeskrankheit, hervorrufen könne. Wie das Körperinnere nach mittelalterlichem Denken in vielfältiger Wechselwirkung zu einer Außenwelt voller Geister, Dämonen und astraler Kräfte stand, wie zwischen materieller und geistiger »Unreinheit« kein Unterschied gemacht wurde, so waren auch Gift und Zauberei nicht voneinander geschieden. Gerade in der Hexenlehre zeigt sich die Gleichsetzung von Giftmischerei und schwarzer Magie. Das veneficium war ein Spezialfall des maleficium, und venefica taucht in der Überlieferung als ein Synonym für Hexe auf. Weiblichkeit, Giftigkeit auf psychischer und physischer Ebene, Bösartigkeit, sexuelle Sündhaftigkeit und Dämonie verschmolzen miteinander und fanden ihren symbolischen Ausdruck im Hexenkessel, in dem Mittel für Unwetter und Tod, Liebe und Impotenz zubereitet wurden.

In der Renaissance, in der die Angst vor Giften besonders krasse Formen annahm, beeinflußten diese misogynen Denktraditionen zunächst die medizinischen Vorstellungen über den Frauenkörper. Einflußreiche und gelehrte Mediziner wie Jean Fernel (1497–1558) und Girolamo Cardano (1501–1576) betonten die Giftigkeit des Menstrualbluts.[5] Paracelsus hielt es sogar für das gefährlichste aller bekannten Gifte.[6] Während er die Hexen eher als Opfer betrachtete, die durch schlechte Erziehung und durch astrale Kräfte verführt würden, glaubte Paracelsus andererseits daran, daß Frauen, die keineswegs Hexen zu sein brauchten, durch die fernwirkende Kraft der Imagination große Schäden anrichten könnten. Über den Zusammenhang von Imagination und Menstrualblut heißt es in »De virtute imaginativa«: »dan das geschicht merken zu einem beispil. ein frau, die in puerperio ligt und sol sterben, ist sie dem tot gram und feint und stirbt in neit und haß uber den tot, und wird dahin gewisen oder fantasirt, ich wolt das alle welt mit mir stürbe. iezt sich, so ist imaginatio da und der fluß menstrui. nun wird aus der imagination ein geist und das menstruum das corpus der werken und iezt generirt sich ein gemeiner lantsterben, dieweil ein menstruum in disem körper ligt und ist, tot oder lebendig.«[7] Wie das Zitat zeigt, sind auch in Paracelsus' Imaginationslehre negative geistige Kräfte und physische Giftwirkung untrennbar miteinander verbunden. Das Menstrualblut erscheint als Materialisation einer astralen Kraft, die durch »neit und haß« in Gang gesetzt wird.

Im Unterschied zu Paracelsus benutzte Jean Bodin die geläufigen medizinischen Vorstellungen über die Menstruation als Argument für die Hexenverfolgung. Um Weyers Entschuldigung der Hexen mit dem Argument der weiblichen Schwäche zu widerlegen, die Folter zu rechtfertigen und die unbeugsame Halsstarrigkeit (opinastreté indontable) des weiblichen Geschlechts zu begründen, berief sich Bodin auf die antike Vorstellung von der Periode als einer »monatlichen Reinigung« des Körpers von giftigen Stoffen. Hippokrates und Galen hätten betont, schreibt Bodin in seiner gegen Weyer gerichteten »Réfutation«,[8] »que les femmes generalement sont plus saines que les hommes, pour les flueurs menstruales qui les guarentissent de mille maladies«[9] Der Giftcharakter des Menstrualblutes wurde also in der Renaissance durchaus nicht nur mit der weiblichen Schwäche in Zusammenhang gebracht. Bodin sieht in den antiken Vorstellungen sogar den Beweis für die überlegene Gesundheit und Widerstandsfähigkeit der Frau, und bei Paracelsus kristallisiert sich im Menstrualblut eine furchtbare Kraft, die ganze Landstriche verwüsten kann.

Der Ansicht von der Giftigkeit und Unreinheit des Menstrualblutes wurde jedoch im 16. Jahrhundert immer häufiger widersprochen. In einem langwierigen Prozeß, der viele Zwischenstufen erkennen läßt, setzte sich bis zur Jahrhundertwende die Auffassung durch, das Menstrualblut sei im Grunde harmlos und nur dann als giftig zu betrachten, wenn der gesamte weibliche Organismus krank sei. Deutlich formuliert wurde diese Ansicht zum Beispiel 1593 in der »Anatomica humani corporis historia« des Pariser Arztes André Du Laurens und 1603 in »De universa muliebrium morborum medicina«, einem einflußreichen gynäkologischen Werk des aus Lissabon stammenden Mediziners Rodrigo de Castro.[10] Auch in den popularisierenden, landessprachlichen Texten des 16. Jahrhunderts zeigt sich die zunehmende Tendenz, das Paradigma Reinheit - Unreinheit von den Vorstellungen über das Menstrualblut zu trennen. Stattdessen wird die Menstruation immer häufiger mit der Anfälligkeit des Geburtsvorgangs und der Schutzbedürftigkeit der Frau in Verbindung gebracht.

Ein weitgehend rationales Verständnis von Gift und Giftmischerei zeigt sich in Weyers »De praestigiis daemonum«. Ein Hauptanliegen des Werkes besteht darin, eine strikte Trennung zwischen maleficium und veneficium, zwischen Hexe und Giftmischerin vorzunehmen.[11] Giftmischerei ist für Weyer ein reales Verbrechen, das nicht mit Blut oder anderen magischen Stoffen, sondern unter Verwendung von Arsen oder Quecksilber begangen wird. Vergiftungen sind demnach nicht mit Magie, sondern mit Brechmitteln zu behandeln.[12] Allerdings betont Weyer auch, daß Frauen weit stärker zur Giftmischerei neigten als Männer.[13] Der böse Blick, den Weyer ausführlich behandelt, gehört dagegen zu den seltsamen »eigenschafften / so etlichen Völckern anerborn sindt«, er ist kein typisch weibliches Merkmal und hat nichts mit dem Menstrualblut zu tun.[14] Eine denkbar schlechte Meinung hat Weyer von Liebesträncken. Bei den vielen Rezepten, die hier in Umlauf seien, handele es sich um abergläubischen Unsinn, und solche Tränke könnten das Opfer vielleicht töten oder wahnsinnig machen, aber niemals Liebe erwecken. Das Menstrualblut wird in diesem Zusammenhang nicht mehr erwähnt. Die in seiner Zeit geläufigen Vorstellungen über die Wirkung von Liebesträncken konfrontiert Weyer dann mit seinen protestantischen Auffassungen von Liebe und Ehe. Der Frau steht nämlich durchaus ein »rechtschaffen Philtrum« zur Verfügung, »nemlich liebliche / anmütige sitten und geberden / mit welchem ein jede Frauw ihren Mann gewinnen mag.« Frauen, die andere Mittel gebrauchen, gehört der Lasterstein umgehängt. Dies trifft auch für die Männer zu, denen Weyer sogar noch schärfer ins Gewissen redet als den Frauen. Zunächst warnt er sie als Arzt vor den Wirkungen des Philtrums: Alle, die »von leiblichs wollusts wegen« ihren Frauen ein Philtrum verabreichen, laufen Gefahr, »daß sie nemlich bey entrüsteten / unbesinnten / schwindelhirnigen Frawen (...) ihr leben und eheliche beywohnung verschliessen müssen.« Dem »ehrlichen Haußvatter« stehe es zu, daß er von seiner Ehefrau »mit Ehelicher / züchtiger / Christenlicher treuw und beywonung / von andern Weibern aber / so im nicht mit ehelichem bandt verknüpfft / durch keuscheit und andere löbliche tugenden / so einen Mann zieren / die liebe erkauffe.«[15] »Geneigter Wille«, Tugend und gute Sitten, das sind die Alternativen, die Weyer für den Liebestrank anbietet. Das Philtrum ist nur noch gesundheitsschädlich, ansonsten aber unwirksam, und die weiblichen Körpersäfte haben aus dieser Perspektive ihre lebensbedrohlich giftige und zugleich verführerische Kraft verloren. Die althergebrachten Gedankenverbindungen zwischen Sexualität und Tod, Sünde und Krankheit, Weiblichkeit und Gift werden zwar nicht ganz gelöst, aber sie verlieren an Festigkeit und treten in den Hintergrund. Um so deutlicher werden die Idealbilder eines christlichen, treuen Hausvaters und einer rechtschaffenen Hausmutter, die ihren Mann mit anmutigen Sitten und Gebärden umwirbt.

Bei den meisten Autoren der geburtshilflichen Lehrbücher klingt die Vorstellung vom Giftcharakter des Menstrualbluts noch in ihrer Wortwahl an. Jakob Rüff spricht von der »unsauberkeit« der Frau, Oswald Gabelkhover (1538–1616) bezeichnet in seinem »Artzneybuch« (1594),[16] dessen zweiter Teil »von Anligen und Kranckheiten deß wiblichen Geschlechts« handelt, den Vorgang der Menstruation als »Kranckheit« und auch Johann Hildebrand spricht von »Unsaubrigkeit« oder »Unrath«. Trotz dieser Bezeichnungen wird dem Menstrualblut aber von allen Autoren eine wichtige Funktion für die Entstehung des Kindes beigemessen. Eucharius Roesslins »Rosengarten« und Jakob Rüffs »Trostbüchle« stimmen in dieser Hinsicht völlig überein, wobei die Darstellung bei Rüff jedoch wesentlich ausführlicher ist. »Die unsauberkeit oder der Blum« ist nach Rüff ein Überfluß aus der dritten Verdauung (deuwung), bei der das von der Leber kommende Blut im Herzen weiter aufbereitet wird.[17] Dieser ausgesonderte Teil des Blutes wird normalerweise über den Uterus abgeführt. Tritt eine Schwangerschaft ein, dann wird dieses Blut jedoch einer weiteren Selektion unterzogen, bei der es nach seiner Qualität in drei Teile zerfällt. Die Menstruation bleibt aus, weil das Kind den besten

Teil des Blutes wie ein Magnet an sich zieht, um seine Nahrung daraus zu gewinnen. Der weniger wertvolle Teil wird vom Uterus durch besondere Blutgefäße in die Brüste geleitet, wo er zu Milch aufbereitet wird. Die unsaubersten Bestandteile sammeln sich während der Schwangerschaft um den Uterus. Dieser ist von drei Häuten umgeben, deren äußerste die »bösen oberigen flüsse« der Menstruation sammelt und vom Kind fernhält, bis sie unmittelbar nach der Geburt abgestoßen werden.[18] Auch Roesslin kennt diese drei »felyn«, die das Kind vor schädlichen Feuchtigkeiten schützen.[19] Die Plazenta oder Nachgeburt wurde also als eine Reinigung von angesammeltem, unreinem Menstrualblut gedeutet. Die Vorstellung von der Selektion des Menstrualblutes in wertvolle und minderwertige Bestandteile erklärt auch, warum es immer noch mit schädlichen Wirkungen in Verbindung gebracht werden konnte, obwohl ihm andererseits eine sehr wichtige Funktion für die Fortpflanzung zuerkannt wurde.

Dieser zweite Aspekt, die Entstehung und Ernährung des Kindes aus dem Blut der Mutter, wird von den Autoren immer wieder betont und zum Anlaß genommen, sich zu Fragen der Pathologie, der Diätetik und der Moral zu äußern. Für Roesslin gehört das Eintreten der Menstruation während der Schwangerschaft zu den häufigsten Ursachen der Fehlgeburt, weil dem Kind dadurch die Nahrung entzogen wird. Um diese Komplikation zu vermeiden, darf die Schwangere keinen unzüchtigen Reigen tanzen, sie soll nicht geschlagen oder gestoßen werden, und sie darf sich nicht zu stark bewegen oder schwere Arbeiten verrichten.[20] Als eines der frühen geburtshilflichen Werke zeigt der »Rosengarten« im allgemeinen zwar starke Zurückhaltung im Hinblick auf reglementierende Äußerungen und Verhaltensvorschriften, an dieser Stelle werden jedoch sozialethische Konsequenzen sichtbar, die sich aus der Lehre von der Menstruation ergaben. Roesslin verordnet eine geschlechtsspezifische Arbeitsteilung, bei der die - nach männlicher Vorstellung - körperlich leichten Arbeiten der Frau überlassen werden sollten. Auch dem weitverbreiteten Prügeln der Ehefrauen wird durch ärztlichen Rat Grenzen gesetzt. Als Schwangere und stillende Mutter ist die Frau besonders schutzbedürftig. Will der Mann sich nicht dem Vorwurf aussetzen, eine Fehlgeburt verschuldet zu haben, so muß er seine Frau von Schlägen verschonen, auch wenn dies nur im Interesse des Kindes geschieht. Ähnliche Ermahnungen finden sich auch in den späteren Hebammenbüchern. So warnt zum Beispiel Johann Wittich in seinem Werk »Tröstlicher Unterricht für Schwangere und gebärende Weiber« besonders davor, daß Frauen in den Rücken geschlagen werden, weil sie dadurch unfruchtbar werden oder das ungeborene Kind verlieren könnten.[21]

Bei Jakob Rüff findet sich in diesem Zusammenhang ein noch umfassenderes Plädoyer gegen Gewalttätigkeit. Wenn man betrachte, schreibt

Rüff, wie gut »die Natur das Kind in Mutterleib versorget«, werde deutlich, wie sehr es »der Natur als einem Göttlichen Werckmeister zuwider ist«, daß die Menschen sich feindselig gegenüberstehen und gegenseitig Schaden zufügen.[22] Besonders ausführlich beschäftigt sich Rüff mit dem Ausbleiben der Menstruation, in dem er eine Ursache der Unfruchtbarkeit sieht. Für diesen Defekt führt er zwei Gründe an, schlechten Lebenswandel und die naturbedingte »Complexion« mancher Frauen. Diese sind »so Viehisch und Hellriegel / mehr Männlicher dann Weibischer art«,[23] daß sie keine oder nur wenige Menstruationsblutungen haben. Weit davon entfernt, ein Zeichen von Giftigkeit oder Bösartigkeit zu sein, ist die Menstruation hier ein Zeichen von Fruchtbarkeit und ein Ausweis für jede »richtige« Frau. Der Verachtung preisgegeben werden dagegen gerade jene Frauen, die nicht menstruieren. Sie werden verachtet, weil sie nicht »weiblich« sind (noch heute pejorativ: »Mannweib«), weil sie dem von ihnen erwarteten Rollenverhalten und dem Stereotyp der fruchtbaren Frau nicht entsprechen. Ein anderer Grund für das Ausbleiben der Menstruation besteht in unordentlichem Lebenswandel und schlechter Ernährung. Frauen, auf die dies zutrifft, haben »gar keinen lust noch begird zu den Mannen, darauß dann die gröst verhinderung der fruchtbarkeit folgen muß.«[24] Der Mangel an Libido erscheint hier als ein schwerwiegender Defekt, und ganz im Widerspruch zu dem Virginitätsideal der katholischen Sexualethik[25] verordnet Rüff an dieser Stelle eine strikte Diät, um die »begird zu den Mannen« zu stärken. Zur Einhaltung dieser Vorschriften werden die Leserinnen des Buches besonders eindringlich dadurch angehalten, daß Rüff die Hysterie als eine gefährliche Folge verhaltener Monatsblutungen beschreibt. Das nicht evakuierte Blut verdirbt demnach im Uterus, und die aufsteigenden Dämpfe verursachen die »suffocation und ubersichsteigung der Bärmutter«, die vielfältige und bedrohliche Symptome verursacht.[26] Schädlich oder giftig sind die Menstrualflüsse nach Rüffs Auffassung also nur in ihren minderwertigsten Bestandteilen, vor denen das ungeborene Kind geschützt werden muß, oder wenn sie im Uterus verderben. Obwohl die Vorstellung von seiner Unreinheit noch anklingt, wird das Menstrualblut von Roesslin und Rüff insgesamt nicht als Makel, sondern als Ausweis weiblicher Gebärfähigkeit gedeutet und als wichtiger, für die Generation unentbehrlicher Stoff beschrieben.

Knapp fünfzig Jahre nach dem Erscheinen von Rüffs »Trostbüchle« hat sich der katholische Arzt Johann Hildebrand in seinem Lehrbuch »Nutzliche Underweisung für die Hebammen und schwangeren Frawen« recht ausführlich zur Frage der Giftigkeit des Menstrualblutes geäußert. Der Kommentar beginnt mit einem Angriff auf die Ansichten des Aristoteles, und Hildebrand erklärt ausdrücklich, das Menstrualblut sei nicht giftig. Es sei zu betrachten »als ein nützlicher und nothwendiger Uberfluß«, mit dem das Kind im Mutterleib ernährt wird. Nur wenn die Frau krank ist und ihre Regel nicht rechtzeitig bekommt, kann sich das Blut zu einem Gift entwickeln. In diesem Fall kann es nicht nur der Frau schaden, sondern auch Bäume und Früchte verderben.[27] Die Stellungnahme zeigt, daß auch Hildebrand zur Mehrzahl der Ärzte gehörte, die im Begriff standen, die Vorstellung von der Unreinheit des Menstrualblutes schrittweise aufzugeben.

Über den Ursprung der Menstruation äußert sich Hildebrand gemäß der Viersäftelehre in ähnlicher Weise wie Roesslin und Rüff, wobei allerdings die Schwäche des weiblichen Geschlechts stärker betont wird als von den älteren Autoren. Der Mann, so Hildebrand, könne seine überflüssigen Feuchtigkeiten zum großen Teil durch den Schweiß abführen. Da die Frau aber wegen ihrer Schwäche nicht schwer arbeiten könne und daher auch weniger Schweiß absondere, sei sie zur Regulierung ihrer Körperflüssigkeiten auf die Regelblutungen angewiesen.[28] Die Menstruation ist aber nicht nur Ausdruck der weiblichen Schwäche, sondern zugleich Voraussetzung für die Fruchtbarkeit. Als »natürliche Zeit« für das Aussetzen der Menstruation nennt Hildebrand das Alter von 35 Jahren.[29] Es ist unbedingt zu vermeiden, daß die Blutungen früher aufhören, da die Frau sonst vor der Zeit unfruchtbar wird. Dies kann geschehen, wenn sie zu schwere Arbeiten verrichtet, oder wenn sie zuviel Furcht, Sorgen und Traurigkeit erdulden muß.[30] Im Unterschied zu Roesslin, der mit ähnlichen Ratschlägen das Einsetzen der Blutungen während der Schwangerschaft verhindern wollte, beziehen sich diese Bemerkungen von Hildebrand auch auf die Zeit außerhalb der Schwangerschaft, also auf die gesamte Lebenszeit zwischen Pubertät und Klimakterium. Zumindest während dieser Zeitspanne sollten der Frau nur die »leichten« Arbeiten zugewiesen werden. Ihr Anspruch auf Schonung und Schutz bezieht sich aber auch auf ihr Seelenleben. Nicht nur die prügelnden Ehemänner und Dienstherren, sondern jeder, der eine Frau zu sehr ängstigt oder mit einem Übermaß an Sorgen belastet, kann die Schuld an ihrer Unfruchtbarkeit tragen.

Hildebrands Ermahnungen richten sich aber in erster Linie an die Frauen. Über die erwähnten Einschränkungen hinaus dürfen sie sich nicht unmäßig bewegen, nicht »unziemlich« tanzen, springen, reiten, fahren oder gehen, wenn sie ihre Fruchtbarkeit bzw. ihre Schwangerschaft nicht gefährden wollen.[31] Auch wenn derartige Verhaltensvorschriften weitgehend unrealistisch waren und nur von wenigen Frauen befolgt wurden, so wird an ihnen doch das Bestreben deutlich, den Alltag der Frau zu reglementieren und ihre Bewegungsfreiheit außerhalb des Hauses im Interesse der Mutterschaft drastisch einzuschränken. Immerhin kam ärztlichen Aussagen dieser Art im 16. und 17. Jahrhundert eine wachsende Bedeutung zu. Sie konnten in der forensischen Situation ausschlaggebend sein, wenn es zum Beispiel um die Ungültigkeit einer Ehe ging, denn die

Fruchtbarkeit (potentia coeundi et generandi) gehörte zu den wichtigsten Voraussetzungen der Ehe.[32]

Das Paradigma Reinheit - Unreinheit, die Ausrichtung des weiblichen Lebens auf Fruchtbarkeit und Mütterlichkeit und die besondere Schutzbedürftigkeit der Frau waren Themen, die nicht nur in den geburtshilflichen Lehrbüchern, sondern auch in den pädagogischen Schriften des Luthertums eine wichtige Rolle spielten. Im Jahre 1566 veröffentlichte der lutherische Pfarrer Thomas Guenther ein Werk, dessen Titel bereits einen Katalog von Verhaltensvorschriften ankündigt: »Ein trostbüchlein für die schwangeren unnd geberenden Weiber / wie sich diese für / inn / unnd nach der Geburt / mit Betten / Dancken und anderm / Christlich verhalten sollen.« Das Buch enthält einen wütenden Angriff auf die Vorstellung von der Unreinheit der Monats- und Wochenflüsse. Als Pfarrer wandte sich Guenther besonders dagegen, daß die Wöchnerinnen wegen ihrer angeblichen Unreinheit während der sechs Wochen des Puerperiums vom Kirchgang ausgeschlossen wurden. Dies sei als ein »Papistischer mißbrauch gantz unnd gar zu verdammen«. Denn es »sind die Weiber in ihrem Kindbetth nicht unreyn für Gott / sondern sie sind da in sonderem Segen und Gnade Gottes.«[33] Dennoch, räumt Guenther ein, sollten die Frauen sechs Wochen nach der Entbindung das Haus nicht verlassen und auch nicht in die Kirche gehen. Dies empfehle er aber nur zu ihrer eigenen Schonung, weil sie durch die Geburt »kranck unnd schwach werden« und sich erholen müßten. Was den Pfarrer erzürnt hat, war also nicht der Umstand, daß die Frauen dem Gottesdienst fernblieben, sondern das Argument der Unreinheit, mit dem ihr Ausschluß begründet wurde. Was die Frau als Gebärende und Mutter abwertet, ist papistischer Mißbrauch, sie genießt in dieser Rolle sogar den besonderen Segen Gottes. Zu dieser Rolle gehört aber auch ihre Schwäche und Schonungsbedürftigkeit, mit denen die Ausgrenzung der Frau aus der Öffentlichkeit nunmehr begründet wird, und zwar - so Guenther - in ihrem eigenen Interesse.

Auch in den protestantischen Eheschriften wird die Gebärfähigkeit als ein kostbares und zerbrechliches Gut beschrieben. Cyriacus Spangenberg hat den Gefahren von Schwangerschaft und Geburt in seinem »Ehespiegel« mehrere Predigten gewidmet, und auch Nikolaus Selnecker hat das Thema in seinem »Ehe und Regenten Spiegel« berücksichtigt.[34] Schon 1530 hatte Justus Menius in seiner »Oeconomia Christiana« betont, das bei weitem wichtigste Amt der Frau, das Gebären und Aufziehen von Kindern, sei eine sehr schwere und gefährliche Aufgabe.[35] In diesem Zusammenhang hatte sich Menius auch mit eindringlichen Ermahnungen an die Ehemänner gewandt, die er zu Schonung und besonderer Rücksichtnahme aufforderte. Das Bibelzitat, das in diesem Zusammenhang häufig angeführt wurde, und das auch Menius benutzt hat, lautet: »Ihr männer wonet bey den weybern mit vernunft / und gebet dem weybischen / als dem schwechesten werckzeuge / seine ehre.« (1. Petrus 3) Mit der Auslegung dieses Zitats will Menius erreichen, daß der Ehemann »sein weyb wisse (...) redlich zuhalten / fein seuberlich und gemachsam mit ihr umb zugehen«. Zu diesem Zweck versorgt Menius den männlichen Leser mit pädagogischen Ratschlägen für die »Haltung« der Frau, die ihm weit unterlegen und zu Gehorsam verpflichtet ist, die er aber als Gefährtin und Gehilfin betrachten soll. Mit Prügeln gestraft werden müßten jene Männer, die von ihren Frauen immer verlangen, daß alles nach der Schnur gehe und meinen, wenn sie mit den »armen weybern« scheußlich poltern, fluchen, schelten, raufen und schlagen, so hätten sie es »recht außgerichtet / und ihre manheyt herrlich beweyset.«[36]

Mit dieser Kritik an einem falschen Verständnis von »manheyt« steht die »Oeconomia Christiana« exemplarisch für viele sozialethische Schriften des 16. Jahrhunderts, in denen neben dem Wandel des Frauenbildes auch veränderte Auffassungen von Männlichkeit deutlich werden. Der Mann soll seine Stärke demnach nicht mehr durch Härte, Strenge und Demonstrationen von Körperkraft beweisen. Stattdessen wird er von den Autoren zu den Tugenden der Vernunft, Friedfertigkeit, Milde und Großzügigkeit ermahnt. Mit der medizinischen Ansicht, daß Schwangerschaft und Geburt auch durch starke psychische Belastungen gefährdet werden, korrespondieren die an den Mann gerichteten Ermahnungen, die Frau keinem zu starken seelischen Druck auszusetzen. Weil die Frauen an Leib und Gemüt schwach seien, argumentiert Menius, »können sie es auch im syn und hertzen nicht haben / das sie gedulden und verbeissen solten / was ihnen zuwider gehandelt wirdt.«[37] Der Mann kann sich dagegen besser beherrschen und sich etwas »verbeissen«. »Darumb / so sol ein man der vernufft sein / das er seines weybes wisse weyßlich zu verschonen«, darum sollte er ihr auch »ein grosses zugut halten.« Wird die Frau hier durch ihre Schwäche entschuldigt, so führt die Vorstellung von der Überlegenheit des Mannes umgekehrt zu der Forderung nach vernunftbestimmter Affektbeherrschung. Auch aus den Predigtsammlungen ließen sich mehrere Beispiele für diese Haltung anführen. Spangenberg hielt es sogar für notwendig, über zwei Seiten gegen Männer zu predigen, die ihre schwangeren Frauen verprügeln und dabei das ungeborene Kind töten. Die Männer sollten nachgiebig sein, ihre Frau schützen und sie auch psychisch nicht zu sehr belasten.[38]

Besonders ausführlich und engagiert hat sich Johann Weyer zu diesem Thema in seiner Schrift »Vom Zorn. Iracundiae antidotum« geäußert. Der Zorn, heißt es dort, »wütet schrecklich auch wider ehrlicher Matronen entblössete schwangere Leiber. Er darff Züchtiger / Zarter junger Jungfrewlein Hertzlein im Leib durchstechen und ire Heuptlein zerspalten. O Gott erbarms der elenden zeit...«.[39] Unter der Überschrift »Philosophische Cur« wendet sich Weyer dann mit eindringlichen Argumenten gegen alle, die ihre Männlichkeit mit Zornausbrüchen zur Schau stellen. Vor allem solle der Mann wissen, daß Schimpfen und Gewalttätigkeit nicht männlich seien, sondern eine Schwäche darstellten. Die männlichen Tugenden Mut und Tapferkeit zeigten sich in Ruhe und Gelassenheit, in der Selbstüberwindung zu Großmut und Nachgiebigkeit.[40] »Sich selbst oberwinden ist der herrligste Sieg«, schreibt Weyer und gibt den Männern eine Reihe von Verhaltensmaßregeln, die als Techniken der Affektbeherrschung bezeichnet werden können. So solle man zum Beispiel abends noch einmal alles überdenken und »examinieren«, was man am Tag getan hat und seine Begierden durch die Vernunft niederkämpfen. Auf diese Weise solle der Mann sein eigener Aufseher und »heimlicher Zuchtmeister« sein.[41]

Unter einem anderen Aspekt wird die Schonungsbedürftigkeit der Frau in Johann Colers »Oeconomia oder Haußbuch«, einem der ersten und prägenden Werke der Hausväterliteratur, erwähnt. »Es sol«, schreibt Coler, »ein Haußwirt sein Weib schützen und handhaben / und sich mit ihr nicht übel begehen / dasselbe übel halten / lästern / schmähen / schlagen dann wann solches das Gesinde sihet und höret / so verachtets die Wirtin auch / und hat darnach das Weib keinen Gehorsam bey ihnen dadurch endlich ein groß Unheil und mercklicher Schade einem Haußwirt in seiner Nahrung enstehen kan.«[42] Mit dieser pragmatischen Begründung wird der Zusammenhang zwischen geschlechtsspezifischem Rollenverhalten und dem Funktionieren der sozialen Hierarchie innerhalb des »Hauses« deutlicher hervorgehoben, als dies in theologischen oder medizinischen Texten geschieht. Coler, der engagierter Lutheraner war und später Pfarrer wurde,[43] konnte seinen Lesern hier eine einleuchtende Begründung für das vom Luthertum geforderte Rollenverhalten des Hausvaters gegenüber seiner Ehefrau geben, indem er sich lediglich auf die Erfordernisse des »bürgerlichen und bäwrischen« Erwerbs berief. In späteren Auflagen wurde Colers Werk durch umfangreiche hausmedizinische Abschnitte ergänzt, die auch Ratschläge zu Schwangerschaft, Geburt und Säuglingspflege enthalten. In diesen Abschnitten wurden bis zum Ende des 17. Jahrhunderts viele medizinische Ansichten, die sich auch in den Hebammenbüchern des 16. Jahrhunderts finden, in nahezu unveränderter Form wiederholt. So klingt auch in der Auflage von 1680 noch die Warnung vor der physischen oder psychischen Mißhandlung der Frau an, wenn als eine Hauptursache für Fehlgeburten der Umstand genannt wird, daß »ein schwanger Weib hart erschrickt / und ihr menstruum bekömt«.[44]

Die Zusammenschau von populären medizinischen und sozialethischen Texten ergibt insgesamt, daß dem Hausvater im Rahmen der Haus– und Ehestandslehre eine höhere Verantwortung für den Erhalt weiblicher Fruchtbarkeit und Arbeitskraft auferlegt wurde. Die in diesem Zusammenhang geforderte Rationalisierung von Gefühlen und Beherrschung von Affekten sollten die Frau nicht nur vor körperlicher, sondern auch vor psychischer Mißhandlung bewahren. Die Vorstellung von der besonderen Schutzbedürftigkeit der Frau bezog sich auch auf die Zeit außerhalb der Schwangerschaften. Dies zeigt sich zum Beispiel an der Befürchtung, die Menstruationblutungen könnten aussetzen, wenn eine Frau zu schlecht behandelt wird. Die Autoren verheimlichten nicht, daß ihre an den Mann gerichteten Verhaltensvorschriften dem Zweck dienten, daß die Frau ihre häuslichen Pflichten in vollem Maß erfüllen konnte. Sie begründeten Ihre Ermahnungen jedoch hauptsächlich mit dem Argument der weiblichen Schwäche. Mit dem in diesem Zusammenhang wohl meistgebrauchten Bibelzitat von »dem weybischen / als dem schwechesten werckzeuge« zogen die Theologen eine Aussage heran, die mit dem medizinischen Befund über den weiblichen Organismus genau übereinstimmte.

Die Umdeutung der Menstruation von einem Zeichen der Giftigkeit zu einem Zeichen weiblicher Fruchtbarkeit und Schutzbedürftigkeit zeigt nicht nur eine gewandelte Sicht auf die Frau, sondern auch Veränderungen im Männlichkeitsideal: Dem Bild der sündhaften, bösen und giftigen Frau entspricht der strenge, strafende und prügelnde Ehemann. Der Vorstellung vom schwachen Geschlecht, deren Vertreterinnen zur Mutter und Hausfrau geboren sind, entspricht dagegen der großmütige und beschützende Mann, der seine Macht mit Vernunft gebraucht. Nicht zufällig bildeten diese Tugenden, die hier vom Hausvater eingefordert werden, auch einen wichtigen Bestandteil des Ideals vom »christlichen Fürsten«, wie es in den zahlreichen Fürstenspiegeln des 16. Jahrhunderts entworfen wurde. Denn das »Haus« stellte in der lutherischen Sozialethik einen Mikrokosmos der Gesellschaft dar,[45] in welchem dem Hausvater die obrigkeitlichen Funktionen zukamen. Wenn dieser zu Milde und Großmut ermahnt wurde, so wurde er damit zugleich in seiner Vormachtstellung und Befehlsgewalt gegenüber der Frau bestätigt und im Bewußtsein seiner körperlichen und Geistigen Überlegenheit bestärkt.

2.2.2 Das »Säugen« und die Internalisierung der Mutterpflichten

Eine weitere Körperflüssigkeit, die im medizinischen und theologischen Diskurs über das Frauenbild eine wichtige Rolle spielte, war die Muttermilch. Über ihre Entstehung im Körper finden sich in einigen geburtshilflichen Lehrbüchern kurze Aussagen, die sich auf die antike Überlieferung stützen und sehr einheitlich ausfallen. Die Milch besitzt demnach enge Verwandtschaft mit dem Menstrualblut, denn sie wird aus dem überschüssigen Blut der Frau gebildet. Dies geschieht in den Brüsten, die von besonders kalter und feuchter Natur sind. Rüff und Hildebrand kennen zwei große Adern, die den Uterus und die Brüste miteinander verbinden und das nährstoffhaltige Blut transportieren. Nach der Geburt stoppt die Zufuhr zum Uterus und die Nahrung tritt als Milch durch die Brüste aus.[1]

Aus der Vorstellung, daß das Kind auch nach der Geburt mittelbar durch das Blut der Mutter ernährt wird, wurden weitreichende ethische Schlußfolgerungen abgeleitet. Während die normativen Aussagen über weibliches Rollenverhalten in den frühen Hebammenbüchern noch relativ knapp ausfielen, nahm ihre Fülle und Eindringlichkeit in den späteren Werken deutlich zu. Den Grundgedanken, der im Zusammenhang mit diesem Thema später immer wieder aufgenommen und ausgebaut wurde, hat Roesslin in seinem »Rosengarten« noch vergleichsweise zurückhaltend formuliert: Die in der weiblichen Biologie verankerte Fähigkeit zum Stillen wird dahingehend gedeutet, daß jede gesunde Mutter auch unbedingt dazu verpflichtet ist, ihre Kinder selbst zu stillen. Roesslin spricht dabei noch nicht ausdrücklich von einer moralischen Verpflichtung, sondern begnügt sich mit einem medizinischen Argument. Unter Berufung auf Avicenna (Ibn Sina 980–1037) heißt es, die Milch der eigenen Mutter sei für jedes Kind die gesündeste Nahrung. Könne eine Mutter wegen einer Krankheit ihr Kind nicht selbst stillen, so solle man darauf achten, daß die Amme eine tugendhafte Frau von guten Sitten sei. Auch hier gibt Roesslin nur die lapidare Begründung, daß dem Kind sonst Schaden entstehen könne.[2]

Jakob Rüff hat in diesem Zusammenhang Ansichten geäußert, die in ihrer Tragweite für das Frauenbild bereits deutlich über Roesslins Bemerkungen hinausgehen. Unter Berufung auf Galen betont Rüff, die Ernährung durch die Muttermilch führe dazu, »daß die Kinder / viel ein grössern willen unnd anmuht tragen und haben zu iren Müttern / denn gegen den Vättern (...). Darumb auch auß der ursach / den Müttern die Kinder mehr zu Hertzen gehen / und gemeiniglich angelegen sind / denn den Vättern.«[3] Weil die Kinder durch den »Mutterleib gespeiset« werden, lieben sie die Mütter mehr als die Väter und werden auch ihrerseits mehr von den Müttern geliebt. Die enge emotionale Bindung zwischen Mutter und Kind wird also als natürlicher, sich aus der weiblichen Biologie ergebender Tatbestand dargestellt. Diese Auffassung beinhaltet natürlich eine Arbeitszuweisung, denn wenn die Kinder den Müttern »angelegen sind«, so ist auch ihre Pflege und Erziehung eine Angelegenheit der Frauen. Indem die Mutterliebe und ihre Betätigung als das Natürliche und Normale (gemeiniglich) dargestellt werden, wird den Leserinnen zugleich suggeriert, daß es für eine Mutter unnatürlich und anomal ist, wenn sie in ihrer Liebe und Sorge für die Kinder den Vater nicht übertrifft und die entsprechenden Verpflichtungen übernimmt. Obwohl der Tonfall des Zitats eher einer sachlichen Feststellung als einer moralischen Ermahnung entspricht, wirkt seine Aussage dennoch in Richtung auf die Verinnerlichung mütterlicher Gefühle und Pflichten. Der Gedanke der natürlichen Liebe zwischen Mutter und Kind, den Rüff hier noch relativ zurückhaltend formuliert hat, sollte in den folgenden Jahrhunderten zu einem immer wichtigeren Bestandteil gesellschaftlicher Frauenbilder werden.

Als Sigmund Feyerabendt, Buchhändler in Frankfurt am Main, Rüffs »Trostbüchle« 1580 unter dem Titel »Hebammen Buch« herausgab, fügte er der Schrift einen umfangreichen zweiten Teil hinzu, der »sagt wie man das Newgeborne Kindtlein handlen / verhüten und sein pflegen sol.« Für diesen Abschnitt wird kein Autor genannt, allem Anschein nach handelt es sich um eine Kompilation aus früheren Werken über Kinderpflege.[4] Im zweiten Teil der Frankfurter Ausgabe wird den Leserinnen eine Fülle weiterer Verhaltensmaßregeln für die Stillzeit gegeben. Zunächst wird wiederum betont, die Mütter sollten ihre Kinder selbst stillen. Die Stillzeit wird auf den beträchtlichen Zeitraum von zwei Jahren festgelegt. Während dieser Zeit, heißt es, sollten die Frauen ihre Schwangerschaftsdiät mit größter Sorgfalt fortsetzen, weil sonst die Milch versiegen könne.[5] Um einen Eindruck davon zu vermitteln, was diese ärztliche Vorschrift für eine Frau bedeutete, sollen einige Punkte der Schwangerschaftsdiät genannt werden, die im »Hebammen Buch« empfohlen wird: Die Frau soll »rechtschaffene Freude«, »Kurtzweil und Muth« haben, sich dagegen »vor Zorn / Trawrigkeit« und vor Schrecken hüten. Sie soll ruhig, »züchtig unnd still seyn / Auch tugentlich und sittiglich alle ire Werck und Geschäfft angreifen«, dabei aber nicht zu schwer arbeiten. Die Frau darf sich außerdem nicht unvorsichtig hinsetzen oder aufstehen, »nicht springen / gumpen / lauffen und ungestümmiglich tantzen: Nicht schwer lüpffen / heben / trucken/ hart reuhten / (..) aber viel und offt schlaffen.« Auch ihre Sexualität wird mit dem Hinweis reglementiert, sie solle sich »vor viel unzimlicher Unkeuschheit« hüten. Die Frau darf auch nicht zu viel oder zu schwer essen, die erlaubten Speisen werden bis ins Detail aufgelistet, sogar ihre Beschaffenheit und Zubereitung werden in einigen Fällen vorgeschrieben.[6] In dem Abschnitt über Säuglingspflege werden all diese Vorschriften und Einschränkungen auch für die zweijährige Stillzeit aufrechterhalten, wobei schwere Arbeit und häufiger Geschlechtsverkehr noch einmal mit besonderem Nachdruck verboten werden.

Damit sind die Mutterpflichten aber keineswegs erschöpft, denn nach dem Stillen beginnt erst die eigentliche Säuglingspflege. Wenn das Kind satt ist, heißt es im »Hebammen Buch«, soll die Mutter es schlafen legen, wobei sie es gemächlich wiegen und ihm etwas vorsingen muß. Schläft das Kind, so hat die Mutter weiter darüber zu wachen, daß es nicht erschreckt und geweckt wird. Nach dem Schlafen ist das Kind zu baden, und zwar zwei- bis dreimal am Tag. Nach jedem Bad soll das Kind mit Rosenöl gesalbt und zart massiert werden. Daraufhin müssen Ohren, Nase, Kopf und Glieder durch sanftes Streichen und Drücken geformt werden, damit das Kind wohlgebildet wird. Außerdem ist es notwendig, dem Säugling mehrmals am Tag den Bauch zu streichen. Für das zahnende Kind erhält die Mutter mehrere Rezepturen, mit deren Hilfe sie Mittel für kräftige Zähne zubereiten soll. Lernt das Kind laufen, so muß sie ihm morgens und abends die Füße in einem Sud waschen. Lernt das Kind sprechen, so soll sie sogar die Zunge mit einem eigens dafür angerichteten Mittel einreiben, damit es die Sprache schneller begreift.[7] Diese Mutterpflichten beziehen sich wohlgemerkt auf den gesunden »Säugling« bis zu einem Alter von zwei Jahren. Im Fall einer Krankheit ihres Kindes wird die Mutter noch in ganz anderem Ausmaß in die Pflicht genommen. In 25 Kapiteln werden ihr unzählige Rezepturen und Applikationsvorschriften gegen die verschiedensten Kinderkrankheiten gegeben, wozu auch Beschwerden wie Schluckauf, Niesen und Schlaflosigkeit gerechnet werden. Bei alldem, daran sei noch einmal erinnert, darf die Frau keinesfalls zu schwer arbeiten, zu wenig schlafen oder mißmutig sein, weil dem Kind sonst die Muttermilch entzogen werden könnte.

Derartige Vorschriften und Arbeitszuweisungen machen deutlich, daß die geburtshilflichen Werke präskriptive Texte waren, die – von Männern für Frauen verfaßt – zu großen Teilen recht wenig mit der Realität zu tun hatten. Die Säuglingspflege war natürlich nicht der einzige Aufgabenbereich der Frau, und selbst eine Mutter aus den Oberschichten war kaum in der Lage, all die genannten Pflichten zu erfüllen. Trotz einer gewissen Realitätsferne konnten solche Texte aber in Richtung auf die Internalisierung von Mutterpflichten wirken, denn je ernster eine Leserin die ärztlichen Vorschriften nahm, desto mehr mußte sie sich überlastet fühlen und angesichts der permanenten Überforderung ein schlechtes Gewissen entwickeln. Mit den recht ausführlichen Zitaten aus dem Pflichtenkatalog der Mutter soll an dieser Stelle aber vor allem gezeigt werden, daß bereits medizinische Schriften, die noch weitgehend auf moralische und theologische Ermahnungen verzichten, ihrer Tendenz nach einen rigiden Eingriff in den Alltag der Frauen darstellten und deren Leben umfassend und allseitig reglementierten.

Viel deutlicher als im »Hebammen Buch« tritt die erzieherische und moralisierende Haltung des Autors in David Herlitz' »De curationibus gravidarum« hervor. Zunächst betont auch Herlitz die naturbedingte emotionale Bindung zwischen Mutter und Kind. Der Umstand, daß sie sich vom überflüssigen Blut der Frau ernähren, sei »die ursache / das die Kinder grössere neigung zu ihren Müttern haben / als zu den Vätern.«[8] Dieser humoralpathologische Gedanke mußte Autoren, die ein Ideal der Mütterlichkeit durchsetzen wollten, zu pathetischen Formulierungen herausfordern. Herlitz ergriff die Gelegenheit und beschwor die Frauen, ihre Kinder um der gegenseitigen Liebe willen selbst zu stillen: »Wenn sie die Milch von ihren Hertzen saugen«,[9] heißt es, liebten die Kinder ihre Mütter um so mehr. Als ein weiteres Argument wird die Warnung vor »liederlichen« oder »lasterhaften« Säugammen vorgebracht. Schon Roesslin hatte diesen Gedanken geäußert, ohne ihn jedoch zu begründen. Herlitz kommentiert seine Warnung damit, daß die charakterlichen Eigenschaften mit der Milch der stillenden Frau auf das Kind übergehen. Diese Auffassung, die sich auch in anderen Hebammenbüchern findet, beruhte auf der humoralpathologischen Vorstellung, daß im Blut befindliche Erbanlagen vor und nach der Geburt über die Nahrung an das Kind weitergegeben werden.

Im Unterschied zu Autoren älterer Hebammenbücher begnügt sich Herlitz nicht mit diesen medizinischen Argumenten. Um seine Leserinnen wirksamer zu beeinflussen, zieht der Arzt das Werk eines Theologen heran. Über mehrere Seiten wird das »Trostbüchlein für die schwangeren unnd geberenden Weiber« des lutherischen Predigers Thomas Guenther zitiert.[10] Es sind im wesentlichen folgende Argumente, die Herlitz aus der Schrift des Theologen übernimmmt: Es ist das »Ampt« der Mutter, das Kind nicht nur zu gebären, sondern auch zu stillen, denn Gott hat ihr die Brüste eben zu diesem Zweck gegeben.[11] Nichts als Eitelkeit und Faulheit können eine Frau dazu bewegen, ihr Kind einer Säugamme zu überlassen. Eine so pflichtvergessene Frau schadet auch sich selbst, weil die in den Brüsten verbleibende Milch zu Entzündungen führt und andere Krankheiten hervorruft. Dann zitiert Guenther den antiken Arzt Galen mit einem weiteren medizinischen Argument: Die Kinder müssen nach der Geburt die Nahrung bekommen, die sie schon aus dem Mutterleib gewohnt sind, das heißt, sie sollen mit der Milch ernährt werden, die aus dem Blut ihrer Mutter hervorgegangen ist. Gott, so zitiert Herlitz den Theologen weiter, hat den Frauen die Brüste nicht wie den Tieren unten am Bauch, sondern oben am Herzen gegeben, »das daß Weib ihr Kind desto in fleissigerem gedechtnuß haben sol / und das nicht lassen auß ihrem Hertzen kommen.«[12] Die Frauen sollten selbst stillen, weil »sie damit ihre liebe / auß ihrem Hertzen in das Kind giessen sollen.« Dieses Argument verbindet Guenther mit einem Angriff auf die Lebensgewohnheiten des Adels. Mütter, die nicht stillen, heißt es, brauchten sich nicht zu wundern, wenn ihre erwachsenen Kinder sie nicht achten, »und sonderlich das offt die grossen Herren / die vom Adel / (...) ihrer Mütter so liederlich vergessen.«[13] Das Bestreben des Arztes und des Theologen, solchen Frauen, die dem angestrebten Mütterlichkeitsideal nicht entsprechen, Schuldgefühle zu suggerieren, tritt in der folgenden Aussage besonders deutlich hervor: Wenn das Kind weine und schreie, so wird Guenther zitiert, dann wolle es damit die Mutter an ihr Amt erinnern. Die Mutter, die nicht selbst stillt, müsse dann »billich erschrecken«, denn das Kind klage darüber, »das sie so übel an ihm thue.«[14] Mit derartigen Ermahnungen wurde ganz bewußt daran gearbeitet, daß Frauen die ihnen zugewiesenen Aufgaben in der Form von Pflichtgefühl oder schlechtem Gewissen verinnerlichten.

Als Herlitz Guenthers »Trostbüchlein« heranzog, fand er also bereits eine Mischung aus moraltheologischen und medizinischen Argumenten vor. Der Pfarrer hatte sogar Galen zitiert, um seine moralischen Appelle naturwissenschaftlich zu untermauern. Um seine Leserinnen zum Stillen ihrer Kinder anzuhalten, hat der Arzt Herlitz dann wiederum die theologische Schrift zitiert. Der Vorgang ist ein Beispiel für die enge Zusammenarbeit von Medizinern und Theologen. Er zeigt, wie Vertreter beider Gruppen bei der Konstruktion und Durchsetzung des Hausmutterideals »Hand in Hand« gearbeitet und sich wechselseitig mit Argumenten munitioniert haben.

Nikolaus Selneckers »Ehe und Regenten Spiegel« liefert weitere Beispiele dafür, wie stark Moraltheologen die Frauen in Richtung auf die Internalisierung mütterlicher Pflichten zu beeinflussen suchten. In dem Abschnitt »Vom Ampte der Eltern« schreibt Selnecker, die Liebe der Eltern zu ihren Kindern sei »in das Menschliche / und aller Thierlein Hertz geschrieben / und eingenaturet« und gehöre zu den »Natürlichen Affecten«. Auch für Selnecker ist die Mutterliebe in der weiblichen Anatomie verankert: »Daher hat Gott der Mutter die Brüste ans Hertze gesetzet / nicht alleine darumb / auff das die Milch / von der Natürlichen Hitze des Hertzens besser gekochet / und subtieler werde / und dem Kinde wol gedeye / Sondern auff daß das Kind mit der Milch / zugleich die Edlesten Flemlein des Hertzens zu sich zöge / und der Mutter das Hertz nehme / das sie sein nicht vergesse / Daher die Mütter die Kinder so lieb haben / sie thun was sie wollen / so gedencken sie stets an die Kinder / Und ob schon ein Kind schwartz / ungestalt / und grindig / so ists doch jr das schönste / und liebeste.«[15] Diese Argumentation, mit der Selnecker auf medizinische Ansichten zurückgreift, wird an anderer Stelle durch rein theologische Betrachtungen ergänzt. Die Mutter liebt ihre Kinder nämlich nicht nur als ihr Fleisch und Blut, »sondern als Bildlein Gottes / als Gotteskindlein / die sie erzeucht / nehrt / alle liebe beweist / und als des Herrn Magd und Kindsmutter sich trew erfinden lest.«[16] Diese Zeilen, mit denen die Frau an die Seite Marias gestellt wird, enthalten eine kaum zu überbietende Aufwertung der Mutterrolle, und bürden der Frau zugleich die ganze religiöse und moralische Verantwortung auf, die sich daraus ergibt, Mutter eines »Gotteskindlein« zu sein.[17]

Die im 16. Jahrhundert propagierten medizinischen Vorstellungen über das »Säugen«, über die damit zusammenhängenden Diätvorschriften und über die Pflichten und Gefühle der Frau zeigen auch im folgenden Jahrhundert ein starkes Beharrungsvermögen. Ein Beispiel dafür bietet die 1680 erschienene, erweiterte Auflage von Johann Colers »Oeconomia oder Haußbuch«. In den medizinischen, nicht von Coler stammenden

Abschnitten wird die Mutterliebe ebenfalls aus der anatomischen Lage der Brüste abgeleitet. Unter Bezugnahme auf die bekannten humoralpathologischen Vorstellungen wird die Frau während der Stillzeit auch auf eine strikte Diät verpflichtet, die richtige Ernährung und moralisches Verhalten ebenso umfaßt, wie ein ausgeglichenes Seelenleben.[18] Auch die beiden großen Adern werden noch erwähnt, die schon in Rüffs »Trostbüchle« und anderen Hebammenbüchern als Verbindung zwischen Brüsten und Uterus figurierten. Zudem wird in der »Oeconomia« betont, daß diese Adern nach der Entbindung besonders empfindlich seien, weshalb die Sechswöchnerinnen nicht das Haus nicht verlassen dürften. Wenn sie sich nämlich während der Wochen zuviel bewegten, so werden die Frauen gewarnt, dann würden die Adern zerreißen, was Mutter und Kind in große Lebensgefahr bringen würde.[19] So wird aus der Vorstellung von der besonderen Störanfälligkeit des Geburtsapparates auch in diesem Zusammenhang eine Argumentation abgeleitet, die darauf hinwirkt, die Bewegungsfreiheit der Frau zusätzlich einzuschränken.

Weit über das 16. Jahrhundert hinaus hat die weibliche Biologie gerade in Bezug auf das »Säugen« viele Argumente liefern müssen, mit denen die Frau auf die Ideale der Mütterlichkeit und der Häuslichkeit festgelegt wurde. Gleichzeitig wird deutlich, daß manche Vorstellungen und Haltungen, die in der Literatur mitunter erst späteren Jahrhunderten zugeschrieben werden, bereits im 16. Jahrhundert recht massiv propagiert wurden. Dies trifft vor allem für den Gedanken von der natürlichen Mutterliebe zu. So wird zum Beispiel von Knibiehler und Fouquet »la découverte de l'amour maternel« auf das Ende des 18. Jahrhunderts datiert.[20] Die Betonug der Mutterliebe erreichte im Diskurs der französichen Aufklärung unbestreitbar einen neuen Höhepunkt, ihre »Entdeckung« hat jedoch früher stattgefunden.

2.2.3 Der »weibliche Samen«: Vererbung und freie Gattenwahl

Über den weiblichen Beitrag zur Zeugung herrschten im 16. Jahrhundert viele Unklarheiten. Erst am Ende des 17. Jahrhunderts begann die Medizin, die Bedeutung von Ei und Ovar für die Zeugung ernst zu nehmen. Die Existenz des Ovars war den mittelalterlichen Autoren zwar aus der Antike bekannt, in der vorvesalischen Zeit wurden die Ovarien aber als unterentwickelte, inverse Entsprechung zu den männlichen Hoden, als »testes muliebres« interpretiert. Nach der aristotelischen Generationslehre kam der Frau ohnehin kein aktiver Zeugungsbeitrag zu, mit ihrem Menstrualblut stellte sie lediglich das minderwertige Rohmaterial für die formative Kraft des männlichen Samens zur Verfügung.[1] In der hippokratischen Schriftensammlung ist allerdings von einem »weiblichen Samen« die Rede,[2] und Galen hat diese Auffassung übernommen, indem er der

Frau einen eigenen Samen zuerkannte, der zwar dünner, kälter und schwächer sei als der des Mannes, aber dennoch eine formative Kraft besitze.[3] Während des Mittelalters blieb die aristotelische Tradition zumindest insoweit vorherrschend, als der Frau kaum ein formativer Zeugungsbeitrag zugestanden wurde. In der Hochscholastik bekam diese Auffassung zusätzliches Gewicht, wozu vor allem die Schriften des Thomas von Aquin beitrugen.[4] Im Verlauf des 16. Jahrhunderts setzte sich jedoch die Position Galens soweit durch, daß sie schließlich von den meisten Ärzten übernommen wurde.[5] Dies ist wohl zum Teil darauf zurückzuführen, daß die Ähnlichkeit der Kinder mit **beiden** Eltern wesentlich leichter zu erklären war, wenn man der Frau einen formativen Zeugungsbeitrag zuerkannte. Darüber hinaus zeigt sich in dem Durchdringen der galenistischen Auffassung aber auch der allgemeine Bedeutungszuwachs, den die Rolle der Frau bei der Fortpflanzung im medizinischen Schrifttum des 16. Jahrhunderts erlebte.

Die Autoren der geburtshilflichen Lehrbücher gingen meistens ebenfalls von der Zweisamenlehre aus und waren der Auffassung, daß die Frau einen eigenen Samen mit formativer Kraft besitze. Wie den Leserinnen die Beschaffenheit und Wirksamkeit dieses Samens erklärt wurde, läßt sich am besten an Jakob Rüffs »Trostbüchle« aufzeigen, das sich besonders ausführlich mit dem Thema befaßt. Bei Männern und Frauen entsteht der Samen demnach als ein Überfluß der dritten Digestion (deuwung), bei der das von der Leber kommende Blut im Herzen weiter aufbereitet und selektiert wird. Die unreineren Bestandteile des Blutes werden vom Herzen ausgesondert und als Samen zu den Geschlechtsorganen transportiert. Rüff, der die Herkunft der Menstruation auf die gleiche Weise erklärt, unterscheidet kaum zwischen weiblichem Samen und Menstrualblut. In manchen seiner Formulierungen scheinen beide identisch zu sein, an anderer Stelle heißt es zum Beispiel, daß »die Samen von Weibischem Blumen gemehrt« werden.[6] Weit mehr interessiert Rüff die Herkunft des Samens. Als Überfluß der dritten Digestion, das wird besonders nachdrücklich betont, sei der Samen ein Produkt des gesamten Stoffwechsels. Er stamme nicht etwa nur aus dem Gehirn, sondern sei »von dem gantzen Cörper deß Menschen / und allen seinen besondern Gliedern gesogen«.[7] Aus diesem Grund würden mit dem Samen nicht nur die geistigen, sondern auch die körperlichen Eigenschaften von Mann und Frau an die Kinder vererbt.

Sobald die Gebärmutter den männlichen Samen empfangen hat, fährt Rüff fort, »wirt der Weibliche Samen dem Männlichen vermischt«, woraufhin beide Teile bei der Enstehung und Ausformung des Kindes zusammenwirken. Ausführlich wendet sich Rüff an dieser Stelle gegen Aristoteles, der dem Menstrualblut nur die Rolle des rohen Stoffes zugewiesen habe, der vom männlichen Samen »gleich als von einem

Werckmeister / verordnet und zubereit« werde. Galen habe dagegen zu Recht geschrieben, daß beide Samen aktiv an der Zeugung beteiligt seien. Dieses Zusammenwirken wird von Rüff derart kommentiert, daß er den weiblichen Samen als eine Art Katalysator darstellt, als einen »Geleitßmann und Führer / der den andern und Männlichen Samen leitet / weiset und fördert / durch ire krafft / zu warer Geburt und natürlichem wachsen«.[8] Das Beispiel zeigt, daß eine Reihe von Autoren dahin tendierten, die Bedeutung des weiblichen Zeugungsbeitrags der des männlichen anzugleichen, wenn auch eine wissenschaftliche »Gleichberechtigung« in dieser Hinsicht erst mit der Kenntnis des Eis und seiner ebenbürtigen Funktion bei der Zeugung eintrat.[9]

Die Darstellung in Johann Hildebrands »Nutzliche Underweisung für die Hebammen und schwangeren Frawen« stimmt mit Rüffs »Trostbüchle« in allen wesentlichen Punkten überein. Auch Hildebrand kennt einen weiblichen Samen, der Gestalt und Eigenschaften des Kindes mitbestimmt.[10] Darüber hinaus macht er den Samen aber unter bestimmten Umständen auch für die Entstehung von Molen verantwortlich. Unter Molen (auch Muttergewächs, Mondkalb) stellte man sich unförmige, leblose Gewebeklumpen vor, die im Uterus zu beträchlicher Größe anwachsen konnten und bei der Schwangerschaftsdiagnose an ihrer Härte und am Fehlen von Kindsbewegungen zu erkennen waren. Hildebrand erklärt, »solchs Gewächs der Gebärmutter« komme »von vielem uberflüssigem Samen der Weiber/ welche der Lieb fast begierig / nun von den Männern / so truckner Natur / nit gewert werden...«[11] Bei diesem Erklärungsversuch wird vorausgesetzt, daß die Absonderung des weiblichen Samens vom Grad des Lustempfindens der einzelnen Frau abhängig ist. Der Gedanke impliziert, daß ein gewisses Maß an weiblichem Lustempfinden zu den notwendigen Voraussetzungen einer Zeugung gehört. Die Leserinnen konnten weiterhin aus Hildebrands Darstellung entnehmen, daß zuviel »Begierde« unter Umständen zu schlimmen Folgen in Gestalt einer Mole führen könne, daß andererseits aber auch zuviel erzwungene Enthaltsamkeit dieses Risiko mit sich bringe.

In David Herlitz' Lehrbuch »De curationibus gravidarum« erstrecken sich die pathogenen Wirkungen des überschüssigen Samens nicht nur auf die Entstehung von Molen, sondern auch auf die Hysterie. Zur Molenschwangerschaft neigen bereits Frauen, »die viel brunst und lust haben zu Mennern«. Die Hysterie befällt vor allem »Jungfrawen / die da reiff oder zeitig seind« und junge »Witwen / so des Mannes gewohnet / und darnach seiner entberen müssen«. Dies geschieht, »wenn der natürliche Samen verhalten wird / davon entstehen in der Mutter viel Winde / welche sie empor heben«.[12] Das »Aufsteigen der Mutter« aber, so betont Herlitz, kann sehr schnell zum Tod führen. Wie bereits erwähnt, hat sich Edward Jorden in seinem Traktat über die Hysterie in ganz ähnlicher

Weise geäußert.[13] Die ärztlichen Warnungen vor zwanghafter sexueller Enthaltsamkeit, die auch dazu beitrugen, das Virginitätsideal zu destruieren, konnten mitunter einen bedrohlichen Unterton annehmen. Jordens, vor allem aber Herlitz' Ausführungen konnten bei den Leserinnen durchaus den Eindruck erwecken, sie lebten in einer unmittelbaren, körperlichen Abhängigkeit vom Mann, und sie riskierten ihr Leben, wenn sie sich des Sexualverkehrs enthielten.

Aus der Ansicht, daß die Frau einen eigenen, mit formativer Kraft ausgestatteten Samen besitze, ergaben sich aber noch wichtigere Konsequenzen für das Frauenbild, die sich auch auf die Ansichten über das Ehe- und Heiratsverhalten auswirkten. Naheliegend war zunächst die Schlußfolgerung, daß die Eigenschaften einer Frau, neben denen ihres Mannes, die körperliche und geistige Beschaffenheit der Kinder bestimmten, die aus einer Ehe hervorgingen. In aller Deutlichkeit hatte Agrippa von Nettesheim diese Auffassung bereits in seiner 1509 verfaßten Schrift »Declamatio de nobilitate et præcellentia fœminei sexus« vertreten. Äußerungen Galens und Avicennas hat Agrippa im »feministischen« Sinn so ausgelegt, daß allein der weibliche Samen ausschlaggebend sei, während der männliche Zeugungsbeitrag nur ein zufälliges Element von minimaler Bedeutung darstelle.[14] »Von dessen wegen sehen wir auch / das die kinnder den müttern am ähnlichsten / Darumb das sie aus ihrem geblüt erborn sein / und das erfindt sich nun am aller meysten / an der geschicklichkeyt des leibs / Doch zu dem aller gnähisten an den sitten / Dann wo die mutter toll unnd unvernünfftig / so sein die kindt nicht vast verstendig / wo sie aber gescheid / da erzeigen die kinder alle witz«.[15] Das Gegenteil sei bei den Vätern der Fall, deren Eigenschaften sich kaum auf die Kinder übertrügen. Mit seiner Ansicht, daß die Mütter nicht nur einen ebenbürtigen, sondern einen vorrangigen Anteil an der Vererbung hätten, bildete Agrippa keinen Einzelfall. So hat zum Beispiel auch Jakob Rüff aus seinen medizinischen Ansichten den Schluß gezogen, »das Kind habe viel mehr von der Mutter / denn von dem Vatter«, weil es durch den weiblichen Samen geprägt sei, im Mutterleib durch das Menstrualblut und nach der Geburt durch die Muttermilch ernährt werde. Unter Berufung auf Galen schreibt Rüff, daß die Kinder ihren Müttern nur deshalb so nahestünden, »dieweil sie mehr eigenschafft nemmen und empfahen von inen / und den mehrern und grössern theil ires Leibs.«[16]

Mit der Aufwertung des weiblichen Anteils an der Zeugung und der Vererbung wurden tendenziell auch die individuellen Eigenschaften einer Frau als Kriterium für die Gattenwahl aufgewertet. Wer eine reine Zweck- oder Zwangsehe einging, mußte damit rechnen, daß sich etwaige negative Eigenschaften der Ehefrau oder des Ehemannes auf die Kinder übertrugen. Die häufigen Ermahnungen an die Mütter, ihre Kinder selbst zu stillen, zumindest aber bei der Auswahl der Säugammen größte Sorgfalt walten zu lassen, zeigen ebenfalls, daß der prägende Einfluß der weiblichen Körpersäfte auf die Eigenschaften der Kinder einen ethischen Gesichtspunkt darstellte, der von Medizinern und Theologen beachtet wurde. Wenn sich dies auch nicht kurzfristig im Heiratsverhalten breiter Bevölkerungskreise niederschlug, so hat sich jene Variante der Zweisamentheorie, die von einer formativen Kraft des weiblichen Samens ausging, doch zumindest in den präskriptiven Aussagen über die Ehe zugunsten der freien Gattenwahl und der Liebesheirat ausgewirkt.

Weitere Konsequenzen für das Frauenbild ergaben sich aus der Vorstellung, daß die Absonderung weiblichen Samens zu den notwendigen Voraussetzungen der Zeugung gehöre. In Entsprechung zur Ejakulation des Mannes ging man davon aus, daß auch die Frau ein gewisses Maß an Lust empfinden müsse, um ihren Samen absondern zu können. Das öffentliche Eingeständnis, daß weibliches Lustempfinden für die Fortpflanzung unverzichtbar sei, war natürlich dazu angetan, jene lustfeindliche Tradition der katholischen Sexualethik zu untergraben, nach welcher beim Sexualverkehr gerade deshalb jede »Wollust« verboten war, weil er ausschließlich als Mittel zur Arterhaltung geduldet wurde. Die Verbreitung der neuen Sichtweise hatte für die Frauen allerdings auch die negative Folge, daß das Vorgehen gegen Vergewaltigungen vor Gericht oder vor der Obrigkeit wesentlich erschwert wurde. Vor allem wenn eine Frau geschwängert worden war, konnte sie keine Vergewaltigung geltend machen, da die Schwangerschaft gemäß der Zweisamenlehre ihre Bereitschaft, wenn nicht ihre Lust am Beischlaf erkennen ließ. Die Wirksamkeit dieser Argumentationsweise steigerte sich noch, als die traditionelle Zweisamenlehre durch die Vorstellung abgelöst wurde, der weibliche Zeugungsbeitrag bestehe in dem Ei, das dem männlichen Samen ebenbürtig sei. In der Gerichtsmedizin setzte sich diese Sichtweise im 17. Jahrhundert soweit durch, daß seit 1670 medizinische Gutachten überliefert sind, die Klagen auf Notzucht unter Hinweis auf die Schwängerung der Klägerin als unglaubhaft erklären.[17] Der Gedanke, nur der Koitus sei fruchtbar, der auch von der Frau mit Lust erlebt werde, mag sich zugunsten der sexuellen Selbstbestimmung der Frau ausgewirkt haben, er hat aber zugleich dazu beigetragen, daß aus der Vergewaltigung ein Kavaliersdelikt wurde.

Da die Ehe im Denken des 16. Jahrhunderts untrennbar mit Fruchtbarkeit verbunden war, mußte aber eine Theorie, die Fruchtbarkeit und Libido der Frau in engen Zusammenhang brachte, die bei vielen Autoren ohnehin sichtbare Tendenz zur Emotionalisierung der Ehe noch verstärken. Freiwilligkeit der Ehe, gegenseitige Zuneigung und Freundlichkeit wurden verstärkt propagiert, sogar Zärtlichkeit unter den Eheleuten wurde mitunter empfohlen. In der bereits zitierten Passage der »Wund Artzney«, in der Ambroise Paré seinen Lesern eine Lektion in Zärtlichkeiten und Verführungskünsten angedeihen ließ, ging es ihm vor allem darum, daß durch solch liebevolle Behandlung der Frau »die Gebärmutter (...) ihren selbst eygenen Samen desto besser und frewdiger von sich« gibt.[18] Auch viele Theologen haben sich über das Gefühlsleben der Eheleute geäußert, wobei allerdings erhebliche Unterschiede deutlich werden. In der 1530 erschienenen »Oeconomia Christiana« ermahnt Justus Menius den Ehemann zwar auch, seine Frau zu lieben und »aller ding so seuberlich und leyse« mit ihr umzugehen »als mit einem rohen ey«, was hier mit dem Begriff »Liebe« angemahnt wird, ist jedoch vor allem die Erfüllung einer religiösen Pflicht. Der Mann, fährt Menius fort, solle seine Frau nicht aus Antrieb seiner Bedürfnisse, sondern in Erfüllung von Gottes Gebot lieben, und zwar auch dann, wenn er »Ekel« vor ihrer Ungestalt oder Armut empfinde.[19] Ganz anders klingt es, wenn Nikolaus Selnecker in seinem »Ehe und Regenten Spiegel« (1.Aufl.1589) Begriffe für die Emotionalität in der Ehe findet. Die Herzen der Eheleute, heißt es, sollen sich in fester Liebe verbinden, dann entstehe eine »liebliche Ehe«, die Freude, Glück, Heil und Trost spende. Die »keusche Lieb« soll nach Selnecker nicht nur rechtschaffen und rein, sondern auch »brünstig« sein, und die Lust an der Sexualität wird beiden Eheleuten ohne Umschweife als göttlicher Lohn für ihre Rechtschaffenheit versprochen: »So ist auch das keusche / und züchtige Ehebette Gottes Paradeis / in welchem er seinen Himlischen Segen erfüllet...«.[20]

Ebenso wie die Aufwertung des weiblichen Anteils an der Vererbung, mußte auch die Auffassung, eine Zeugung könne nicht ohne weibliches Lustempfinden erfolgen, die Ansichten über die Ehe zugunsten der freien Gattenwahl und der Liebesheirat beeinflussen. Wurde eine Frau gegen ihren Willen zur Heirat mit einem ihr unsympathischen Mann gezwungen, so war gemäß der Lehre vom weiblichen Samen kaum damit zu rechnen, daß die Ehe fruchtbar sein würde. Diesen medizinischen Überlegungen entsprach der Umstand, daß sich im 16. Jahrhundert eine Reihe von Ärzten und Theologen mit Plädoyers für die freie Gattenwahl an die Öffentlichkeit wandten. Bereits Agrippa von Nettesheim, der die weibliche Fruchtbarkeit als ein Hauptargument für die Überlegenheit der Frau angeführt hatte, wandte sich gegen die Zwangsheirat, mit der junge Frauen unter das Joch der Ehe gezwungen würden.[21] In »De nobilitate« nutzte er in diesem Zusammenhang die Möglichkeiten zur spielerischen Rethorik, welche die Form der declamatio ermögliche, bis an die Grenzen aus: Agrippa empfahl, jungen Frauen, die mit alten Männern verheiratet worden seien, zum Zweck der Zeugung den Verkehr mit jungen, kräftigen Männern zu ermöglichen, ohne dies als Ehebruch zu betrachten.[22]

Ausführlich und engagiert hat sich auch Paracelsus gegen Zwangsheiraten und Zweckehen geäußert. Ohne zu den Anhängern der klassischen Zweisamenlehre zu gehören, deren humoralpathologische Grundlagen er ablehnte, kam er durch andere philosophisch-medizinische Überlegungen zu dem Schluß, daß eine Zeugung nur erfolgen könne, wenn die Frau »lust und begird« empfinde.[23] Seine Ansichten über die Ehe stimmen mit diesen Überlegungen überein, doch wird in der Schrift »Von der ehe ordnung und eigenschaft« deutlich, daß es vor allem ethisch-religiöse Motive waren, die Paracelsus veranlaßten, für die freie Gattenwahl einzutreten. Sein Plädoyer gegen die Zwangsheirat ist von großer rethorischer Schärfe. Paracelsus läßt kein elterliches Verfügungsrecht über die Gattenwahl der Kinder gelten. Die häufigen Versuche von Eltern, den Kindern ihren Willen aufzuzwingen, haben ihren Grund allemal in »bosheit, hoffart und geiz«. Ausdrücklich wendet sich Paracelsus auch dagegen, daß Leibeigene durch herrschaftliche Vorschriften zu einer Ehe gezwungen oder von einer Heirat abgehalten werden. Ebenso rigoros lehnt Paracelsus die Zweckehe ab, die aus materiellen Gründen (»von guts wegen«) geschlossen wird. Sie ist unrecht, denn der von Gott verordnete Zweck der Ehe ist nicht, »daß wir dadurch zu gut komben, sondern Kinder zu haben«. Auch die Standesheirat wird verurteilt, selbst die größten Standesunterschiede dürfen in der Ehe keine Rolle spielen: Wenn ein Bauer eine Königin heiraten möchte, schreibt Paracelsus, dann soll er das tun. Heiraten sollen die, deren Herzen sie zusammen führen, denn der einzige rechte Ehestifter (»zamenfüger«) ist Gott, der die Herzen der Menschen regiert. »Herzliche lieb« und die »freie lust« der Partner bilden die einzige Grundlage für eine gute Ehe.[24] Auch Paracelsus' Traktat »Von der ehe ordnung« (verf. ca.1530-35) enthält ein Plädoyer für die Liebesheirat, das in seiner Eindeutigkeit und Rückhaltlosigkeit auf die Aufklärung des 18. Jahrhunderts vorausweist.

Vor dem Hintergrund der allgemeinen Aufwertung, welche die Ehe durch die Lehren Luthers erfahren hatte, traten auch viele Theologen gegen die Zwangsheirat auf, in der sie eine schlechte Voraussetzung für eine fruchtbare, gottgefällige und dauerhafte Ehe sahen. Ein Beispiel gibt Nikolaus Selnecker in seinem Ehespiegel, in dem er fordert, die »bewilligung beyder Personen / Mans und Weibes« für die Eheschließung einzuholen. Dies geschehe aber nach seiner Erfahrung häufig nicht, vor allem junge Frauen würden oft schlecht behandelt: »Also sollen die Eltern ihre Kinder nicht zwingen / wie manche Eltern ihr junges Töchterlein ins Gefencknis stecken / einem alten Mann / oder groben Reichen stocke wider ihren willen geben / das ist unrecht / denn gezwungene Liebe / und getriebene Röte weret nicht lange.«[25] Heirate aber ein Mann wegen des Geldes, fährt Selnecker fort, oder nehme er »eine alte umbs Guts willen / der komet gemeiniglich ubel an.«[26] So wird auch die Zweckheirat verurteilt, die meist zu Unfruchtbarkeit oder zu Ehebruch führt und der vornehmsten Pflicht der Frau, in »ehelicher Keuschheit« Kinder zu zeugen, entgegensteht.

Die Äußerungen Selneckers und anderer Autoren, die exemplarisch zitiert wurden, zeigen, daß die Theorie vom weiblichen Samen nicht das Hauptargument für die freie Gattenwahl darstellte. Die medizinischen und sozialethischen Ansichten, die in diesem Zusammenhang überliefert sind, überschnitten und ergänzten sich aber im frühneuzeitlichen Diskurs über das Frauenbild. Während die »concupiscentia carnis«, die sündhafte Fleischeslust, in der Hexenlehre ein entscheidendes Argument für die grausame Verfolgung von Frauen darstellte, wurde weibliche Libido in der gleichen Zeit als notwendige Voraussetzung der Zeugung gerechtfertigt. Dieser Gegensatz verweist auf die gleichzeitige Existenz verschiedener Deutungsmuster und zeigt, daß neben dem Stereotyp der bösen Frau das Stereotyp der Reproduzentin an Einfluß gewann, das die Frau in ökonomischer Beziehung als Trägerin reproduktiver Tätigkeiten im Haus und unter biologisch-anthropologischem Aspekt als Mutter definierte. Der letzte Aspekt kommt wohl nirgendwo deutlicher zum Ausdruck, als in der Doppelbedeutung des Wortes »Mutter« selbst, das sowohl eine Frau in ihrer Funktion als Reproduzentin menschlichen Lebens als auch ein einzelnes Organ - den Uterus - bezeichnete.

2.3 Uterozentrismus in der Medizin und die Mutterschaft als weiblicher »Beruf«

In den deutschsprachigen Texten des 16. Jahrhunderts, die sich mit Frauenheilkunde und Geburtshilfe befassen, wird der Uterus zumeist als »Mutter« bezeichnet (vgl. auch matrix, matrice, mother). Der Doppelsinn des Wortes und der Gedanke, der darin mitschwingt - »tota mulier in utero« - sind wesentlich älter als das 16. Jahrhundert. Sie erlangten aber in der Renaissance eine besondere Aktualität, als der Uterus von vielen Autoren erneut als das Hauptcharakteristikum der Frau herausgestellt wurde, das ihre Pathologie und ihre psychosomatische Eigenart bestimmt. Die Theologen, vor allem die lutherischen Autoren, erklärten die Mutterschaft zum weiblichen »Beruf«, das heißt zur Lebensaufgabe der Frau. Die gelehrten Mediziner, die sich nun verstärkt mit Gynäkologie und Geburtshilfe befaßten, betrachteten den Uterus als zentrale Schaltstelle des weiblichen Körpers, und in vielen ihrer Schriften erscheint die glückliche Entbindung als das Ziel, in dem sich das Leben der Frau erfüllt.

Bis zu einem gewissen Grad war der Uterozentrismus nur eine unvermeidliche Folge des relativ geringen Kenntnisstandes in der Medizin, gehörte doch die Existenz des Uterus' zu den wenigen gesicherten Tatsachen, auf die sich die Ärzte im Hinblick auf Zeugung und Geburt stützen konnten. Erst die Entwicklung der mikroskopischen Anatomie und der Endokrinologie schuf im Laufe des 17. Jahrhunderts die Voraussetzungen für eine weniger gebärmutterzentrierte Gynäkologie.[1] Doch lassen sich nicht alle Aspekte des Uterozentrismus auf diese Weise erklären. Der Uterus spielte nicht nur in den Vorstellungen über das Menstrualblut, den weiblichen Samen und die Muttermilch eine zentrale Rolle, er wurde auch als zusätzlicher Krankheitsherd betrachtet, in dem man die Hauptursache für die besondere Anfälligkeit und Schwäche des weiblichen Geschlechts sah. Als ein Organ, das sich im Körper auf und ab bewegt, das begierig ist, Feuchtigkeiten zu empfangen und sogar für Einbildungen empfänglich ist, wurde der Uterus in den Lehren über Hysterie, »furor uterinus« und Imagination auch für die psychische Eigenart der Frau verantwortlich gemacht. Derartige Vorstellungen lassen sich nicht allein aus dem Stand der medizinischen Kenntnisse erklären, es handelt sich dabei vielmehr um sozialgeschichtliche Deutungsmuster, die in die weibliche Anatomie projiziert wurden.

Während Ehe und Mutterschaft im Zuge der Reformation aufgewertet und verstärkt thematisiert wurden, machte sich zur gleichen Zeit bei vielen Medizinern ein gesteigertes Interesse für den Uterus bemerkbar. Die Entwicklung von Gynäkologie und Geburtshilfe hatte im Mittelalter weithin unter dem hemmenden Einfluß der Kirche zu leiden, die chirurgisches Blutvergießen ohnehin nicht schätzte und die Schwierigkeiten des Geburtsvorgangs zudem als eine Folge von Evas Sünden betrachtete. Die weiblichen Geschlechtsorgane und deren Physiologie wurden dementsprechend eher abschätzig beurteilt. Hinzu kam noch die antike Vorstellung vom Uterus als eines »animal avidum generandi«. Der Gedanke geht auf Plato (427–348/47 v.Chr.) zurück, der die Frauen so wenig schätzte, daß er sie eher zu den Tieren als zu den Menschen zählte. In seinem »Timaios« beschrieb er den Uterus als ein eigenständiges, gieriges Lebewesen, das unter Umständen im ganzen Körper der Frau umherwandern könne.[2] Diese Lehre hatte im Mittelalter erheblichen Einfluß ausgeübt, und sie wurde auch noch in der Renaissance diskutiert.[3] Im 16. Jahrhundert finden sich noch Restbestände dieser Theorie, so wurde dem Uterus von vielen Ärzten eine Empfänglichkeit für Gerüche und eine erstaunliche Beweglichkeit zugesprochen. Doch führte man die Bewegungen auf Muskelkontraktionen zurück, und die überwältigende Mehrzahl der Mediziner lehnte Platos Vorstellungen ab.

Gemessen an diesen verächtlichen Anschauungen über den Frauenkörper, äußerten sich in der Renaissance viele Mediziner, vor allem humanistisch eingestellte Gelehrte, geradezu mit Respekt und Bewunderung über den Uterus und die weibliche Gebärfähigkeit. So schrieb der italienische Arzt Lodovico Buonaccioli (1480–1519 Leibarzt von Lukrezia Borgia) zum Beispiel in seinem umfangreichen Werk »Enneas muliebris« (1521), daß der Uterus von allen Wundern des menschlichen Körpers das größte sei, weil aus ihm die wunderbare Maschine des Menschen in kunstvollster Weise ihren Ursprung nehme.[4] Bewunderung klingt auch aus dem folgenden Satz, mit dem Ambroise Paré die Funktionen des Uterus' zusammengefaßt hat:»L'action et utilité de la matrice est de concevoir et engendrer avec un extrême désir: et a aussi vertu et puissance d'attirer à soi l'humeur spermatique de toutes les parties du corps, et recevoir en soi avec avidité la semence virile, et la conserver avec la sienne, et icelles mêlées ensemble en procréer un individu, c'est-à-dire une petite créature de Dieu.«[5] Es ist die Gebärfähigkeit, mit der die Beschaffenheit der Frau in solchen Aussagen gegenüber den diskriminierenden Vorstellungen der katholischen Sexualethik gerechtfertigt wurde. Der Respekt, den die Autoren der Frau entgegenbrachten, bezog sich, im doppelten Sinne des Wortes, auf die »Mutter«.

Bei keinem anderen Autor aber ist der Uterozentrismus stärker ausgeprägt als bei Paracelsus. Es wurde bereits darauf hingewiesen[6], daß Paracelsus den Uterus (matrix) als einen Mikrokosmos aufgefaßt hat, der das ganze Wesen der Frau bestimmt. Dieser Gedanke bezog sich nicht nur auf die Pathologie, von der Paracelsus annahm, sie sei ganz »auß d'Matrix gehandhabt und geregiert.«[7] In der Schrift »De matrice« heißt es darüber hinaus, die Frau sei um ihrer Gebärmutter willen erschaffen. Die matrix ist für Paracelus zugleich Ursprung und Bestimmung weiblicher Existenz, die Frau ist matrix. Tatsächlich kommt Paracelsus in seinen Formulierungen wiederholt zu dieser Gleichsetzung: »Sol das nicht ein unterscheid (zum Mann) sein / so ein Fraw ein Matrix leiblich heist / und ist Matrix (...) sie ist ein Fraw und ist ein Matrix.«[8] Paracelsus, der sowohl die humoralpathologisch bestimmten Vorstellungen vom Uterus als auch die Theorie von der »suffocatio matricis« ablehnte, kam also, was das Frauenbild anbelangt, zu ganz ähnlichen Konsequenzen wie die Mediziner, die diese Theorien verfochten. Auch im Hinblick auf den Uterozentrismus zeigt sich, daß sozialgeschichtliche Deutungsmuster sich in unterschiedlichen medizinisch-philosophischen Lehren auf ähnliche Weise niederschlagen konnten.

Die skizzierten Ansichten über den Uterus haben sich auch in den geburtskundlichen Lehrbüchern niedergeschlagen, wobei, je nach Interesse des Autors, unterschiedliche Aspekte hervorgehoben wurden. Eine Gemeinsamkeit besteht jedoch darin, daß der Uterus stets im Zentrum der anatomischen Darstellung steht, soweit diese überhaupt gegeben wird. So hat zum Beispiel Jakob Rüff alle weiblichen Körperteile, die in engerer Beziehung zur Fortpflanzung stehen, als Teile oder Anhängsel des Uterus' beschrieben. In einem Kapitel seines »Trostbüchle«, das die Überschrift »Beschreibung der Bärmutter« trägt, bezeichnet er Vagina und Scham als den vorderen oder äußeren Teil der Gebärmutter. Auch die Brüste zählt Rüff zu den der »Bärmutter ... zugehörenden Gliedern«.[9] Unmittelbar nach dieser Beschreibung der »Geburtglieder« und ihrer Funktionen äußert sich Rüff mit einiger Begeisterung über die weibliche

Anatomie: »Es bringet auch ein unaußsprechlichen Lust und Wolgefallen / rechtschaffenen Gemütern / solche wunderbarliche Wirckung und Eygenschafft zuerkennen...«.[10] Nicht nur Hebammen, sondern alle Frauen sollten anatomische Kenntnisse haben, weil dies ihrer Gesundheit und ihrer Moral förderlich sei.

Ebenso wie Rüff hat auch Johann Hildebrand den Uterus ins Zentrum der weiblichen Anatomie gestellt. Die Brüste, so betont er in seinem Lehrbuch, stellten keinen anatomischen Unterschied zwischen Mann und Frau dar. Die weibliche Brust sehe zwar anders aus, doch könnten in Ausnahmefällen auch Männer Milch bekommen und Kinder stillen. Der einzige anatomische Unterschied zwischen den Geschlechtern bestehe im Uterus, den nur die Frau habe.[11] Hildebrand sah sich dazu veranlaßt, seinen Leserinnen mehrfach und mit großem Nachdruck zu erklären, daß es sich bei der Gebärmutter nicht etwa um ein Tier handle, daß diese vielmehr ein »innwendig Glied« sei. Viele seiner Patientinnen kämen in dem Glauben zu ihm, die Gebärmutter sei »ein lebendiges Thier / mit Maul / Füssen / Klawen«, das etwa einer Katze gleiche. Dieses Tier »beisse / nage / kratze und zwicke umb sich«, wodurch alle Schmerzen entstünden.[12] Wenn dieser Bericht aus der Praxis eines Stadtarztes im Fürstbistum Passau auch nicht repräsentativ sein mag, so zeigt er doch, daß Platos Lehre von der Hysterie als einer »veterinärmedizinischen Parasitenerkrankung« (E. Fischer–Homberger) am Ende des 16. Jahrhunderts ihren Einfluß keinesfalls verloren hatte. Es gab Frauen, die ihren Körper als Hülle für ein feindliches, gieriges und bissiges Tier hielten, das sein Unwesen in ihrem Leibesinneren trieb und ihnen Schmerzen zufügte. Trotz aller Vorsicht, die bei Aussagen über das subjektive Empfinden des frühneuzeitlichen Menschen geboten ist, ist davon auszugehen, daß ein solches Bild vom eigenen Körper erschreckend und quälend gewesen sein muß. Das bezeugen auch Hildebrands Formulierungen. Der Umstand, daß Frauen unter einer solchen, zwei Jahrtausende alten Vorstellung noch zu leiden hatten, nachdem diese bereits von fast allen Medizinern abgelehnt wurde, zeigt darüber hinaus, wie nachhaltig männliches, misogynes Denken auch das Selbstverständnis von Frauen beeinflußt hat.

Der Uterozentrismus in der Medizin entsprach zunächst der sozialgeschichtlichen Festlegung der Frau auf die Mutterrolle. Darüber hinaus wurde der Uterus in der Hysterielehre als ein Organ beschrieben, das im Falle seiner Erkrankung den gesamten Körper und die Psyche der Frau in Mitleidenschaft zieht und damit für die besondere Schwäche des weiblichen Geschlechts verantwortlich ist. Dies wurde bereits am Beispiel von Edward Jorden dargestellt, der die Frauen mit dem Argument der hysteriebedingten Schwäche vor der Hexenverfolgung zu schützen suchte.[13] Mit seiner Schrift »A briefe discourse of a disease called the suffocation of the mother« (man beachte: »mother«) hat Jorden aber nicht nur an der

Destruktion des Hexenbildes mitgewirkt, er hat auch dazu beigetragen, das Verhalten der Frauen im Sinne des Hausmutter-Ideals zu reglementieren. Alle mißliebigen Verhaltensweisen, die diesem Ideal zuwiderlaufen, werden in Jordens »Discourse« als Symptome der Hysterie pathologisiert. Wenn der erkrankte Uterus zum Beispiel das Gehirn in Mitleidenschaft zieht, was nach Jordens Ansicht besonders häufig geschieht, so neigen die erkrankten Frauen zu allen Arten unanständigen Verhaltens. Ihr Benehmen ist dann »immoderate, peruerse, inordinate, or indecent«, sie sind unruhig, führen unflätige Gesten aus, sie tanzen und springen herum.[14] Aber auch Augenzwinkern, Seufzen, Weinen, Lachen, Grimmassieren und Schreien zählt Jorden zu den behandlungsbedürftigen Symptomen der Hysterie. Besonderes Augenmerk richtet er auf die Redeweise von Frauen. Sprechen sie zuviel oder zu laut, ist ihre Sprache »immoderately or inordinately, whether it be voluntarie, or inuoluntarie«, so liegt die Diagnose der Hysterie nahe.[15] Wenn Frauen wüten und toben, wenn sie zuviel schlafen oder zu träge sind, so trifft sie der Verdacht auf Furor, Sopor oder Melancholie, die laut Jorden zu den häufigsten Symptomen der Uteruskrankheit zählen.[16]

Die Pathologisierung mißliebigen Verhaltens erstreckt sich bis in den Bereich der gesellschaftlichen Umgangsformen und der Tischsitten. Hysterische Anfälle äußern sich nach Jorden in Gähnen, Recken, Schluckauf, Husten, Aufstoßen, Blähungen und Schnauben ebenso wie in »rumbling and noise in the belly«. Auch außergewöhnlicher Hunger und Durst werden häufig von der aufsteigenden Gebärmutter verursacht. Diese Diagnose gilt auch dann, wenn die Frauen bewußt und absichtlich gegen die Regeln guten Benehmens verstoßen.[17] Der reglementierende Eingriff des Arztes läßt keinen Bereich des weiblichen Lebens außer acht, letztlich erstreckt er sich sogar auf den Stuhlgang der Frau: »Excretion is also hurt (durch die Hysterie), when they ... do it out of season, or more then is conuinient.«[18] Jordens Aussagen zielen also insgesamt nicht nur auf die Regulierung von Affekten, sondern auch auf die Beherrschung körperlicher Regungen und Bedürfnisse.

Unmäßige Bewegung, Tanzen, und zu starke Emotionen wurden der Frau auch in den geburtshilflichen Lehrbüchern des deutschprachigen Raumes verboten. In den protestantischen Eheschriften, bei Menius, Selnecker, Spangenberg und anderen, wurde der Hausmutter ein Tugendkatalog vorgehalten, demzufolge sie bescheiden, mild, gehorsam, sittsam, häuslich, fleißig und stillschweigend sein sollte. Frauen, die eine unbescheidene Sprache führen, die überhaupt zu viel reden, die sich wütend gebärden oder faul und aufsässig sind, werden von Spangenberg als »Doctor Sieman« tituliert - ein Begriff, mit dem in sozialethischen Schriften häufig das negative Gegenbild zum Hausmutterideal benannt wurde.[19]

Es waren also vor allem jene Untugenden, die den »Doctor Sieman« kennzeichneten, die von Jorden als potentiell pathologisch und damit als behandlungsbedürftig eingestuft wurden. Dem reglementierenden Eingriff des Arztes in das Leben von Frauen waren demnach kaum noch Grenzen gesetzt. Jorden berichtet von einem Fall aus seiner Praxis, in dem er von einem Offizier um ärztlichen Beistand gebeten wurde. Die Töchter des Offiziers, zwei junge Mädchen, konnten stundenlang zusammensitzen und kichern. Sie gestanden außerdem, daß sie mit dem Lachen nicht aufhören könnten. Jorden erkannte in diesem Verhalten einen hysterischen Anfall der zweiten Art, bei der »the animall faculty (d.h. das Gehirn) doth principally suffer« und behandelte die Mädchen auf Hysterie.[20]

In solchen Fällen erfuhren Frauen, deren Verhalten ihren Vätern oder Ehemännern nicht gefiel, anstelle offener moralischer Verurteilung, ehelicher oder priesterlicher Sanktionen eine andere Art von Zwangsmaßnahmen: Sie wurden zum Objekt medizinischer Behandlung. Was das im Einzelfall bedeuten konnte, mag ein anderes Beispiel verdeutlichen, das Jorden erwähnt. Ein ihm bekannter Arzt wurde zu einer Frau gerufen, weil diese manchmal lachen und manchmal weinen mußte. Der Arzt diagnostizierte Hysterie. Als Therapie wandte er das gebräuchliche Verfahren der »Räucherung von oben« an. Bei dieser Prozedur mußten die Frauen ekelerregende Gerüche einatmen, welche die nach oben gestiegene Gebärmutter wieder in ihre ursprüngliche Lage zurücktreiben sollten. Man hielt der Frau ein Becken voll glühender Kohlen unter die Nase, auf denen man Federn verschmoren ließ. Dabei fielen glühende Kohlen auf die Brust der Frau und verbrannten sie.[21] Jorden erwähnt diesen Vorfall ohne Kommentar und empfiehlt Räucherungen ausdrücklich als Heilmittel bei hysterischen Anfällen. Darüber hinaus kennt er noch ein zweite Art der Therapie, die für die Patientinnen mindestens ebenso unangenehm gewesen sein muß. Sie besteht darin, den Frauen jede Art von »pleasant meats and drinks« zu untersagen. Jorden empfiehlt äußerst karge Kost, ständiges Fasten und Beten »and all other meanes to pull downe their bodies«.[22] Während er einerseits derartig peinigende Behandlungsmethoden verordnet, hebt er andererseits die Schwäche und Schonungsbedürftigkeit der Frau hervor, wenn es um die vorbeugenden Maßnahmen gegen die Hysterie geht. Man solle die Frauen vor Angst, Zorn, Eifersucht etc. bewahren, da auch starke Affekte zur »suffocation of the mother« beitragen könnten.

Die Hysterie, ursprünglich ein reines Gebärmutterleiden, wurde seit dem 18. Jahrhundert als eine Erkrankung des Nervensystems betrachtet, während sie heute in erster Linie als psychisches Leiden verstanden wird.[23] In Jordens »Discourse« weisen viele Passagen auf den heutigen Gebrauch des Wortes Hysterie voraus. Im Hinblick auf ihre Ursache wird die Hysterie vor allem als Erkrankung des Uterus dargestellt, obwohl auch hier schon psychische Faktoren eine Rolle spielen. Bezüglich ihrer Symptome aber nimmt sie bereits weitgehend den Charakter eines psychischen Leidens an. Gerade deshalb macht die Schrift die Zusammenhänge deutlich, die nicht nur zwischen den anatomischen, sondern auch zwischen den pathologischen Aspekten des Uterozentrismus und der Durchsetzung des Hausmutterideals bestanden. Als Erklärung für alle denkbaren psychischen Erscheinungen und Verhaltensweisen erfüllte die Diagnose Hysterie vor allem zwei Funktionen: Sie schützte vor dem Vorwurf der Hexerei, und sie bildete ein wirksames Instrument zur Durchsetzung von Verhaltensnormen, die dem Leitbild der Hausmutter entsprachen. Jedes mißliebige Verhalten konnte als pathologisch ausgegrenzt werden und eine Behandlung nach sich ziehen. Die peinigenden Behandlungsmethoden - Räucherung, Kasteiung und Nahrungsentzug bis zur körperlichen Schwächung - tragen deutlich den Charakter der Züchtigung.

2.4 Die Imaginationslehre als Hebel zur Domestizierung der Frau

Die beruflichen Möglichkeiten von Frauen waren wegen ihrer rechtlichen und wirtschaftlichen Minderstellung und ihres Ausschlusses aus der politischen Öffentlichkeit grundsätzlich beschränkt. Doch hatten Frauen in der mittelalterlichen Gesellschaft - mit starken zeitlichen und regionalen Schwankungen - durchaus Möglichkeiten, sich im Berufsleben eine eigenständige Existenzgrundlage unabhängig von ihren Ehemännern oder außerhalb einer Ehe zu schaffen.[1] Mit Ausgang des Mittelalters wurden diese Aussichten jedoch geringer, und die Frauen wurden zunehmend aus dem Berufsleben verdrängt.[2] Diese Tendenz spiegelt sich auch in der lutherischen Erbauungsliteratur, wo die Frau fast ausschließlich in ihrer Beziehung zum Haus- oder Ehestand gesehen wird. Ob sie als noch nicht verheiratete Jungfrau, als Ehefrau und Hausmutter, als Magd oder Witwe angesprochen wird, stets zeigt sich die Tendenz, die Frau rigoros an das »Haus« als soziales Gebilde, aber auch an das Haus im Sinne eines eng umgrenzten Komplexes von Gebäuden und gartenwirtschaftlichen Anlagen zu binden. Der Begriff »Domestizierung« bezeichnet diese Tendenz zutreffend, da er auch den Verlust an Bewegungsfreiheit und Selbständigkeit anklingen läßt, der mit dieser Anbindung ans Haus verbunden war. Die Medizin hat erheblich dazu beigetragen, die Frau nicht nur auf ihre Rolle im »Haus«, sondern auch explizit ins Innere des Hauses zu verweisen. An den geburtshilflichen Lehrbüchern, die sich direkt an die Frauen wandten, läßt sich gerade am Beispiel der Imaginationslehre gut nachvollziehen, wie eindringlich die Leserinnen in diesem Sinne beeinflußt wurden.

Die »Einbildung« wurde in der frühen Neuzeit nicht, wie im heutigen Sprachgebrauch, als Täuschung, Dünkelhaftigkeit oder realitätsferne Vorstellung verstanden. Die Gelehrten sahen in der »imaginatio« ein philosophisches, aber auch ein physiologisches Prinzip von erheblicher Bedeutung und sehr realer Wirksamkeit, das zur Erklärung der verschiedenartigsten Phänomene dienen konnte. Nach aristotelischer Tradition galt selbst die Zeugung als ein imaginativer Vorgang, bei der die immaterielle, formative Kraft des Mannes der von der Frau gestellten Materie das Bild eines Menschen einprägt. So schrieb man seit jeher gerade dem Uterus eine besondere Empfänglichkeit für Imaginationen zu - eine Vorstellung, die noch heute in dem geläufigen Begriff »eingebildete Schwangerschaft« anklingt. Der Imagination wurden schöpferische, pathogene, zum Teil auch fernwirkende Kräfte zugesprochen. Hier interessiert sie vor allem als ein Mechanismus, durch den Eindrücke, die eine Schwangere empfängt, die Gestalt ihres Kindes prägen können.

Die theoretischen Vorstellungen über diesen Mechanismus konnten in der frühen Neuzeit durchaus praktische Konsequenzen haben. Sie spielten zum Beispiel häufig eine Rolle in der forensichen Situation, wenn es um die gerichtsmedizinische Begutachtung der Legitimität elternunähnlicher Kinder ging.[3] Vor allem dann, wenn ein Kind dem Gatten seiner Mutter in auffälliger Weise unähnlich war, konnte es mit dem Argument als ehelich legitimiert werden, die Mutter habe während der Empfängnis oder während der Schwangerschaft ein Bild vor Augen gehabt (eine Statue, ein Heiligenbild o.ä.), das im buchstäblichen Sinn einen starken »Eindruck« auf das in der Gebärmutter befindliche Kind hinterlassen habe. In dieser Hinsicht konnte sich die Imaginationslehre also durchaus zum Vorteil der Frauen auswirken. Esther Fischer–Homberger hat betont, daß die gerichtliche Praxis in Legitimitätsfragen »grundsätzlich familienfreundlich und an der Aufdeckung weiblicher Seitensprünge nicht allzu interessiert« war.[4]

Nicht nur komplizierte Ähnlichkeitsverhältnisse und leichte Anomalien wurden als Resultat mütterlicher Einbildungen erklärt, die Imaginationslehre stand auch mit Fragen um Mißbildung und Mißgeburt in Zusammenhang. Eine gute Zusammenfassung der diesbezüblichen Ansichten, wie sie im 16. Jahrhundert geläufig waren, bietet Marcellus Donatus' (1538–1602) Werk »Sechs Bücher über Wundermedizin« (1586). Der Autor erklärt die Wirkung der Imaginationskraft zunächst an recht alltäglichen Phänomenen, die man heute als psychosomatisch bedingte Vorgänge ansehen würde. Er nennt zum Beispiel die »ansteckende« Wirkung des Gähnens oder das Erbrechen beim Anblick von Abscheulichkeiten. Dann werden aber auch schwere Mißbildungen mit der Imaginationslehre erklärt. Eine Schwangere, die beim Anblick eines Wasserkopfes erschrak, brachte ein wasserköpfiges Kind zur Welt. Eine andere Frau gebar ein

Kind mit gespaltenem Schädel, das kurz nach der Geburt starb. Während der Schwangerschaft hatte der Ehemann damit gedroht, er würde ihr den Schädel spalten.[5] Derartige Fälle, bei denen man aus heutiger Sicht eher einen gewaltsamen menschlichen Eingriff vermuten würde, werden in der medizinischen Literatur nicht selten mit der Imaginationskraft erklärt. Es ist daher nicht auszuschließen, daß die Imaginationslehre auch im Hinblick auf geburtshilfliche Kunstfehler oder Kindstötung eine entschuldigende Wirkung ausüben konnte.

Die Vorstellungen von der Imagination erstreckten sich auch in den Bereich der Wunder und der Dämonenwerke. Unter der Überschrift »Exemple de monstres qui se font par imagination« berichtet Ambroise Paré von einem Mädchen, das am ganzen Körper behaart war wie ein Bär. »La mère avait conçu cet être ainsi difforme et hideux pour avoir trop attentivement regardé la figure d'un saint Jean, vêtu de peau avec son poil, qui se trouvait au pied de son lit pendant qu'elle concevait.«[6] Zu den zahlreichen Illustrationen, mit denen der Text versehen ist, gehört die Abbildung eines anderen Monstrums, dessen Enstehung Paré auf die Wirkungen der Imagination zurückführt: »Figure d'un monstre hideux ayant les mains et les pieds d'un bœuf et d'autres parties monstrueuses.« Von diesem »Mönchskalb«, das halb einem Teufel und halb einem Mönch glich, waren im 16. Jahrhundert sensationelle Geschichten und Abbildungen in Umlauf. Katholische Autoren brachten es gerne mit Martin Luther in Verbindung, um ihn als Sohn des Teufels zu denunzieren. Am Beispiel von Parés Darstellung wird deutlich, daß die Imaginationslehre häufig dazu diente, angebliche Wunder- und Dämonenwerke als natürliche Phänomene zu rationalisieren.

Diese Tendenz zeigte sich besonders deutlich bei Paracelsus, der in seinen Schriften immer wieder betont hat, daß auch phantastisch anmutende Phänomene natürlichen Ursprungs seien. Es wurde bereits dargestellt, daß die Imagination in Paracelsus' Weltbild eine äußerst wichtige Rolle spielte. Er sah in ihr eine schöpferische, aber auch eine pathogene und fernwirkende Kraft, die große Schäden anrichten konnte. Im Hinblick auf die negativen Folgen hatte er besonders die Frauen im Visier, deren »matrix« er als eine zusätzliche Quelle von Imaginationen betrachtete. Diese Vorstellungen blieben noch lange wirksam. Im 17. Jahrhundert wurden sie vor allem von Johannes Baptista van Helmont (1577–1644) aufgegriffen und weiterentwickelt. Maßgeblich durch Paracelsus beeinflußt, entwickelte van Helmont die Lehre vom »Archaeus«, der als physiologisches und zugleich psychisches Prinzip die Funktionen des Körpers regelt. Die Ursache für Krankheiten sah van Helmont darin, daß sich dem Archaeus eine schädliche Einbildung, eine »idea morbosa« einprägt. Der oberste Archaeus sollte in der Milz und im Magen liegen, aber auch in der Gebärmutter sah van Helmont ein Zentrum für pathogene Einbildungen, weshalb in der Frau »ein zweyfaches Regiment zu finden sey«.[7] Die von der Milz ausgehenden Krankheiten hat van Helmont auch als hypochondrische Leiden bezeichnet (gr. »to hypochondrion: die Gegend um Milz und Magen). Im 18. Jahrhundert hat sich die Hypochondrie, im deutschen Sprachraum »die Milz«, in England »the Spleen« genannt, zu einer verbreiteten Modekrankheit entwickelt.[8] Wie Fischer–Homberger dargestellt hat, verlor die Hypochondrie, ebenso wie die »Einbildung«, dabei stark an Realitätswert und wurde zur »eingebildeten Krankheit« im modernen Sinn.

Paracelsus, der Ahnherr dieser Vorstellungen, hatte dagegen mit Hilfe der Imaginationslehre versucht, alle Phänomene, die bislang als Wunder oder Dämonenwerke betrachtet wurden, in den Bereich der natürlichen Realität zu überführen. Dabei ging es ihm nicht nur um spektakuläre Fernwirkungen, sondern auch um die Prägung des ungeborenen Kindes durch mütterliche Einbildungen. Zu den abergläubisch beargwöhnten Erscheinungen gehörten in diesem Zusammenhang auch auffällige Hautflecken (in der Hexenlehre oft als Stigma interpretiert), Albinismus und andere Normabweichungen bei neugeborenen Kindern. In seiner Schrift »De virtute imaginativa« führt Paracelsus solche Phänomene auf die Imagination zurück, die vor allem durch zwei Affekte in Gang gesetzt wird, durch das »erschrecken« und die »begird« der schwangeren Frau. Gestalt oder Farbe des Gegenstandes, vor dem eine Schwangere erschrickt oder den sie begehrt, können sich prägend auf das Kind auswirken: »Darauf so wissen, das die imagination stark ist, und das sie in den frauen am meristen, so sie schwanger sind und etwan erschrecken, inbilden aus forcht, erschrecken, lust, freuden, das also das kint dem selbigen nach die form nimpt, als wer es vom selbigen geborn.«[9] Weil es aber nur ein Abbild des gefürchteten oder begehrten Objektes ist, welches das Aussehen des Kindes verändert, so betont Paracelsus, »das solche misgewechs und angeborne zeichen das kint der sêl nicht berauben, alein den leib entsezen.«[10] Nicht übernatürliche Kräfte und dämonische Zauberei verursachen Anomalien und Mißbildungen, sondern ein Mechanismus, von dem Paracelsus betont, daß er »natürlich und nicht unnatürlich« sei: »darumb so ein frau ein <kint> gebere, das also seltsam würd sein, so gedenken, das die imaginatio, wie gemelt, getan hab.«[11]

Die Auswirkungen der Imagination auf das ungeborene Kind wurden in vielen gynäkologischen und geburtshilflichen Schriften des 16. Jahrhunderts in ganz ähnlicher Weise beschrieben. Im Unterschied zu Paracelsus haben die meisten anderen Autoren die entsprechenden Phänomene jedoch im Bereich der »Wundergeburten« oder »monstra« angesiedelt. Das bedeutet keineswegs, daß solche Folgen der Einbildungskraft als unbedeutende oder seltene Einzelfälle betrachtet wurden. Im Gegenteil, in fast allen geburtshilflichen Lehrbüchern ist wiederholt vom

»Erschrecken«, vom »Versehen« oder von »Gelüsten« schwangerer Frauen die Rede, durch die das Kind geschädigt werden kann. Zu den zahlreichen Gefahren, vor denen die Schwangeren in diesen Büchern ohnehin schon gewarnt wurden, tritt damit ein weiterer Gefahrenbereich, der unüberschaubare Risiken umfaßt.

Die späteren Autoren, das ist auch in dieser Hinsicht festzustellen, versuchten ihre Leserinnen dabei stärker zu beeinflussen, als dies in den früheren Hebammenbüchern der Fall war. In einem der frühesten Werke, in Roesslins »Rosengarten«, werden Angst und »erschreckung« nur beiläufig neben anderen Gefährdungen der Schwangerschaft erwähnt. Jakob Rüff hat das Thema in seinem »Trostbüchle« bereits ausführlicher behandelt. »An allen orten und enden«, schreibt Rüff, fände man Kinder, die durch das Erschrecken ihrer Mütter mit haarigen Muttermalen in »Meußfarbe« gezeichnet seien. Ernste Mißbildungen könnten entstehen, wenn den schreckhaften Frauen statt Mäusen größere Tiere über den Weg liefen. Im Umfeld dieser Vorstellungen über die Imaginationskraft sind die Begriffe »Hasenscharte« und »Wolfsrachen« entstanden, die sich bis heute erhalten haben. Auch Rüff schreibt von Kindern, »so mit offnem Rachen innwendig / unnd Hasenscharten an einer oder an beyden obern Läfftzen geschlitzt / geboren werden / und damit auffwachsen biß zu ihrm Alter / das alles von Schrecken und erschrecklichen Bildnissen der Thiere / als Hasen / Säuwen / etc. durch die zerstörung der empfangenen Samen geschicht.«[12]

Etliche Kinder würden auch mit mißgebildeten Geschlechtsorganen geboren, wobei ungelehrte Leute solche Kinder für echte Zwitter hielten, die »beyde Manns und Weibs Glieder haben.« Das sei aber nicht der Fall, denn bei derartigen Mißbildungen handle es sich ebenfalls um die Folgen des Erschreckens. Rüff belegt das mit einem Fall aus seiner Praxis. Eine Frau hatte ihn um Hilfe gebeten, weil ihr Kind über den Hoden eine Öffnung »in Form und Gestalt wie ein Weibsscham« hatte, aus welcher der Harn rann. Die Frau konnte selbst erklären, wie es dazu gekommen war: Am Beginn ihrer Schwangerschaft war sie »ungewarneter Sache zu einem Mann kommen / der an ein Wandt geharmet / im etwas gesehen / darvon sie also erschrocken« war.[13] Rüff konnte dem Kind helfen, es blieb am Leben und wurde als Junge getauft. Ob er der Mutter den kausalen Zusammenhang zwischen ihrem Erlebnis und der Mißbildung des Kindes suggeriert hatte, oder ob die Frau bereits selbst von den Gefahren der Einbildungskraft überzeugt war, läßt sich nicht feststellen. Sicher ist, daß Rüff seinen Leserinnen diesen Vorfall als warnendes Beispiel vor Augen führte. In den bisher zitierten Passagen zeichnet sich bereits ab, wie es um die »erschrecklichen Bildnisse« bestellt war, die eine Schwangerschaft gefährden konnten: Es brauchte sich nicht um ein Wildschwein zu handeln, bereits der Anblick eines Hasen oder eines urinierenden Mannes konnte für Mutter und Kind ungeahnte Risiken mit sich bringen. Darüber hinaus warnt Rüff die Leserinnen vor allen Arten von »scheußlichen Bildnissen«, wozu er auch den Anblick »armer Leute« zählt.[14] Die Beispiele zeigen, daß unzählige Objekte, die ein Mensch des 16. Jahrhunderts jeden Tag zu Gesicht bekommen konnte, bereits als potentielle Gefährdung der Schwangerschaft aufgefaßt wurden.

In diesem Sinne haben sich auch die Autoren der späteren Hebammenbücher geäußert. In Oswald Gabelkhovers »Artzneybuch« werden »ein guter Syrup gegen den Schrecken« und andere Rezepturen gegen die Folgen der Imaginationskraft empfohlen.[15] In Johann Wittichs Lehrbuch »Tröstlicher Unterricht für Schwangere und geberende Weiber« werden die Leserinnen eindringlich vor »Entsetzungen« und vor dem »Versehen« gewarnt. Den Begriff »Imagination« benutzt Wittich in diesem Zusammenhang nicht. Aus einem »Gebete einer schwangern Frawen«, das der Autor in sein Buch aufgenommen hat, geht jedoch hervor, daß die Vorstellung vom »Versehen« auf der Imaginationslehre basiert. In dem Gebet heißt es: »Wende meine Augen ab / dass ich mich nicht versehe an irgend einer gestalt / dieselbige mir einzubilden / damit auch nit etwan meine Frucht im Leibe unförmlichen / verstalt und ungeschaffen möchte werden.«[16] Der Umstand, daß diese Bitte an Gott den Leserinnen in Form eines Gebetes vorgegeben wurde, ist zugleich ein weiterer Hinweis dafür, wie hoch der Realitätswert und das Gefahrenpotential der Imaginationskraft eingeschätzt wurden, und daß die Angst der Frauen vor diesem Mechanismus von vielen Ärzten und Theologen noch verstärkt wurde. Zu den Erscheinungen, die ein »Erschrecken« im Sinne der Imaginationslehre hervorrufen können, zählte Johann Hildebrand auch Donner und Blitz. In seinem Werk »Nutzliche Underweisung für die Hebammen und schwangeren Frawen« warnte er seine Leserinnen nicht nur vor dem Anblick seltsamer Tiere, sondern auch vor der »Anschawung etlicher armseliger schad- und gebrechenhafftigen Leuten«[17] David Herlitz hat sich in seinem Lehrbuch »De curationibus gravidarum« ebenfalls mit diesem Thema befaßt. Er empfahl ein Rezept, das Schäden am Kind verhindern sollte, wenn eine Frau »für etwas erschrocken war / oder ihr irgend ein grawen und entsetzung« widerfahren ist.[18]

Der Mechanismus der Imagination konnte nach Ansicht vieler Autoren aber nicht nur durch das »Erschrecken«, sondern auch durch die »Gelüste« der Schwangeren in Gang gesetzt werden. Paracelsus hatte in diesem Zusammenhang von »begird« oder »lust« gesprochen. Die Autoren der geburtshilflichen Lehrbücher verstanden unter »Gelüsten« zumeist den Appetit schwangerer Frauen auf ungewöhnliche und skurrile Gegenstände. Als häufigste Beispiele werden Wolle, Leim, Wagenschmiere, Kohlen, giftige Pflanzen oder Menschenfleisch genannt. In der 1580 unter dem Titel »Hebammen Buch« erschienenen Ausgabe von

Rüffs »Trostbüchle« findet sich im zweiten Teil, der nicht von Rüff stammt, ein Kapitel mit der Überschrift »Von gelüsten der schwangeren Frawen«. Dort heißt es, daß Malzeichen, »Gliedmassen von Thieren« und andere Entstellungen Neugeborener »von schrecken / oder von gelüsten / so die Weiber nicht vollbringen können / herkommen.«[19] Wesentlich ist hierbei, daß das unbefriedigte Gelüst schädlicher ist als seine Befriedigung, selbst wenn es sich um den Appetit auf Gegenstände handelt, die zur Ernährung denkbar ungeeignet sind. Der Autor räumt zwar ein, daß eine Schwangere ihr Kind auch durch den Genuß von Wagenschmiere schädigen könne, weit größer erscheint ihm aber die Gefahr, daß sich die Frau durch ein starkes, unbefriedigtes Verlangen den jeweiligen Gegenstand »einbildet«, wobei das entstandene Bild das Kind prägt und verunstaltet. Die Vorstellung von diesem Risiko war so verbreitet, daß schwangere Frauen, die bei einem Lebensmitteldiebstahl ertappt wurden, mitunter straflos ausgingen, wenn sie sich auf ihre Gelüste beriefen.[20]

Außer auf Essen und Trinken konnten sich die Gelüste schwangerer Frauen aber auch auf absonderliche Handlungen beziehen. In solchen Fällen hielt man das Kind ebenfalls dann für gefährdet, wenn die jeweilige Handlung nicht ausgeführt werden konnte. Im »Hebammen Buch« wird folgendes Beispiel angeführt: Eine Frau betrat einen Metzgerladen, um Fleisch zu kaufen. Unter den ausliegenden Fleischwaren befanden sich auch einige Stücken Lunge. Bei deren Anblick überkam die Frau das unwiderstehliche Gelüst, dem kahlköpfigen Metzger ein Stück Lunge über die Glatze zu schlagen, und sie äußerte diesen Wunsch. Der Mann sah, daß seine Kundin hochschwanger war und erklärte sich einverstanden, weil er ihr und ihrem Kind nicht schaden wollte. Die Frau schlug kräftig zu und war von dem Erfolg so angetan, daß sie um eine Wiederholung bat. Der gutmütige Mann gewährte ihr auch dies. Da ließ die Frau ein weiteres Stück Lunge mit solcher Kraft auf die Glatze klatschen, daß dem Metzger der Brei über das Gesicht herablief. Als sie nun noch ein drittes mal zuschlagen wollte, wurde es dem Mann doch zuviel, und trotz inständiger Bitten erhielt die Frau keine weitere Erlaubnis. Bald darauf gebar die Frau Drillinge. Zwei von ihnen waren gesund, das dritte Kind aber kam tot zur Welt.[21] Der Tonfall, in dem die Begebenheit im »Hebammen Buch« berichtet wird, läßt das Verhalten der Frau keineswegs befremdlich, sondern eher normal und angemessen erscheinen.[22] Auch wenn sich die Szene in dem Metzgerladen niemals so zugetragen haben sollte, so weist doch allein das Kursieren solcher Geschichten darauf hin, daß die Vorstellungen von den weiblichen »Gelüsten« und ihren möglichen Folgen eine Rolle im Alltagsleben gespielt und die Phantasie der Menschen beschäftigt haben. Ebenso wie das »Erschrecken«, so schienen auch die mit den »Gelüsten« verbundenen Gefahren überall dort zu lauern, wo sich die Frau außerhalb der gesicherten und gewohnten Umgebung des »Hauses« bewegte.

Dieser Eindruck wurde den Leserinnen in anderen Lehrbüchern sogar noch in stärkerem Maße vermittelt.[23] Bei Johann Hildebrand zum Beispiel beginnt die Gefahrenzone, sobald die Frau das Haus verläßt und den Garten betritt. Wenn sich die Schwangere häufig im Garten aufhalte, heißt es in seiner »Underweisung«, könne sie durch den Anblick von Kräutern und Früchten nur allzu leicht zu »bösen Gelüsten« gereizt werden.[24] Zur Vermeidung von Gelüsten hat David Herlitz in seinem Lehrbuch sogar Anweisungen für den Umgang mit schwangeren Frauen gegeben, die den Charakter von Tabu–Vorschriften tragen. In Gegenwart einer Schwangeren, heißt es in »De curationibus gravidarum«, dürfe man nicht an gewisse Speisen und Getränke denken oder diese gar erwähnen, »damit nicht eine unzeitige Geburt erfolge / oder die Frucht mit bösen flecken oder makulen vermißstallet werde.«[25] »Gelüste« auf Kreide, Kohle und ähnliche Gegenstände hält Herlitz für abscheulich und ungebührlich. Er nennt sie »ein einbilden«, daß dem Kind vor allem dann schade, wenn »die Frau nicht erlanget / das sie gerne haben wolte.«[26]

Über die bereits erwähnten Beispiele hinaus werden in den Hebammenbüchern noch zahlreiche weitere Gefahren genannt, welche die Frauen außerhalb des Hauses bedrohen. So werden die Schwangeren sogar davor gewarnt, ihr Haar in der Sonne zu bürsten oder zu trocknen, und selbst der Geruch vieler Pflanzen wird als Bedrohung des Kindes genannt. Die Zahl der Objekte, die »Erschrecken«, »Versehen« oder »Gelüste« auslösen können, ist der Möglichkeit nach unbegrenzt. Ausschlaggebend ist dabei nicht so sehr, daß der jeweilige Gegenstand an sich furchterregend oder begehrenswert wirkt. Ob die Imaginationskraft in Gang gesetzt und das Kind geschädigt wird, ist vielmehr situationsabhängig, wobei das Überraschungsmoment eine ausssschlaggebende Rolle spielt. So ist es zum Beispiel ein großer Unterschied, ob eine Frau einen als Nutztier gehaltenen Hasen versorgt, oder ob sie außerhalb des »Hauses« von einem Hasen überrascht wird, der zufällig ihren Weg kreuzt. Innerhalb des gewohnten häuslichen Bereiches konnte sich die Frau vor den Gefahren der Imaginationskraft relativ sicher fühlen. Dagegen konnte sie sich, wenn sie die ärztlichen Ausführungen ernst nahm, während der Schwangerschaft kaum noch aus dem Haus wagen. Bereits der Einkauf beim Metzger konnte eine Totgeburt zur Folge haben, und schon das müßige Verweilen am Fenster oder der ungebührlich lange Aufenthalt im Garten bedeutete nach Darstellung einiger Autoren eine unverantwortliche Gefährdung des Kindes. Waren langes Gehen, Laufen, Tanzen etc. durch die Diätvorschriften für Schwangere und stillende Mütter ohnehin untersagt, so wurde der außerhäusliche Bereich durch die ärztlichen Warnungen vor dem »Erschrecken« und den »Gelüsten« grundsätzlich zur Gefahrenzone erklärt.

Die Bedeutung, die all diese ärztlichen Warnungen vor den Gefährdungen der Schwangerschaft für das Alltagsleben von Frauen gewinnen konnten, sollte nicht unterschätzt werden. Ihre einschüchternde Wirkung auf Frauen, die die entsprechenden Verbote und Vorschriften auch nur teilweise ernst nahmen, bezog sich auf einen Zeitraum, der das gesamte gebärfähige Alter umfaßte, und das war angesichts der geringen Lebenserwartung der größte Teil eines Frauenlebens. Dabei ist nicht nur zu berücksichtigen, daß die Reproduktionsziffer (durchschnittl. Anzahl der Geburten einer Frau) im 16. Jahrhundert wesentlich höher war als heute. Frauen mit mehr als zehn Kindern waren trotz einer Kindersterblichkeit von 40–50 Prozent keine Seltenheit.[27] Es ist auch zu bedenken, daß die Frauen wegen der Unsicherheiten in der Schwangerschaftsdiagnose stets mit der Möglichkeit einer vorliegenden Schwangerschaft zu rechnen hatten, vor allem, wenn Unregelmäßigkeiten im Menstruationszyklus auftraten. Hinzu kamen noch die teilweise exzessiven Vorschriften zur Säuglings- und Kinderpflege, welche die Frau auch nach der Geburt ans Haus fesselten. Wie bereits dargestellt, übten die ärztlichen Anschauungen ihren Einfluß auch nicht nur auf den kleinen Kreis der Leserinnen geburtshilflicher Lehrbücher aus.[28] Lesekundige Frauen, Hebammen, Pfarrer und die Ärzte selbst wirkten als Multiplikatoren bei der mündlichen Verbreitung dieser Anschauungen. In ihrer Gesamtheit wirkten die Verbote und Vorschriften, wie sie in vielen geburtshilflichen Lehrbüchern popularisiert wurden, daraufhin, die Bewegungsfreiheit der Frau rigide einzuschränken und sie für einen großen Teil ihres Lebens ins Haus zu verbannen.

Die Ärzte, die die Frauen in diesem Sinne zu beeinflussen suchten, lieferten die medizinischen Argumente für die gleichen sozialen Rollen- und Funktionszuweisungen, die aus ökonomischer und moraltheologischer Sicht in der Hausväterliteratur und den Erbauungsschriften propagiert wurden. In Johann Colers »Oeconomia oder Haußbuch« wird deutlich ausgesprochen, welche Bedeutung diese Zuweisungen für die Wirtschaft des »Hauses« hatten. Die Hausmutter erhält folgende Verhaltensmaßregeln: »Sie soll auch auß ihrem Hauß nicht gehen / sie habe dann anderswo nöthigers zu verrichten / viel weniger soll sie allzeit das Fenster am Halse haben / und alle Leute / so vorüber gehen / besichtigen und besprechen. Auch nicht alle Dantze besuchen / Bräute und andere Gassen Comödien beschauen. Dann solches einem ehrlichen Weibe zur Leichtfertigkeit zugemessen wird / und in der Nahrung wenig Nutz und Frommen bringet.« Stattdessen soll sich »ein Weibsbild innen halten / und das jenige so ihr Mann erworben / und zu Hause gebracht / auffnehmen / und an seinen gebührlichen Ort legen / und wol bewahren«. Sie soll ihren

Mann versorgen, die Kinder erziehen, das Gesinde beaufsichtigen und beköstigen sowie das Vieh versorgen.[29] Ähnlich werden die Aufgaben der Frau auch in der Erbauungsliteratur beschrieben. Der reproduktive Charakter der weiblichen Hausarbeit wird in Justus Menius' »Oeconomia Christiana« mit der Formulierung zusammengefaßt, die Frau solle das, was der Mann erwirbt, »zu rad halten / und nützlichen an wenden«.[30] Cyriax Spangenberg benutzt in seiner Predigtsammlung die gleiche Formulierung und fährt fort, die Frau solle »in der Kuchen unnd sonst zusehen / das / was zur speyse einkaufft ist / nicht verderbe / sondern recht zubereittet werde / soll alles fein reynlich halten / fegen / wüschen / wäschen (...). Sie soll auch jedem ding / seine eygen statt und ordnung geben / (...) soll Knechte / Mägde und Gesinde anweysen...«.[31] Die in diesen Zitaten enthaltenen Arbeitszuweisungen sind für das 16. und 17. Jahrhundert durchaus repräsentativ. Andere Autoren geben zum Teil weit genauere Anweisungen, gemeinsam ist solchen Aussagen jedoch, daß sie kaum eine Arbeit enthalten, die außerhalb des »Hauses« zu verrichten wäre.

Mit diesen Arbeitszuweisungen korrespondiert in der Morallehre die Erziehung der Frau zur Häuslichkeit. Neben Frömmigkeit und Gehorsam gegenüber dem Ehemann nimmt die Häuslichkeit im weiblichen Tugendkatalog den höchsten Stellenwert ein. »Gleich wie die schildkrotte ihr hauß nymmer mehr lesset«, heißt es bei Menius, »also sol auch eine frumme ehrliche haußmuter / ihres hauses / und was sie darinnen zuschaffen hat / on unterlaß warten.«[32] Das Bild, das der Autor hier verwendet, verdeutlicht auch, daß er die Frau nicht nur auf das soziale und wirtschaftliche Gebilde des »Hauses« verweist, sondern ihren Lebensbereich auch räumlich durch die Mauern des Hauses eingegrenzt wissen möchte. Menius begründet seine Anweisungen mit zwei Argumenten. Erstens würde die Haushaltung vernachlässigt, wenn die Frauen »vil irr laufen«, zweitens braue sich meist ein großes Unglück zusammen, wenn mehrere Frauen müßig zusammenkämen, um miteinander zu »schwätzen«. Das zweite Argument, das sich auch bei anderen Autoren findet, deutet darauf hin, daß es nicht nur um ökonomische Belange, sondern auch um die Vereinzelung und Isolation der Frau zur Aufrechterhaltung patriarchalischer Herrschaftsverhältnisse ging, wenn die Bemühungen um ihre Ausgrenzung aus der Öffentlichkeit im 16. Jahrundert einen neuen Höhepunkt erreichten.

Die Zusammenarbeit von Medizinern und Theologen zeigte sich nicht nur darin, daß die Argumente von Vertretern beider Berufsgruppen auf die Herausbildung und Festigung der gleichen Verhaltensnormen zielten. Auch im Hinblick auf die Domestizierung der Frau ist zu konstatieren, daß sich Ärzte und Moraltheologen in ihren Schriften aufeinander bezogen und sich wechselseitig mit Argumenten belieferten. Spangenberg, der den

Frauen in seiner Pedigtsammlung ausschließlich solche Betätigungen zuweist, die im Haus zu verrichten sind, hat neben pragmatischen und moralischen Gründen auch medizinische Argumente ins Feld geführt. Aus gesundheitlichen Gründen empfiehlt er vor allem Schwangeren und stillenden Müttern, ganz zurückgezogen zu leben und das Haus möglichst selten zu verlassen.[33] Besonders eindringlich warnt auch der Theologe vor dem »Versehen« und dem »Erschrecken«, die meistens zu Mißgeburten führten. Schon um dieser Gefahr aus dem Wege zu gehen, sollten die Frauen im Hause bleiben und unnötige Kontakte vermeiden. Besonders gefährlich sei der Anblick von Landstreichern, Bettlern, »Krüppeln«, Totenbaren und Gräbern, denn daran könne sich »ein schwanger Weib leichtlich versehen«.[34] Mit furchterregender Anschaulichkeit schildert Spangenberg dann mehrere Fälle von Mißgeburten, die durch unvorsichtiges »Versehen« der Mütter verursacht worden seien. Die Geschichte von einer Frau, die eine riesige Ratte zur Welt brachte, nachdem sie sich vor einem ebensolchen Tier erschrocken hatte, mag als Beispiel dafür genügen, daß solche Historien wohl nicht ohne Erfolg darauf abzielten, bei den Leserinnen oder Hörerinnen der Predigten massive Ängste zu verursachen.

Thomas Guenther gehörte ebenfalls zu den lutherischen Theologen, die die medizinischen Vorstellungen von den Gefahren der Imaginationskraft verbreiteten. In seinem »Trostbüchlein für die schwangeren unnd geberenden Weiber« warnte er die Frauen vor dem »Versehen«, das »Mißgeburten« oder »Monstren« nach sich ziehen könne.[35] Ungewöhnlich und verhältnismäßig frauenfreundlich waren jedoch die moralischen Schlußfolgerungen, die Guenther aus der Lehre von den »Gelüsten« ableitete. Er betonte in diesem Zusammenhang die Schutzbedürftigkeit der Frauen und richtete seine Mahnungen an die Männer. Man finde viele unbarmherzige Ehemänner, schreibt Guenther, die ihrer Frau keinen Heller gäben, wenn »sie nach was gelüstet zu essen oder zu trincken / darnach straffet auch unser Herre Gott / das etwann das liebe Kind / wenn es geboren wird / von Mutter leib ein Malzeichen bringet / zu sonderlicher schande und unehre solchen bösen Männern / die ihre Weiber so ubel halten.«[36] Guenther übernimmt hier genau die medizinische Ansicht, daß gerade das unerfüllte »Gelüst« schädlich sei. Er leitet daraus aber die Notwendigkeit ab, den Frauen ihre Wünsche zu erfüllen, statt sie von ungewohnten Sinneseindrücken, Empfindungen und zwischenmenschlichen Kontakten fernzuhalten und damit zu isolieren.

Die medizinischen Ansichten über die Imagination haben auch in den »Ehe und Regenten Spiegel« von Nikolaus Selnecker Eingang gefunden, der seine Warnung vor dem »Einbilden« und dem »Versehen« in Form desselben Gebetes vorbrachte,[37] das auch der Arzt Johann Wittich in sein Lehrbuch aufnahm. Vor allem sind es aber moralische Argumente, mit denen Selnecker die Frau ins Innere des Hauses verweist. Der Gesichtspunkt der »ehelichen Keuschheit« wird dabei besonders hervorgehoben. Der Ehebruch sei nicht weit, so werden die Eheleute gewarnt, wenn die Frauen häufig spazieren gingen oder gar zu den »Abendtäntzen« laufen wollten. Aber die Grenzen des weiblichen Lebensbereiches werden noch enger gezogen: Bereits wenn die Frauen häufig an der Tür stehen oder am Fenster sitzen, werden sie von Selnecker des Ehebruchs verdächtigt.[38] In dem ausführlichen Abschnitt »Vom Ampte der Unterthanen und Obrigkeit« wird darüber hinaus deutlich, daß sich der Ausschluß aus der Öffentlichkeit nicht nur auf den Aufenthaltsort, sondern auch auf die Gedanken und Gesprächsthemen der Frau bezieht. Gehören die Frauen in die Küche, so haben sie auch »von Küchenhendeln zu reden / und nicht von Sachen / die sie nicht brennen / oder angehen.« Sehr verwerflich ist es zum Beispiel, wenn eine Hausmutter sich anmaßt, von »Regimentsachen« sprechen.[39] Noch schärfer werden Frauen verurteilt, die über die Fehler ihrer Gatten reden.[40] Diese moralischen Verbote korrespondieren wiederum mit ärztlichen Maßregeln, nach denen Schwangere und stillende Mütter zurückgezogen leben, sich nicht ereifern und jeden Streit vermeiden sollen, weil sie sonst jähzornige und streitsüchtige Kinder bekommen.

Selnecker hat für seinen Ehespiegel mehrere Lehrgedichte verfaßt, in denen die Tugenden und Untugenden der Hausmutter in Reimen zusammengefaßt werden.[41] In dem Gedicht »Die Kluckhenne« werden die Frauen zum Beispiel angehalten, dem Vorbild von Hennen nachzueifern, die sich ausschließlich der Pflege und Ernährung ihrer »Bruthünlein« widmen.[42] Besondere Beachtung aber verdient ein Gedicht mit dem Titel »Der Malring mit dem Schneckenheuslein«. Hier werden einige wichtige Aspekte des Hausmutterideals in sehr konzentrierter Form dargeboten. Mit seiner strikten, vordergründigen Lehrhaftigkeit ist der Text geeignet, dem modernen Leser einen Eindruck von der männlichen Geisteshaltung zu verschaffen, mit der im 16. Jahrhundert die Normen für weibliches Rollenverhalten gesetzt wurden. Die Verhaltensvorschriften sind so rigoros, daß sie erheblich zur Konkretisierung von Begriffen wie »Domestizierung« oder »Verbannung« der Frau beitragen. Das Gedicht ist über neun Seiten lang und erläutert in sechzehn Strophen ebensoviele Gesichtspunkte, unter denen eine gute Hausmutter mit einer Schnecke zu vergleichen ist. In der ersten Strophe heißt es:

> »Gleich wie ein Schneck tregt für und für/
> Wo sie hingeht / ihr Haus mit ihr/
>   Ist ihr natürlich arte.
> Also stehts auch eim Weib wol an/
> Wann sichs im Haus thut finden lan/
>   Ihr Haushaltung auch warte/

> Und wanns schon aus dem Haus geht hin/
> Sols sies doch tragen stet im Sinn/
> Nicht an ein Nagel hencken.
> Sondern als bald ihr thun verricht/
> Heimkommens ja vergessen nicht
> Und wider heim gedencken.
> Ein Kachelofen / Essigkrug/
> Im Haus zubleiben han gut fug/
> Eim Weib thuts auch gebüren.
> ...
> Das ist dem König gar kein schand/
> Er fürt erst also recht sein standt/
> Helt gute Policeye.
> Also der Mann muss werben draus/
> Und was er dem Weib bringt zu Haus/
> Sol sie anwenden freye.«[43]

Die Mentalität, die sich hier offenbart, erlaubte es dem Autor ohne weiteres, die Frau neben Kachelofen und Essigkrug dem Haushaltszubehör zuzuordnen. Selnecker liefert zugleich ein Beispiel dafür, daß die lutherische Hausstandslehre mit ihrer Pädagogik nicht nur auf eine formale Arbeitszuweisung, sondern auch auf die geistige Domestizierung hinwirkte. Wenn die Frau, durch unvermeidliche Pflichten zum Ausgehen gezwungen, das Haus schon nicht wie eine Schnecke mit sich führen kann, so soll sie es doch wenigstens »stet im Sinn« mit sich herumtragen und an nichts anderes denken. In voller Übereinstimmung mit den medizinischen Ansichten über die weiblichen Eigenarten betont der Theologe gleich zu Beginn, daß die Häuslichkeit eine »natürliche« Eigenschaft der Frau sei. Dieser Aspekt wird in der zweiten Strophe noch einmal besonders hervorgehoben. Wie der Fisch das Wasser, schreibt Selnecker dort, brauche die Frau das Haus zum Überleben. Darum benutze er auch das Gleichnis

> »Von der Schnecken / die stirbt allmal/
> Wann sie wird braubet ihrer Schall
> sie kann sich nicht erretten/
> In fürfallenden nöthen.
> Eim frommen Weib dem ist auch bang/
> Wanns aus dem Haus muss bleiben lang...«

Diese Aussage, die den gedanklichen Kern des Lehrgedichtes bildet, wird in den folgenden Strophen noch mehrmals wiederholt und variiert. Als Angehörige des »schwachen Geschlechts« ist die Frau schon auf Grund ihrer natürlichen Konstitution unbedingt auf den Schutz des Hauses angewiesen, das sie von der Welt und deren zahlreichen Gefahren isoliert. Dabei wird allerdings auch eine wechselseitige Abhängigkeit zugestanden:

»So bald die Schneck verlest ihr Haus/
So ist es umb sie beyde aus/...
Die Schneck nicht Leben kan und stirbt/
Das Haus zerfellt und gar verdirbt...«

Um diesen gedanklichen Mittelpunkt ordnen sich weitere Aspekte des Vergleiches zwischen Frau und Schnecke. So gehört auch »der Schnecken stillschweigen« zu den vorbildlichen Eigenschaften, von denen die Hausmutter viel zu lernen hat. Jedoch sollte die Frau ihr Vorbild nicht in jeder Hinsicht nachhamen. »Langsam sein« sollte sie zum Beispiel nur im Hinblick auf ihren »sinn und Muth«, aber nicht bei der Arbeit. Auch sollte sie sich nicht die Freiheit der Schnecke herausnehmen, aus ihrem Haus zu sehen. Es seien schlechte Frauen,

»Die zwar heim bleibn/
Und wie die Scheckn/
Die Köpff ausstreckn/
Zum Fenster aus/
Tragen das Haus/
Am Halse stet...«

Die beiden letzten Strophen richten sich in erster Linie an die Ehemänner. Sie sollten ihre Frauen schonend behandeln, ihnen »mit güte« begegnen und »ein gutes wort« für sie finden. Wie die Schnecken vom Salz zerfließen, sich im Fenchelkraut aber wohl fühlen, so gedeihen die Frauen unter guter Behandlung, während sie unter der Unduldsamkeit und Bitterkeit hartherziger Männer verderben.

Nicht nur für Selnecker war die Schnecke Leitbild und Ideal der Frau. Sein Lehrgedicht steht stellvertretend für die Aussagen vieler Theologen und Mediziner, die an der Herausbildung und Durchsetzung des Hausmutterbildes beteiligt waren. Schwach, schweigsam und zurückhaltend, schon auf Grund ihrer Anatomie unausweichlich an ihr »Haus« gebunden, buchstäblich damit verwachsen, konnte die Schnecke zu einem Sinnbild idealer Weiblichkeit werden, dem nur noch die »Kluckhenne« an die Seite gestellt werden brauchte, um das Bild abzurunden, das sich in den beiden Bestandteilen den Wortes »Hausmutter« abzeichnet. Wenn Selneckers Lehrgedichten aus heutiger Sicht etwas Groteskes anhaftet, so vor allem deshalb, weil die Mentalität, die sie offenbaren, in das bürgerliche Frauenbild eingegangen ist und sich in Restbeständen noch im modernen Rollenbild der Hausfrau wiederfinden läßt.[44]

2.5 Das »heylige Creutz« der Schwangerschaft und die weibliche Leidensfähigkeit

Die Erfüllung der »ehelichen Pflichten«, von den Moralisten so vehement von beiden Ehepartnern eingefordert, war für die Frau in vieler Hinsicht weit bedrückender als für den Mann. Bedeutet das »Kinderkriegen« grundsätzlich eine Konfrontation mit der vegetativ-abhängigen Seite des Lebens[1], so war diese Konfrontation in der frühen Neuzeit noch weit mühseliger, gefährlicher und angsterregender als heute. Wenn im folgenden hauptsächlich von Schwangerschaft und Geburt die Rede ist, so sollte dabei nicht vergessen werden, daß auch die Stillzeit, die sich fast immer über zwei Jahre oder mehr erstreckte, eine ganz erhebliche Belastung für die Mütter bedeutete. Die Angst vor der auszehrenden Anstrengung und Überforderung durch die Stillzeit hat sich unter anderem in der durch unzählige Geschichten belegten Vorstellung von den »Wechselkindern« oder »Wechselbälgern« niedergeschlagen. Nach dieser Vorstellung wechselte der Satan nicht selten ein Kind, das er aus der Wiege stahl, gegen einen Dämon aus, der sich äußerlich nicht von dem Kind unterschied. Im »Hebammen Buch« heißt es zum Beispiel über solche Teufel in Kindergestalt, daß sie »sich garstiger machen / mit scheissen / fressen und schreien / denn sonst andere zehen Kinder«, so daß die Mütter nie Ruhe finden und »außgesogen werden / daß sie nicht mehr stillen können.«[2] Wenn in den präskriptiven Texten der Mediziner und Moralisten die natürliche Mutterliebe beschworen und und das Ammenwesen verdammt wurde, so zeigt die verbreitete Vorstellung, nach der Säuglinge mitunter gefräßige und hassenswerte Ausgeburten des Teufels waren, wie es um die reale Situation vieler Mütter bestellt war.

War die Stillzeit mit erheblichen Opfern verbunden, so brachten Schwangerschaft und Geburt noch weit größere Schmerzen und Gefahren mit sich. Für viele Frauen bedeutete jede Niederkunft eine »Probe« auf Leben und Tod. Flandrin hat geschätzt, daß im 16. Jahrhundert 10 Prozent der Mütter infolge einer ihrer Niederkünfte starben.[3] In vielen medizinischen und theologischen Schriften, katholischen wie protestantischen, findet sich eine große Menge von Trostsprüchen und Gebeten für Schwangere und Wöchnerinnen, die den Frauen angesichts dieser Gefahren Mut machen sollten. Die hohen Risiken, die sich mit einer Geburt verbanden, waren zum Teil darin begründet, daß der Medizin nur sehr begrenzte Möglichkeiten zur Verfügung standen. In den hausmedizinischen Abschnitten der Hausväterliteratur, aber auch in Hebammenbüchern, wurden nicht selten magische Steine und andere Arten von Amuletten zum Schutz der Gebärenden empfohlen.[4] Einige Autoren rieten in ihren Lehrbüchern, die Patientinnen bei einer schweren Geburt zu schütteln, aufzuhängen oder herumzukugeln, um die Niederkunft zu beschleunigen.

Zum selben Zweck empfahl Gabelkhover in seinem »Artzneybuch«, das getrocknete Herz eines brünstigen Hirschen zu Pulver zu mahlen und es der Gebärenden in Violenwasser einzugeben.[5]

Ein anderer Grund für die hohen Risiken von Schwangerschaft und Geburt bestand darin, daß viele Krankheiten, die zum Teil auf Unterernährung zurückzuführen waren, zusätzliche Komplikationen hervorriefen. In diesem Zusammenhang ist vor allem die Rachitis zu nennen, zu deren typischen Symptomen die Veränderung der Beckenknochen gehört. Für Frauen, die von einer Verengung des Beckens betroffen waren, bedeutete die Niederkunft im günstigeren Falle eine langanhaltende Qual, oft aber konnten sie ihre Kinder überhaupt nicht zur Welt bringen.[6] In der medizinischen Literatur werden solche Fälle häufig erwähnt. Wenn Frauen, die ihre Kinder nicht gebären konnten, überhaupt behandelt wurden, so unterzog man sie meist entsetzlichen chirurgischen Eingriffen, bei denen das Kind, die Mutter oder beide getötet wurden. Bei solchen Eingriffen, von denen noch die Rede sein wird, gab es keine Anästhesie.

Aber auch leichtere Komplikationen als eine Engstellung des Beckens konnten sich äußerst schmerzhaft und gefährlich auswirken. So führten zum Beispiel anomale Kindslagen häufig zu ernsten Problemen. Konnte wegen einer ungünstigen Kindslage keine Spontangeburt stattfinden, so wandten Hebammen und Ärzte meist das Verfahren der Wendung an, bei dem mit der Hand in die Gebärmutter hineingegriffen wurde, um das Kind herumzudrehen. Die Wendungen waren entsetzlich schmerzhaft. Augenzeugenberichte belegen, daß viele Patientinnen unter dieser Prozedur den Tod herbeiflehten.[7] Erst in der Mitte des 19. Jahrhunderts brachte die Verwendung von Chloroform und Äther in der Geburtshilfe Erleichterung bei derartigen Eingriffen. Wegen der geringen Möglichkeiten der Schmerzbekämpfung führten aber auch schon während der Schwangerschaft leichtere Komplikationen oft zu einem starken Leidensdruck.

Mit der Geburt waren die Risiken für die Frau keineswegs überstanden. Im Gegenteil, die größte Gefahrenquelle stellten die postpartalen Infektionen dar, die bis weit in unser Jahrhundert unter dem Sammelbegriff »Kindbettfieber« gefürchtet waren. Auch vor der Einführung der Entbindungskliniken mit ihren katastrophalen septischen Verhältnissen gab es viele Infektionsquellen. Selbst wenn die Gebärende nicht durch geburtshilfliche Maßnahmen verletzt wurde, auch wenn das Haus, in dem sie niederkam, nicht mit Krankheitserregern verseucht war, so genügte die untersuchende Hand der Hebamme oder des Arztes, um die Bakterien in die Vagina eindringen zu lassen. Die postpartalen Infektionen gehörten in der frühen Neuzeit zu den häufigsten Todesursachen überhaupt. Nach einer Untersuchung des Gießener Raumes (17.–19. Jahrhundert) rangierte das Kindbettfieber unter den Todesursachen an sechster Stelle, wobei sich die Untersuchung nicht nur auf Frauen, sondern auf beide Geschlechter bezieht.[8]

Obwohl nur eine Minderheit der Frauen von schweren Komplikationen betroffen war, so waren doch die Risiken groß genug, daß im 16. Jahrhundert jeder Mensch wohl eine oder mehrere Frauen kennengelernt hatte, die im Zusammenhang mit einer Geburt gestorben waren oder große Qualen durchgestanden hatten. Die Überlieferung zeigt, daß das Geburtsgeschäft im allgemeinen Bewußtsein als gefährliche und überaus mühselige Angelegenheit galt. Wenn man untersucht, welche Haltung die gelehrten Männer gegenüber diesen schweren Bedingungen weiblichen Daseins einnahmen, welche Vorstellungen und Verhaltensvorschriften sie in diesem Zusammenhang entwickelten, so fällt zunächst auf, daß die außerordentlichen Beschwerden und Gefahren weder von Medizinern noch von Theologen heruntergespielt oder gar verheimlicht wurden. Gerade in den Predigten und den populären Schriften, die sich direkt an die Frauen wandten, wurde auf die Ängste der Leserinnen ausführlich eingegangen, wobei die Gefahren eher betont als verharmlost wurden.

So sahen die Autoren geburtshilflicher Lehrbücher offensichtlich kein Problem darin, den Leserinnen auf drastische Weise vor Augen zu führen, welche furchtbaren Folgen bestimmte Komplikationen nach sich ziehen konnten. Solche Schilderungen finden sich bereits in Roesslins »Rosengarten«, der nicht nur an Ärzte und Hebammen adressiert war, sondern sich bereits im Titel an alle »swangern frawen« richtete. Roesslin gehörte auch zu den Autoren, welche die schwangeren Frauen vor Furcht, »Erschreckung« und Traurigkeit warnten. Dessen ungeachtet hat er den Leserinnen die eingehende Beschreibung der Verfahren zugemutet, die man bei einer Embryotomie anwandte. Eine Embryotomie, die Zerstückelung des Ungeborenen im Mutterleib, wurde vorgenommen, wenn eine Frau ihr Kind trotz Anwendung aller anderen Mittel nicht gebären konnte. Diese Situation konnte zum Beispiel bei einer Verengung des Beckens, aber auch bei einer Querlage auftreten. Wenn alle Tränke, Räucherungen und alles Herumkugeln nichts halfen, so versuchte man zunächst, das Kind an den Gliedmaßen, die man zu fassen bekam, herauszuziehen. Das geschah mit den Händen, die Zange hat sich als Instrument der Geburtshilfe erst im Lauf des 18. Jahrhunderts durchgesetzt. Gelang auch dies nicht, so durchbohrte und zermalmte man den Schädel des Ungeborenen, um den Inhalt abfließen zu lassen. Genügte dies ebenfalls nicht, so ging die Zerstückelung weiter. Durch das Abrutschen der Instrumente wurde dabei häufig der Geburtskanal zerrissen, oder die Frau erlitt andere schreckliche Verletzungen. Roesslin beschreibt nun ausführlich und detailliert, wie und in welcher Reihenfolge man dem Ungeborenen Arme und Beine abschneidet, und wie man die verschiedenen Haken zur Anwendung bringt. Er schildert, wie man die Haken in die Augenhöhlen des toten Kindes einhängt, um den Schädel herausziehen zu können. Der Autor gibt auch Anweisungen, wie man eine tote Frau aufschneidet, um das eventuell noch lebende Kind zu retten.[9] Die Beispiele mögen genügen, um zu zeigen, was den Leserinnen zugemutet wurde.

Derartige Beschreibungen waren für die Ausbildung des geburtshilflichen Personals natürlich unverzichtbar. Roesslin hat aber alles getan, um sein Werk über diesen Kreis hinaus möglichst vielen Frauen zugänglich zu machen. Dabei war er sich grundsätzlich durchaus der Probleme bewußt, die dadurch entstehen konnten, daß sein Buch die medizinischen Laien ebenso ansprach wie das Fachpersonal. Er war sogar bereit, bei medizinischen Darstellungen Zugeständnisse an das Zartgefühl der Leserinnen zu machen. In der Dedikation und der »Ermahnung«, die dem Werk vorangestellt sind, betont Roesslin, daß er alles »Weiplicher zucht zu eren gthon« habe. Damit die Frauen ruhig alles lesen könnten, ohne sich schämen zu müssen, habe er manches ausgelassen oder verändert, »diewil sich nit alle ding zu schrieben geburt«. Es waren also nicht Taktlosigkeit oder Rohheit, die Roesslin veranlaßten, seinen Leserinnen das Schrecklichste, das ihnen bei einer Niederkunft überhaupt geschehen konnte, so eingehend vor Augen zu führen. Es wird vielmehr das Bild zu untersuchen sein, das sich der Arzt des 16. Jahrhunderts von seinen Patientinnen und ihrem Verhältnis zu Leiden, Schmerzen und Tod machte.

Aufschlußreich ist hier vor allem Johann Wittichs Lehrbuch »Tröstlicher Unterricht für Schwangere und geberende Weiber«. Im Hinblick auf die Leiden der Schwangerschaft verrät der Autor eine ganz ähnliche Haltung wie Roesslin, ist in seinen Reflexionen über dieses Problem aber wesentlich ausführlicher. Auch Wittich spricht als Leserinnen neben den Hebammen alle »verstendigen Weiber« an.[10] Zu deren Belehrung und Tröstung hat er etwa ein Drittel seines Werkes mit Gebeten, Trostschriften und Historien angefüllt, die in diesem Zusammenhang von besonderem Interesse sind. In der ersten Historie berichtet der Autor von einer Erfahrung, die er 1564 während seiner Studienzeit in Wien gemacht hatte.[11] Es handelte sich dabei um eine Frau im Alter von fünfundzwanzig Jahren, die bei ihrer fünften Niederkunft trotz Anwesenheit mehrerer Hebammen nicht von ihrem Kind entbunden werden konnte. Daraufhin hatte die Frau - so berichtet Wittich - vier Jahre lang mit dem toten Embryo im Bauch darniedergelegen. Schließlich erlitt sie einen Durchbruch der Bauchdecke, es entstand ein Loch, aus dem »stinckende Feuchtigkeiten« und Eiter austraten, außerdem war ein Bein des Embryos zu fühlen. In dieser Situation wurden drei Wundärzte geholt, welche die Patientin aber nicht behandelten, sondern drei gelehrte Mediziner zu Hilfe holten. Unter diesen befanden sich ein Professor der Wiener Universität und der Autor. Die Mediziner ließen die Bauchdecke aufschneiden und den toten

Embryo stückweise herausholen. Wittich betont, daß es ein Wundarzt war, der den Eingriff vornahm, wobei er von den Medizinern die entsprechenden Anweisungen bekam. Außerdem merkt der Autor an, daß die Patientin bei der Prozedur »gottlob« nicht in Ohnmacht gefallen sei. Trotz des Eingriffs wurde die Frau erneut schwanger, und bereits nach einem Jahr wurde Wittich wieder zu ihr gerufen. Sie stand vor der Entbindung, und wie bei den vorigen Geburten waren dabei ihre Mutter, ihre Schwester, eine Hebamme und mehrere andere Frauen anwesend. Man hatte Wittich hinzugezogen, weil die Narbe vom Vorjahr aufgeplatzt war, und die Frau zu schwach für die Geburt war. Als Wittich den Bauch erneut öffnen wollte, um das Kind herauszuholen, fand er die Zustimmung der Patientin. Die anderen Frauen aber, allen voran die Mutter der Kreißenden, wollten dies unter keinen Umständen zulassen. Mit dem Einwand, man solle die Sache Gott überlassen, sperrten sie sich gegen den Eingriff, bis die Patientin im Sterben lag. Erst als die Frau tot war, gaben sie ihre Erlaubnis für die Öffnung, doch der verspätete Eingriff konnte keine Hilfe mehr bringen, denn auch das Kind war bereits tot. Abschließend kommtentiert Wittich den Vorgang mit der Bemerkung, daß dies »alles aus unzeitiger Weiberklugheit« geschehen sei.

Obwohl der Bericht in vielen Punkten unglaubwürdig ist, enthält er mehrere interessante Aussagen über das Verhältnis, in dem die beteiligten Personen zueinander standen. Zunächst erscheint die Entbindung hier als das öffentliche Ereignis, das sie tatsächlich solange blieb, bis die zunehmende Medikalisierung, vor allem die Einführung der Entbindungsklinik, ihr diesen Charakter nahmen. Dabei markiert der Bericht einen bestimmten Punkt des Prozesses, in dem die Geburtshilfe aus der Zuständigkeit der einander helfenden Frauen in männliche Hände überging. Die Schilderung läßt den Eindruck entstehen, daß alle Beteiligten zögerten, die Verantwortung zu übernehmen. Die anwesenden Frauen bestellten Wundärzte, die wiederum gelehrte Mediziner zu Hilfe holten. Bei der zweiten Entbindung zögerte auch der Mediziner, um die Verantwortung letztlich wieder den Frauen aufzubürden. Es läßt sich nur darüber spekulieren, ob Wittich wirklich wider besseren Wissens und gegen den Wunsch der Patientin dem Einspruch der Mutter und der anderen Frauen gehorcht hat, oder ob diese Darstellung eine Entschuldigung seines fehlerhaften Verhaltens darstellt. Aber selbst wenn es sich um eine Entschuldigung handelte, so mußte sie doch für das zeitgenössische Lesepublikum einige Glaubwürdigkeit besitzen. Auch als Rechtfertigungsversuch setzt Wittichs Schilderung voraus, daß die Gemeinschaft der Frauen bei einer Entbindung noch Autorität besaß, und den von der Universität herbeigerufenen Mediziner in seinen Entscheidungen beeinflussen konnte. Glaubwürdig klingt allerdings, daß sich die Frauen bei ihrem Einspruch auf Gott berufen haben sollen. Wenn sie damit argumentierten, daß Gott der beste Arzt sei, in dessen Hand Gesundheit und Tod lägen, so wiederholten sie damit nur, was ihnen nicht nur von Pfarrern, sondern auch von Ärzten und den Autoren der Hebammenbücher immer wieder vorgehalten wurde. Der Bericht von den Leiden der Frau wurde hier stark gerafft und unter Auslassung vieler Details wiedergegeben. Wittichs Schilderung enthält entsetzliche und zum Teil stark übertriebene Einzelheiten. Dennoch bildeten Darstellungen dieser Art im 16. Jahrhundert keine Ausnahme. Aus heutiger Sicht wirken sie erschreckend, furchteinflößend und als Lektüre für Schwangere denkbar ungeeignet. Die anderen Fallbeispiele, in denen Wittich ebenfalls von unglaublichen Qualen berichtet, haben dennoch einen anderen Tenor als die erste Historie. Im zweiten Fall ist von einer Frau die Rede, die nach 44 Tagen heftiger Wehen nicht gebären konnte und daraufhin dreizehn Jahre lang »die zusammen gesatzten Beinlein von einer verstorbenen Frucht in Mutterleibe getragen.« Sie war aber während dieser Zeit eine »verständige Hausmutter / frölich und kurtzweilich / und arbeitet neben ihrem Haußwirth fleissig.«[12] Eine andere Frau, so heißt es in der dritten Historie, wurde nach viertägigen Wehen von den Nachbarinnen und der Hebamme aufgegeben. Sechs Wochen lag die Frau krank, dann erhielt sie jedoch Hilfe von Gott, der ihr ein »getrewer Arzt« war. Es ging ihr ständig besser, bis sie wieder arbeiten konnte. Nach einiger Zeit bekam sie ein Geschwür an der linken Bauchseite, aus dem ihr ein Wundarzt letztlich die Knochen des Embryos herausholte, welche sie »aus grosser Liebe und verwunderung über der hülffe deß allmächtigen fleissig auffgehoben« hat.[13] Wittich berichtet abschließend, daß die Frau munter weitergelebt und noch mehrere gesunde Kinder geboren habe.

Berichte dieser Art füllen etwa ein Viertel von Wittichs Schrift. Auch wenn man in Rechnung stellt, daß Krankheit und Tod in der Kultur und im alltäglichen Diskurs des 16. Jahrhunderts nicht verdrängt und ausgegrenzt wurden, wie dies heute weitgehend der Fall ist, so stellt sich dennoch die Frage, warum der Autor ausgerechnet eine Sammlung derartiger Greuelgeschichten als »tröstlichen Unterricht für Schwangere und geberende Weiber« betrachtete. Hierzu ist vor allem anzumerken, daß nur in einem der Fälle die Patientin stirbt, während alle anderen Historien »gut ausgehen«. Die erste Historie bildet ein negatives Exempel, aus dem Wittich die Lehre ableitet, Frauen sollten die »gelehrte und verständige Ertzte nicht hindan setzen (...) und nicht alleine den Wehefrawen (...) trawen.«[14] Die anderen Geschichten, die positive Beispiele weiblichen Verhaltens darstellen, enthalten eine moralische Lehre, und die Frauen, von denen sie handeln, werden den Leserinnen als Vorbilder angeboten. In ihrem Gottvertrauen fanden diese Frauen die Kraft, Schmerzen und Gefahren zu ertragen und trotz ihrer Leiden noch fröhliche, arbeitsame Hausmütter zu sein, wofür sie letztlich auch durch Genesung und weitere Schwangerschaften belohnt wurden.

Der Trost für die Schwangeren, so kommentiert Wittich seine Geschichten, bestehe darin, »daß Gott an ihrem heyligen Creutz / so er ihnen aufferleget / ein sonderlich gefallen trage«.[15] »Das Weib wird selig durch Kinder zeugen / so sie bleibet im Glauben«, dieser Satz von Paulus gelte besonders dann, wenn die Frauen großes Leid zu ertragen hätten. Obwohl es manchmal den Anschein habe, fährt Wittich fort, »als hette Gott der armen kreisenden Frawen vergessen / so macht er es endlichen doch also (...) daß sie auch zum öfftern / wider alle Vernunfft unnd Menschen Gedancken mit sampt der frucht das Leben davon bringen.« In solchen Fällen erhalten die Mütter ihren »zeitlichen« Lohn. Der »ewigliche« Lohn wird ihnen zuteil, wenn sie dennoch bei der Entbindung sterben, und gerade in diesem Fall erweist sich die Heiligkeit gläubigen Leidens. Das heilige »Werck« der Mütter besteht darin, daß sie ihr Möglichstes für das Kind tun, sich opfern und selbst sterben, um das Kind zu retten, ohne sich vor Schmerzen und Tod zu fürchten. Dann sterben sie im Glauben, »weil sie im werck / den Weibern von Gott aufferleget / dahin ziehen / und also der Glaube in seinem Werck kräfftig / ja im Creutz vollkommen erfunden wird«. In einem solchen Glauben können sie »unerschrocken den tag deß gerichts / ja der seligen erlösung« erwarten.[16]

Die zuletzt zitierten Sätze entstammen den Gebeten und Trostschriften Martin Luthers »für geberende Weiber«, mit denen Wittich mehrere Seiten seines Lehrbuches gefüllt hat. Tatsächlich ist Wittichs Schrift ganz von der lutherischen Heilslehre geprägt, vor deren Hintergrund auch verständlich wird, warum Ärzte und Theologen den Frauen »Trost« zusprachen, indem sie ihnen die Schmerzen und Gefahren des Gebärens oft so drastisch vor Augen führten. Spangenbergs Predigtsammlung enthält viele Beispiele, die zeigen, wie Luthers diesbezügliche Lehren ausgelegt und verbreitet wurden, um die Frauen zu gläubiger Opferbereitschaft zu erziehen. Das Werk enthält eine ganze Reihe von Trostpredigten »für die gebärenden Weiber« oder »für die Schwangern Eheweiber«. Ihren Aussagen liegt der von der Reformation beibehaltene Gedanke zu Grunde, daß die Schmerzen des Gebärens eine Strafe für die Erbsünde darstellen (1.Mose 3). Die Schmerzen und Ängste, schreibt Spangenberg, habe nicht der Teufel, sondern Gott selbst den Frauen als Kreuz auferlegt. Sie sollten bedenken, daß sie »der Erbsünde halben / ewige straffe verdient hetten« und auf immer verdammt wären. Aber Gott habe die ewige Strafe und Pein in eine gelinde zeitliche Züchtigung umgewandelt, indem er ihnen die Schmerzen des Gebärens als Kreuz auferlegt habe. Durch die zeitliche Strafe solle der Mensch aber seine Sünden nicht abbüßen, sondern an seine verderbte Natur erinnert werden und vor seiner Sündhaftigkeit erschrecken. Wenn sie ihre zeitlichen Schmerzen mit der ewigen Pein verglichen, dann müßten die Frauen glücklich sein, und ihr Kreuz freudig tragen.[17] Diese Denkfigur, die einen festen Bestandteil der lutherischen Rechtfertigungslehre bildete, taucht in der Erbauungsliteratur sehr häufig auf, wenn von der Rolle der Frau in der Fortpflanzung die Rede ist.[18]

Sowohl in den von Wittich zitierten Aussagen Luthers als auch bei Spangenberg wird also der Gedanke geäußert, daß die Frau sich des göttlichen Heils vergewissern kann, indem sie das »Werk« von Schwangerschaft und Geburt gläubig und opferbereit vollbringt. Im Gegensatz zur katholischen Werkheiligkeit stand im Zentrum der lutherischen Rechtfertigungslehre zwar der Gedanke, daß sich der Christ vor Gott nicht durch seine Werke und Verdienste, sondern allein durch den Glauben (sola fide) zu rechtfertigen habe. Doch äußerte und betätigte sich dieser Glaube auch nach Luthers Ansicht in den »Werken«. Folgende Passage aus »Ein Sermon von dem ehelichen Stand« zeigt, daß auch für Luther die »straß gen hymell« nicht am »Werk« vorbeiführte, daß er unter diesem »Werk« aber etwas gänzlich anderes verstand als die Theologen der alten Kirche: »Es ist nichts mit walfarten gen Rhom, gen Hierusalem, zu sanct Jacob. Es ist nichts kirchen bawen, messe stifften, adder waßer werck genendt werden mugen, gegen dißem eynigen werck, das dye ehlichen yhre kinder zyhen, dan dasselb ist yhre gerichtste straß gen hymell«.[19] War nach Luthers Rechtfertigungslehre die Gnade ein Geschenk Gottes an den ohnehin sündhaften Menschen, so war diese Gnade doch verlierbar (gratia amissibilis). Der einzige Weg, Gott zu gefallen und seine Gnade zu erhalten oder neu zu gewinnen, bestand in einem Glauben, der sich in der Qualität innerweltlicher Pflichterfüllung äußerte.[20]

So wird auch in der lutherischen Erbauungsliteratur stets eine zwar indirekte, aber eindeutige Verbindung zwischen der Heilsgewißheit der Frau und der Erfüllung ihrer mütterlichen Pflichten hergestellt. In der »Oeconomia Christiana«, die unter direktem Einfluß Luthers entstand, hatte bereits Justus Menius diesen Zusammenhang besonders deutlich hervorgehoben und gemäß Luthers Gnadenlehre erläutert. Nach dem Hinweis auf die großen Schmerzen und Gefahren der Geburt erklärt Menius zunächst ebenfalls, daß diese nur eine »kleine / leydliche / leybliche und zeytliche zucht« darstellten, mit der Gott die Frau für die Erbsünde strafe, statt sie der ewigen Verdammniß preiszugeben. In seinem Bemühen um populäre Darstellung hat Menius sehr unbefangen ausgesprochen, was dies im Grunde bedeutete, nämlich daß die Frauen »eine solche grosse straffe / mit so einem kleinen geringen schilling abkauffen mügen.«[21] Auch wenn die Frau unter Schmerzen stirbt, sollte ihr dieser geringe Preis eine »warhafftige / hymlische freude seyn«. Die Menschen, wird unmittelbar darauf erklärt, würden nur aus Gottes Gnade, ohne ihr Verdienst gerechtfertigt, und es sei allein der Glaube, der selig mache. Aber, und das ist in diesem Zusammenhang entscheidend, Gott gebe jedem Menschen einen besonderen »Beruf« und »Befehl«, »darinnen er seinen glauben uben und Got dienen sol«. Der »Beruf«, in dem die Frau ihren Glauben betätigen muß, besteht aber vor allem anderen im Gebären und Aufziehen der Kinder. Wenn die Frau in allen Gefahren und Schmerzen, die dieser »Beruf« mit sich bringt, in Liebe und Vertrauen zu Gott aufschaut, dann weiß sie, »das / dieweyl sie in solchem glauben stehet / sie in einem heylwertigen und Göttlichen stande« und der Seligkeit sicher ist.[22] Ganz übereinstimmend hieß es in der oben zitierten Trostschrift Luthers, daß Frauen, die sich bei der Niederkunft für ihr Kind opfern, womit »der Glaube in seinem Werck kräfftig (...) erfunden wird / (...) unerschrocken den tag deß gerichts / ja der seligen erlösung« erwarten können. Damit wurde der Frau aber nichts anderes erklärt, als daß ihre individuelle Heilsgewißheit vom Grad ihrer Leidensfähigkeit und Opferbereitschaft abhing.

Obwohl hier ein kausaler Zusammenhang zwischen Pflichterfüllung und Heilsgewißheit deutlich wird, unterschieden sich die lutherischen Theologen mit diesen Aussagen durchaus von den Vorgaben der katholischen Heilslehre. Nicht der aus protestantischer Sicht formale und äußerliche Akt des »guten Werkes«, das dem durchschnittlichen katholischen Gläubigen zudem nur recht sporadisch abverlangt wurde, verschafft die Teilhaftigkeit an der göttlichen Gnade. Das Heil des Lutheraners liegt vielmehr in der inneren Haltung, dem demütigen, einfältgen Glauben, mit dem er seine Pflichten erfüllt, die im ausdrücklichen Gegensatz zum Katholizismus als innerweltliche Pflichten verstanden wurden. Damit war, wie Max Weber formuliert hat, durchaus eine »religiöse Prämie für die innerweltliche, beruflich geordnete Arbeit« ausgesetzt.[23] Das Gefühl tiefer, erbsündlicher Unwürdigkeit verwies den Christen auf seine »poenitentia quotidiana«, die eine Bewährungsprobe für den demütigen Glauben darstellte.[24] Die Bewährung, welche die »leybliche und zeytliche zucht« (Menius) ermöglichte, war kein Mittel zur Erlangung des Heils, aber Manifestation eines Glaubens, der Heilsgewißheit verschaffte. Deshalb heißt es in einer von Wittich zitierten Trostschrift Luthers, Kummer und Schmerzen der Gebärenden seien kein Zeichen von Gottes Zorn, sondern »eine versuchung zur gedult«.[25] Für die Frau war es ihr »Beruf«, mit Schmerzen Kinder zu gebären, der die größte Versuchung und Bewährungsprobe[26] darstellte, und je größer die Leiden einer Frau waren, desto »kräftiger« und »im Kreuz vollkommener« konnte sich ihr Glauben zeigen. Wenn sie unter äußerster Lebensgefahr bereit war, sich den Bauch aufschneiden zu lassen, um ihr Kind zu retten, wenn sie trotz größter Leiden eine fröhliche und arbeitsame Hausmutter war, wie es ihr die Heldinnen in Wittichs Historien vorführten, dann zeigte sie jene innere Haltung demütigen, gläubigen Gottvertrauens, mit der sie des göttlichen Heils gewiß sein konnte.

Die Widerstandsfähigkeit, die von den Angehörigen des »schwachen Geschlechts« in diesem Zusammenhang erwartet wurde, erforderte eine psychische und physische Stärke, die dem Mann nur in den seltensten Fällen abverlangt wurde. Dies war den zeitgenössischen Autoren auch bewußt, sie sahen aber keinen Widerspruch darin, im Hinblick auf Schwangerschaft und Geburt außerordentliche Tapferkeit von der Frau zu verlangen und im gleichen Atemzug die Schwäche als ein weibliches Wesensmerkmal herauszustreichen. In einer Predigt Spangenbergs heißt es zum Beispiel, Gott ließe die Gebärenden oft lange leiden, damit »sie ihre unvermügliche Kreffte unnd eygene Schwachheyt sollen erkennen lehrnen und innen werden / das es nicht in ihrer macht unnd gewalt stehe / das Kindlin zur Welt zubringen«, sondern daß Gott selbst »die aller beste unnd sorgfeltigste Hebamme sein müsse.«[27] Doch sind die enormen Anforderungen an die Frau wohl nirgendwo drastischer formuliert worden als in folgendem Satz von Johann Wittich: »Ob sie gleich auch in eusserste gefahr ihres Leibes und Lebens kommen / und offt die Mutter unnd Frucht zugleich bleiben / unnd also bey dem Fähnlein / das ist / in ihrem ördentlichen Göttlichen Beruff / wie die ehrlichen Kriegßleute das Leben lassen müssen / so sollen sie sich doch (...) trösten.«[28] Gerade das Kriegswesen schien Wittich zum Vergleich geeignet, jener Bereich also, in dem nach traditionellem Verständnis der Mann am häufigsten seine Tapferkeit im Angesicht von Schmerz und Tod zu beweisen hatte.

Auch das gehörte zum Bild der Hausmutter: Wurde sie ansonsten mit einer Henne verglichen oder mit einer Schnecke, die nicht einmal ohne den Schutz ihres »Hauses« überleben kann, so wurde ihr bezüglich ihrer Rolle in der Fortpflanzung der »ehrliche Kriegsmann«, Verkörperung martialischer männlicher Tugenden, als Idealfigur vorgehalten. Diese scheinbar gegensätzlichen Aspekte fügten sich im zeitgenössischen Denken jedoch zu einem kohärenten Bild idealer Weiblichkeit zusammen. In Wittichs Bemerkung werden der Frau unter den Eigenschaften, die einen Kriegsmann als »ehrlich« auszeichnen, nämlich gerade die Leidens– und Opferbereitschaft abverlangt, die bis in den Tod zu reichen sollten. Die mit einer solchen Haltung verbundene spezifische Art von Stärke war es, die der Frau zugebilligt wurde. Wenn ihr trotz der besonderen physischen und psychischen Schwäche, die man dem weiblichen Geschlecht sonst grundsätzlich unterstellte, solche Kräfte zuwachsen konnten, so war dies aber kaum ihr persönliches Verdienst. Das hat unter anderen Spangenberg in einer seiner Predigten erklärt: »Dieweyl sich dann bey solchem Creutz / schmertzen / anfechtunge / beschwärunge und widerwertigkeyt / allerley schwärmut / sorge und angst findet / hat der heylige Geyst die armen Weiber / diß falls auch bedacht / unnd dieweyl sie sonst ein schwacher Werckgezeug seind / damit sie nit gar in ungedult / zagen oder zweyffel /fallen möchten / mit mancherley trost sie versorget.«[29]

Ärzte und Theologen konnten also die außerordentlichen Mühen und Gefahren des Gebärens anerkennen und immer wieder hervorheben, ohne daß dadurch die Einschätzung der Frau als »ein schwacher Werckgezeug« in Frage gestellt wurde. Der weibliche Beitrag zur Fortpflanzung wurde nicht als positive Leistung aufgefaßt, die der Vorstellung von der weiblichen Schwäche entgegenstand. Im Gegenteil, aus der Sicht einer von männlichem Denken bestimmten religiösen Moral wurde der »Beruf« des Gebärens als eine von Gott zusätzlich auferlegte Bürde verstanden, als eine Geduldsprobe, unter der die Frau ihre Demut, ihre Einsicht in die eigene Schwäche und Ohnmacht immer wieder unter Beweis zu stellen hatte. Wenn ihr zugetraut wurde, wie ein guter Soldat bereitwillig zu sterben, so nahm der Inferioritätsgedanke dabei keinen Schaden. Wenn die Frau sich nämlich als bereit und fähig erwies, ihre Bürde in Gottvertrauen zu tragen, so war die Stärke, die sie damit bewies, Stärke zu gläubiger Demut und Selbstaufgabe, die Fähigkeit, die sie zeigte, war Leidensfähigkeit. Die Vorstellung, daß die Frau größere Fähigkeiten zum Leiden, zur Geduld, zu Hingabe und Selbstaufgabe besitze als der Mann, ist in den folgenden Jahrhunderten zum festen Bestandteil des bürgerlichen Frauenbildes geworden. Bis heute wird den Frauen mitunter das zweifelhafte Lob zuteil, sie könnten besser Schmerzen ertragen als Männer. Vor dem Hintergrund des Gesagten liegt es nahe, in der deutschen Reformation, vor allem in der Berufsethik und Gnadenlehre Luthers, eine der geschichtlichen Wurzeln für die Vorstellung von der besonderen weiblichen Leidensfähigkeit zu sehen, die das Pendant zum Inferioritätsgedanken ist.

Im Hinblick auf diese Erziehung der Frau zu Opferbereitschaft und Leidensfähigkeit zeigt sich erneut, wie eng Medizin und Theologie bei der Durchsetzung des idealen Hausmutterbildes zusammengewirkt haben. Aus der Beschaffenheit des weiblichen Körpers und seiner Funktionen wurden auch in diesem Fall geschlechtsspezifische Verhaltensweisen und Eigenarten abgeleitet, und dieses Postulat wurde religiös überhöht und abgesichert. Nicht nur Wittich, auch Herlitz[30] und andere Autoren haben theologische Erörterungen und Trostspüche für schwangere Frauen in ihre Lehrbücher aufgenommen, während die Pfarrer in ihren Predigten und Schriften medizinische Erwägungen heranzogen, um die Frauen zur Demut zu erziehen. Und wenn die Theologen erklärten, Gott sei der beste Arzt, so fielen doch einige Strahlen dieses Glanzes immer auch auf den Mediziner, das unvollkommene Werkzeug göttlicher Heilkraft. Als frommer und engagierter Lutheraner hat Johann Wittich auch eine »Kurtze Hausspostilla oder Kinder Examen / für Christliche Haußväter« verfaßt. Für diese kleine Schrift hat ihm Friedrich Roth, Pastor in Arnstadt, ein Vorwort verfaßt. Die Zusammenarbeit von Medizinern und Theologen wird in diesem Vorwort mit einer Haltung beschworen, in der das Gedankengut der mittelalterlichen Pastoralmedizin nachklingt. Wittich sei zwar kein Theologe, gesteht Roth zu, doch möge man ihm sein kleines Werk nicht zum Vorwurf machen. Denn auch der Evangelist Lukas sei zugleich »Theologus und Medicus« gewesen, »unnd gemeiniglich / müssen die Theologi und Medici bey den lieben Krancken die nechsten sein / das also billich ist / das sie einer des andern Profession helffen fördern / ehren und zieren / wo sie können.«[31] So sehr Mediziner und Theologen in Streit und Konkurrenz geraten konnten, wenn es zum Beispiel um das Wirken des Dämons und der Hexen ging, so bereitwillig konnten sich zumindest die lutherischen Vertreter beider Berufsgruppen gegenseitig »fördern / ehren und zieren«, wenn es sich um die Durchdringung des Alltagslebens mit moralischen Normen und um die Erziehung der Frau zur guten Hausmutter handelte.

Auch der hexischen Frau war von den Verfechtern der Hexenlehre eine besondere, allerdings ganz anders geartete, Leidensfähigkeit unterstellt worden. Derartige Vorstellungen entwickelten sich im Zusammenhang mit der Folterpraxis, und reichten von der lokalen Anästhesie der Stigmata, die mitunter durch die Nadelprobe festgestellt wurde und als Indiz für Hexerei galt, über die dämonisch unterstützte Widerstandsfähigkeit gegen die Folter (maleficium taciturnitatis), bis zur totalen Schmerzunempfindlichkeit in einem schlaf- oder ohnmachtsähnlichen Zustand (somnus diaboli).[32] Solche Phänomene wurden in der traditionellen Hexenlehre jedoch nicht aus der Beschaffenheit des weiblichen Körpers abgeleitet. Sie galten als unnatürlich und wurden dem Wirken des Dämons zugeschrieben. Wie erwähnt, zeigte sich dieser Aspekt der Hexenlehre allerdings bei Jean Bodin bereits in deutlich säkularisierter Form. Auf die angebliche Standhaftigkeit gefolterter Hexen bezugnehmend, schrieb Bodin in seiner »Réfutation«, daß Frauen auf Grund ihrer besonderen Anatomie und Physiologie nicht nur zu Halsstarrigkeit und tierischer Wollust, sondern auch zu stabiler Gesundheit sowie zu besonderer Leidens- und Widerstandsfähigkeit neigten.[33]

Ob dämonische Mächte oder eine stabile Konstitution als Grund angeführt wurden, in beiden Varianten erscheint die weibliche Leidensfähigkeit als eine Stärke, die eng mit dem Bereich des Bösen assoziert ist. Fügt sich dieses Verständnis von Leidensfähigkeit in das Deutungsmuster der sündhaften Frau ein, so wird in den Aussagen über das »heylige Creutz« von Schwangerschaft und Geburt das Paradigma der schwachen Reproduzentin sichtbar, deren Leidensfähigkeit als eine Tugend verstanden wird, welche die Einsicht der Frau in ihre Schwäche voraussetzt. Wird die Hexe vom Dämon mit übernatürlicher Widerstandskraft ausgestattet, so werden die leidens- und opferbereiten Mütter, die ihr Kreuz im »wahren Glauben« tragen, vom heiligen Geist mit Trost versorgt, »dieweyl sie sonst ein schwacher Werkgezeug seind«.

3. DER STELLENWERT DES HAUSMUTTERIDEALS IM ENTWICKLUNGSPROZESS DES BÜRGERLICHEN FRAUENBILDES

3.1 Gegensätzlichkeit und Gleichzeitigkeit von Hexenbild und Hausmutterideal

Das Schreckbild der Hexe und das Leitbild der Hausmutter haben über zwei Jahrhunderte nebeneinander existiert. Es wäre jedoch eine zu starke Vereinfachung, wollte man das Verhältnis der beiden Stereotypen zueinander schlicht als das von Kontrastbildern, von »Typ und Antityp« bestimmen.[1] Als Gegenbild zur Hexe erscheint in der Überlieferung typischerweise die heilige, jungfräuliche Frau, die in der Nachfolge Marias lebt. Als Kontrastfigur zur Hausmutter wird meist die als »Dr. Sieman« titulierte, faule, ungehorsame und unordentliche Frau angeführt. Hexe und Hausmutter bilden nicht das klassische Gegensatzpaar eines in sich kohärenten Aussagesystems über die Frau, sie gehören vielmehr unterschiedlichen Deutungsmustern und damit auch verschiedenen Aussagesystemen an.

Der Durchgang durch das Material hat gezeigt, daß in der ärztlichen Kritik an der Hexenlehre im wesentlichen die gleichen Grundgedanken zur Geltung kamen, die - positiv gewendet - die Konstruktion des Hausmutterideals bestimmt haben. Diese Gedanken lassen sich unter zwei zentralen Aspekten zusammenfassen, die für die Entwicklung zum bürgerlichen Frauenbild entscheidend waren: Die weibliche Sexualität wurde prinzipiell dem Bereich des Sündhaften und Dämonischen entzogen, um stattdessen mit Mütterlichkeit und Fortpflanzungsfähigkeit assoziiert zu werden. Zweitens wurde die Vorstellung von der weiblichen Minderwertigkeit von einer moralisch–theologischen in eine biologisch–naturwissenschaftliche Kategorie umgedeutet, womit die Erziehbarkeit der Frau vorausgesetzt und betont wurde. Der Angriff auf das Hexenmuster bildete damit die Voraussetzung für das Entstehen eines neuen Verständnisses von Weiblichkeit. Die Definition der Frau als Angehöriger des »schwachen Geschlechts«, die auf Grund ihrer biologisch bestimmten physischen und psychischen Beschaffenheit zur Mutter und Hausfrau bestimmt ist, hat das Hexenmuster - das läßt sich erst aus der historischen Rückschau feststellen - in einem langwierigen Prozeß überlagert und in den Hintergrund gedrängt.

Wenn daher im folgenden einigen Aspekten dieses sozialhistorischen Prozesses nachgegangen wird, so wird es vor allem um die Bedeutung gehen, die dem Hausmutterideal für die Entwicklung des bürgerlichen Frauenbildes zukommt. Zunächst ist aber auch danach zu fragen, warum

Hexenbild und Hausmutterideal über lange Zeit nebeneinander existieren konnten und welche gesellschaftlichen Funktionen sie dabei erfüllten. Über die möglichen Gründe der Hexenverfolgung ist in der Forschung eine ganze Reihe von Thesen aufgestellt worden, wobei oft diejenigen, die alleinige Gültigkeit beanspruchen, am wenigsten befriedigen können.[2] Im Zusammenhang mit sozialhistorischen Erklärungsversuchen hat sich in der Forschung weitgehend die Ansicht durchgesetzt, daß der »einschneidende wirtschaftliche und soziale Umstrukturierungsprozeß auf dem Lande während der frühen Neuzeit für die Erklärung der Hexenprozesse von größter Wichtigkeit ist« (Schormann).[3] Demnach haben die wirtschaftlichen Verschiebungen zu neuen sozialen Gegensätzen in der ländlichen Bevölkerung geführt, wobei der traditionelle Verhaltenskodex der Dorfgemeinschaften, zu dem zum Beispiel die Verpflichtung zur Nachbarschaftshilfe gehörte, zunehmend außer Kraft gesetzt wurde. H. Wunder hat formuliert, daß es »die Wahrnehmungs- und Verarbeitungsformen von neuen Distanzen zwischen arm und reich, von Aufstieg und Abstieg mit den damals zur Verfügung stehenden Erklärungsmustern« waren, welche die Hexenverfolgungen entscheidend mitbedingten.[4] Für England ist dieser Zusammenhang von K. Thomas namentlich für die sozialen Verhältnisse auf dem Land überzeugend nachgewiesen worden.[5] Auch für den deutschsprachigen Raum lassen vorläufige Ergebnisse erkennen, daß die Opfer der Hexenprozesse zum weitaus größten Teil der Landbevölkerung angehörten und zudem mehrheitlich aus unterbäuerlichen Schichten stammten. Als gesichert kann gelten, daß die Verfolgungen in kleinen Städten mit stark ländlichem Charakter eine größere Rolle spielten, während die größeren Städte insgesamt die geringste Neigung zu Hexenprozessen zeigten.[6] Wenn einige Städte wie die Hochstifte Würzburg, Trier oder Mainz hier eine Ausnahme bildeten, so ist dies vor allem darauf zurückzuführen, daß diese Orte Zentren katholischer geistlicher Fürstentümer waren, auch bei Köln sind politisch-konfessionelle Besonderheiten zu beachten.[7] Außerdem ist zu berücksichtigen, daß Städte als Sitz der Gerichtsbarkeit oft Schauplätze von Prozessen waren, deren Opfer aus den umliegenden ländlichen Gebieten stammten.

Noch bedeutungsvoller für die sozialgeschichtliche Anbindung des Hexen- und des Hausmutterbildes ist der Umstand, daß sowohl in der Stadt als auch auf dem Land die Angehörigen der Oberschichten - Adelige, Doktoren, Geistliche, Militärs etc. sowie deren Frauen - unter den Opfern der Hexenprozesse nur eine verschwindend kleine Minderheit bildeten.[8] Es ist daher naheliegend, die beiden sozialen Deutungsmuster der Weiblichkeit, die in den Figuren von Hexe und Hausmutter repräsentiert sind, zumindest im Hinblick auf ihre Wirksamkeit unterschiedlichen sozialen Gruppen zuzuordnen. Das Hexenbild betraf typischerweise Frauen der ländlichen Unterschichten, während das Hausmutterbild - dies wird noch ausführlicher darzustellen sein - seine Wirksamkeit vor allem in den stadtbürgerlichen Oberschichten entfaltete. Es wurde gezeigt, daß Johann Weyer auf diesen Sachverhalt mit dem Versuch reagierte, die Stoßrichtung der Hexenlehre von den ländlichen Frauen abzulenken und den Angriff gegen Gelehrte, vor allem städtische Intellektuelle zu richten. Das Hexenmuster mit seiner Mischung aus Dämonologie und volkstümlichem Aberglauben konnte als Ausdrucksform sozialer Spannungen dienen, es konnte auch die Funktion brutaler Disziplinierung und Unterdrückung von Frauen und Männern übernehmen. Den Einwohnern der Städte bot es wohl ebenso wie der Landbevölkerung mitunter die Möglichkeit, Seuchen, Brände, Unwetter- und Erntekatastrophen in Form von Schuldzuweisungen zu verarbeiten. Den Angehörigen wohlhabender Schichten aber, die in der Lage waren, ihre Ehefrauen weitgehend von der Erwerbstätigkeit freizustellen und sie der Kinderpflege und dem Haushalt zuzuweisen, konnte ein Verständnis von Weiblichkeit, das zwischen Dämonologie und monastischen Idealen aufgespannt war und auf die massenhafte Vernichtung von Menschenleben zielte, keine adäquaten Möglichkeiten bieten, ihre Interessen im Hinblick auf die Arbeits- und Rollenverteilung zwischen den Geschlechtern zu artikulieren. Wie bereits am Beispiel von Albrecht von Eyb gezeigt wurde, begann sich schon vor der Reformation ein Frauenbild zu entwickeln, das diesen Interessen eher entgegenkam. Dieses Verständnis der Frau, das im Leitbild der Hausmutter immer deutlichere Gestalt annahm, bot im Gegensatz zur Hexenlehre vor allem städtischen Oberschichten die Möglichkeit, ihr Leben arbeitsteilig zu organisieren und zu gestalten. Denn es zielte nicht auf brutale Disziplinierung oder Vernichtung, sondern auf die Funktonalisierung der Frau und bot genug Raum für eine relativ detaillierte Normierung von Verhaltensweisen. Statt überall das dämonische Böse in der Frau zu suchen, setzte es deren Erziehbarkeit voraus.

Beide Haltungen werden sehr gut durch eine kleine Schrift von Johann Weyer illustriert, die 1577 unter dem Titel »De commentitiis jejuniis«[9] erschien. Weyer berichtet darin von einem jungen Mädchen, das wie eine Heilige verehrt wurde, weil sie angeblich seit über einem Jahr weder Speise noch Trank zu sich genommen hatte. Auch Herzog Wilhelm III. von Cleve-Jülich-Berg, seine Räte und sein Hof behandelten das Mädchen wie ein Gotteswunder und erwiesen ihm hohe Ehren. Weyer nahm das Mädchen in sein Haus auf und entlarvte den Betrug in wenigen Tagen. Mit einer Mischung aus Strenge und Gutmütigkeit widmete er sich dann der Umerziehung des Mädchens, um ihr die Schändlichkeit derartiger Blendwerke vor Augen zu führen und sie auf den rechten christlichen Weg zu bringen. Dabei wurde er von seiner Frau unterstützt, die der Autor in diesem Zusammenhang als Verkörperung hausmütterlicher Tugenden vorstellt. Als Gehilfin und Gefährtin ihres Gatten half sie mit Fleiß und praktischer Vernunft bei der Erziehung des irregeleiteten Mädchens, dem sie zugleich ein Vorbild an Frömmigkeit und Tugendhaftigkeit war. Kaum war die Betrügerei entlarvt, da gerieten das Mädchen und seine Mutter in Lebensgefahr, denn sie sollten als Ketzerinnen angeklagt und schwer bestraft werden. Weyer berichtet, daß es ihm mit einiger Mühe gelang, den Zorn des Herzogs zu besänftigen, um Mutter und Tochter vor der Strafe zu schützen. In dieser Schilderung werden die gegensätzlichen Denkmuster und ihre jeweiligen Funktionen deutlich: Die Neigung, Frauen und Mädchen in der Rolle der Heiligen oder der Sünderin zu sehen, führte - sobald sie sich nicht in der Verehrung göttlichen Wirkens äußerte - zu brutaler Disziplinierung. Die von Weyer propagierte Haltung zielte dagegen auf die Funktionalisierung von Frauen und Mädchen, wobei die Erziehung zu den Tugenden der christlichen Hausmutter als angemessenes Mittel der Verhaltensnormierung angesehen wurde.

3.1.1 Exkurs: Anmerkungen zur Erklärung der Hexenprozesse als eines »Vernichtungsfeldzuges gegen Hebammen«

Gesellschaftliche Gründe und soziale Zielgruppen der Hexenverfolgung sind in der Forschungsliteratur mitunter aus einer gänzlich anderen Sicht dargestellt worden, als dies im vorangegangenen Kapitel geschehen ist. In verschiedenen Variationen wurde die These geäußert, die Hexenprozesse seien ausschließlich oder hauptsächlich als Verfolgung von Hebammen und »weisen Frauen« zu deuten. So haben B. Ehrenreich und D. English in ihrem Buch »Hexen, Hebammen und Krankenschwestern« (1975) die Auffassung vertreten, die Hexenverfolgung sei wesentlich von Medizinern verursacht worden, die aus Konkurrenzgründen die Ausrottung der »weisen Frauen« (ländlichen Ärztinnen und Heilpraktikerinnen) betrieben hätten.[10] Diese Behauptung wäre anhand medizinischer Gutachten zu Hexenprozessen nachzuweisen, was von den Autorinnen nicht geleistet wird.[11] Bislang sind nur sehr wenige Gutachten dieser Art gefunden worden, und diese wenigen sind zeitlich und räumlich so weit gestreut, daß sich aus ihnen kein Bild gewinnen läßt. Geläufige gerichtsmedizinische Fallsammlungen (P. Amman, Medicina critica, 1670 und M. Valentini, Corpus juris medico-legale, 1722, 1.Ausg.1701) enthalten einige Responsa, die in diesem Zusammenhang von Interesse sind. Bei einer vorläufigen Durchsicht habe ich den Eindruck gewonnen, daß die medizinischen Fakultäten durchaus nicht einseitig gegen die Angeklagten Stellung bezogen haben, mehrere Responsa waren dazu angetan, die beschuldigten Frauen gänzlich zu entlasten (vgl. z.B. Amman, S.132–36 u. S.443–446).

In einigen geburtshilflichen Lehrbüchern findet sich die Behauptung, daß unter den Hebammen mehrere Hexen seien, die Kinder töten würden.

Die Autoren der Lehrbücher plädierten in diesem Zusammenhang aber nicht für verstärkte Hexenverbrennungen, sondern sie appellierten an die Obrigkeit, Hebammenordnungen einzuführen und die Hebammen unter die Kontrolle von Medizinern zu stellen. Außerdem polemisierten sie im gleichen Atemzug auch gegen andere konkurrierende Berufsgruppen wie Wundärzte, Barbiere oder Apotheker (vgl. die Vorworte von J. Hildebrand, 1601 und von D. Herlitz, 1610). An diesen Texten läßt sich gut nachvollziehen, wie mehrere Mediziner die Hexenlehre als Argument für die Durchsetzung ihres Monopolanspruchs gegenüber anderen Personengruppen eingesetzt haben. Dies berechtigt aber keinesfalls zu der Schlußfolgerung, die Konkurrenz zwischen Hebammen und Medizinern habe den entscheidenden Grund für die Hexenverfolgungen dargestellt.

G. Heinsohn und O. Steiger haben die Hexenverfolgung bereits im Titel ihres Buches als »Die Vernichtung der weisen Frauen« gedeutet. Da Hebammen und Heilpraktikerinnen empfängnisverhütende Maßnahmen und Abtreibungen durchgeführt hätten, wäre die Obrigkeit aus bevölkerungspolitischen Gründen in einer »Schlacht zur Aufrechterhaltung der Fruchtbarkeit« gegen sie vorgegangen. Als monokausale Erklärung der Hexenprozesse ist diese Behauptung unter vielen Aspekten anzuzweifeln (wer gilt als »Hebamme«, wer als »weise Frau«? Haben Hebammen das Bevölkerungswachstum insgesamt eher gebremst oder gefördert?). Hier sei nur darauf hingewiesen, daß der Anteil der Hebammen an den Angeklagten viel zu gering war, als daß Heinsohns und Steigers These die Hexenprozesse insgesamt erklären könnten. Wenn sie konkrete Zahlen nennen, können sich die Autoren selbst nur auf drei Fälle mit relativ hohem Anteil (5,5%, 10,5% bzw. 24%) berufen (vgl. S.144). Derart spärliche Nachweise berechtigen nicht zur Generalisierung, zu Aussagen über die Hexenprozesse schlechthin. Es ist richtig, daß die Verfechter der Hexenlehre die Hebammen besonders scharf im Visier hatten. Zutreffend ist auch, daß die Hebammen unter den Opfern der Prozesse eine eindeutig überrepräsentierte Gruppe darstellten, insgesamt bildeten sie jedoch nur eine kleine Minderheit.[12] Wenn sich Landesfürsten und Stadträte bei ihrem Umgang mit Hebammen von dem Bestreben nach raschem Bevölkerungswachstum leiten ließen, so erscheint die Ausrottung der Geburtshelferinnen ohnehin als wenig angemessenes Mittel. Leichter ließe sich auf dieser Grundlage erklären, daß die Hebammen verstärkt unter die Kontrolle der Obrigkeit und die Aufsicht männlicher Mediziner gestellt wurden - ein Vorgang, der sich für das 15./16. Jahrhundert überdies zweifelsfrei nachweisen läßt.

3.2 Sozialgeschichtliche Voraussetzungen des Hausmutterbildes

Der Umstand, daß der Frau bereits im 16. Jahrhundert geschlechtsspezifische Charaktereigenschaften zugesprochen wurden, die den Postulaten der Häuslichkeit und Mütterlichkeit entsprachen, ist in der wissenschaftlichen Literatur zuwenig beachtet, mitunter sogar gänzlich negiert worden. Sozialgeschichtliche Studien, die sich mit dem bürgerlichen Frauenbild und mit dem modernen Verständnis von Familie und Kindheit befassen, greifen unter Umständen zu kurz, indem sie sich vor allem mit den Veränderungen beschäftigen, die durch die Industrialisierung eingeleitet wurden. Das Leitbild der fleißigen Hausfrau, liebevollen Mutter und treusorgenden Gattin mit seinen entsprechenden Vorstellungen von einem weiblichen Geschlechtscharakter, die Mutter-, die Gattenliebe und andere Phänomene werden dabei als besondere Merkmale des 18. Jahrhunderts dargestellt, die in Deutschland erst nach 1770, in anderen westeuropäischen Ländern etwas früher entstanden seien. Damit ist die Aufmerksamkeit zwar auf die wichtige Erkenntnis gelenkt worden, daß Begriffe wie »Weiblichkeit« oder »Mutterliebe« keine unveränderlichen, rein biologisch bedingten Entitäten darstellen, sondern soziokulturelle Deutungsmuster bezeichnen. Doch erwecken viele Untersuchungen, die sich mit dem Themenbereich befassen, den Anschein, als seien diese Deutungsmuster abrupt, ohne Vorgeschichte oder sogar ganz im Gegensatz zu den Entwicklungen des 16. und 17. Jahrhunderts entstanden. Dabei wird übersehen, daß gerade im Bereich der menschlichen Verhaltensmodellierung Traditionen wirksam sind, die weit in die vorindustrielle Zeit zurückreichen.

Diese verkürzte Sichtweise findet ihren begrifflichen Niederschlag häufig in der Verwendung des Wortes »Erfindung«, mit dem das Aufkommen der neuen Denkmuster charakterisiert wird. So tritt in E. Shorters vielzitiertem Werk »The making of the modern family« die »Erfindung« an die Stelle des historischen Prozesses, wenn der Autor folgenden unvermittelten Gegensatz formuliert: »Good mothering is an invention of modernization. In traditional society, mothers viewed the development and happiness of infants younger than two with indifference. In modern society, they place the welfare of their small children above all else.«[1] In seiner 1990 erschienenen Monographie »Kultur und Alltag in der Frühen Neuzeit« definiert R. van Dülmen die an der Wende vom 18. zum 19. Jahrhundert vorherrschenden bürgerlichen Idealbilder von Familie und Frau, indem er sie als direkten Gegensatz zu den Lebens- und Denkformen des 15. bis 17. Jahrhunderts beschreibt.[2] Dabei werden vor allem folgende Phänomene betont, die der Autor als Neuerungen des ausgehenden 18. Jahrhunderts vorstellt: An erster Stelle wird die Trennung von Arbeit und Haus, von Männer- und Frauenwelt genannt, mit der sich die Familie »erstmals aus dem Kontext der Idee des „ganzen Hauses"« gelöst habe. Als zweiter Aspekt wird die Funktionalisierung der Frau zur Hausfrau, Mutter und Gattin genannt, die ebenfalls der Lebensform im »ganzen Haus« gegenübergestellt wird. Ein drittes Novum des 18. Jahrhunderts sieht van Dülmen in den Forderungen nach qualitativer Kindererziehung und liebevollem Umgang mit den Kindern, sowie in der an die Frauen gerichteten Erwartung, daß sie ihre Mutterrolle ernst nehmen, die Kinder selbst stillen und erziehen sollten. Auch in dieser Hinsicht wird der Gegensatz zu den Verhältnissen im »ganzen Haus« betont. Als vierter Aspekt wird das Postulat der Liebesheirat hervorgehoben, das im 18. Jahrhundert den »stärksten Bruch mit der alten Familienordnung« dargestellt habe. Zuletzt wird die »rigide Puritanisierung des bürgerlichen Familienlebens« angeführt, die wiederum mit dem Sexualleben im Familientyp des »ganzen Hauses« kontrastiert wird.

Diese Betrachtungen können als exemplarisch für die in der wissenschaftlichen Literatur häufig geäußerte Ansicht gelten, daß alle Anfänge der bürgerlichen Familie und damit auch des bürgerlichen Frauenbildes im späten 18. Jahrhundert zu suchen seien.[3] Dies gilt insbesondere für das Verfahren, die moderne »Kernfamilie«[4] ausschließlich dem Familientyp des »ganzen Hauses« gegenüberzustellen, wobei für die vorindustrielle Gesellschaft lediglich jene Funktions- und Rollenzuschreibungen für die Frau in den Blick kommen, die sich aus der Arbeitsorganisation des bäuerlichen Familienbetriebs ergaben.[5] Der von O. Brunner (in der Nachfolge W.H. Riehls) eingeführte Terminus »ganzes Haus« ist eng mit der Vorstellung der vorindustriellen »Großfamilie« verbunden. Er meint im wesentlichen eine Familienform, in der die Produktionsfunktion untrennbar mit den übrigen Familienfunktionen verknüpft ist, wobei dann das »Haus« den Rahmen der gesamten Arbeitsorganisation bildet. Städtische und ländliche Familienwirtschaft werden dabei weitgehend gleichgesetzt.[6] Neuere Forschungsergebnisse haben gezeigt, daß die Vorstellung vom »ganzen Haus« in der frühen Familiensoziologie zu stark verallgemeinert wurde und daß dieses Modell keineswegs ausreicht, um die Gesamtheit der vorindustriellen Familienformen angemessen zu beschreiben.[7]

Auch in K. Hausens Studie »Die Polarisierung der „Geschlechtscharaktere" - eine Spiegelung der Dissoziation von Erwerbs- und Familienleben« ist für die Zeit vor dem 18. Jahrhundert lediglich vom Familientyp des »ganzen Hauses« die Rede, wenn die moderne bürgerliche Familie mit früheren Familienformen verglichen wird.[8] Für die Frage nach der Entwicklung des bürgerlichen Frauenbildes ist Hausens Arbeit schon deshalb von besonderem Interesse, weil die Vorstellung von geschlechtsspezifischen Charaktermerkmalen der Frau ihren zentralen Untersuchungsgegenstand bildet. Darüber hinaus wird der häufig formulierte

Anspruch, normative Aussagesysteme über die Frau auf der Basis sozialgeschichtlicher Veränderungsprozesse zu rekonstruieren, von der Autorin auf beispielhafte Weise eingelöst, was den Aufsatz ungewöhnlich ergebnisreich macht. Eine Verkürzung der Perspektive entsteht allerdings dadurch, daß Hausen die relevanten sozialgeschichtlichen Prozesse ebenfalls auf das 18. Jahrhundert beschränkt sieht. Die Geschlechtscharaktere, heißt es, »werden im letzten Drittel des 18. Jahrhunderts „erfunden"«.[9] Durch das Auseinandertreten und die »Kontrastierung von Erwerbs– und Familienleben, von Öffentlichkeit und Privatheit« habe sich im gebildeten Bürgertum erst um die Wende zum 19. Jahrhundert die Vorstellung von einem Geschlechtscharakter entwickelt, der »als eine Kombination von Biologie und Bestimmung aus der Natur abgeleitet und zugleich als Wesensmerkmal in das Innere der Menschen verlegt« wurde.[10] Die in der Hausväterliteratur und den Predigten früherer Jahrhunderte überlieferten Aussagen über die Frau sind Hausen zufolge lediglich »Aussagen über den Stand, also über soziale Positionen und die diesen Positionen entsprechenden Tugenden.« Erst im ausgehenden 18. Jahrhundert, heißt es weiter, »treten an die Stelle der Standesdefinitionen Charakterdefinitionen. Damit aber wird ein partikulares durch ein universales Zuordnungsprinzip ersetzt: statt des Hausvaters und der Hausmutter wird jetzt das gesamte männliche und weibliche Geschlecht und statt der aus dem Hausstand abgeleiteten Pflichten werden jetzt allgemeine Eigenschaften der Personen angesprochen.«[11] Zu den wichtigsten Phänomenen, die mit dieser »Polarisierung der Geschlechter« korrespondieren, zählt Hausen die qualitative Kindererziehung im Hinblick auf die Berufsperspektiven des Bildungsbürgertums, sowie die Betonung der Mutterliebe, mit der die Frau immer ausschließlicher für die »frühkindliche Sozialisation« verantwortlich gemacht wurde.[12]

Es konnte bereits gezeigt werden, daß die Ideologie der Geschlechtscharaktere nicht schlagartig im letzten Drittel des 18. Jahrhunderts entstanden ist, sondern sich in einem mehrere Jahrhunderte währenden Prozeß herausbildete. Bereits in der spätmittelalterlichen Rezeption der aristotelischen Zeugungsbiologie werden geschlechtsspezifische Charakterdefinitionen sichtbar. Auch in der Dämonologie und der Hexenlehre konnten psychische und moralische Eigenschaften nachgewiesen werden, die der Frau als »Evastochter« zugesprochen wurden und sich deshalb potentiell auf das gesamte weibliche Geschlecht bezogen. Die Vorstellungen von geschlechtsspezifischen Charaktermerkmalen polarisierten sich deutlich im 16. Jahrhundert. In den Predigten und der Erbauungsliteratur wurde das Wesen der Frau eher geschlechts– als standesspezifisch bestimmt, und große Teile des entsprechenden Tugendkataloges sollten für Bäuerinnen, Stadtbürgerinnen und adelige Frauen, für Mägde, Tagelöhnerinnen etc. gleichermaßen gelten. Mit dem Begriff

»Hausmutter« wurden nicht nur die Frauen eines einzigen Standes angesprochen, er konnte sich vielmehr auf bäuerliche, bürgerliche und adelige Frauen beziehen. Darüber hinaus ist anzumerken, daß die ständischen Grenzen ohnehin nicht völlig undurchlässig waren: Auch Pfarrers- und Beamtentöchter dienten oft jahrelang als Dienstmägde, bevor sie heirateten.[13] Mit den geburtskundlichen Lehrbüchern wurde eine Quellengattung untersucht, deren Aussagen über Körper, Psyche und Aufgaben der Frau jenseits aller ständischen Kriterien aus der weiblichen Biologie hergeleitet wurden. Insgesamt waren die Aussagesysteme über die Frau in der Ständegesellschaft natürlich auch von ständischen Kriterien durchzogen. Daraus kann jedoch keineswegs abgeleitet werden, daß zur gleichen Zeit nicht auch eindeutige, scharf kontrastierte Charakterdefinitionen der Geschlechter existierten.

In der Zeit zwischen 1750 und 1850 sind im wirtschaftlichen, politischen und sozialen Gefüge zweifellos rapide und tiefgreifende Veränderungen eingetreten. Hierzu gehört auch die endgültige Ausbildung und Durchsetzung bürgerlicher Normen und Werte im kulturellen Bereich. Dieser Vorgang wird im Hinblick auf das Familien- und Frauenbild in K. Hausens Studie präzise erfaßt. Wenn hier der Versuch unternommen wird, einige Phänomene, die in der sozialgeschichtlichen Literatur meist ins ausgehende 18. Jahrhundert datiert werden, zeitlich vorzuverlegen, so ist daher vor allem nach Kontinuitäten und Veränderungen in der »bürgerlichen« Lebensweise und der ihr entsprechenden Kultur seit dem 16. Jahrhundert zu fragen. Dabei ist zunächst festzuhalten, daß die hier skizzierten Entwicklungen auch keineswegs schlagartig mit der Reformation am Beginn der frühen Neuzeit einsetzten. So hat zum Beispiel H.-D. Heimann überzeugend dargestellt, daß das Leitbild der guten Hausfrau und Mutter sich aus dem Mittelalter entwickelt hat, wobei letztlich bis in die Antike reichende topische Denktraditionen zu berücksichtigen sind.[14]

In den exemplarisch zitierten Werken von Shorter, van Dülmen und Hausen werden insgesamt folgende Gründe für die Veränderungen im Familienideal und im Frauenbild genannt: der Übergang vom »ganzen Haus« zur Kernfamilie, die Trennung von Erwerbs- und Familienleben, die Notwendigkeit einer auf bürgerliches Erwerbsstreben gerichteten qualitativen Kindererziehung und die Ausbildung einer frauenzentrierten Hauswirtschaft mit »moderner Hausarbeit«. Vor allem von Shorter werden darüber hinaus die Entstehung des marktwirtschaftlichen Kapitalismus, die Herausbildung eines überregionalen Marktes und die Verbesserung des materiellen Lebensstandards hervorgehoben.[15] Unter diesen Entwicklungen ist keine, die nicht schon im 16. Jahrhundert einsetzte oder sich bereits in vollem Gange befand.

Die erste Voraussetzung für ein Frauenleitbild, das Hausarbeit und die Erfüllung von Mutterpflichten zum weiblichen »Beruf« schlechthin deklarierte, bestand in der Existenz sozialer Gruppen, deren männliche Angehörige »Alleinverdiener« waren und ihre Ehefrauen weitgehend von der Erwerbsarbeit freistellen konnten. Auch die Einschätzung der Frau als eines schwachen, rezeptiven, emotionalen und passiven Wesens konnte sich vor allem dort durchsetzen, wo die Frauen nicht im öffentlichen Erwerbsleben »ihren Mann stehen« mußten. In der Landbevölkerung mögen diese Voraussetzungen bei Angehörigen oberbäuerlicher Schichten, bei bessergestellten protestantischen Pfarrern, möglicherweise auch bei Angehörigen des Landadels bestanden haben,[16] im wesentlichen aber dürften die Anfänge des neuzeitlichen Frauenbildes in den oberen Schichten des Stadtbürgertums zu suchen sein. Das Stadtbürgertum des 16. Jahrhunderts war ein in sich stark differenzierter Stand, und es umfaßte Gruppierungen, deren Angehörige kaum in der Lage waren, ein »bürgerliches« Leben zu führen. Dennoch bot das Sozialsystem Stadt Voraussetzungen für die Entwicklung von Lebens- und Denkweisen, Haltungen und Interessen, die zur Frühgeschichte der bürgerlichen Kultur im 18. und 19. Jahrhundert gehören. Diese Aussage ist zu präzisieren, da sie für die soziale Anbindung literarisch überlieferter Aussagen über die Frau von zentraler Bedeutung ist.

Zunächst stellten die Städte »rechtliche Inseln« (B.Moeller) dar, und ihre Bürger waren im Prinzip rechtsgleich und frei von feudalen Bindungen. In den Städten konzentrierten sich Handel und Gewerbe, die Geldwirtschaft dominierte, und es sammelten sich Kapitalien an, für die neue Formen der Verwaltung und Bewegung gefunden wurden. Von größter Bedeutung war der relativ hohe Grad der Alphabetisierung, die sich vor allem in den größeren Städten und den städtischen Oberschichten auch auf die Frauen erstreckte. Am Beginn des 16. Jahrhunderts setzte in den Städten ein enormer Kommunikationsprozeß ein, der wesentlich durch die publizistische Reformationspropaganda gefördert wurde. B. Moeller spricht in diesem Zusammenhang von einem »Leserausch« und dem für Deutschland erstmaligen Entstehen einer literarischen Öffentlichkeit.[17] Wie stark auch Frauen an diesem Kommunikationsprozeß teilhatten, wie weitgehend sie auch durch eigenständiges Lesen von neuen Denkmustern beeinflußt wurden, belegt eine Äußerung des katholischen Theologen Johann Cochläus, der zu den wichtigsten Gegnern Luthers zählte. »Etiam sutores et mulieres«, selbst Schuster und Frauen, beklagte sich Cochläus 1549 rückblickend, hätten Luthers Neues Testament so eifrig gelesen, daß sie nicht mehr davor zurückschreckten, mit Priestern und Mönchen, ja sogar mit Doktoren der Theologie über Glaubensfragen zu streiten.[18]

Durch die so skizzierten Lebensbedingungen wurden in allen stadtbürgerlichen Schichten Rationalität, Rechenhaftigkeit und ein spezifisches Arbeitsethos gefördert. Über diese allgemeine Feststellung hinaus sind jedoch drei Gruppierungen der städtischen Oberschicht zu erwähnen, die für die Entwicklung des auf Haushalt und Kindererziehung ausgerichteten Frauenbildes von besonderer Bedeutung waren: das in Handel, Finanzwirtschaft und Gewerbe tätige Unternehmertum, das Bildungsbürgertum, das vor allem in den »freien Berufen« angesiedelt war, und die wohlhabende Handwerkerschaft, die mit den beiden zuvor genannten Gruppen eng verbunden war. In den Tendenzen, die im wesentlichen von diesen Gruppen getragen wurden, sieht F. Braudel - bezugnehmend auf den Zeitraum von 1450 bis 1650 - »die frühe Geschichte jenes Wirtschaftssystems, das sich später zum modernen Kapitalismus ausbilden sollte.«[19]

Die erste Gruppe, die von den Großunternehmern der Kapitalgesellschaften und deren Agenten am vollkommensten vertreten wurde, gewann seit Ende des 15. Jahrhunderts sprunghaft an Größe und gesellschaftlichem Einfluß. Von besonderer Bedeutung für das Vordringen kapitalistisch geprägter Denk- und Handlungsweisen war der Umstand, daß das im Handel erworbene Geldkapital nicht mehr nur in den Handel zurückfloß, sondern zunehmend in der gewerblichen Produktion (v.a. Bergbau, Schiffbau, Textil- und Metallgewerbe) und im Kreditgeschäft investiert wurde. Auch im Verlagssystem traten Kaufleute oft als gewerbliche Unternehmer und Ankäufer von Lohnarbeit auf.[20] Dies gilt nicht nur für die Großunternehmer, wie die Fugger, Welser, Höchstetter etc., sondern auch für eine zahlenmäßig viel größere Gruppe mittelständischer Geschäftsleute. Außerdem rekrutierte sich das frühkapitalistische Unternehmertum durchaus nicht nur aus der patrizischen Oberschicht der Städte, vielmehr stellte auch das mittlere Bürgertum viele Groß- und Fernhändler, die namentlich in den oberdeutschen Städten oft gleichzeitig in Montan- und Darlehensgeschäften tätig waren. H. Weiss nennt als Beispiel den mittelständischen Kaufmann Albrecht Scheurl, der um die Mitte des 16. Jahrhunderts in Nürnberg einen Einzelhandelsladen führte, wobei er zugleich Handel nach Italien, Schlesien, Polen und Rußland betrieb und als Teilhaber in verschiedenen Gesellschaften engagiert war.[21]

Die wachsende Kompliziertheit des Wirtschaftslebens forderte von den Teilnehmern eine höhere Qualifikation, sie eröffnete aber zugleich immer mehr Möglichkeiten für die Vermögensbildung durch Investitionen und verschiedene Arten von Beteiligungen. Gerade in den Handelszentren konnten durch Kreditgeschäfte auch kleinste Beträge innerhalb kurzer Zeit vervielfacht werden, was auch im mittleren Bürgertum einem an Rationalität, sozialem Aufstieg und individuellem wirtschaftlichen Erfolg orientierten Bewußtsein Vorschub leistete.[22] In die gleiche Richtung wirkte die zunehmende Verzahnung von wirtschaftlichem Erfolg und politischem Einfluß, die ebenfalls durch das Kreditwesen beschleunigt wurde. Viele Städte beschafften sich ihr Kapital für Landkäufe und Kriegskosten durch Zinsgelder, wobei als Geldgeber nicht selten wohlhabende Bürger auftraten. G. Wunder nennt als Beispiel einen Bürger von Hall, der 1598 über 4000 Gulden auf Zins beim Rat der Stadt stehen hatte, während er selbst dem Rat als Städtmeister vorstand.[23] Die Verbreitung solcher modernen Geschäftstechniken und die Herausbildung eines frühkapitalistischen Unternehmertums waren weit davon entfernt, die ständische Ordnung zu gefährden. Sie schufen jedoch eine ganz neue Kategorie elitärer Mentalität, die sich nicht auf geburtsständische Privilegien, sondern auf individuelle Leistung und Erwerbsstreben gründete.[24] Braudel hat betont, daß in der Haltung jener Schichten, die mit der Bürokratisierung und den frühkapitalistischen Aktivitäten verbunden waren, eine »eiserne Disziplin« und »ein eminent rationalistisches Verhaltensmuster« hervortraten.[25] N. Elias spricht darüber hinaus von einem »gesellschaftlichen Zwang zum Selbstzwang«, der auf eine Konditionierung der Persönlichkeit für die Erfordernisse des Erwerbs hinwirkte.[26] Dies alles mußte auf die Auffassungen von der Ehe und auf die der Frau zugeschriebenen Funktionen einen starken Einfluß ausüben. Es wurde bereits gezeigt, daß die Regulierung des Trieb- und Affektlebens sowohl der Frau als auch des Mannes bei der Propagierung des Hausmutterideals eine äußerst wichtige Rolle spielte. Die versittlichende und disziplinierende Funktion der Ehe wurde im 16. Jahrhundert mehr als zuvor betont, und es wird noch zu zeigen sein, daß die Frau bei vielen zeitgenössischen Autoren in der Rolle einer Hüterin der Tugend erscheint, die als moralisches Korrektiv für den Mann fungiert. Ermöglicht und beschleunigt wurde diese Akzentverschiebung im Rollenverständnis der Frau durch die günstigen materiellen Lebensbedingungen, die es den wohlhabenden Unternehmern ermöglichten, repräsentative Haushalte zu führen, in denen sich Erwerbs- und Familienleben zu trennen begannen, wobei die Ehefrauen, weitgehend von Erwerbsarbeit entlastet, vor allem Aufgaben der Organisation, der Repräsentation und der Kindererziehung zu erfüllen hatten.

Ebenso wichtig für die Durchsetzung des Hausmutter-Leitbildes waren die Lebensbedingungen der im 16. Jahrhundert ebenfalls stark anwachsenden Gruppe der akademisch gebildeten Bürger, die ihren Lebensunterhalt durch »lohnabhängige« Arbeit erwarben. Die Angehörigen dieser Gruppe, Juristen, Mediziner, studierte protestantische Pfarrer, Professoren etc., waren fast ausschließlich »Alleinverdiener« und gingen ihrer Arbeit häufig außerhalb des Hauses nach, was eine weitgehende Trennung von Erwerbs- und Familienleben mit sich brachte.[27] Dies trifft auch auf die Berufsgruppe der Schreiber zu, die mit dem raschen Ausbau der städtischen Verwaltungen anwuchs. Die Stadtschreiber, die häufig studierte Juristen waren, verfügten über Hilfsschreiber, Registratoren und Protokollführer. Die Gerichts-, Rentamts-, Kaufhaus-, Zollschreiber und andere Bedienstete dieser Art sind ihren Lebensbedingungen nach zum großen Teil ebenfalls dem »Bildungsbürgertum« zuzurechnen, auch wenn sie kein Studium absolviert hatten.[28] Weniger bekannt als die bisher genannten Berufsgruppen sind jene Spezialisten, die im zivilen und militärischen Ingenieurwesen in den Dienst von Städten und Territorialherren traten. Im Straßen-, und Brückenbau, in Bergbau, Markscheidekunst, Schiffs- und Geschützbau, Mechanik und Vermessungswesen wurden hochqualifizierte Spezialisten meist ohne Ansehen von Herkunft und Privilegien angeworben, wobei sich das bürgerliche Leistungsethos an einem weiteren wichtigen Punkt gegenüber den tradierten Tugenden der Adelswelt durchsetzte.[29]

H. Wunder hat die Ansicht geäußert, daß der Beruf der »Hausfrau und Mutter« sich zwar in verschiedenen Formationen des städtischen Bürgertums ausbildete, im wesentlichen aber getragen wurde von der eben skizzierten »neuen bürgerlichen Gruppe, die ihre Position nicht auf Besitz und Vermögen, sondern auf Bildung und „Lohnarbeit" des Ehemannes gründete.«[30] Für diese These spricht der Umstand, daß die Angehörigen dieser Gruppe ihren Nachkommen meist kein existenzsicherndes Vermögen vererben konnten. Ihr berufliches Fortkommen und ihre Existenz hingen in hohem Maße von der sorgfältigen Betreuung, Erziehung und Ausbildung der Kinder ab, womit die Mutterpflichten der Frau besonders in den Vordergrund traten. Dies gilt durchaus auch für die Sorge um kleine Kinder und Säuglinge. Als Beispiel sei daran erinnert, daß nach den zeitgenössischen Ansichten der Medizin bereits das Stillen mit Muttermilch als wichtige Voraussetzung für die positive charakterliche und verstandesmäßige Entwicklung der Kinder galt. Neben der Kindererziehung spielten die auf Einkommenssicherung gerichteten bürgerlichen Hausfrauentugenden der Sparsamkeit und des Fleißes eine wichtige Rolle für die Haushalte dieser sozialen Gruppe. Die Verwaltung und Aufbereitung von Naturalien, die die Ehemänner mitunter neben barem Geld als Besoldung erhielten,[31] sowie alle Arbeiten, die Geldausgaben ersparten, waren von größerer Bedeutung als bei vermögenden Unternehmern, deren Familieneinkommen ohnehin gesichert war.

Das frühneuzeitliche Bildungsbürgertum war aber auf Grund seiner Lebensbedingungen nicht nur stärker als andere Gruppen zur Rezeption des Hausmutterideals geneigt, es war auch maßgeblich an dessen Produktion und Verbreitung beteiligt. Fast alle Mediziner und Theologen, die bisher« in diesem Zusammenhang zitiert wurden, gehörten dieser Gruppe an, zu deren Aufgabenbereich nicht zuletzt die Propagierung religiöser und moralischer Normen gehörte. Nicht nur durch Schriften und Predigten, sondern ebenfalls durch ihre Vorbildfunktion als Mitglieder der städtischen oder dörflichen Ehrbarkeit trugen Räte, Mediziner, Pfarrer und vor allem deren Frauen dazu bei, daß sich das Leitbild der Hausmutter letztlich auch in nicht bürgerlichen Schichten durchsetzte. Mit der Ausbildung des Pfarrstandes dürften es gerade in kleineren Städten und in Dörfern vor

allem die Pfarrersfrauen gewesen sein, die durch untadelige hausmütterliche Tugenden den Frauen der Gemeinde ein Vorbild an christlicher Lebensführung zu geben hatten.[32]
Die dritte Gruppe des Stadtbürgertums, die für die Entwicklung des Hausmutter-Leitbildes von besonderer Bedeutung war, stellten die wohlhabenden Handwerksmeister dar, aus deren Familien sich Unternehmertum und Bildungsbürgertum zu nicht geringen Teilen rekrutierten. Die große Mehrzahl der Handwerker war allerdings materiell eher schlecht gestellt und keineswegs in der Lage, eine Existenz im »bürgerlichen« Sinn zu führen. Viele Meister (im Spätmittelalter ca. 30–50 %) arbeiteten ohne Gesellen, wobei ihre Frauen und Töchter neben der Hausarbeit häufig im Betrieb mitarbeiteten und anderen Erwerbsarbeiten auch außerhalb des Hauses nachgingen.[33] Andererseits konnten Handwerksmeister, die am Handel teilnahmen, mitunter zu erstaunlichem Reichtum gelangen, sich zu Verlegern ihrer Zunftgenossen aufschwingen und ihr Geld über die verschiedenen Arten von Beteiligungen als Kapital in große Unternehmungen einbringen. Wohlhabende Zunftmeister nahmen nicht selten einen ihrer Söhne aus der Werkstatt, ließen ihn studieren und bestimmten ihn für die Ratslaufbahn. G. Wunder hat festgestellt, daß durch eine Fülle von Stipendien, die in der Zeit der Reformation gestiftet wurden, sogar »einer breiten Schicht von vermögenslosen oder wenigstens nicht vermögenden Handwerkersöhnen das Studium an Universitäten« ermöglicht wurde.[34] Auch die Stadtschulen trugen dazu bei, daß gerade im 16. Jahrhundert zunehmend Handwerker in den Stand der Schreiber und Gelehrten, in Ratsämter und in die städtische Ehrbarkeit aufstiegen, in kleinen Landstädten konnten wohlhabende Handwerker sogar »eine Art Oberschicht neben den landesherrlichen Beamten« bilden.[35]
Tugendkatalog und Rollenzuweisungen des Hausmutter-Leitbildes kamen also den sozialen Bedingungen, unter denen diese Schicht lebte, in mehrerer Hinsicht entgegen. Vor allem die relativ großen Möglichkeiten zum sozialen Aufstieg verlangten nach sorgfältiger Kindererziehung und jener von Affektregulierung und Pflichterfüllung geprägten Berufsethik, welche namentlich in der lutherischen Ehestandslehre das Bild von der guten Mutter und Hausfrau bestimmten. Überdies lassen sich für das 16. Jahrhundert im Handwerk Veränderungen in der geschlechtsspezifischen Arbeitsteilung und eine zunehmende Differenzierung von Erwerbs- und Familiensphäre feststellen. Zunächst wirkte sich die rasch wachsende Arbeitsteilung im Handwerk auch auf die geschlechtsspezifische Arbeitsteilung aus. Viele Tätigkeiten, die traditionell zum häuslichen Arbeitsbereich der Frau gehörten, wurden in den Städten immer mehr von spezialisierten Handwerkern, wie zum Beispiel Webern, Schneidern, Bäckern, Brauern etc. übernommen.[36] Dies trug wesentlich dazu bei, daß in den besser gestellten städtischen Haushalten die Ehefrauen von der Produk-

tion von Gebrauchsgütern für den Eigenbedarf freigestellt werden konnten, ohne daß für diese Arbeiten Dienstpersonal eingestellt werden mußte.

Von noch größerer Bedeutung für die Durchsetzung des Hausmutterideals war die zunehmende Ausschließung der Frauen aus dem zünftischen Handwerk. P. Ketsch hat festgestellt, daß schon für die Zeit des 14. und 15. Jahrhunderts »der Anteil der Frauen am zünftischen Gewerbe (...) bisher weit überschätzt worden« sei. Am Ausgang des Mittelalters habe sich mit dem Abschließen der Zünfte zweifellos die Tendenz verstärkt, »die Frauen gänzlich aus den Handwerken zu verdrängen und sie zu dequalifizieren.«[37] Dieser sozialgeschichtlich sehr bedeutsame Vorgang ist auch von M. Mitterauer festgestellt worden, der aus seiner Untersuchung von Personenstandslisten und zünftischen Rechtsquellen den Schluß zieht, daß das zünftische Gewerberecht vor allem im 16. und 17. Jahrhundert der Frauenarbeit ausgesprochen feindselig gegenüberstand.[38] Mitterauer hebt dabei folgenden Aspekt besonders hervor: »Die verschiedenen Verbote und Sanktionen gegen die Mitarbeit von Frauen setzen voraus, daß im Bewußtsein der Zeit die eigentlich handwerkliche Tätigkeit von der hauswirtschaftlichen klar abgrenzbar erschien. Diese stärkere Differenzierung zwischen Haushalt und Betrieb im zünftischen Handwerk bedeutet sicher einen wesentlichen Unterschied gegenüber dem bäuerlichen Familienbetrieb.«[39] Somit ist auch für das städtische Handwerk des 16. Jahrhunderts von einer zunehmenden Trennung von Erwerbs- und Familienleben auszugehen. Diese Auffassung wird durch eine von Heimann vorgenommene Analyse von Hausratsgedichten bestätigt, einem seit dem 14. Jahrhundert verbreiteten Genre, das neben dem Inventar die Sitten des »Hauses« und die personellen Beziehungen der Eheleute behandelt. Bereits für die Zeit vor der Reformation, betont der Autor, lasse sich aus diesen Texten ein Bild gewinnen, »bei dem der Alltag der Frau durch das Auseinandertreten von „Haus-Arbeiten" der Frauen und Beruf des Mannes bestimmt wird, worin die Abhängigkeit des „Haushalts" von hausexternen Bedingungen der Stadtwirtschaft durchscheint.« Die Hausratsgedichte zeigten weiterhin oftmals einen hohen Stand der Ausstattung eines Hauses, wozu sehr spezielle Gerätschaften gehörten, deren Vorhandensein wiederum die Leistung des städtischen Handwerks und das Niveau der stadtbürgerlichen Gesellschaft spiegele.[40]

Das in Finanzwesen, Handel und Gewerbe tätige Unternehmertum, das gehobene Handwerk sowie die Gelehrten und Beamten haben an den großen Veränderungen der frühen Neuzeit - der Herausbildung des modernen Staates, der Entwicklung des Kapitalismus und der Entstehung der »bürgerlichen Gesellschaft« - wesentlichen Anteil gehabt. In Bezug auf das Handwerk ist dabei in Rechnung zu stellen, daß es eine entscheidende Rolle bei der Entstehung der Manufaktur spielte und daß sich das private Unternehmertum noch in der Anfangsphase der Industrialisierung oft in der direkten Form des Aufstiegs vom Handwerker zum Fabrikanten aus dem Bürgertum der Städte herausbildete.[41] In den Lebensbedingungen und der Interessenlage der drei Gruppierungen, wie sie hier für das 16. Jahrhundert kurz umrissen wurden, liegt eine wesentliche Ursache dafür, daß sich viele Wertvorstellungen und Verhaltensnormen, die sich in der bürgerlichen Kultur um die Wende zum 19. Jahrhundert zeigen, bis in den Beginn der frühen Neuzeit zurückverfolgen lassen. Wenn zwischen den skizzierten Entwicklungen des 16. Jahrhunderts und der »bürgerlichen Gesellschaft« an der Wende zum 19. Jahrhundert auch die Souveränitätslehre, der Absolutismus und die frühen Auswirkungen der Industrialisierung stehen, so ist doch festzuhalten, daß sich namentlich im unternehmerischen Bürgertum und bei den Angehörigen der »freien Berufe« sehr früh Ansätze zu einer Geisteshaltung und einer Kultur herausbildeten, die auch im modernen Sinn als »bürgerlich« zu bezeichnen sind.

Im Hinblick auf solche frühen Ansätze zur Entstehung des bürgerlichen Frauenbildes hat der kurze Abriß gezeigt, daß sich weder die Familienverhältnisse, noch die ihnen entsprechenden Rollen- und Funktionszuschreibungen für die Frau in der vorindustriellen Gesellschaft einheitlich mit dem Begriff des »ganzen Hauses« beschreiben lassen. Vielmehr ist zwischen städtischen und ländlichen Verhältnissen sowie zwischen den sozialen Bedingungen in verschiedenen Schichten des Stadtbürgertums zu differenzieren. Mitterauer hat dargestellt, daß neben die Familienform des »ganzen Hauses« schon lange vor dem 17. Jahrhundert ein breites Spektrum anderer Familienformen getreten war, wobei er der Urbanisierung und den durch sie veränderten Bedingungen der Erwerbstätigkeit sogar eine größere Bedeutung für den Wandel von Familienformen beimißt als der Industrialisierung. Stadtbürgerliche Lebensverhältnisse, die weit vor dem 17. Jahrhundert entstanden seien, betont Mitterauer, wiesen bereits »historische Rahmenbedingungen auf, die die Entstehung von Familienstrukturen der Gegenwart erklären.«[42] So begann mit dem Auseinandertreten von Haushalt und Betrieb, von Hausarbeit und Erwerbstätigkeit die von K. Hausen nachdrücklich betonte »Dissoziation von Erwerbs- und Familienleben« weit vor dem Ende des 18. Jahrhunderts. Sie betraf am Beginn der frühen Neuzeit nur einen kleinen Teil der Gesamtbevölkerung und blieb auch hier noch unscharf, während sie sich im Zuge der Industrialisierung quantitativ und qualitativ in viel größerem Maßstab durchsetzte. Doch ist das Auseinandertreten der beiden Lebensbereiche als ein sehr langwieriger Prozeß zu verstehen, in dessen Verlauf das 16. Jahrhundert einen deutlichen Entwicklungsschub brachte.

Ähnliches läßt sich für die Ausbildung einer frauenzentrierten Hauswirtschaft mit »moderner Hausarbeit« und die Entwicklung einer auf sozialen Aufstieg gerichteten qualitativen Kindererziehung feststellen.

Die beiden letztgenannten Prozesse stehen ohnehin mit der Loslösung der Familiensphäre vom Bereich der Arbeitswelt in unmittelbarem Zusammenhang, sie bilden gewissermaßen zwei Teilaspekte der Dissoziation von Erwerbs- und Arbeitsleben. Im Hinblick auf den Charakter der Hausarbeit läßt sich dieser Zusammenhang folgendermaßen beschreiben: Durch das wachsende Maß an individueller, hausexterner Erwerbstätigkeit, die sich nicht mehr in den familialen Rahmen einordnete, wurde die Familie als Organisationsform der Arbeit entlastet, wodurch sich der Charakter der von der Frau zu verrichtenden Hausarbeiten und die Sozialisation der Kinder entscheidend ändern mußten. Wenn daher - was bereits an mehreren Beispielen gezeigt wurde - nahezu alle Hausstands- und Eheschriften des 16. Jahrhunderts die Frau mit aller Entschiedenheit ins Zentrum der Hauswirtschaft stellen, so kann zumindest für die oberen Schichten davon ausgegangen werden, daß dies auch der Wirklichkeit des Familienalltags entsprach. Der Charakter der Hausarbeit unterschied sich von den modernen Verhältnissen zwar darin, daß bis ins 17. Jahrhundert meist auch der äußere Haushalt (Garten, Versorgung des Viehs) als Aufgabenbereich der Hausmutter angeführt wurde, während die Literatur des 18. und beginnenden 19. Jahrhunderts eine deutliche Eingrenzung auf den inneren Haushalt zeigt.[43] Doch finden sich in Texten des 16. Jahrhunderts bereits Hinweise darauf, daß die Hausarbeit einige spezifisch moderne Züge anzunehmen begann. Dies gilt nicht nur für die hohen Anforderungen bezüglich der Kinderpflege. Der Hausmutter wurden auch Arbeiten abverlangt, die über das bloße »Erhalten und Bewahren« des vom Mann Erworbenen hinaus dem Wohlbefinden und der Schaffung einer von Sauberkeit und Ordnung geprägten, häuslichen Atmosphäre dienen sollten. Eine im 16. Jahrhundert in mehreren Auflagen erschienene Reimschrift, die ein Nürnberger Bürger mit dem Titel »Der Frauen-Spiegel« verfaßte, verlangte von den Frauen zum Beispiel: »Biß raingklich, zier vil schön dein hauß, Dir kompt ain grosser rum darauß.« Zu diesem Zweck solle die Frau »blumen stecken«, das Messinggeschirr, Zinn und Pfannen zum Glänzen bringen. Im Hinblick auf die Wäsche und andere Bereiche der Hausarbeit werden gleichfalls hohe Anforderungen an die Reinlichkeit gestellt, die über die Hygiene hinausgehen und auf repräsentative Wirkung zielen. Das Bedürfnis nach einer gewissen Verfeinerung der Küche, das auch in der rasch anwachsenden Kochbuchliteratur[44] der Zeit zum Ausdruck kommt, klingt in der Forderung an, die Frau solle eine »leckerhafftige köchin« und »emsige anrichterin« sein.[45]

Wie die kurzen Zitat bereits zeigen, konnten derartige Anforderungen nur von Hausfrauen der Oberschichten eingelöst werden. Allein die Erwähnung größerer Mengen von Messing- und Zinngeschirr verweist auf diese Zielgruppe. Es wird jedoch deutlich, daß mit solchen Arbeitszuweisungen an die Frau eine über die materielle Existenzsicherung hinausgehende »Häuslichkeit« als kulturelle Kategorie bürgerlichen Lebens im Entstehen begriffen war. Noch wichtiger ist in dieser Hinsicht, daß die Frau in mehreren Texten bereits als fürsorgliche Gattin angesprochen wurde, die ihren Ehemann auch emotional umsorgen und stützen sollte. Bezeichnend ist eine Passage aus Johann Fischarts (1546–1590) »Ehzuchtbüchlin« (1578), in der die häuslichen Tugenden der Frau in der Reihenfolge ihrer Wichtigkeit aufgeführt werden: »Dan gleich wie eine die häuslich und sparsam ist, wol darneben auch reinlich, sauber und pündlich sein kan, also mag eine wol zugleich irem Hauswirt inn liebe geheym sein, und darneben im mit ehr–erbitigem liebkosen, holdseligen geberden und lieblicher zuthätigkait vorgehen.«[46] Hält eine Frau sich an diese Tugenden, betont Fischart, so gilt für ihren Gatten der Leitsatz: »Der eigen Herd ist goldes werd«.[47] Auch in lutherischen Eheschriften wird darauf hingewiesen, daß der Mann von seiner Gattin nicht nur Hilfe bei der Arbeit, sondern auch Freude, Heil und Trost empfangen soll.[48] Und der oben zitierten Nürnberger »Frauen–Spiegel« fordert von der Ehefrau folgendes Verhalten:

>»Wann dann dein man zuhauß kere
>Mit mut, und freüd zu im gere,
>Entpfahe in freüntlich in dein arm,
>Als ob sein ellend dich erbarm.
>Sein arbait wigt er dester minder,
>Deßgleichen auch sollen thun die kinder.«[49]

Bei alledem ist festzuhalten, daß sich die Rolle der Frau als »Gehilfin des Mannes« im 16. Jahrhundert in erster Linie auf die zur Existenzsicherung der Familie erforderlichen Arbeiten bezog. Doch finden sich in der gleichen Zeit erste Ansätze zu dem Bild einer Gattin, die darüber hinaus ihren aus der Arbeitswelt in den Kreis der Familie zurückkehrenden Mann im angenehm hergerichteten Heim begrüßt, ihm das Leben verschönt und die Erwerbsarbeit auch emotional tragen hilft. Diese Art der »Häuslichkeit«, die natürlich eine gewisse Absonderung des Erwerbslebens von der Familiensphäre voraussetzt, gehört zu den Fundamenten des bürgerlichen Lebens. Sie steht in engem Zusammenhang mit der Wertschätzung von Ruhe, Ordnung, Mäßigkeit und friedfertiger Vernunft. Ein Dokument, an dem sich für das 16. Jahrhundert nachvollziehen läßt, wie eng die Entstehung solcher Wertvorstellungen mit dem häuslichen Leben verbunden war, ist Johann Weyers bereits erwähnte Schrift »Vom Zorn« (1585), in der der Autor in ausdrücklichem Gegensatz zu den altadligen »Heldentugenden« die »Alltagstugenden« des friedfertigen, sich selbst mäßigenden Hausvaters propagierte.[50] Affektbeherrschung und sorgsame Kindererziehung hatte Weyer als wichtigstes Mittel zu Festigung dieser Tugenden gefordert.

Auch der entscheidende Bedeutungszuwachs der Mutterrolle, der mit der Forderung nach sorgfältiger Pflege, Erziehung und Ausbildung der Kinder verbunden war, stand in engem Zusammenhang mit der Trennung von Erwerbs- und Familienleben. Daß er keineswegs eine Neuerung des ausgehenden 18. Jahrhunderts darstellte, zeigen bereits die Ergebnisse, welche die Untersuchung medizinischer und theologischer Texte bislang erbracht hat.[51] Der sozialgeschichtliche Hintergrund, vor dem die rigide Verweisung der Frau auf ihre Mutterpflichten im 16. Jahrhundert zu sehen ist, läßt sich recht genau durch einen Text verdeutlichen, den Martin Luther 1530 als Vorrede zu Justus Menius' »Oeconomia Christiana« verfaßt hat. »Wenn man nicht kinder zeucht zur lere und kunst«, heißt es dort, »sonder eytel freßlinge und sewferckel machet / die allain nach dem futter trachten / wo wil man Pfarrer / Prediger und ander personen zum wort Gottes / zum kirchen ampt / zur seelen sorge und Gottes dienst nemen? Wo wöllen Könige / Fürsten und Herrn / Stette und lender / nemen Cantzler / Räthe / Schreyber / Amptleut? Ist doch kain dorff so klain / das eins schreybers emperen künde...« Wollte man aber ohne Schrift auskommen, »was wölt das für eine wüste / grewliche welt werden? Da müste ja beyde / geystlich / weltlich / ehelich / heußlich / stand zuboden gehen / und ein lauter sewstal auß der welt werden. (...) Also auch im weltlichen regiment / kanstu deinem Herrn oder Stat / mit der kinder zucht mehr dienen / dann das du ihm (...) aller welt schetze samletest. Dann was hillft solches alles / wenn man nicht gelerte / weyse / frumme leute hat? Ich wil geschwigen was zeytlichen nutzes und ewiges lohns du davon hast für Got und der welt / das dein kindt auch hiemit besser erneret wirdt«.[52]

Das von Luther zuletzt genannte Argument, die Nützlichkeit der Bildung für den Erwerb, wurde von späteren Autoren häufig in den Vordergrund gestellt. Bereits Menius betonte das Kriterium der Rentabilität, wenn er den Eltern erklärte, sie sollten die Unkosten für Schulausbildung und Studium ihrer Söhne nicht scheuen, denn »die zeyt wirdts alles wol und reichlich wider herein bringen.«[53] Und wenn Nikolaus Selnecker in seinem »Ehe und Regenten Spiegel« die Mütter anklagte, die ihre kleinen Kinder nicht gut versorgten, wenn er die Eltern ermahnte, ihre Söhne in die Schule zu schicken, studieren oder ein Handwerk lernen zu lassen, die Mädchen aber in der Hauswirtschaft zu unterrichten, so führte er als wichtigsten Grund an, daß sich die Kinder »redlich nehren / und erhalten« müßten, »damit inen das Gut nicht unter den Henden zu Wasser werde«. Ein weiterer Grund, den Selnecker anführt, bezieht sich auf die soziale Stellung der Eltern. Ein gebildeter Sohn, der es zu etwas bringen kann, »ist seines Vatern Feinden erschrecklich ... das mancher dencket: Thue ich dem Man etwas / so mus ich besorgen / so heut oder morgen sein Son zu Ehren und grossen dingen kömmet / wird ein Bürgermeister / Rath / oder Cantzler / er werde es an mir / und den meinen rechen.«[54]

Luthers Argumentation zeigt, daß auch das durch die Reformation gesteigerte kommunale Ordnungsdenken dazu beigetragen hat, der Forderung nach sorgfältiger Kindererziehung Nachdruck zu verleihen. Der Nutzen von Ehe, Erziehung und Ausbildung für das Gemeinwesen, für Dorf, Stadt, Fürstentum etc., wird von Luther in einer Weise betont, die auf die spätere Vorstellung von der »Familie als Keimzelle des Staates« vorausweist. Selnecker appelliert eindeutig an das Erwerbsstreben der Leser, indem er den persönlichen Nutzen für Eltern und Kinder betont. Die Aussagen der Theologen verdeutlichen die soziale Anbindung an das im Entstehen begriffene Bildungsbürgertum sowie den steigenden Bedarf von Kirche, städtischer und höfischer Verwaltung an schriftkundigem und gelehrtem Personal. Die Autoren betonen zudem die Bedeutung von Schriftlichkeit und Bildung für den Hausstand und den Erwerb, was auf die schnell wachsende Kompliziertheit des Geschäftslebens verweist, von der bereits die Rede war. Ein weiterer Hinweis darauf, daß die Forderung nach qualitativer Kindererziehung vor allem vom Stadtbürgertum getragen wurde, findet sich bei Selnecker, der das Thema Erziehung zum Anlaß nimmt, einen scharfen Angriff gegen den Adel zu richten: Manche Menschen sorgten sich nicht um die Erziehung und Ausbildung ihrer Kinder und ließen sie nichts anderes lernen als »Geld und Gut nach stellen / wuchern / schinden / Leuten unrecht thun / wie manche vom Adel izt meinen, wenn nur ire Kinder können ... Bawren schinden / Leuten unrecht thun / auff Wucher einkauffen / so haben sie gnugsam für ire Kinder gesorget / aber vorzeiten hette man solche in Tornieren nicht gelidten.«[55]

Unternehmer, darunter wohlhabende Handwerker, Gelehrte, Räte und Schreiber, jene Berufsgruppen also, deren Arbeitsfeld ohnehin entweder außerhalb des Hauses lag oder sich innerhalb des Hauses doch relativ leicht vom Familienleben abgrenzen ließ, jene Berufsgruppen, in denen die Ehefrauen am häufigsten von der Erwerbsarbeit freigesetzt waren, bildeten zugleich den Teil der Bevölkerung, der das größte Interesse an sorgfältiger Erziehung und Ausbildung der Kinder haben mußte. Ein weiterer Zusammenhang zwischen qualitativer Kindererziehung und dem Auseinandertreten von Erwerbs– und Familienleben besteht darin, daß in den genannten Schichten am ehesten ein von Produktionsarbeiten ungestörter familiärer Freiraum entstehen konnte, der die sorgfältige Pflege, Erziehung und Ausbildung von Kindern ermöglichte. In anderen Bevölkerungsgruppen, dem größten Teil der bäuerlichen Bevölkerung zum Beispiel, in denen die Güter produzierende Arbeit und das Familienleben zeitlich und räumlich weitestgehend zusammenfielen, konnten die Kinder die für sie als notwendig erachteten Fähigkeiten gerade nicht in der Distanz von der

Erwerbsarbeit, sondern durch tägliche Anschauung und Mitarbeit erlernen. So waren nicht nur Entwicklungen innerhalb der Medizin dafür verantwortlich, daß die Verfasser populärmedizinischer Schriften solche Wesensmerkmale wie Schwäche, Schutzbedürftigkeit, Mütterlichkeit und sogar Mutterliebe aus der weiblichen Anatomie ableiteten. Bereits im 16. Jahrhundert beschleunigte sich ein sozialgeschichtlicher Prozeß, der die Arbeitsrollen »Mutter« und »Hausfrau« zum weiblichen »Beruf« schlechthin werden ließ. Vor diesem Hintergrund ist es zu sehen, wenn Mediziner und Theologen die Frau aus gesundheitlichen und moralischen Gründen mit aller Entschiedenheit ins Haus verwiesen und sie einem strikten Reglement unterwarfen, das sie von der Schwangerschaftsdiät bis zur Kindererziehung auf ihre Mutterpflichten festlegte. Auch die Kritik an der Dämonologie, in deren Verlauf ältere, in der Hexenlehre wirksame Ansichten - wie zum Beispiel die Vorstellung von der Begehrlichkeit des Uterus' - positiv gedeutet und der »natürlichen Bestimmung des Weibes« zur Mutterschaft zugeordnet wurden, stand in diesem Zusammenhang. Die materiellen Bedürfnisse und sozialen Interessen stadtbürgerlicher Gruppen haben den Wandel des Frauenbildes aber noch unter einem anderen Aspekt beeinflußt. Sie haben nämlich dazu beigetragen, daß dem weiblichen Geschlecht in diametralem Gegensatz zur Hexenlehre oft eine besondere Neigung zur Tugendhaftigkeit zugesprochen wurde, wobei die Frau mitunter sogar in der Rolle des unschuldigen Opfers männlicher Laster erschien, und zwar lange bevor sich das Motiv der »verfolgten Unschuld« in den »Moralischen Wochenschriften«, im bürgerlichen Roman und Drama des 18. Jahrhunderts durchsetzte.

3.3 Die Frau als Hüterin der Tugend

Neben den traditionellen Tugenden wie Frömmigkeit, Demut und Gehorsam, welche die mittelalterliche Kirche von den Frauen gefordert hatte, gewannen gegen Ende des 15. Jahrhunderts die »ökonomischen« Tugenden an Bedeutung. Fleiß, Sparsamkeit, Ordnungsliebe und Pünktlichkeit standen im Zentrum dieses Verhaltenskodex', der eindeutig auf Erwerb, auf wirtschaftlichen und sozialen Erfolg gerichtet war. Auch Verhaltensvorschriften, die sich auf die sorgfältige Auswahl der Ehegatten, auf die eheliche Treue, auf Mäßigkeit oder Abstinenz gegenüber Alkohol, Kartenspiel etc. bezogen, wurden mit den Notwendigkeiten des Erwerbs begründet. Stellte die Ehe nach altkirchlicher Auffassung hauptsächlich ein Mittel zur Vermeidung der Unzucht dar, so wurde sie im Zuge von Reformation und katholischer Erneuerung als ein weit komplexeres Instrument zur Versittlichung des einzelnen Menschen und des Gemeinwesens verstanden. Der Charakter dieser Versittlichung war dabei wesentlich von jenem Vorgang geprägt, den Elias »die Regelung des gesamten Trieb- und Affektlebens durch eine beständige Selbstkontrolle« genannt hat.[1] Wenn Luther die Welt mit Hilfe der Ehe und der »kinder zucht« aus einem »sewstall« voll wilder Tiere in ein christliches Gemeinwesen verwandeln wollte, wenn Johann Weyer seine Leser ermahnte, sich zu diesem Zweck ständig selbst zu »examinieren«, sich selbst zu besiegen und sich selbst ein »heimlicher Zuchtmeister« zu sein, so zeigen diese Beispiele, wie stark der »gesellschaftliche Zwang zum Selbstzwang« (Elias) am Beginn der frühen Neuzeit bereits wirksam war.[2]

Diese Tendenzen zur Kontrolle und Normierung des Verhaltens bezogen sich jedoch nicht ausschließlich auf das individuelle Erwerbsstreben, sondern sind darüber hinaus als Teil eines die ganze Gesellschaft umfassenden Sozialisationsprozesses zu sehen. Die Durchsetzung von Disziplin und Arbeitsmoral bildete einen wichtigen und langfristig wirksamen Vorgang, der bereits vor der Reformation einsetzte, weitgehend konfessionsunabhängig war und in der frühneuzeitlichen Gesellschaft rasch an Intensität zunahm. Für das 16. Jahrhundert läßt sich dieser Vorgang zunehmend auch in Reichspolizeiordnungen, Kirchenordnungen, Sprichwortsammlungen und anderen Quellengattungen nachweisen,[3] die hier nicht untersucht werden können. Dabei läßt sich über die moralische Diskreditierung hinaus bereits eine Kriminalisierung von »Faulen« und »Müßiggängern« feststellen, die auf spätere Zwangsmaßnahmen, wie die Einrichtung von Zucht- und Arbeitshäusern, vorausweist. Mit diesen Disziplinierungstendenzen begann die etwa drei Jahrhunderte währende Durchsetzung und Einübung eines Verhaltenssystems, das für die Staatsbildung und das Funktionieren der »bürgerlichen Gesellschaft« von grundlegender Bedeutung war.

Der enge Zusammenhang, der zwischen den Tugendlehren der theologischen und moraldidaktischen Literatur und der auf Erwerb gerichteten Disziplinierung bestand, wird an vielen Stellen der Eheschriften und der Hausväterliteratur deutlich. Auch das eheliche Keuschheitsgebot wurde von den Autoren ausdrücklich mit der Arbeitsmoral in Verbindung gebracht. »Wo man arbeitet«, heißt es zum Beispiel bei Selnecker, »so wird der Leib nicht geil.«[4] Während hier die Arbeit in den Dienst der Tugend gestellt wird, stellt Selnecker den umgekehrten Konnex her, wenn er sich mit seinen Ermahnungen ausdrücklich an den Ehemann richtet: »Darzu bringet sich ein Ehebrecher und Hurer in grosse Gefahr und Noth: Darümb spricht der weise Man: Eine Hure bringet einen umbs Brod / Aber ein Eheweib sehet das Edle Leben.«[5] Johann Coler beschrieb in seiner Schrift »Oeconomia oder Haußbuch« (1593) über sieben Seiten, wie die »Truncknheit« und andere Laster die Arbeitsmoral des gesamten »Hauses« untergraben und die Hauswirtschaft ruinieren. Der »Hauswirth sol kein Spieler / Schwelger / oder Prasser seyn«, forderte Coler und mahnte zu Sparsamkeit und Fleiß.[6] Auch in der Kindererziehung sollte die Arbeitsmoral eine wichtige Rolle spielen. Bereits Menius hatte die Eltern ermahnt, ihre Kinder zur Arbeitsamkeit zu erziehen, weil Müßiggang zum Ruin führe und andere Laster wie Unzucht und Trunksucht hervorbringe.[7]

Die Frau erscheint in den Eheschriften des 16. Jahrhunderts zwar noch vornehmlich als Objekt der innerehelichen Kontrolle und Erziehung, welche dem vernunftbegabteren und willensstärkeren Mann obliegt. Doch zeigt sich in der gleichen Zeit bereits die Tendenz, der Ehefrau in einigen Bereichen menschlichen Verhaltens eine versittlichende Wirkung auf den Mann zuzuschreiben, mitunter wird ihr sogar eine moralische Überlegenheit zugebilligt. Vor allem im Hinblick auf das Sexualverhalten, den Alkoholgenuß und das Glücksspiel hatten mehrere Autoren weit weniger Vertrauen in ihre Geschlechtsgenossen als in deren Ehefrauen. Unter diesem Aspekt zeigt sich ebenfalls, daß das Hausmutterideal nicht von den späteren Entwicklungen des 18. Jahrhunderts zu trennen ist, sondern vielmehr zur Frühgeschichte eines Frauenbildes gehört, in dem die Frau vor allem im Bereich der Sexualethik als Hüterern bürgerlicher Normen und Moralvorstellungen auftritt.

Die Aufforderung, die Frau solle im Hinblick auf Moral und Tugendhaftigkeit eine Vorbildfunktion auch für den Mann übernehmen, gehörte seit der Mitte des 16. Jahrhunderts zum festen Repertoire der Eheschriften. Die lutherischen Autoren vermieden es auch in diesem Zusammenhang, sich auf die Gottesmutter Maria zu berufen und bezogen sich stattdessen auf eine Passage des ersten Petrusbriefes. Unter Bezugnahme auf diese Stelle (I. Petrus 3) schrieb zum Beispiel Cyriax Spangenberg, daß »auch die / so nicht glauben an das wort / durch der weiber wandel / ohn wort / gewunnen werden.«[8] Als Exempel führte man in diesem Zusammenhang gern die Heilige Monika (331–387) an, Mutter des Kirchenlehrers Augustinus, die ihren heidnischen Mann und ihren Sohn zum Christentum bekehrte. Während die Vorbildfunktion der christlichen Ehefrau in der genannten Stelle des Petrusbriefes hauptsächlich auf Unterordnung und Gehorsam gegenüber dem Gatten bezogen wird, dehnten die lutherischen Autoren sie auf nahezu alle Verhaltensbereiche aus, wodurch der Frau eine aktive Rolle bei der Durchsetzung christlicher Tugenden zugesprochen wurde. So ermahnte man die Frauen zum Beispiel, ihre Gatten sorgfältig auszuwählen, zu kontrollieren und gegebenenfalls zur Ordnung zu rufen. Spangenberg empfahl der noch unverheirateten Frau, ihren Bräutigam daraufhin zu prüfen, »ob er ein wilder / roher / wüster mensche sey / ein spiler / trunckenboltz / müssiggänger / landtläuffer / und wo er ein solcher were / ob sie in auch / mitt Gottes hülffe / in ein ander leben zubringen / sich understehen dörffte.«[9] Nikolaus Selnecker forderte die verheiratete Frau sogar dazu auf, ihren Ehemann zu ermahnen und ihm die Gefahren seines Tuns vorzuhalten, wenn er sich unmäßig verhalte und die Hauswirtschaft durch seine Untugenden schädige.[10] Dies ist umso bemerkenswerter, als der Ehefrau in anderen Zusammenhängen stets Gehorsam und Schweigsamkeit gepredigt wurden.

Mit ihren gegen den Ehebruch gerichteten Ermahnungen wandten sich die Moraltheologen zwar grundsätzlich an beide Geschlechter, doch wurde der Mann mitunter schärfer ins Visier genommen als die Frau. Das wird bereits in Albrecht von Eybs »Ehebüchlein« (1472) deutlich, das bei aller »Weiberschelte«, die es ansonsten enthält, doch die männliche Neigung zur Unkeuschheit besonders betont und den Mann in der Rolle des Verführers weiblicher Unschuld auftreten läßt.[11] Im 16. Jahrhundert gingen einige Autoren dazu über, die Frauen regelrecht gegen die Schliche der »Hurer und Ehebrecher« zu wappnen. Selnecker warnte zum Beispiel vor dem Mann, der »einer Jungfrawen eine Ehe zusaget / grossen Reichthumb und Güldene Berge verheisset / damit er sie bewegen wil / das sie seinen Willen thue.«[12] Die Tendenz, dem Mann die gleiche oder sogar die größere Neigung zu sexuellen Sünden zuzuschreiben, zeigte sich auch in den Zweifeln, die viele Ärzte und Theologen den Vorstellungen von der hexischen Teufelsbuhlschaft, von Liebes- und Impotenzzauber entgegenbrachten. Es ist bemerkenswert, daß solche Vorstellungen weder in den Eheschriften noch in den geburtshilflichen Lehrbüchern des 16. Jahrhunderts eine erwähnenswerte Rolle spielen. Die große Bedeutung, die den unterschiedlichen Ansichten über geschlechtstypische Neigungen zu sexueller Sündhaftigkeit im Streit um die Hexenlehre zukam, wurde bereits am Beispiel von Johann Weyers Schrift »De praestigiis daemonum« aufgezeigt. In seinem Bemühen, die Schuldzuschreibungen der Hexenlehre umzukehren, hatte Weyer die Frauen insgesamt eher als schwache, passive Opfer männlicher Verfolger dargestellt, wobei er auch viele Beispiele für die sexuelle Verführung und Bedrohung unschuldiger Frauen durch katholische »Teufelspfaffen«, Wundärzte oder andere männliche Wüstlinge in seine Argumentation aufnahm.

Der Gedanke, daß die Frau zur Versittlichung des trinkenden und treulosen Ehemannes beitragen könne, hatte bereits bei der Entstehung der Schrift »Enchiridion militis christiani« eine wichtige Rolle gespielt, die Erasmus von Rotterdam (1469?–1536) im Jahr 1501 verfaßt hat.[13] Katharina van Osseghem, die fromme Ehefrau des mit Erasmus befreundeten Geschützgießers Johann Poppenruyter, hatte sich mit dem Anliegen an den berühmten Theologen gewandt, ihren Ehemann auf den Pfad der Tugend zu bringen. Poppenruyter, der das höfische Leben genoß, eine tiefe Verachtung gegen Theologen hegte, zu kriegerischem Gebaren und Gewalttätigkeiten neigte, betrübte seine Frau vor allem durch seine ständige Treulosigkeit. Um der Bitte der Frau zu entsprechen und seinem Freund ins Gewissen zu reden, begann Erasmus mit ersten Aufzeichnungen, aus denen das »Enchiridion« entstand. Die Schrift enthälte eine knappe, konzentrierte Tugendlehre, die ganz auf die Durchsetzung von Mäßigkeit, Affektbeherrschung und Friedfertigkeit[14] als Ausdruck einer verinnerlichten Frömmigkeit gerichtet ist. Dem Gedanken der »christlichen Ritterschaft« folgend, machte Erasmus ausgiebigen Gebrauch von einer Metaphorik, die dem Kriegswesen entnommen ist und die verschiedenen Tugenden als Waffen des Christen im Kampf gegen das Böse vorstellt.[15] Schottenloher hat hierin eine »bewußte Umdeutung des Kriegerischen ins Bürgerliche« gesehen,[16] die bereits in dem doppeldeutigen Titel der Schrift anklinge (»enchiridion« kann sowohl Handbüchlein als auch Dolch bedeuten).

Das männliche Verständnis von der versittlichenden Kraft der Ehe und von der wechselseitigen Disziplinierung der Ehegatten läßt sich durch eine Reimschrift verdeutlichen, die der Nürnberger Bürger Martin Mayer 1515 unter dem Titel »Ain Spruch von dem elichen Stat« verfaßt hat. Der Autor wendet sich an die männlichen Leser mit dem Rat, eine Ehefrau zu nehmen, weil sie auf diese Weise ihr lasterhaftes Leben beenden und »uff rechte ban« kommen könnten. In der ersten Hälfte des Textes beschreibt der Autor die Sünden seines vorehelichen Lebens und seinen Entschluß zur Besserung, der übrige Teil der Schrift enthält Anweisungen für die Belehrung der Ehefrau. Dem als »Biderman« angeredeten Leser gesteht der Verfasser, daß er vor seiner Heirat übermäßig getrunken, um Geld gespielt und falsche Eide geschworen habe. Schlimmer noch hätten sich seine Überheblichkeit, Geschwätzigkeit und Streitsucht ausgewirkt. Ständig hätte er schlecht über andere geredet, selbst aber keine Zurechtweisung vertragen, wodurch es zu Hauen und Stechen gekommen sei. Endlich aber habe er sich selbst zur Ordnung gerufen:

»Zu letst dacht ich in meinem syn:
„Laß ab das wesen! ist ein schand,
und richt dich in ain andern stand!"
Ain elich haußfrau ich mir nam;
Nun mercket uff, war zu es kam,
Da mit ich kum uff rechte ban,
Zu ler aim jeden bider man...«[17]

Dann wird der Leser aufgefordert, seiner Ehefrau vier Tugendlehren zu geben. Diese Maßregeln zentrieren sich alle um die Aufforderung »biß fridsam« und beziehen sich auf die Einhaltung des nachbarschaftlichen und häuslichen Friedens. Die Frau solle friedlich mit den Nachbarn leben, nicht schlecht über andere reden und jeden Streit vermeiden. Die vierte Lehre, nach welcher die Frau niemals zu Außenstehenden über eheliche Probleme sprechen darf, zeigt darüber hinaus, wie eng das Ideal des häuslichen Friedens mit der patriarchalischen Forderung nach Abschließung und Unterordnung der Frau im privaten Innenraum des »Hauses«

und der Ehe verbunden war. Bemerkenswert ist vor allem, daß der Text einen fiktiven Ehemann zeigt, der in nahezu allen Punkten das Gegenteil von dem getan hat, was von der Ehefrau gefordert wird. Die Tugendhaftigkeit, die der Ehefrau abverlangt wird, erweist sich bis in die Einzelheiten als positives Gegenstück zur Lasterhaftigkeit des besserungsbedürftigen Mannes. Auch mit der Mahnung, die Frau solle »gute zucht, gut weiß und berd« haben und sich um nichts anderes als ihre Hausarbeit kümmern, wird das wüste Leben des trinkenden, spielenden und prassenden Junggesellen kontrastiert. Der Autor hebt diesen Kontrast hervor, wenn er die Maßregelung der Ehefrau mit dem Vorsatz »des selben gleichen wil ich thon« abschließt. Die Schrift zeigt, daß die Funktionalisierung der Frau zum moralischen Korrektiv des Mannes recht unterschiedliche und komplexe Formen annehmen konnte. Den Ausgangspunkt des Textes bildet die Absicht zur Selbstdisziplinierung, und die Ehe wird vom Autor geradezu als ein Besserungsinstitut für lasterhafte Junggesellen angepriesen. Doch wird der »Zwang zum Selbstzwang« auf die Frau projiziert, die damit zugleich Objekt der Disziplinierung und Mittel zur Selbstdisziplinierung des Mannes wird. Folgende Zeilen deuten darauf hin, daß der Verfasser dieses Verfahren nicht ganz unbewußt angewandt hat:

> »Wie woll es mir am nötsten wer,
> Das ich mir selb geb weiß unnd ler,
> Doch guter rat schatt niemen nyt,
> Ob dir yn schon ain haiden gytt.«

Die Propagierung und Durchsetzung des Hausmutter–Leitbildes erweist sich vor diesem Hintergrund als ein Teilaspekt der allgemeinen Disziplinierungstendenzen in der Frühneuzeit. Die Bemühungen um die Erziehung von Kindern, von Frauen und Männern standen dabei in einem Verhältnis wechselseitiger Abhängigkeit und hatten viele gemeinsame Berührungspunkte. So bildete die Einübung der Hausmutter-Tugenden die Voraussetzung dafür, daß die Frau ihren versittlichenden Einfluß sowohl auf den Mann als auch auf die Kinder ausüben konnte. Zur Kontrolle und Regulierung des Verhaltens, zu denen die Frau vor allem über die Kindererziehung mitwirken sollte, gehörte die allmähliche Durchsetzung eines »neuen Scham– und Peinlichkeitsstandards«, die Elias für die weltliche Oberschicht des 16. Jahrhunderts konstatiert.[18] Hier galt es ebenfalls, Schamgefühl und Bereitschaft zur Selbstkontrolle zunächst bei den Frauen selbst durchzusetzen. Ein Beispiel liefert der oben genannte »Frauen–Spiegel«, der den Leserinnen dringend davon abrät, vor anderen Leuten den Mund offenstehen zu lassen oder beim Essen zu lachen. Vor allem wird der Frau empfohlen, sich nach dem Essen zu bewegen, »das nit der ars werd geygen, so er solt billich schweigen.«[19] Am Beispiel von Edward Jordens Hysterielehre wurde bereits gezeigt, daß als peinlich erachtete Verhaltensweisen, wie Schneuzen, Blähungen oder zu lautes Lachen, von den Medizinern mitunter als behandlungsbedürftige Krankheitssymptome dargestellt wurden.[20]

Zu den Tugenden der Hausmutter gehörten also in wachsendem Maße sittsames Benehmen und Schamhaftigkeit, und gerade für die Kindererziehung war es wichtig, daß die Frau in dieser Hinsicht ein Vorbild darstellte. Dies illustriert ein Schreiben, in dem der Arzt und Buchdrucker Leonhard Thurneyser zum Thurn 1584 seiner Frau ihre täglichen Pflichten zusammenstellte, bevor er eine längere Reise antrat. Darin wird die Frau ermahnt, die Kinder zur Sauberkeit zu erziehen, und darauf zu achten, daß sie sich mehrmals am Tag sorgfältig wüschen. Weiter heißt es: »Auch halte sie beim Tisch zu züchtigen, jungfrewlichen Sitten und Gebährden mit schamhaftigem Essen und Trinken (...). Lerne sie auch einen erbarlichen, schamhaftigen Gang auf der Gassen und unterweise sie aller Zucht und Tugend, sonderlich aber, masse dich unzüchtiger Geberden und Weisen, und enthalt dich aller Lästerwort, Zanks und Leutausrichtens vor ihnen zu reden, dann man darf die Läus nit in den Beltz setzen, sie kriechen ohne das wol ein.«[21]

Zur Rolle der Frau als Repräsentantin von Moral und Tugend gehörte nicht zuletzt ihre äußere Erscheinung. In den moraltheologischen Schriften wird das Thema durchgängig im Sinne des biblischen Topos' (1. Petrus 3) behandelt, demzufolge die Zierde einer Frau nicht in ihrer äußeren Schönheit, sondern in ihrer inneren Tugend bestehe.[22] Schöne Kleider, Kosmetika und Schmuck waren demnach verpönt, während Sittsamkeit und Sanftmut die wahre Schönheit einer Frau ausmachen sollten. Ein schlichtes, weißes Leinenkleid, das immer sauber zu sein hatte, und züchtige Gebärden bestimmten demnach die äußere Erscheinung der idealtypischen Hausmutter. Die Begründungen für derartige Vorschriften wurden kaum aus dem Vanitas–Gedanken abgeleitet, viel häufiger argumentierte man mit zweckgerichtetem Erwerbsdenken. »So isset man von der schöne nicht«, heißt es zum Beispiel bei Selnecker, »sie kochet und kert / die einen ernehrt.« Das wichtigste Argument bestand aber darin, daß die Frau mit ihrem unscheinbaren, sittsamen Äußeren ihre und ihres Mannes Tugendhaftigkeit repräsentieren und einen versittlichenden Einfluß auf ihre Umgebung ausüben sollte. Im schönsten Schmuck ihrer Sanftmut und Sittsamkeit, schrieb Menius, würde die Frau nicht nur ihrem Mann, sondern dem »gantzen hause / ja einer gantzen Stat eine zir und ehre« sein.[23]

Im Hinblick auf das spannungsgeladene Verhältnis von äußerer Schönheit und innerer Tugend standen die Vorschriften der Moraltheologen in einem besonders offensichtlichen Mißverhältnis zur Alltagswirklichkeit. Schon innerhalb der theologischen Schriften gibt es Ungereimtheiten, die zeigen, daß die Autoren selbst keineswegs von der ausschließlichen Bedeutung der »inneren Werte« überzeugt waren.[24] Abseits der moraltheologischen Literatur ergibt sich noch ein ganz anderes Bild. So erschienen im 16. Jahrhundert zum Beispiel mehrere Bücher über Schönheitspflege. Die Vorworte der Übersetzer dieser meist ausländischen Werke zeugen von einem erheblichen Rechtfertigungsdruck. Der Mediziner Johann Jakob Wecker (1528–1586), Stadtphysicus in Colmar, übersetzte und veröffentlichte 1515 ein von Alessio Piemontese stammendes Werk mit dem Titel »Weiber Zierung ... von mancherley nutzlichen und bewerten Artzneyen, den Leib zierlich und wolgestalt zu machen«. In seinem Vorwort rechtfertigt sich Wecker gegen den Vorwurf, er wolle die Frauen schöner machen, als Gott sie geschaffen habe. Eine Frau, argumentiert er, dürfe sich »nicht auß hoffart / neid / oder sonst uppigkeit« herausputzen. Für tugendhafte Frauen sei es aber nicht unrecht, ihren Leib »schöner und lustiger zu machen«, denn jeder wolle schließlich lieber schön als häßlich sein. In geschickter Umkehrung der moraltheologischen Argumentation faßt Wecker seine Rechtfertigung mit dem Hinweis zusammen, daß »ein schöne Tugendt inn einem ungestalten heßlichen menschen gleich als im Kaat verborgen« liege.[25]

Der Konflikt, von dem dieses Vorwort ein so beredtes Zeugnis ablegt, ließe sich noch in einer ganzen Reihe anderer Textbeispiele aufzeigen.[26] Es handelt sich um den Konflikt eines männlichen Denkens, das in der Frau den Inbegriff von Zucht und Keuschheit, zugleich aber einen »schönen und lustigen Leib« sehen möchte. In den folgenden Jahrhunderten ist dieser Widerspruch im Zuge einer vorsichtigen Sexualisierung der bürgerlichen Frau zwar entschärft, aber niemals ganz gelöst worden.[27] Zu den charakteristischen Merkmalen des im 18./19. Jahrhundert dominierenden Frauenbildes gehört bekanntlich der schmale Grat, auf dem die bürgerliche Frau Anständigkeit und Erotik miteinander zu vereinbaren hatte. Und die Frage, welche Bedeutung der Schönheit beziehungsweise den »inneren Werten« im Liebes– und Heiratsverhalten zukommen solle, gehört zu den Standartthemen des bürgerlichen Romans seit dem 18. Jahrhundert.[28] Welche Ursachen und Auswirkungen die Vergegensätzlichung von weiblicher Schönheit und weiblicher Tugend im einzelnen hatte und bis in die gegenwärtige Alltagskultur hat, kann hier nicht untersucht werden. Es ist aber festzuhalten, daß dieser Aspekt des Frauenbildes schon im 16. Jahrhundert literarische Gestalt angenommen hatte und nicht schlagartig erst an der Wende zum 19. Jahrhundert entstanden ist. Dies gilt insgesamt auch für die Rolle der Frau als Hüterin von Moral und Tugend. In einer Auflistung der gegen Ende des 18. Jahrhunderts häufig erwähnten Geschlechtsspezifika hat K. Hausen für den Mann lediglich eine Tugend (Würde) ermittelt, während die Frau mit den Tugenden Schamhaftigkeit, Keuschheit, Schicklichkeit, Liebenswürdigkeit, Taktgefühl, Verschönerungsgabe, Anmut und Schönheit vertreten ist.[29] Die Ver-

teidigung bürgerlicher Normen und Moralvorstellungen durch
»tugendhafte Frauenzimmer«, die von männlichen (und z.T. adligen)
Wüstlingen verfolgt werden, bildete in diesem Zeitraum eines der wichtigsten Themen in der erzählenden Literatur,[30] und Lessings »Emilia
Galotti« ist wohl das bekannteste Beispiel dafür, daß auch in der deutschen Dramatik des 18. Jahrhunderts die tugendhafte Frau als Repräsentantin bürgerlicher Werte und aufgeklärten Widerstands gegen Fürstenwillkür erschien. Aber auch hier ist ein Detail zu nennen, an dem sich die
Bedeutung der beginnenden Neuzeit für das Frauenbild des 18./19. Jahrhunderts erweist: Bereits im Jahre 1535 wurde in Thüringen ein Drama
aufgeführt, in dem eine Frau in der Rolle der verfolgten Unschuld und
zugleich als Vorbild an Moral und Tugendhaftigkeit auftrat. An Paul
Rebhuns »Susanna« läßt sich beispielhaft aufzeigen, wie stark das
Hausmutter-Leitbild des 16. Jahrhunderts bereits durch die Ideologie der
Geschlechtscharaktere geprägt war und welch hoher Stellenwert ihm für
die spätere Entwicklung des bürgerlichen Frauenbildes beizumessen ist.

3.4 Das Beispiel »von der gotfürchtigen und keuschen Frauen Susannen«

Das Reformationsdrama »Ein Geistlich spiel von der Gotfürchtigen und
keuschen Frawen Susannen«, 1535 unter Leitung des Autors uraufgeführt, ist im 16. Jahrhundert mehrfach gedruckt und gespielt worden. Der
Autor, Paul Rebhun (ca.1500–1546), stammte aus einer Handwerkerfamilie, studierte wahrscheinlich in Wittenberg und war zunächst im Schuldienst tätig. Auf Empfehlung Luthers wurde er 1542 Pfarrer und Superintendent.[1] Der Handlungsverlauf des Stückes entspricht in groben Zügen
der biblischen Geschichte von der frommen, unschuldig verleumdeten
Susanna, die Gott aus ihrer Not erlöst (Apokryphen, Daniel 13). Im
Mittelpunkt der Handlung steht die Intrige, mit der die beiden greisen
Richter Resatha und Ichaboth versuchen, die schöne Susanna zu verführen. Während deren Ehemann, der wohlhabende Stadtbürger Joachim,
seine Familie wegen einer Geschäftsreise verlassen hat, schleichen sich
die lüsternen Alten in den Garten, wo sie ihr Opfer beim Bad überraschen.
Da Susanna auf ihre Bitten und Bestechungsversuche nicht eingeht, drohen die Richter ihr, sie des Ehebruchs mit einem anderen Mann anzuklagen und hinrichten zu lassen. Auch gegenüber diesem Erpressungsversuch zeigt Susanna ihre vorbildliche Treue und Standhaftigkeit. Die Richter bezeugen daraufhin vor dem Rat der Stadt, sie beim Ehebruch mit
einem jungen Mann ertappt zu haben. Die Ratsherren verurteilen Susanna
zum Tod durch Steinigung und lassen sie verhaften. In diesem Moment
erscheint der Gottesbote Daniel in der Gestalt eines Knaben, der die
Wahrheit ans Licht bringt und die Richter überführt. Die Ratsherren

lassen daraufhin Resatha und Ichaboth steinigen, während Susanna ihre Freiheit und Ehre wiedererlangt.

Der Susanna-Stoff bot Rebhun einen geeigneten Anhaltspunkt, das Idealbild der frommen Gattin und Mutter exemplarisch darzustellen. Um die Susanna-Figur des Alten Testaments in eine Verkörperung des zeitgenössischen Hausmutterideals verwandeln zu können, mußte der Autor seine Vorlage jedoch um eine kurze Nebenhandlung und einige Figuren ergänzen. In mehreren rührenden Kinder- und Familienszenen ließ er die Eltern, die Schwester und die Kinder der Susanna auftreten, auch deren Dienstmägde und Knechte gehören zu den Nebenfiguren des Stückes. Mit zwei armen Witwen, die von den üblen Richtern um ihr Recht und ihr letztes Eigentum betrogen werden, fügte Rebhun weitere Frauenfiguren hinzu, die als unschuldige Opfer männlicher Willkür auftreten. Ein habgieriger, »reicher Bürger« und zwei Stadtknechte vervollständigen das im stadtbürgerlichen Milieu angesiedelte Figurenensemble. Mit seiner Bemerkung, das Spiel »kem zu nutz gemeiner stadt // und auch zu ehr eim Ehrbarn Rhadt« hat Rebhun auch deutlich gemacht, daß er sich mit seinem Lehrstück vor allem an ein städtisches Publikum wandte.[2]

Die erste Beschreibung, die von der Heldin des Dramas bereits in der Vorrede gegeben wird, lautet folgendermaßen: »Susann das from und keusche weib // mit ihrer schön / und zartem leib // die Richter beyd entzundet hat«.[3] Die idealtypische Frauenfigur verkörpert also gleichermaßen eherne Tugendhaftigkeit und erotische Anziehungskraft. Der erwähnte Zwiespalt, in dem sich männliches Denken mit dem Wunsch nach beiden Eigenschaften befindet, nimmt im Verlauf der Handlung Gestalt an als ein Konflikt, den die Frau auszutragen und auszuhalten hat. Wegen ihrer Schönheit wird Susanna begehrt, verfolgt, und in Verruf gebracht. Sie gerät sogar - gerade wegen ihrer Keuschheit - in Lebensgefahr, wird aber letztlich für ihre Tugend belohnt. Mit diesen Wesensmerkmalen und diesem Schicksal erweist sich Rebhuns Susanna bereits als Vorläuferin ungezählter Frauenfiguren, die als Vorbilder für das weibliche und als Mahnung für das männliche Geschlecht die Literatur des 18. und 19. Jahrhunderts bevölkern.

Ein weiterer Charakterzug der Susanna besteht in ihrer Schwäche, die sich vor allem in vollständiger Passivität äußert. Zunächst zeigt sie ihre Hingebung und ihre Abhängigkeit von dem geliebten Gatten, wenn sie Joachim inständig bittet, er möge nicht verreisen und sie nicht allein im Haus zurücklassen. Mit den Notwendigkeiten von Erwerb und Geschäft argumentierend, setzt der Ehemann sein Vorhaben durch, woraufhin sich Susanna mit den Worten fügt: »Die weils dann ja nicht anders kan // gesein (...) so bith ich trauter herre mein // wolt ja zu lang nicht aussen sein«.[4] Ohne die Obhut ihres Mannes ist Susanna nun um so mehr auf die Sicherheit des schützenden Hauses angewiesen, das sie nur ungern verläßt. Wenn sie sich zum Bad in den Garten begeben muß, so fühlt sie sich unsicher und ermahnt ihre Dienstmägde, die Gartentür fest zu verriegeln, damit ihr kein Leid geschehe.[5] Auf die Attacken der beiden Richter, die sich zuvor im Garten versteckt haben, reagiert Susanna dann zwar mit Verweigerung, bleibt ansonsten aber völlig passiv. Ohne auch nur um Hilfe zu rufen oder den alten Männern davonzulaufen, übernimmt sie ihre Opferrolle mit den Worten: »Die angst hat mich beyder seit // verstrickt mit kummer und mit leydt // Ich greiff zu welchem Ort ich woll // so steckts mit gfärlichkeit gantz voll«. Darauf erklärt sie ihre Bereitschaft, lieber zu sterben, als sich vor Gott zu versündigen.[6] In der folgenden Szene wird Susanna von den Richtern in der Öffentlichkeit des Ehebruchs beschuldigt. Ohne den Vorwurf auch nur abzustreiten, beklagt sie lediglich den fehlenden Schutz ihres Ehemannes: »Ach das mein herr schir wider kem // und disen jahmer auch vernehm«.[7] In der Gerichtsszene, in der das Todesurteil gefällt wird, tritt die angeklagte Susanna nicht einmal auf, und im Angesicht ihrer kurz bevorstehenden Hinrichtung fügt sie sich mit den Worten: »So wil ich mich in eure gwalt ergeben // und meinem Gott auff opfern hie mein leben«.[8]

Der Eindruck völliger Passivität der Hauptfigur wird noch dadurch verstärkt, daß Susanna nicht als arbeitende Frau gezeigt wird. Als Gattin eines wohlhabenden Geschäftsmannes ist sie nicht nur von jeder Erwerbsarbeit entlastet, auch ihre Tätigkeit im Haus besteht nach Rebhuns Darstellung lediglich darin, ihren Dienstboten Anweisungen zu geben,[9] sowie ihre Kinder und das Gesinde zur Tugend zu erziehen. Auch hierin ähnelt Rebhuns Figur mehr dem Bild, das die Literatur des 18./19. Jahrhunderts von der Frau als Repräsentantin bürgerlicher Tugenden zeichnete, als dem Bild der arbeitenden Hausmutter, wie es in anderen Quellen des 16. Jahrhunderts erscheint. So ist die Handlungsführung des Stückes wesentlich dadurch bestimmt, daß sich das Geschehen um eine völlig inaktive Hauptfigur zentriert, die niemals zum Subjekt der Handlung wird. Dies bedarf allerdings einer Einschränkung; denn aus zeitgenössischer Perspektive wird der Umschwung der Handlung, der sich mit dem Auftreten des Götterboten Daniel vollzieht, durch Susannas Verhalten herbeigeführt. Gerade die bis zur Selbstverleugnung reichende Passivität, in der sich Susannas Gottvertrauen äußert, führt den göttlichen Eingriff herbei, durch den die Sünder bestraft werden. Diese Denkfigur konnte bereits anhand medizinischer und theologischer Aussagen über das »heylige Creutz« der Schwangerschaft nachgewiesen werden, denen zufolge die demütige Leidensfähigkeit eine moralische Stärke der Frau darstellt, mit der sie sich um den göttlichen Lohn verdient macht.[10] So erklärte auch Rebhun in der Vorrede seines Stückes ausdrücklich, das Beispiel der Susanna solle die Frauen lehren, »das Creutz zu tragn« und » gedult zu habn«.[11]

Die Haltung passiven, geduldigen Gottvertrauens wird außer von Susanna noch von zwei anderen weiblichen Figuren beispielhaft vorgeführt. Um zu zeigen, daß sich die männliche Willkür gegen unschuldige Frauen nicht nur auf sexuelle Nachstellungen bezieht, ließ Rebhun die arme Witwe Olympa auftreten, die von einem bösen Nachbarn, dem reichen Bürger Baldam, um ihr Eigentum geprellt wird. Durch Bestechung erreicht Baldam bei den schurkischen Richtern, daß ihm der kleine Acker der Witwe überschrieben wird, der einzige Besitz, mit dem Olympa sich und ihre Kinder ernähren konnte. Ähnlich liegt der Fall bei der Witwe Ruth, die ebenfalls unter der Ungerechtigkeit der Richter zu leiden hat. Ohne männlichen Schutz der obrigkeitlichen Willkür ausgeliefert, erweisen sich die Witwen als ohnmächtige Opfer, die kaum einen schwachen Protest wagen und ihr Schicksal in Gottes Hand legen. Auch sie werden für diese Haltung belohnt und erhalten ihr Recht, wenn die Richter durch den göttlichen Eingriff überführt und bestraft werden.

Zu den geschlechtstypischen Charaktermerkmalen und Tugenden, die Rebhun am Beispiel der Susanna aufzeigt, gehören nicht zuletzt Emotionalität, Mütterlichkeit und Güte. In einer Reihe rührender Familienszenen wird Susanna als vorbildliche Mutter gezeigt, die ihre Kinder liebt und sorgfältig erzieht. Bereits in der Szene, in der sich Joachim vor Antritt seiner Reise von der Familie verabschiedet, wird deutlich, daß die Kinder emotional viel stärker an die Mutter gebunden sind als an den Vater. Das zeigt sich schon daran, daß es Susanna ist, die die Kinder herbeiruft und sie dazu anhält, sich von dem Vater zu verabschieden.[12] Wenn Susanna später von den Stadtknechten abgeführt wird, fragt ihr Sohn Benjamin: »Wo solt yhr hin lieb muter mein?« »Ach liebes kind ins todes pein« antwortet die Mutter. Die Tochter Jahel ruft: »O we / laß mie mein memmelein«, woraufhin sie von Susanna sogleich eine Lektion in Ergebenheit erhält: »Laß gut sein liebes kindlein mein // es wil doch ytz nicht anders sein«.[13] Kaum der Todesgefahr entronnen und nach Hause zurückgekehrt, beginnt Susanna sofort wieder mit der Erziehung ihrer Kinder und hält sie zu Frömmigkeit und Gottvertrauen an. Auch hier benutzt sie liebevolle Anreden wie »liebsten kindlein mein« oder »liebes töchterlein«. Die Kinder antworten im gleichen Tonfall: »Ja liebe hertzne muter mein // wir wollen nu viel frümer sein«.[14] Andere kurze Szenen, die für die Handlung entbehrlich wären, hat Rebhun eigens zu dem Zweck eingefügt, um Susanna bei der Erziehung der Kinder und des Gesindes zu zeigen. Die Bedeutung der Kindererziehung wird zusätzlich durch das Auftreten von Susannas Eltern betont, von denen der Autor im »Beschluß« des Stückes sagt: »An disen eldern das man spürt // was ehr / und freud uns das gepirt // zu letz in unsern alten tagn // wenn wir die kinder wol gezogn«.[15]

Die männlichen Figuren spielen in Rebhuns Stück insgesamt keine rühmliche Rolle. Die Richter stehen nicht nur exemplarisch für den Typ des lüsternen alten Mannes, der unschuldige Frauen verfolgt, sie sind zugleich Vertreter einer ungerechten Obrigkeit, die ihre Macht mißbrauchen »und die person der reichen herrn // anschawn / die armen aber bschwern«.[16] Ebenso wie in den Eheschriften steht die sexuelle Sündhaftigkeit also auch in Rebhuns Drama in engem Zusammenhang mit anderen Formen von Bosheit und Sünde. Der Verstoß gegen den gesamten Moralkodex des stadtbürgerlichen Gemeinwesens wird vorrangig auf dem Gebiet der Sexualmoral dingfest gemacht, die damit den Stellenwert eines Gradmessers für die moralische Integrität von Personen oder Personengruppen erhält. Als positives Gegenstück zu den beiden alten Sündern kann Joachim, der redliche und treue Ehemann Susannas, nicht recht zur Geltung kommen. Die wichtigste Funktion, die ihm für die Handlung des Stückes zukommt, ist seine Abwesenheit, und so kann die Figur des vorbildlichen Hausvaters auch ihre didaktische Funktion kaum erfüllen. Die vier Ratsherren werden von Rebhun als »jaherrn in böser sach« charakterisiert, denn sie lassen sich von den Richtern soweit einschüchtern und verblenden, daß sie Susanna zum Tode verurteilen. Der reiche Baldam schließlich repräsentiert die skrupellose Habgier, durch die arme Witwen und Waisen ins Verderben gestürzt werden.

Rebhun hat sein Drama so angelegt, daß die weiblichen Figuren insgesamt in einem weitaus besseren Licht erscheinen als die Vertreter des männlichen Geschlechts. Darüber hinaus hat er sogar das Publikum darauf aufmerksam gemacht, daß sich sein Stück damit in ausdrücklichem Gegensatz zu dem weit verbreiteten Geschlechterstereotyp von der boshaften, tückischen, wollüstigen und sündhaften Frau befand. Die Szene, in der die beiden Richter Susanna vor den Ratsherren des Ehebruchs und der Tugendheuchelei anklagen, enthält einen gelungenen satirischen Seitenhieb gegen die zeitübliche »Weiberschelte«. Auf die gegen Susanna erhobenen Vorwürfe antwortet einer der Ratsherren: »Weiber list ist ungezelt sagt man gemeine // drumb so denck ich nicht das sie die sey aleine // welche sei so rein / als hettens taubn erlesen // und so gar kein lust nicht hab zu sölchem wesen«.[17] Durch den weiteren Verlauf der Handlung wird diese Aussage als ein gefährliches Vorurteil entlarvt, mit dem sich der Ratsherr vollständig blamiert. Die Frauenverachtung, das zeigt der Autor, dient den wirklichen Sündern als Ausrede und Entschuldigung für ihre frevelhafte Lüsternheit. Dieser aber gilt es gerade zu »widerstehn mit ernst und gwalt«, verlangt Rebhun und fordert damit das stadtbürgerliche Publikum zu Selbstdisziplin und Affektbeherrschung auf.[18] Sein Stück liefert zugleich ein weiteres Beispiel dafür, daß die Frau bereits in der Literatur des 16. Jahrhunderts in der Funktion eines moralischen Korrektivs für den Mann erscheint.

4 BILANZ UND AUSBLICK: KONTINUITÄT UND WANDEL DES HAUSMUTTERBILDES

Die idealtypische Hausmutter, wie sie von Rebhuns Figur der Susanna verkörpert wird, weist eine Reihe von Charaktereigenschaften auf, deren Deutung als spezifisch weibliche Wesensmerkmale sich in den folgenden Jahrhunderten verfestigte und zum Teil noch heute wirksam ist. Neben ihrer Tugendhaftigkeit sind es vor allem ihre Schwäche und Passivität, durch die sich Susanna von den männlichen Figuren des Dramas unterscheidet. Sie repräsentiert ein Deutungsmuster, in dem sich nahezu alle Vorstellungen über geschlechtsspezifische Charaktermerkmale unter die Oberbegriffe »weibliche Schwäche« und »männliche Kraft« subsumieren lassen. Dies gilt insbesondere auch für die Verweisung der Frau in die Privatheit des häuslichen Lebens, der die Bestimmung des Mannes für die Öffentlichkeit des Erwerbslebens gegenübersteht. So hat die Untersuchung geburtshilflicher Lehrbücher ergeben, daß ärztliche Diätvorschriften und Warnungen vor den schädlichen Folgen der Imagination wesentlich dazu beigetragen haben, die Frau als ein zerbrechliches Wesen erscheinen zu lassen, das auf die Sicherheit des schützenden Hauses angewiesen ist.[1] Aus der Gesamtheit der untersuchten Texte hat sich darüber hinaus ergeben, daß die Frau bereits im 16. Jahrhundert als passiv, abhängig, schutzbedürftig, hingebungsvoll und leidensfähig, als rezeptiv und bewahrend angesehen wurde. Mit einer besonderen Neigung zu Tränen und Zorn, aber auch zu Liebe und Mütterlichkeit wurde der Frau weiterhin eine starke Emotionalität zugeschrieben, die durch ihren vergleichsweise schwachen Verstand weniger kontrolliert sein sollte als beim Mann. Der Vergleich mit den als typisch männlich erachteten Wesensmerkmalen wie Aktivität, Rationalität, Produktivität, Selbständigkeit etc. zeigt, daß sich auch diese Geschlechtsspezifika den Oberbegriffen »Stärke« beziehungsweise »Schwäche« zuordnen lassen. Auch die weiblichen Tugenden der Keuschheit und Schamhaftigkeit erweisen sich als Ausdruck einer sexuellen Rollenzuweisung, bei der dem Mann Aktivität und Offensive vorbehalten sind, der Frau dagegen ein passives und defensives Verhaltensmuster zukommt.

Die Geschlechterstereotypen, deren Entstehung Karin Hausen in das letzte Drittel des 18. Jahrhunderts datiert, waren demnach bereits im 16. Jahrhundert vorgebildet, und zwar mit einer Deutlichkeit, die auf ihre Ursprünge in vorreformatorischer Zeit zurückweist. Eine von Hausen zusammengestellte Liste der um 1800 anzutreffenden Geschlechtsspezifika enthält tatsächlich nur sehr wenige weibliche Charaktermerkmale, die nicht bereits in den hier vorgestellten Quellen des 16. Jahrhunderts anzutreffen sind, die meisten unter ihnen lassen sich allein schon in Rebhuns »Susanna« nachweisen.[2] Anette Kuhn hat vorgeschlagen, die von Hausen konstatierte Geschlechtertypisierung am Ende des 18. Jahrhunderts als einen begriffsgeschichtlichen Vorgang aufzufassen, bei dem die Resultate eines langfristigen sozialgeschichtlichen Prozesses im öffentlichen Diskurs ausformuliert wurden.[3] Tatsächlich läßt sich eine scharfe Zäsur zwischen Standesdefinitionen und geschlechtsspezifischen Charakterdefinitionen um 1770 nicht halten. Der Umstand, daß sich die Vorstellung von den Geschlechtscharakteren im ausgehenden 18. Jahrhundert als fertig ausformulierte Ideologie auch in Lexika und anderen Quellengattungen niedergeschlagen hat, ist jedoch nicht als ausschließlich begriffsgeschichtliches Phänomen zu deuten. Denn unzweifelhaft beschleunigte sich die Trennung von Erwerbs- und Familienleben in diesem Zeitraum im Vergleich zu den vorangegangen Jahrhunderten erheblich. Wenn es zutrifft, daß die Herausbildung der Ideologie der Geschlechtscharaktere vom 16. bis 18. Jahrhundert ein im weitesten Sinn »bürgerliches« Phänomen war, so liegt es darüber hinaus nahe, den von Hausen beschriebenen Vorgang mit der Etablierung des Bürgertums als kulturell dominierender Schicht an der Wende zum 19. Jahrhundert in Zusammenhang zu bringen.

Das Bild von der schwachen, tugendhaften Hausfrau und Mutter mit seinen entsprechenden Vorstellungen über spezifisch weibliche Wesensmerkmale hat sich von einem zunächst stadtbürgerlich beschränkten zu einem allgemeinen gesellschaftlichen Leitbild entwickelt und dabei notwendig eine Reihe von Veränderungen durchgemacht. Bei der Übernahme dieses Leitbildes durch Frauen verschiedener sozialer Gruppen spielte die Kirche eine besonders wichtige Rolle. Zunächst stellten die kirchlichen Gottesdienste eine Öffentlichkeit her, in der Frauen des gehobenen Bürgertums mit Frauen des Adels, mit Bäuerinnen, Häuslerinnen, und Dienstmägden zusammenkamen. Hier konnten sie sich nicht nur im Hinblick auf ihr Verhalten und ihre Kleidung miteinander vergleichen, hier wurde ihnen außerdem, so unterschiedlich ihre Lebensbedingungen waren, das gleiche christliche Frauenbild gepredigt.[4] Auch für die Dörfer ist anzunehmen, daß die Frauen der Ehrbarkeit und der lokalen Beamten, besonders aber die Pfarrersfrauen eine gewisse Vorbildfunktion für die Frauen der anderen sozialen Gruppen ausübten. In der Hauswirtschaft selbst dürfte das Verhalten der gutbürgerlichen Hausfrau vorbildhaft auf Mägde und Tagelöhnerinnen gewirkt haben. Durch die Reformation näherten sich überdies adlige Frauen in ihren Moralvorstellungen und ihrem Verhalten den Frauen stadtbürgerlicher Kreise an. Diese Tendenz hat sich in den folgenden Jahrhunderten jedoch nur bei dem Teil des Adels fortgesetzt, der nicht in den höfischen Lebenskreis geriet. Bei alledem ist festzuhalten, daß das Leitbild der guten Mutter und Hausfrau nur sehr wenig mit der Lebenswirklichkeit der meisten Frauen zu tun hatte. Es blieb allemal ein Ideal, das den Frauenalltag zwar indirekt beeinflussen konnte, doch dürfte im 16. wie auch im 18. Jahrhundert nur eine kleine

Minderheit von Familien unter Umständen gelebt haben, die eine auch nur annähernde Verwirklichung dieses Ideals erlaubten. Um der Ansicht zu begegnen, daß die bürgerlichen Idealbilder von Familie und Frau mit ihren dazugehörigen Verhaltensmodellen eine plötzlich auftauchende Neuerung des ausgehenden 18. Jahrhunderts darstellten, die im Gegensatz zu den Traditionen der vorausgehenden Jahrhunderte stehe, wurden bislang einseitig die Kontinuitäten in der Entwicklung des Frauenbildes aufgezeigt. Tatsächlich ist das literarische Bild der Hausmutter bis ins beginnende 19. Jahrhundert kontinuierlich weitergegeben worden. Allein für das 18. Jahrhundert hat G. Frühsorge 120 neuveröffentlichte Werke ausfindig gemacht, die sich meist schon im Titel an die »Hausmutter« wandten.[5] Bei der Untersuchung dieser Schriften hat Frühsorge jedoch festgestellt, daß sie im Vergleich zum 16. Jahrhundert eine ganz erhebliche Ausdifferenzierung der weiblichen Arbeitsaufgaben enthalten. Die ganz konkrete und detaillierte Darbietung von »Fertigkeiten« im Haushalt weist darauf hin, daß die Arbeit der Frau weit weniger unter dem Begriff »Gehilfin des Mannes« subsumiert wurden als in der Reformationszeit. Neben Werken dieser Art wandte sich an der Wende zum 19. Jahrhundert ein breites Spektrum literarischer Angebote an das »curiöse und galante Frauenzimmer« oder an »interessierte Frauenzimmer«. Solche Schriften enthalten Anleitungen für viele Beschäftigungen und Arbeiten, die für die Aufrechterhaltung des Haushalts keineswegs notwendig waren, mit deren Ausübung sich vielmehr ein gewisses Maß an Luxus und Muße demonstrieren ließ.[6] Auch in der erzählenden Literatur und in der Malerei der Zeit erscheint die bürgerliche Frau nicht selten am Fenster sitzend, mit feinen Handarbeiten beschäftigt, womit sie einen gehobenen Lebensstandard demonstriert, der ihr solche Beschäftigungen ermöglicht. Hier zeigt sich ein deutlicher Unterschied zum Hausmutterbild des 16. Jahrhunderts. Wie am Beispiel der »Susanna« gezeigt wurde, stellten zwar einige Texte die erzieherischen Aufgaben der Frau in den Vordergrund oder wiesen ihr auch Arbeiten zu, die sich auf die Verschönerung des Heims bezogen, doch war die Hausmutter, wie sie in den meisten Quellen des 16. Jahrhunderts erscheint, eine hart arbeitende Frau, und der müßige Blick aus dem Fenster war ihr in jedem Fall verboten.

Eine weitere Modifizierung des Frauenbildes ergab sich aus der zunehmenden Individualisierung der ehelichen Beziehung. Auch für das 16. Jahrhundert konnte anhand einiger Texte gezeigt werden, das man von der Frau nicht nur Gehorsam, sondern auch eine emotionale Unterstützung des Mannes erwartete, der seinerseits zur Nachsicht und rücksichtsvollen »Haltung« der Frau verpflichtet war. Doch blieben auch diese Anforderungen noch weitgehend in ein spirituelles Verständnis eingeschlossen, das sich in der Genesis-Formel von der Frau als »Gehilfin des

Mannes« ausdrückt. An der Wende zum 19. Jahrhundert gingen die Erwartungen, die im Hinblick auf die emotionale Sorge um den Gatten an die bürgerliche Frau gerichtet wurden, über diesen Rahmen hinaus und reichten mitunter bis zur gemeinsamen Pflege geistig-literarischer Interessen. Zu den Veränderungen des bürgerlichen Frauenbildes gehörte der ohnehin wachsende Anspruch an die Bildung der Frau. In den Moralischen Wochenschriften wurde zum Beispiel oft betont, daß Lesen die Tugend fördere, die Frauen häuslicher und eingezogener leben lasse, und sie zu besseren Gesprächspartnerinnen des Ehemannes mache, wobei man den lesenden Mädchen mitunter sogar bessere Heiratschancen versprach.[7]

Insgesamt paßte das gesellschaftlich dominierende Verständnis von der Frau am Ende des 18. Jahrhunderts nicht mehr in die engen und traditionell festen Grenzen der Hausmutter-Figur. Dennoch hat sich der Begriff »Hausmutter« bis ins 19. Jahrhundert kontinuierlich fortgesetzt. In diesem Zusammenhang ist Frühsorge zu dem interessanten Ergebnis gekommen, daß »ein offensichtlich immer noch als Ideal verstandenes altes Identifikationsmuster als Arbeitspostulat« der tatsächlichen Breite weiblicher Identifikationsmöglichkeiten entgegengesetzt wurde.[8] Das Bild der Hausmutter, das spätestens im 15. Jahrhundert Gestalt annahm und im Zuge der Reformation rasch entwickelt und intensiv propagiert wurde, war demnach von entscheidender Bedeutung für den Entwicklungsprozeß des bürgerlichen Frauenbildes. Zunächst wesentlich vom frühneuzeitlichen Stadtbürgertum getragen, war es weit genug, die Veränderungen zu überdauern, die über die Entwicklung des frühmodernen Staates zum Staatsbürgertum der beginnenden Industrialisierung führten. Erst die tiefgreifenden Strukturwandlungen des 19. Jahrhunderts führten dazu, daß das Hausmutterbild in seiner tradierten Form allmählich aus der Literatur verschwand.

Das Leitbild der schwachen, tugendhaften Hausfrau und Mutter konnte nicht entwickelt und breitenwirksam propagiert werden, ohne daß zugleich die dämonologische Denunziation der Frau als natürliche Verbündete des Teufels destruiert wurde. Die Nichterwähnung der Hexenlehre in vielen theologischen und medizinischen Schriften über die Frau hat zu dieser Destruktion mindestens ebenso beigetragen wie die offene Kritik. Ein Verhaltensleitbild, das auf die Entwicklung häuslicher und mütterlicher Tugenden zielt, setzt die Fähigkeit zur Tugend voraus. Auf der Grundlage eines zwischen Dämonologie und Marienverehrung aufgespannten Deutungsmusters, das Weiblichkeit mit Kindermord und den Massenorgien des Hexensabbats assoziiert, kann keine Tugendlehre der Mütterlichkeit und der Häuslichkeit entwickelt werden. Ebenso wenig eignen sich die Ideale der Virginität und der weltabgewandten Askese.

Ausgehend von dem im 16. Jahrhundert zu konstatierenden Bedeutungszuwachs naturwissenschaftlicher Erklärungsmuster konnte gezeigt werden, wie eine Reihe von Autoren die Verbindung von Weiblichkeit und Dämonie, zugleich aber auch die Verbindung von Weiblichkeit und marienhafter Heiligkeit zu lösen begann. Diese Säkularisierung, in deren Verlauf die Frau gleichsam aus den höllischen und himmlischen Sphären in einen vornehmlich weltlichen Denkzusammenhang gestellt wurde, ebnete den Weg für ein Aussagesystem, das die Frau im Hinblick auf die ihr zugewiesenen Funktionen und Arbeiten beschrieb. Solche Zuweisungen ergaben sich vor allem aus den skizzierten Verschiebungen in der geschlechtsspezifischen Arbeitsteilung, dem Bedeutungszuwachs der Mutterrolle und der wachsenden Notwendigkeit rationalen, disziplinierten Verhaltens. Die Wesensbestimmungen, die der Frau dabei mit medizinisch–naturwissenschaftlichen Argumenten gleichsam »auf den Leib geschrieben« wurden, entsprachen den Forderungen nach Häuslichkeit, Mütterlichkeit, Unterordnung und Tugendhaftigkeit. Sie verfestigten sich zu der bis heute dominierenden Vorstellung von einem biologisch bedingten weiblichen Geschlechtscharakter, dem ein gegensätzlicher männlicher Geschlechtscharakter gegenübergestellt wurde. Die Umdeutung des Begriffs »Geschlecht« von einer theologischen in eine biologisch–naturwissenschaftliche Kategorie hat die Geschlechterstereotypen zwar verändert, sie hat der Zugehörigkeit zum weiblichen Geschlecht jedoch auch nach dem Ende der Hexenverfolgungen nur wenig von ihrem schicksalhaften Charakter genommen. Unter dem naturwissenschaftlichen Argumentationsmuster blieb der sozialgeschichtliche Vorgang geschlechtsspezifischer Verhaltensnormierung für lange Zeit ebenso verdeckt und undurchschaubar wie unter den Lehren von der Erschaffung der Frau aus Adams Rippe und der Erbsünde Evas.

Ursachen, Entwicklung und Bedeutung geschlechtstypischer Verhaltensunterschiede bilden noch heute den Gegenstand wissenschaftlicher und politischer Kontroversen. Dabei kommt dem Thema auch eine exemplarische Bedeutung für die allgemeinere Auseinandersetzung über das Verhältnis biotischer, psychischer und sozialer Ursachen menschlichen Handelns zu. Der detaillierte Nachvollzug männlicher Ideologien über die Frau diente auch dem Nachweis, daß das »Geschlecht« nicht zuletzt eine historische Kategorie darstellt,[9] daß die Dominanz naturwissenschaftlicher Erklärungsmuster für das, was als »männlich« oder »weiblich« gilt, selbst Resultat eines weit in die vormoderne Zeit zurückreichenden historischen Prozesses ist.

Zur Zitierweise

Die Anmerkungen verweisen eindeutig auf die in der Bibliographie gemachten Angaben. Bei Verwendung mehrerer Publikationen oder Werke des gleichen Autors wurde zusätzlich das Erscheinungsjahr der betreffenden Arbeit angegeben. Bei den Quellentexten wurde, soweit das möglich und sinnvoll war, auf zeitgenössiche Ausgaben zurückgegriffen. Leider war die Erstausgabe eines Werks nicht immer zugänglich, so daß in einigen Fällen auf spätere Ausgaben oder auf moderne Drucke zurückgegriffen werden mußte. Soweit zeitgenössische Ausgaben benutzt wurden, folgt die Wiedergabe der Texte den »Empfehlungen zur Edition frühneuzeitlicher Texte der „Arbeitsgemeinschaft außeruniversitärer historischer Forschungseinrichtungen"«, die im Archiv für Reformationsgeschichte [Jg.72 (1981), S.299ff.] veröffentlicht wurden. Die Umlautkennzeichnungen a^e, o^e und u^e wurden aus technischen Gründen als ä, ö, bzw. ü wiedergegeben

ANMERKUNGEN

Einleitung

1 Barbara Becker–Cantarino stellte 1980 in einem Forschungsbericht fest, daß es für die frühe Neuzeit noch keine nennenswerte Arbeit zur Sozialgeschichte der Frau in Deutschland gibt (vgl. Becker–Cantarino, 1980). 1981 konstatierte Heide Wunder in ihrem Aufsatz »Zur Stellung der Frau im Arbeitsleben und in der Gesellschaft des 15.–18. Jahrhunderts. Eine Skizze«, daß es zu diesem Thema »keinen Forschungsstand« gibt. (Geschichtsdidaktik 3, 1981, S.238–251) Dieser Zustand hat sich seitdem nicht wesentlich verändert, obwohl vor allem durch die Historische Demographie neues Material erfaßt und gesichtet worden ist. Es ist bezeichnend für die Forschungssituation, wenn in einer neueren Bibliographie zur Sozialgeschichte der Frau (I. Schultz/B. Collin, 1986, S.525ff.) für das Mittelalter 19 Titel, für das 18./19. Jahrhundert 58 Titel, für das 16./17. Jahrhundert aber lediglich 3 Titel aufgeführt sind, die in der Zeit von 1979 bis 1984 veröffentlicht wurden. Zu Divergenzen und zur Methodendiskussion in der neueren Forschung vgl. u.a. Anette Kuhn, 1983.

2 M. Heinzelmann: Artikel »Frau« in: Lexikon des Mittelalters, Bd.4, München/Zürich 1980, Sp.852ff.

3 Die Verbindung ist in der Genesis bereits angelegt, wurde aber zuerst von Augustinus herausgearbeitet. Vgl. I. Ludolphy: Artikel »Frau« in: Theologische Realenzyklopädie, Bd.11, Berlin/New York 1983, S.436ff.

4 Zur Rezeption der aristotelischen Zeugungsbiologie seit dem Hochmittelalter vgl. MacLean, 1980, S.28–46; für Albertus Magnus vgl. Hoßfeld, 1983, S.221–240. Grundlegend zur Medizingeschichte der Frau ist nach wie vor P. Diepgen, Frau und Frauenheilkunde in der Kultur des Mittelalters, Stuttgart 1963, zur Aristotelesrezeption vgl. v.a. S.83–86. Der zentrale Text bei Aristoteles ist »De generatione animalibus«, lib. 1., 4. In der Ausg. von A. Peck, 1963 vgl. v.a. S.88–111 und S.400–403.

5 Die Übertragung dieser zeitbedingt unvollkommenen biologischen Vorstellungen auf die Ebene der Ethik zeigt sich besonders deutlich bei Thomas von Aquin: Summa Theologica, I, q.92 a.1, hrsg. von der Albertus–Magnus–Akademie Walderberg bei Köln, Graz/Wien/Köln 1957, Bd.7, S.35–38 (verfaßt ca. 1267)

6 Vgl. ibid., S.35

7 Vgl. MacLean, 1980, S.31 und Fischer–Homberger, 1979, S.14–16

8 Vgl. Thomas, Summa Theol., I, q.92 a.1 (Ausg. 1957, Bd.7, S.38/39)

9 Jakob Sprenger, Heinrich Institoris: Malleus Maleficarum, Francfurti/M.: N.Basseus 1580 (1.Ausg. Straßburg 1547)

10 Vgl. ibid., S.89

11 Ibid., S.72

12 Vgl. »Zur Zitierweise«

13 Ibid., S.90

14 Ibid., S.87/88

15 Ibid., S.46

16 Ibid., S.87

17 Vgl. Walter Delius: Geschichte der Marienverehrung, München/Basel 1963, S.162, das einen Überblick von den Anfängen bis zum 20. Jahrhundert gibt, ohne Detailfragen allzu ausführlich zu traktieren. Stephan Beissel: Geschichte der Verehrung Marias in

Deutschland während des Mittelalters, Freiburg 1909, ist ganz das Werk eines katholischen Theologen und enthält schon wegen seines älteren Datums einige Fehler (z.b. wird das bekannte Mariale super »Missus est« noch Albertus Magnus zugesprochen), ist aber vor allem wegen der Berücksichtigung kunsthistorischer Quellen interessant. John Bugge: Virginitas: An essay in the history of a medieval ideal, The Hague 1975, ist eine sehr aufschlußreiche Untersuchung, in der das Marienideal nur relativ kurz, aber vor einem breiten geistes- und philosophiegeschichtlichen Hintergrund behandelt wird. In den anregenden, populärwissenschaftlichen Monographien von Karlheinz Deschner: Abermals krähte der Hahn, Stuttgart 1968 und: Das Kreuz mit der Kirche, Düsseldorf 1974 wird die Marienverehrung ganz aus der Perspektive rigoroser Kirchenkritik behandelt.

18 Die Aussagen Alberts zur Mariologie sind auf eine größere Anzahl seiner Schriften verteilt. Die in dieser Hinsicht wohl aufschlußreichste Schrift aber ist der Lukaskommentar »Super Lucam«. Die Darstellung des Marienbildes bei Albertus Magnus stützt sich auf: Albert Fries: Sie Gedanken des heiligen Albertus Magnus über die Gottesmutter, Fribourg 1958.

19 Vgl. ibid., S.363

20 Ibid., S.352

21 Ibid., S.368

22 Ibid., S.372/373

23 Ibid., S.388

24 Ibid., S.387

25 Dies wird formuliert u.a. von Honegger, 1978, S.61; ähnlich bei Deschner, 1974

26 Vgl. Ludolphy, wie Anm.3, S.438

27 Über die soziale Basis der Hexenverfolgungen, ihrem Schwerpunkt auf dem Land und in den unteren sozialen Schichten vgl. K.Thomas, 1973, S.660ff., und Schormann, 1981, S.72-79

28 So z.B. bei Honegger, 1978, S.61/62 und Höher, 1983, S.49/50. Zur Kritik an dieser Darstellung vgl. Heimann, 1984, S.243-282.

29 Thomas: Summa Theol., III, q.29, a.2, (Ausg. 1957, Bd.26, S.278), verfaßt 1272-73

30 Thomas: Comment. in IV. Sent., d.31, q.1, a.3, sol.: »...proles...sine quibus etiam matrimonium esse non potest.« Zit. nach Metz, 1972, S.155/156, das einen detaillierten Vergleich der Sexualethik und Eheauffassung bei Albertus Magnus und Thomas enthält.

31 Thomas: Summa Theol., II–II, q.154, a.2, zit. nach der Ausgabe: Thomae Aquinatis, Summa Theologiae, Marietti, Taurini/Romae 1952/6, S.1680 (verfaßt 1269–72)

32 Thomas von Aquin: In decem libros Ethicorum Aristotelis ad Nicomachum expositio, Torino 1964, Lectio VIII, 12, S.452

33 Vgl. Metz, 1972, S.111/112

34 Albertus folgt hierin Aristoteles (Nikomanische Ethik Bd.8, K.14)

35 Albertus: Politica, Ed. Paris, Bd.8, S.806 und S.222a; zit. nach Hoßfeld, 1983, S.231

36 Die Schrift »Liber de muliere forti«, die ein Idealbild der rechtschaffenen Frau entwirft und einige durchaus positive Aussagen über das weibliche Geschlecht enthält, ist in ihrer Echtheit als Werk des Albertus Magnus sehr umstritten und wird daher nicht behandelt. Vgl. hierzu W. Kübel: Art. »Albertus Magnus«, in Lexikon des Mittelalters, Bd.1, München/Zürich 1980

37 M. Dallapiazza, 1981, untersucht sechs Ehetraktate des 15. Jahrhunderts. Dallapiazza hebt mehrfach den bürgerlichen Charakter von Eybs »Ehebüchlein« hervor (S.137,142), sieht in der Schrift aber keine Tendenz zur Aufwertung der Frau. H.–D. Heimann, 1984, S.271–275, sieht Eybs Traktat dagegen als Kritik an der kirchlichen antifeministischen Tradition und führt es als Beispiel für die Aufwertung der Frau als Mutter, Ehegattin und Hausfrau im 15. Jahrhundert an.

38 Albrecht von Eyb: Ob einem manne sey zunemen ein eelichs weyb oder nicht, Texte zur Forschung Bd.36, Darmstadt 1982 (1. Ausg. 1472). Das Traktat erfuhr bis 1541 fünfzehn Auflagen.

39 Ibid., S.81

40 Ibid., S.14

41 So z.B. ibid., S.31f., S.93f.

42 Ibid., S.22

43 Ibid., S.22–28

44 Ibid., S.81

45 Vgl. hierzu Beissel, 1909, S.376

46 Beispiele hierfür finden sich bei E. von Steinmeyer, S.156, 171ff.

47 Vgl. Fries, 1958, S.358ff.

48 Vgl. Hansen, Quellen und Untersuchungen, S.443

49 So z.B. bei Thomas, Summa Theol., II–II, q.153, a.2, Ed. Taurini/Romae 1952/6, S.1679 und Thomas, Comment. in IV Sent., d.31, q.2, a.3; letztere Angabe nach Metz, 1972, S.139/140

50 Vgl. hierzu den »Malleus«, in der Ausg. Frankf./M. 1580 v.a. S.320–326

51 Ibid., S.90–92

52 Vgl. Fries, 1958, S.378ff.

53 Vgl. A. Drews: Die Marienmythe, 1928, S.160

54 Vgl. im »Malleus«, 1580, S.253/254

55 Vgl. in der vorliegenden Arbeit Kap.1.1.1

56 Vgl. »Malleus«, 1580, S.338/339

57 Ibid., S.221–224

58 Zum Einfluß des religiösen Symbolismus und volkstümlicher Magie auf die medizinischen Vorstellungen des Mittelalters s. auch Diepgen, 1958, S.2–20 und Duden, 1987, S.207/208.

59 Vgl. Fischer–Homberger, 1983, S.13

60 Umfangreiche Angaben zur gynäkologischen Fachliteratur bei MacLean, 1980, S.102ff. Besonders erwähnenswert ist die »Gynaecea« (Hrsg.: Wolf, Bauhin, Spachius), ein umfangreiches Sammelwerk, das seit 1566 in mehreren, erweiterten Auflagen erschien.

Kapitel 1.1

1 Vgl. die ausführliche und gut fundierte Darstellung des Prozesses bei Ziegeler, 1973, S.137–169;

2 Zur Biographie Agrippas vgl. Nauert: Agrippa von Nettesheim, 1970; ausführlicher v.a. unter geistesgeschichtlichem Aspekt bei Nauert: Agrippa and the crisis of renaissance thought, 1965; Popkin: Introduction, in: Agrippa: Opera, 1970, S.V–XXII;

3 Zwei der Briefe sind offizielle juristische Eingaben: a) an den Vicarius Metensis, 1519, in: Agrippa: Opera, 1970, Epistolae–Sammlung lib.II, epist.38, S.684–87; b) an den Officialis Metensis, 1519, in: ibid. S.687–89. Der dritte, undatierte Brief ist gerichtet an Agrippas Freund Cantiuncula in Basel: ibid. S.689–91. Diese drei Briefe sind in die Opera–Ausgabe von 1970 in gekürzter und stilistisch überarbeiteter Form aufgenommen worden. Der Abdruck der Originale findet sich nur im Appendix des schwer zugänglichen Druckes von Agrippas Anna–Traktat: De beatissimae Annae monogamia, o.O. 1534 (vgl. Ziegeler, a.a.O., S.138). In dieser Ausgabe befindet sich auch ein vierter Brief über den Metzer Prozeß. Dieses undatierte Schreiben an Henricus, kaiserlichen Rat zu Luxemburg, ist im Wortlaut nahezu identisch mit dem Brief an Cantiuncula. Der besser bekannte Beleg für Agrippas Auftreten in Metz ist das 96. Kapitel »De arte inquisitorum« aus seinem Traktat »De incertitudine et vanitate scientiarum«, Opera, 1970, Bd.II, S.278–82.

4 Vgl. Malleus, a.a.O., Pars II, Quaestio I, Cap. IIII ; vgl. auch vorliegende Arbeit S.6, 13. Diese Vorstellungen waren von der scholastischen Theologie mit der ihr eigenen Sorgfalt entwickelt worden. Die Autoren des Malleus , die die Incubus–Succubus–Lehre ausführlich dargestellt und propagiert haben, konnten sich dabei vor allem auf Thomas von Aquin berufen. In dem Ausrottungshandbuch der beiden Dominikaner sind die älteren Anschauungen über die Teufelsbuhlschaft allerdings auf die Zwecke der Hexenverfolgung zugeschnitten.

5 Agrippa berichtet darüber in seinem Brief an den Officialis Metensis; s.Agrippa: Opera 1970, Bd.II, S.687/88;

6 Opera, 1970, Bd.II, S.688; Das »suffocato« bezieht sich auf die Argumentation vieler Gegner der Incubus–Succubus–Lehre, daß der gestohlene männliche Samen durch die Prozedur des Diebstahls, der Aufbewahrung und des Transports durch den Teufel ersticken, d.h. wirkungslos werden müsse.

7 Vgl. Agrippa: Opera 1970 Bd.II, S.281 u. S.688;

8 Vgl. Nauert, 1970, S.68; ebenso Ziegeler, 1973, S.158;

9 S. Anm.2

10 Vgl. Zambelli, 1969, S.264–95;

11 Der Brief an Johannes Trithemius ist Agrippas Werk »De occulta philosophia« vorangestellt, das er seinem Lehrer gewidmet hatte. Agrippa: Opera 1970, Bd.I, S.a 3 - a 6;

12 Vgl. Ziegeler, 1973, S.164–166;

13 Zambelli, 1985, S.78. Der Vortrag ist eine ausgezeichnete Studie über »die natürliche Magie und die Entstehung kritischen Denkens« in Italien, Frankreich und Deutschland und behandelt aus diesem Blickwinkel auch Agrippas Haltung zur Hexerei.

14 Zwischen 1502 und 1507 studierte Agrippa einige Zeit in Paris. Als Universitätslehrer in Dôle las er 1509 über Johann Reuchlins »De verbo mirifico« (1494), das bereits ganz von der Florentiner Rezeption des Hermetismus und der Kabala geprägt war. 1510 besuchte er den berühmten Gelehrten Johannes Trithemius von Sponheim, Benediktinerabt in Würzburg, der ebenfalls ein Theoretiker der Magie war und ihn dazu anregte, »in Deutschland den Hermetismus und die natürliche Magie der Florentiner auszuge-

stalten« (Zambelli, 1985, S.64). Von 1511 bis 1518 hielt er sich in Italien auf und lehrte zeitweilig Philosophie in Pavia und in Turin.

15 Vgl. Nauert, 1965, S.23ff.

16 Über das Zusammenwirken von Einflüssen des Humanismus und des Okkultismus auf Agrippa vgl. auch Nauert, 1970, S.63/64, S.76;

17 Zambelli, 1985, S.61;

18 Vgl. Ziegeler, 1973, S.179/180;

19 »Sic sunt rebus ultra elementales qualitates, quas cognoscimus, innatæ quædam aliæ virtutes, et ita à natura concreatæ, quas admiramur...« Agrippa: De occulta philosophia, lib.1,c.10, in: Opera, 1970, Bd.I, S.21. Das Manuskript der Schrift stammt von 1510, der erste vollständige Druck in erweiterter Fassung erschien 1533.

20 Ibid.

21 Agrippa: De incertitudine..., c.85, in: Opera, 1970, Bd.II, S.255;

22 Agrippa: De occ. phil., lib.1, c.46, a.a.O., S.82;

23 Ibid.,in dem vorangestellten Brief an Trithemius, S.a4; und ibid., lib.1, c.40, S.70;

24 Ibid., lib.3, c.43, S.440, s. auch Anm. 21;

25 Sisto da Siena, Bibliotheca sancta, Venezia 1566, S.556–558 (vgl. Ausg. Venedig 1574,II, S.52–53); zit. nach Zambelli, 1985, S.76/77;

26 Ibid.: Cornelius Agrippa, lutheranae haereseos sectator, in eo libro quem »Adversus Lamiarum Inquisitores« attitulatum emisit, hanc Joannis [Chrisostomi, XXII in Gen.] sententiam detorquet in illos, qui maleficas mulieres ob id insectantur et puniunt, quod eas rem veneream cum daemonibus habere compertum fuerit: quam quidem rem ipse irridet ceu fabulosam et a somniis et imaginationibus delirantium anicularum enatam, qua cum saepe dormientes per somnia decipiantur et interdum quoque vigilantes e vehementis libidinis imaginatione illuduntur, tamen ea arbitrantur sibi vere contigisse, quae sola imaginatione peracta sunt.

27 Thorndike, 1958, Bd.V, S.127–137;

28 Vgl. Popkin, S.XV/XVI;

29 Vgl. Nauert, 1970, S.72/73; Zambelli, 1969, S.264–295; dies.,1985, S.76;

30 Dieses Urteil auch bei Zambelli, 1985, S.77;

31 Agrippa: De incertitudine..., c.96, Opera 1970, Bd.II, S.278–282;

32 Vgl. Pagel, 1958, S.8–13; Schipperges, 1974, S.19/20

33 Vgl. Fischer–Homberger, 1975, S.48

34 Vgl. Pagel, 1958, S.13–29; Hemleben, 1973, S.13–37. Auch Paracelsus' sozialpolitische Haltung führte dazu, daß er vor Verhaftung und Bestrafung fliehen mußte. Seine diesbez. Äußerungen tragen zeitweise radikalen Charakter und reichen bis zu der Aufforderung, die ungerechte Obrigkeit mit Gewalt zu beseitigen. Vgl. hierzu Goldammer (Hrsg.): Paracelsus. Sozialethische und sozialpolitische Schriften, 1952

35 Vgl. Goldammer: Das Menschenbild...,in Goldammer (Hrsg.), 1986, S.209

36 Die Worte »Natur« und »Erfahrenheit« ziehen sich durch Paracelsus' gesamtes Werk. Als Belegstellen seien deshalb exemplarisch nur seine Schriften »Labyrinthus medicorum errantium« und »De caduco matricis« genannt, wo die heftige Kritik an der Buchgläubigkeit der Ärzte mit der scharfen Ablehnung der Humoralpathologie verbunden ist, einer der wesentlichen Grundlagen der Renaissancemedizin. Auch hier beschwört Paracelsus seine Kollegen wieder, selbst nachzuforschen und »mer zu erfa-

ren (...) dan die arznei ist noch bis auf die stund auf kein termin komen oder end«. Vgl. Paracelsus: De caduco matricis, in Sudhoff (Hrsg.), 1924, Abt.1, Bd.8, S.324, S.333

37 Vgl. Fischer–Homberger, 1975, S.50

38 Paracelsus: De sagis..., S.8

39 Vgl. Goldammer: Das Menschenbild..., 1986, S.218/219

40 Alle Zitate und Belege aus Paracelsus: De sagis et earum operibus beziehen sich auf folgende Ausgabe: Paracelsus: Sämtliche Werke, hrsg. von Karl Sudhoff, München/Berlin 1933, Bd.14, S.5–27.

41 De sagis, S.6

42 Ibid., S.7

43 Ibid., S.8–11

44 Ibid., S.14–22

45 Ibid., S.19

46 Ibid., S.15

47 Ibid., S.27

48 Ibid., S.23

49 Ibid., S.11. Im Widerspruch zu dieser Darstellung hat Paracelsus in anderen Schriften, in denen er seine Imaginationslehre entwickelte, den Anteil der Frauen an der schädigenden Fernwirkung auf andere Menschen weit höher veranschlagt. In »De virtute imaginativa« zum Beispiel werden die Ascendenten von den starken Emotionen der Frauen aktiviert und dahingehend gesteuert, daß sie Krankheit und Tod verursachen. Dort, wo die Anwendung seiner Imaginationstheorie eventuell tödliche Konsequenzen gehabt hätte, bei ihrer Anwendung auf die Frage der Hexerei, hat er die Betonung dagegen so gelegt, daß die Frau eher als betrogenes Opfer der bösen Geister erscheint. Vgl. Paracelsus: De virtute imaginativa, in: Sudhoff (Hrsg.), 1933, S.309–319

50 De sagis, a.a.O., S.15

51 Die obrigkeitliche Haltung, die das Ende der Hexenverfolgungen in Frankreich im ausgehenden 17.Jahrhundert kennzeichnete, faßt Foucault folgendermaßen zusammen: »La sorcellerie n'est plus pensée que par rapport à l'ordre de l'État moderne: l'efficacité de l'opération est niée, mais non l'intention qu'elle suppose, non le désordre qu'elle suscite.« Vgl. Foucault: Médecins,... 1969, S.126

52 De sagis, a.a.O., S.13

53 Vgl. Schneller, Klaus: Paracelsus: Von den Hexen und ihren Werken, S.240, in: Becker/Bovenschen, 1977, S.240–258. Der Aufsatz behandelt Paracelsus' Hexenschrift ganz unter dem Aspekt der paracelsischen Magietheorie und deren Streben nach Naturbeherrschung.

54 Zambelli datiert die Entstehung der Schrift auf die Zeit kurz vor 1533. Vgl. Zambelli, 1985, S.76; s. auch Anm.25

55 Zu Weyers Biographie vgl. Binz, 1896, S.12–23, S.159–182; Margolin, 1974, S.318–321

56 Zitate und Belegstellen aus »De praestigiis daemonum« werden angeführt nach: a) der deutschen Übersetzung von Füglin, Frankfurt/M. 1586; b) dem lateinischen Text der Opera–Ausgabe, Amsterdam 1660. Kapitel, die für die vorliegende Untersuchung von besonderer Bedeutung sind, wurden mit dem lat. Text rückverglichen. Darüber hinaus werden Zitate, die in Weyers Argumentation eine zentrale Stellung einnehmen, in den Fußnoten lateinisch angeführt.

57 Nachweis bei Binz, 1896, S.163–167

58 Vgl. ibid. S.161/162

59 Erasmus von Rotterdam hatte 1529 sein Traktat über humanistische Erziehung, »De pueris statim ac liberaliter instituendis«, dem dreizehnjährigen Prinzen Wilhelm gewidmet. Eigentlicher Adressat war dessen Lehrer und Erzieher, der Jurist und humanistische Gelehrte Konrad von Heresbach, der später politischer Ratgeber des Herzogs wurde. Zur politischen Situation in Cleve–Jülich–Berg und zur Kulturpolitik Wilhelms III. vgl. Margolin, 1974.

60 Der Teufel könne seinen Willen soweit durchsetzen, »...quatenus naturæ ordo permittit.« Vgl. Weyer, 1660, lib.1, cap.24, S.85 und Weyer, 1586, Buch 1, Kap.24, S.76.1

61 Vgl. ibid., S.72.2/73.1 und Weyer, 1660, lib.1, cap.24, S.82

62 Vgl. ibid., Buch 2, Kap.8, S.106.2

63 Vgl. ibid., Buch 1, Kap.25, S.76.2/77.1

64 Vgl. ibid., Kap.24, S.71.1

65 Die Injecta galten in der Gerichtsmedizin auch als ein Hexenzeichen, anhand dessen eine Frau, die solche Gegenstände von sich gab, als Hexe überführt werden konnte. Bei Weyer wird hier die Frage behandelt, ob Injecta als Zeichen der »Veruntreuung«, des passiven Verhextseins also, gedeutet werden können. (Vgl. Birchler–Argyros, 1985, S.6ff.

66 Vgl. Weyer, 1586, Buch 4, Kap.2, S.244.1/245.2

67 Vgl. ibid., S.242.1

68 Vgl. ibid., Kap.3, S.245–247

69 Vgl. ibid., S.245.2

70 Vgl. ibid., S.247

71 Vgl. ibid.; Gott und die von ihm abgesegnete Medizin werden den »teuflischen« Priestern, die kirchliche Magie praktizieren, gegenübergestellt: »Adhæc siquidem ludibria maxime Deus connivere solet frequenter, ubi ab ipso et naturalibus mediis, in hominum usum divinitus ordinatis, contra manifestum Dei mandatum, fide Christiana postposita ad Satanam curritur, vel ejus angelos: quales hi censentur, qui hujusmodi aquam vel ex baptisterio sublatam,...« vgl. Weyer, 1660, lib.5, cap.3, S.288

72 Vgl. ibid., Buch 2, Kap.2, S.84.2 und Weyer, 1660, lib.2, cap.2, S.95 : »Magorum artem omnem ac potentiam aspirationibus dæmonum constare...: à quibus invocati, visus hominum præstigiis obcæcantibus fallunt, ut non videant ea, quæ sunt, et videre se arbitrentur ea, quæ non sunt.«

73 Seinen Lehrer Agrippa verteidigt Weyer in diesem Zusammenhang wortreich gegen den Vorwurf der schwarzen Magie.

74 Vgl. Weyer, 1586, Buch 6, Kap.1, S.401. Schon in den ersten beiden Büchern, die das Treiben des Teufels und der Zauberer behandeln, zieht Weyer den Kreis seiner Offensive immer enger um die katholische Geistlichkeit. Im 5.Buch (s.v.a. Kap.2 und 3), das besonders gegen Teufelsbeschwörungen und magische Heilungen gerichtet ist, wird dann vollends deutlich, daß mit den teuflischen Schwarzkünstlern in erster Linie Vertreter der Römischen Kirche gemeint sind. Im 6.Buch, das von der Bestrafung der Zauberer, Hexen und Giftmischer handelt, fordert Weyer, daß von allen am Geschehen beteiligten Personen diejenigen Zauberer, die Gottes Namen mißbrauchen oder gar »geistliche Personen« sind, am härtesten bestraft werden (s.v.a. Kap.1).

75 Vgl. ibid., Buch 2, Kap.17, S.131/132 und Weyer, 1660, lib.2, cap.17, S.149 : »Ita hos ecclesiasticos scilicet / viros, eximia sui instituti mancipia, religionis potissimum pallio, strenuam sibi navare operam et experitur et gloriatur heros illorum Beelzebub:

qui ob pecuniæ aucupium, aut falsæ existimationis cupidine prurientes, hoc modo suas aliorumque animas dæmonibus prostituunt et devovent...«

76 Vgl. ibid., Buch 5, Kap.2, S.307

77 Vgl. ibid., Kap.3, S.310.1 und Weyer, 1660, lib.5, cap.3, S.362 : » Episcopi à diabolo captivi tenentur, qui relicto Creatore, à diabolo auxilium quærunt.« Weyer benutzt hier ein Zitat von Martin von Arles.

78 Baxter ist in seiner kritischen Untersuchung zu dem Schluß gekommen, daß Weyer eher zur Verschärfung der Hexenverfolgungen beigetragen hat, indem er den Disput um die Hexerei mit der Polemik im Konfessionstreit verband. Ob dies tatsächlich die historische Wirkung von Weyers Schrift war, ist schwer zu beurteilen. Baxter geht m. E. jedoch zu weit, wenn er Weyers Polemik gegen die Schwarzkünstler als Scharfmacherei für verschärfte Verfolgungen interpretiert und erklärt, »...the work is a protest against policies of toleration.« Die juristischen Konsequenzen, die Weyer in Buch 6 (spez. Kap.1) vorschlägt, sind so gemäßigt (die Todesstrafe will er in keinem Fall verhängen), daß von einem Plädoyer für die Verschärfung und Ausweitung der Prozesse gar nicht die Rede sein kann. Das Verdienst von Baxters Aufsatz ist es allerdings, daß er Weyers konfessionspolitische Motive hervorhebt und unterstreicht, wie weitgehend Weyer in dem Dämonenglauben seiner Zeit verhaftet war. Dies hat zu Recht das überzogene Bild destruiert, in dem Weyer als nur von humanen Motiven geleiteter, gänzlich rationaler Vorläufer der Aufklärung gefeiert wurde. Dieses Bild ist im 19. Jahrhundert vor allem durch das Buch von K. Binz (1885) geprägt worden und ist auch noch bei Trevor-Roper (1970) erkennbar. Vgl. Baxter, 1977, spez. S.53/54 und S.71

79 Weyer räumt solchen Zauberheilungen allerdings eine gewisse psychosomatische Wirkung (durch »starcke imagination«) ein. Er betont, diese Wirkung bedürfe aber eines sehr standhaften Aberglaubens. Vgl. Weyer, 1586, Buch 5, Kap.17, S.344/345

80 Vgl. ibid., Kap.15, S.338–341

81 Seit Anfang des 13. Jahrhunderts war den Theologen die ärztliche, vor allem die chirurgische Praxis untersagt, doch wurde das Verbot häufig umgangen. Die ärztlich-konsultative Tätigkeit der Priester, zumal bei Leiden, die als Dämonen- und Zauberkrankheiten interpretiert wurden, war bis in die Neuzeit hinein verbreitet. Vgl. P. Diepgen, 1958, v.a.S.10

82 Vgl. ibid., Buch 2, Kap.17, S.131–133 und Buch 5, Kap.2, S.307

83 Vgl. ibid., Buch 5, Kap.8, S.321.2

84 Weyer nennt in diesem Zusammenhang: »convulsionen / Melancholey / Tropffschlag / uteri suffocatione / semine putrescente / unnd vielerley Gifftwerck«. Ibid., Buch 5, Kap.28, S.373.1

85 Vgl. ibid., Buch 4, Kap.7, S.254

86 Zu dem in der Pathologie herrschenden Gedanken von der Krankheit als Strafe für Sünde vgl. P. Diepgen, 1958, S.8/9 und den Aufsatz von F. Boenheim: Krankheit - Strafe für Sünde?, 1953/54.

87 Vgl. ibid., Buch 3, Kap.16, S.183/184

88 Vgl. ibid., Buch 5, Kap.1, S.301 und Kap.28, S.372–374

89 Vgl. ibid., Buch 3, Kap.33, S.225.1/.2 und Weyer, 1660, lib.3, cap.33, S.261 :»Cæterum ea diaboli ludibria utplurimum vim suam sortiri, ut dixi, ob impiam hominum credulitatem, qua in ejusmodi potentiam dæmonis consentiunt, certum est.«

90 Dies geschieht vor allem bei Zilboorg, 1969; vgl. hierzu auch die vorliegende Arbeit Kap.1.3.1

91 Vgl. Fischer-Homberger, 1983, S.138

92 Vgl. Behringer, 1987, S.233

93 Vgl. Einleitung der vorliegenden Arbeit, S.3/4

Kapitel 1.1.1

1 Die Darstellung stützt sich auf Scribonius, 1583, Blatt B–B2; vgl. Anm. 4

2 Vgl. Handwörterbuch des deutschen Aberglaubens, 1927–42, Bd.3, Sp.1026–1034

3 Scribonius gehörte zu den bekannteren Ärzten seiner Zeit, vor allem seine gegen die galenisch–arabistische Uroskopie gerichtete Polemik erregte Aufsehen (Vgl. Biographisches Lexikon der hervorragenden Ärzte, 1884–88, Bd.5, S.191). Seine Argumente für die Wasserprobe nahm er auch in seine Schrift »De sagarum natura et potestate« (Marburg 1588) auf, die ihn als engagierten Befürworter der Hexenverfolgung zeigt.

4 Wilhelm A. Scribonius: De examine et purgatione sagarum per aquam frigidam Epistola, Lemgo 1583. Der von mir benutzte Druck befindet sich zusammen mit der Entgegnung von H. Neuwaldt (vgl. Anm. 13) in der Herzog August Bibliothek Wolfenbüttel in einem Sammelband mit der Signatur Qu H 157.4.

5 Weitere Quellen zum Streit über die Wasserprobe, u.a. ein Gutachten Leidener Professoren von 1594, bei Soldan/Heppe, 1912, I.,S. 382, 518, 553

6 Scribonius, 1583, Blatt B2r

7 Zum medizinischen Disput über Hexenzeichen vgl. auch Birchler–Argyros: Hexenzeichen, 1985

8 Scribonius, 1583, Blatt B4r

9 Ibid., Blatt B4v

10 Ibid., Blatt B5v:»Mali autem ingenii natura planè spiritualis est, ætherea, sive etiam si placeat, aërea, levißima, (...) ut per eius levitatem sustentatæ, nolentes volentes, sub aquas ferri non poßint.«

11 Ibid., Blatt B7r

12 Inspiriert durch Galileis Versuche und Arbeiten, führte Santorio Santorio (1561–1636), Professor der theoretischen Medizin in Padua, mit Hilfe einer komplizierten Waage seine Stoffwechsel-Bilanzversuche durch (»De statica medicina«, 1614), führte die Anwendung des Thermometers in die medizinische Diagnose ein und entwickelte eine Pulsuhr zur exakten Pulsmessung. Fischer–Homberger sieht in diesen Arbeiten Santorios »den frühesten konsequenten Versuch, die Medizin physikalisch zu durchdringen«. Vgl. Fischer–Homberger 1975, S.57

13 Die Schrift enthält einen vollständigen Abdruck des Scribonius–Briefes. Darauf folgt Neuwaldts Entgegnung mit dem Untertitel »De purgatione sagarum per aquam frigidam«. Neuwaldt hatte sie bereits 1584 verfaßt, nachdem ihm eine in Lemgo erschienene Ausgabe des Briefes von Scribonius vorlag (Neuwaldt, 1585, Blatt C4). Vgl. auch Anm.4

14 Neuwaldt, 1985, Blatt C3v–C4v

15 Ibid., Blatt G8v

16 Ibid., Blatt Gr:»Sine dubio scit Physicus ille ad levitatem corporum non adsumendam esse formam, sed materiam (...). Levitatis itaque caussas quærimus in materia rara, porola...«

17 Ibid.

18 Ibid., Blatt H2r: »Non enim formæ mutatio, quam tamen ibi esse vel fieri per pactum negamus, levitatem corporibus inducit, sed materiæ certa dispositio.«

19 Ibid., Blatt G4

20 Ibid.

21 Ibid., Blatt G6r–G8r

22 »Der Marpurgischen Theologen bericht an den Graffen zu N. wider die Wasserprobe der Hexen«, Lübeck: Kröger 1593. Der von mir benutzte Druck dieser Schrift befindet sich in der Herzog August Bibliothek Wolfenbüttel in einem Sammelband mit der Sign. 169.15 Jur. (Stück 2). Er ist undatiert einer Schrift Konrads von Anten angehängt. Das Datum des Drucks ist 1593, die Entstehung der Schrift dürfte aber in die Mitte der achtziger Jahre zu datieren sein. Die Stellungnahme wurde von den folgenden vier Theologen unterzeichnet: »David Arcularius, Rector Acad. Marpurgensis, & S.Theologiae ibidem Professor. Helfricus Herdemius, Superintendens Ecclesiae Marpurgensis Pastor. Egidius Hunnius Theologius, D.& Professor. Ioannes Schmit Diaconus Ecclesiae Marpurgensis.«

23 Theatrum de veneficis, Frankfurt/M.: N.Basseus 1586

24 Ibid., S.229f. Die Schrift von Neuwaldt ist in der Übersetzung leicht gekürzt.

Kapitel 1.2

1 Die Medizin war im 16. und 17. Jahrhundert erst im Begriff, sich als autonomes Fach zu etablieren. Insofern unterläuft Knibiehler und Fouquet ein Anachronismus, wenn sie in der Einleitung zu »La femme et les Médecins« folgendes formulieren: »Les médecins qui prennent la plume dépassent volontiers l'horizon de leur pratique professionelle pour disserter sur la morale et la société.« Die Vorstellung von einem solchen Horizont existierte jedoch noch nicht, moralische und gesellschaftliche Fragen lagen durchaus im Blickfeld der Medizin. Das moderne Verständnis von den Grenzen des Fachs entstand in einem langwierigen Prozess, der sich im Spannungsfeld zwischen der Ausdehnung des medizinischen Kompetenzbereiches und der zunehmenden Verwissenschaftlichung vollzog. Vgl. Knibiehler/Fouqet, 1983, S.7

2 S. Domandl hat in »Erziehung und Menschenbild bei Paracelsus« viele verstreute Äußerungen zu Erziehungsfragen zusammengetragen. Seine Interpretation erscheint oft fragwürdig, etwa wenn Paracelsus als direkter Vorläufer von Martin Buber und Goethe dargestellt oder die »Bedeutung der Gnade und Erbmasse« für die Erziehung betont wird. Vgl. Domandl, 1970, v.a. S.44–74

3 Vgl. Paracelsus' Erklärung zum 4. Gebot in der »Auslegung über die zehen Gebott Gottes«, in: Paracelsus. Sozialethische und sozialpolitische Schriften, hrsg. von K. Goldammer, Tübingen 1952, S.288–295. Vgl. auch die zusammenfassende Einleitung von Goldammer.

4 Vgl. Paracelsus: De thoro, vidua et virgine, in: Paracelsus: Sämtliche Werke, hrsg. von K. Goldammer, Wiesbaden 1965, S. 300 (Entstehungszeit 1530–35, vgl. Einleitung S. XLII f.) In Hinsicht auf Ehe– und Erziehungsfragen ist diese Schrift besonders aufschlußreich, sie weist in Aufbau und Inhalt eine große Ähnlichkeit mit lutherischen Ehespiegeln auf.

5 Vgl. Anm.3, Auslegung des 4. Gebots

6 Paracelsus: De fundamento scientiarum sapientaeque. Tractatus I, Sudhoff, 1931, Abt.1, Bd.13, S.298/299

7 Paracelsus: Das Buch Paragranum (1530), Sudhoff, 1924, Abt.1, Bd.8, S.211

8 Paracelsus: De fundamento scientiarum sapientaeque. Tractatus I., Sudhoff, 1931, Abt.1, Bd.13, S.298/299

9 Vgl. in der vorliegenden Arbeit Kap. 1.1, S.21/22

10 Paracelsus: De sagis, S.9

11 Ibid., S.10

12 Ibid., S.11

13 Nach den drei fehlenden Kapiteln des 3. Traktats setzt das 4.Kapitel mit Formulierungen ein, die erkennen lassen, daß Paracelsus in dem verlorengegangenen Text seine Ansichten über Kindererziehung ausführlich dargestellt hat: »Also laß ich das exempel fürhin bleiben und merken weiter des tractats beschluß also. so die kinder nicht gezogen werden, wie fürgehalten ist,...« Vgl. ibid., S.8

14 Ibid., S.14

15 Ibid.

16 Vgl. Paracelsus: De thoro, vidua et virgine, S.295f.

17 Paracelsus: De sagis, S.13

18 Ibid.

19 Ibid.

20 Vgl. Pagel, 1958, S.37 f.

21 Weyer: Vom Zorn, 1585, S.36/37

22 Weyer: De praestigiis daemonum, 1586, S.182/183; vgl. in der vorliegenden Arbeit Kap.1.1, Anm. 57

23 Weyer: Vom Zorn, 1585, S.37

24 Ibid.

25 Weyer: De praestigiis daemonum, 1586, S.182/183

26 Weyer: Vom Zorn, 1585, S.303

27 Ibid., S.306

28 Weyer: De praestigiis daemonum, 1586, S.303

29 Ibid., S.415

30 Ibid., S.416

31 Ibid., S.423

32 Ibid., S.473

33 Ibid., S.383-387

34 Vgl. Nauert, 1970, S.62 und Angenot, 1977, S.29

35 Vgl. Angenot, 1977, S.29

36 Als Erklärung für den Umstand, daß die feministischen Schriften nicht die Gleichrangigkeit, sondern die Überlegenheit der Frau proklamierten, bietet Angenot folgende These an: Das Denken der Zeit war außerstande, eine Differenzierung ohne Hierarchie zu akzeptieren. Die moderne »Gleichheit in der Verschiedenheit« war noch nicht zu formulieren. Die Befreiung unterdrückter menschlicher Potenzen war nicht anders denkbar als durch die Umkehrung der etablierten Hierarchie. Vgl. ibid., S.163

37 Vgl. ibid., S.20

38 Vgl. ibid., S.28

39 Vgl.: Agrippa: Von dem Vorzug..., hrsg. von Gerd Kimmerle, 1987, Vorwort des Herausgebers

40 Agrippa: De nobilitate..., 1532, Blatt A4r

41 Ibid., Blatt B4r: »Idcirco illam (mulierem) omnis homo amet necesse est, quam qui non amaverit, qui odio habuerit, ab omnibus virtutibus et gratijs alienus est, ne dum humànitate.«

42 Ibid., Blatt C7r

43 Ibid.

44 Ibid.

45 Ibid., Blatt C5r–C6v

46 Vgl. Angenot, 1977, S.163

Kapitel 1.3

1 Vgl. Spee, 1967, S.96, S.283f.

2 Vgl. Weyer, 1586, Buch 6, Kap.8, S.417 und Kap.24, S.454.2; vgl. auch Kap.1.1., Anm.56 der vorliegenden Arbeit

3 Siehe z.B. Castro, 1614, S.273

4 Vgl. Ibid., Buch 3, Kap.7, S.159–161;

5 Ibid., Kap.6, S.157.1

6 Vgl. ibid., Kap.8, S.163.2 und Weyer, 1660, lib.3, cap.8, S.186

7 Zur Imaginationslehre vgl. Fischer–Homberger, 1979, S.106f. und dies., 1983, S.140

8 Vgl. Weyer, 1586, Buch 3, Kap.8, S.162

9 Vgl. ibid.

10 Ibid., Buch 3, Kap.7, S.161.1 und Weyer, 1660, lib.3, cap.7, S.182/83: »Infinita alia huc coacervari possent exempla, ubi sensus omnes multifariam vitiatos cernas, ex unico illo humore, vel fuliginoso atræ bilis vapore, mentis sedem inficiente, unde phantastica illa procreari monstra constat. Imaginatricem quoque interdum totam ex aliis humoribus corrumpi, exolvique, docet Galenus...«

11 Ibid., S.161.2 und Weyer, 1660, lib.3, cap.7, S.183: »...unde novæ species in imaginativa vi conceptæ, plerunque etiam spiritui visorio per nervum opticum communicentur, quo se vidisse vel designasse, mortis etiam periculo affirmare audeant delusæ hæc fœminæ, quæ nunquam vel visa, vel in rerum natura extiterunt?«

12 Ibid., Kap.8, S.162/63 und Weyer, 1660, lib.3, cap.8, S.185: »Qua ratione possunt dæmones humores et spiritus movere interiorum exteriorumque sensuum, atque ita ad organa species aliquas inducere, quasi extrinsecus dormientibus nobis, et vigilantibus vere occurrerent res ipsæ.«

13 Ibid., Buch 3, Kap.8, S.163.2 und Weyer, 1660, lib.3, cap.8, S.186: »Potest autem diabolus id facilius in consentaneis ipsius fuco instrumentis, puta fœminis, aut animi morbo fauciis: quos ejusmodi simulachris, quibus delectari videntur, illudit, effascinatque. Et sicut in ebriis, phreneticis et melancholicis usus rationis vitiatur, humorum et vaporum causa: non minus diabolus, qui spiritus est, eos concitare, suisque illusionibus accomodare, et rationem corrumpere Deo connivente potest, ut formæ rerum non existentium, tanquam res ipsæ apprehendantur, cogitatus vinciant, obversentur defendanturque.«

14 Ibid., Kap.11, S.168.1

15 Ibid., S.169.1 und Weyer, 1660, lib.3, cap.11, S.193
16 Ibid., Buch 6, Kap.8, S.416.2. Im lateinischen Original wird das Wort »lamia« häufig durch umschreibende Formulierungen ersetzt, an dieser Stelle z.B. durch »misellæ Dei creaturæ. Vgl. Weyer, 1660, lib.6, cap.8, S.482
17 Ibid., Buch 3, Kap.6, S.157
18 Ibid.
19 Vgl. Einleitung der vorliegenden Arbeit, S.4
20 Vgl. Kimmerle, 1981, S.107f.
21 Vgl. Einleitung S.6
22 Weyer, 1586, Buch 3, Kap.6, S.157.2 und Weyer, 1660, lib.3, cap.6, S.179: »Fragiles adhæc esse mulieres, imbecilles, infirmas, et proinde deceptu faciles...«
23 Moebius' (1853–1907) Kraniometrie zum Nachweis weiblicher Minderwertigkeit, rassistische Vererbungstheorien, die Annahme eines »Verbrecherchromosoms« bei Vertretern der »modernen« Genetik oder Versuche der Diskriminierung und Repression im Zusammenhang mit Aids liefern hierfür einige Beispiele. (Vgl. hierzu Birchler–Argyros, 1985, S.10)
24 Weyer, 1586, Buch 6, Kap.27, S.467.1
25 Ibid., S.475.2
26 Vor allem die kirchlichen Gerichte beachteten Fragen des Geisteszustandes und zogen Ärzte als Experten heran. Bei den weltlichen Gerichten blieb die Beurteilung des Geisteszustandes allein dem Richter überlassen, doch sah auch die Carolina Strafmilderung vor »So leuth tödten, die ihr sinn nicht haben« (Carolina, §150). Vgl. Fischer–Homberger, 1983, S.135
27 Weyer, 1586, Buch 6, Kap.24, S.462.1 und Weyer, 1660, lib.6, cap.24, S.542: »...unde pati eas, et non agere, dicendum esset.«
28 Weyer, 1660, lib.6, cap.27, S.559
29 Weyer, 1660, lib.6, cap.8, S.482
30 Weyer, 1586, Buch 3, Kap.11, S.169.1
31 Ibid., Kap.16, S.186.1
32 Ibid., S.187.1
33 Ibid., Buch 4, Kap.1, S.241.2 und Weyer, 1660, lib.4, cap.1, S.281: »Quo nomine non tam maleficæ, quam maleficio affectæ effascinatæque appellari merentur.«
34 Dies zeigt ein Vergleich von Buch 4, Kap. und Buch 3, Kap.7,8. Um die Entstehung von Besessenheit zu erklären, benutzt Weyer eine Zusammenfassung der Passagen, in denen er zuvor die Verblendung der Hexen beschrieben hat.
35 Vgl. Weyer, 1586, Buch 6, Kap.12, S.426.1 und Weyer, 1660, lib.6, cap.12, S.493: »...ac parum ab his quæ dæmonio teneri creduntur, differunt.«
36 Vgl. Paracelsus: De sagis..., Sämtliche Werke, hrsg. von Karl Sudhoff, München/Berlin 1933, Bd.14, S.12/13
37 Vgl. Weyer, 1586, Buch 6, Kap.12, S.426.2 und Weyer, 1660, lib.6, cap.12, S.493
38 Ibid., Kap.27, S.475 und Weyer, 1660, lib.6, cap.27, S.559: »Quid igitur gravius delinquunt, quam furiosi, quam phrenetici, quam dormientes, qui illis æquiparantur? (...) Neque profecto absimiles sunt nostrarum mulieſcularum actiones, seu potius passiones, illis dormientium...«

39 Vgl. Ernst, 1972. Daß in der Forschung der Unterschied zwischen Hexen und Besessenen mitunter nicht genügend berücksichtigt wurde, bezeugt Fischer–Homberger: Krankheit Frau, 1979, S.135, Anm.43

40 Vgl. Foucault: Médecins, 1969, S.124

41 Vgl. Honegger, 1978, S.107ff.

42 Vgl. ibid. und Foucault: Médecins, 1969, S.124–126. Zum neuzeitlichen Paradigmawechsel von »Wahnsinn« zu »Geisteskrankheit« und der Masseninternierung im Absolutismus vgl. das grundlegende Werk von Foucault: Wahnsinn und Gesellschaft (Ausg.1969 v.a. S.68ff.) Im deutschsprachigen Raum wurden im 17. Jahrhundert Zuchthäuser eingerichtet: 1620 in Hamburg, 1667 in Basel, 1668 in Breslau, 1684 in Frankfurt/Oder und Spandau, 1691 in Königsberg, und 1701 in Leipzig. Im 18. Jahrhundert überzog ein ganzes Netz von Internierungsanstalten Europa. (vgl. Foucault: Wahnsinn und Gesellschaft, 1969, S.77)

43 Vgl. Foucault: Médecins, 1969, S.123

44 Vgl. Weyer, 1586, Buch 4, Kap.12, S.261/62

45 Vgl. ibid., Kap.20, S.279

46 Vgl. ibid., Buch 5, Kap.15, S.339 und Kap.27, S.371

47 Vgl. ibid., Kap.27, S.371.1

48 Vgl. in der vorliegenden Arbeit Kap.1.1, S.29f.

49 Vgl. z.B. Weyer, 1586, Buch 6, Kap.24, S.461

Kapitel 1.3.1

1 Eine der wenigen Ausnahmen stellt Walter Nigg dar, der die Geständnisse und die Hexenprozesse überhaupt mit der psychischen Disposition hysterischer Frauen in Verbindung gebracht hat (vgl. Nigg, 1962, S.422 ff.)

2 Zilboorg war allerdings nicht der Urheber der psychopathologischen Hexereitheorie. Diese geht auf die französische Schule der Psychiatrie in der zweiten Hälfte des 19. Jahrhunderts zurück (Pinel, Esquirol, Charcot). Im Zusammenhang mit seinen Hypnose– und Suggestionsforschungen verhalf vor allem Charcot der Auffassung zum Durchbruch, daß die Hexen Hysterikerinnen gewesen seien. Auch Freud, der an Charcots Arbeiten über Hysterie anknüpfte, hat sich in diesem Sinn geäußert. Vgl. Veith, 1965, S.250 und Fischer–Homberger, 1979, S.39–42;

3 Zilboorg: The medical man and the witch, Baltimore 1935. Die vorliegende Untersuchung bezieht sich auf die Ausgabe New York 1969.

4 Vgl. Zilboorg, 1969, S.138

5 Ibid., S.131

6 Vgl. Ibid., S.138

7 Ibid., S.109

8 Vgl. Ibid., S.157

9 Ibid., S.205

10 Vgl. Ibid., S.139. Zilboorg bezieht sich an dieser Stelle auf Weyer, De praestigiis, 1586, Buch 6, Kap.11, S.421–25. Weyer verweist hier ausdrücklich auf die Folterung der Angeklagten, er schreibt z.B.: »Es hat aber dise erstgemelte Unhold/ nach gehaltener peinlicher frag/ bekennt und verjehen...« (Ibid. S.423.1).

11 Vgl. Dürr, 1985, S.20–25

12 Vgl. Schormann, 1981, S.121/122

13 Einen wesentlichen Beitrag hierzu hat C. Baxter geleistet. In Anspielung auf Zilboorgs Behauptung, Weyer habe sich in seinem Werk durchweg als »systematic psychiatrist« erwiesen, betitelte Baxter seinen 1977 erschienenen Aufsatz: »Johann Weyer's De praestigiis daemonum: Unsystematic psychopathology« (vgl. Baxter, 1977). E. Fischer–Homberger bezeichnet die Behauptung, Weyer habe »den alten Dämonenglauben durch die neuzeitliche Psychiatrie« ersetzt, bereits als »historische Legende« (vgl. Fischer–Homberger, 1983, S.138).

14 Thomas Szasz hat in seinem 1970 erschienenen Buch »The manufacture of madness« festgestellt, daß diese These unter den Psychiatriehistorikern der USA »zum psychiatrischen Dogma« geworden sei. Im Zusammenhang mit seiner Psychiatriekritik hat Szasz die Ansichten von Zilboorg scharf angegriffen. Allerdings benutzt auch er die Geschichte der Hexenprozesse lediglich als Steinbruch, um Material für seine Auffassung von der Geisteskrankheit als eines modernen Mythos' zusammenzutragen (vgl. Szasz, 1974, S.114–131).

15 Ackerknecht, 1967[2], S.18/19. Die von Zilboorg und anderen vertretene Ansicht, daß Weyer weder an den Teufel noch an übernatürliche Krankheitsursachen glaubte, wird von Ackerknecht allerdings zurückgewiesen (vgl. ibid., S.21).

16 Alexander/Selesnick, 1966, S.68

17 »Das psychiatrisch Neue und Ehrenvolle« am Werk Weyers und anderer Ärzte sieht Ackerknecht in deren Ansicht, daß viele Hexen »auf höchst natürliche Weise geisteskrank seien, und zum Arzt und nicht auf den Scheiterhaufen gehörten« (vgl. Ackerknecht, 1967, S.19).

Kapitel 1.4

1 Vgl. Ewich, 1584, Bl.D7v.: »Sagæ aliquot sunt per intervalla diræ, et quasi melancholicæ. Nam à Sathana ipsæ quoque vel maximè effascinantur.« Vgl. auch Bl.B5v.– Cr. Johann von Ewich wurde 1525 in Cleve geboren. Er studierte Medizin in Venedig und in Padua, wo er 1559 promovierte. Er arbeitete als niedergelassener Arzt in Bremen und verfaßte mehrere theologische Schriften. Als Stadtphysikus von Bremen (seit 1562) verfaßte er ein wichtiges sanitätspolizeiliches Werk über die Pest.

2 Vgl. Godelmann, 1591, lib.2. In der Übersetzung »Von Zäuberern, Hexen und Unholden«, Frankf./M. 1592 finden sich die auf Weyer bezugnehmenden Passagen v.a. S.168–170 und S.214–230.

3 Thomas Erastus, unter seinem ursprünglichen Namen »Liebler« ganz unbekannt, wurde 1524 in der Schweiz geboren. Er promovierte in Padua. Erastus, der die Doktortitel in der Medizin und in der Philosophie führte, war als kurfürstlicher Leibarzt und als Professor in Heidelberg tätig. 1581 erhielt er eine Professur an der medizinischen Fakultät in Basel, wo er 1583 starb.

4 Vgl. Erastus: Disputatio de lamiis seu strigibus, 1578. Die Schrift wurde 1581 in eine erweiterte Ausgabe des »Flagellum haereticorum fascinariorum« aufgenommen (S.500–604), dessen erste Ausgabe der nordfranzösische Inquisitor Nicolas Jacquier 1458 veröffentlicht hatte. Außerdem existiert eine französische Übersetzung, die 1579 in Genf unter dem Titel »Deux dialogues touchant le pouvoir des sorciers...« (2. Dialog) in dem Sammelband »Histoires, disputes et discours des illusions et impostures des diables« erschien. Vgl. Erastus, Deux dialogues, 1885, Bd.2, S.399–553

5 Vgl. ibid., S.477/78

6 Bodins Reaktion wurde durch Weyers Schrift »De lamiis liber« ausgelöst, die 1577 in Basel erschien und im wesentlichen eine Zusammenfassung von »De praestigiis daemonum« darstellt.

7 Vgl. Bodin, 1598, S.493

8 Vgl. Ibid., S.496

9 Ibid., S.491

10 Vgl. ibid., S.494

11 Vgl. Fischer–Homberger, 1983, S.144 und S.422, Anm.26

12 James VI of Scotland: Daemonologie, in forme of a dialogue, Edinburgh: Walde–grave 1597; vgl. auch Clark, 1977

13 Reginald Scott, der als Friedensrichter in Kent wahrscheinlich mehrere Hexenprozesse kennenlernte, hatte 1584 in London eine aufgeklärte Schrift mit dem mißverständlichen Titel »The discoverie of witchcraft« publiziert, in der er an Weyer anknüpfte und dessen Melancholiethese übernahm. Scott war allerdings weniger im Dämonenglauben befangen als Weyer, argumentierte rationaler und machte sogar erstaunlich klarsichtige Aussagen über die sozialen Ursachen der Hexenverfolgung (vgl. in der Ausgabe London 1964 v.a. S.29/30).

14 Edward Jorden, 1569 in Kent geboren, studierte Medizin an italienischen Universitäten und promovierte in Padua. Er betrieb eine ärztliche Praxis in London, wo er auch dem »Colledge of Phisitions in London« angehörte. Jorden starb 1633. Zur Entstehungsgeschichte von Jordens Schrift vgl. Fischer–Homberger, 1979, S.38 und dies., 1983, S.144

15 Vgl. Jorden, 1603, Bl.A2v.

16 Idid., Bl.A3r.

17 Ibid., Bl.3v.

18 Ibid., Bl.2r.

19 Vgl. Fischer–Homberger, 1979, S.32–39

20 Dies gilt besonders für Paracelsus und seine Schüler. Vgl. hierzu Paracelsus' Schriften »De virtute imaginativa«, »De caduco matricis« und »De matrice« (Opus paramirum, liber IV)

21 Vgl. Jorden, 1603, Bl.1r./v.

22 Vgl. ibid., Bl.9v.–10v.

23 Vgl. ibid., Bl.13r.–14r.

24 Vgl. ibid., Bl.17v.–18r.

25 Vgl. ibid., Bl.1v.

26 Vgl. ibid., Bl.1r.

27 Vgl. ibid., Bl.23v.

Kapitel 1.5

1 Vgl. Einleitung S.5
2 Vgl. Diepgen, 1958, S. 18/19
3 Vgl. Agrippa, De nobilitate..., 1532, Bl.Bv.: »...solum muliebre semen Galeno & Avicenna testibus, est materia & nutrimentum fœtus: viri autem minime, quod illi quodammodo ut accidens substantiæ ingrediatur.«
4 Vgl. ibid., Bl.B2v.
5 Vgl. ibid.
6 Vgl. ibid., Bl.B2r.
7 Vgl. ibid., Bl.A7r./v.
8 Vgl. Paracelsus, De caduco matricis, S.327–333 und ders., De matrice (Opus paramirum, lib.4), S.190–204
9 Paracelsus, De matrice, S.197
10 Paracelsus hat die Imagination als einen Zustand der Schwangerschaft beschrieben. Der »fluß menstrui« bildet bei den Frauen den Rohstoff für die Materialisierung der Imagination. Vgl. Paracelsus, De virtute imaginativa, S.312–315
11 Vgl. ibid., S.311 und Paracelsus, De caduco matricis, S.327–333
12 Paracelsus, De virtute imaginativa, S.315
13 Vgl. ibid., S.314
14 Vgl. Paracelsus, Sermo von der ehe, S.269
15 Paracelsus, Von der ehe ordnung..., S.247
16 Vgl. ibid., S.248,255
17 Vgl. ibid., S.252/53
18 Vgl. ibid., S.248
19 Vgl. ibid., S.260/61
20 Vgl. ibid., S.261
21 Vgl. ibid., S.249
22 Vgl. ibid., S.251
23 Vgl. Paracelsus, De thoro..., S.300
24 Vgl. Paracelsus, Von der ehe ordnung..., S.258, S.262
25 Weyer, 1586, Buch 4, Kap.12, S.261.1
26 Vgl. ibid., Kap.10, S.257/258
27 Vgl. ibid., S.257
28 Ibid., Buch 5, Kap.34, S.383.1
29 Vgl. ibid. Auf S.564.1 der Ausgabe von 1586 ist ein »Räthlich Bedenken« abgedruckt, das Weyer anläßlich eines Falles von Bessessnheit verfaßt hat. Darin empfiehlt er ebenfalls, die Nonnen aus dem Kloster zu nehmen und ihren Eltern zuzuführen, um sie vor dem Teufel in Sicherheit zu bringen.
30 Vgl. ibid., Buch 4., Kap.11, S.258/259
31 Vgl. Jorden, 1603, Bl.19r.

32 Vgl. ibid., Bl.20r.
33 Vgl. ibid.
34 Vgl. ibid., Bl.16r.
35 Vgl. ibid., Bl.20r.
36 Vgl. ibid., Bl.A4r.und Bl.24r.
37 Vgl. ibid., Bl.20r.
38 Herlitz, S.187/188. Die Zitate beziehen sich auch im folgenden auf die 4. Ausg., Stettin 1610.
39 Vgl. ibid., S.13 und Hildebrand, 1601, S.159
40 Paré, Wund Artzney, Buch 20, Kap.4, S.757, zit. nach der übersetzung von P. Uffenbach, Frankfurt/M. 1635
41 Zur zeitgenössischen Diskussion um Existenz und Wirksamkeit des weiblichen Samens vgl. MacLean, 1980, v.a. S.35–37.

Kapitel 2.1

1 Zur konstituierenden Bedeutung des Städtewesens für die deutsche Reformation vgl. W. Mommsen (Hrsg.): Stadtbürgertum und Adel in der Reformation, Stuttgart 1979; in diesem Zusammenhang v.a. den Beitrag von B. Moeller, Stadt und Buch, S.25–39. Grundlegend: B. Moeller: Reichsstadt und Reformation, Neuausgabe Berlin 1987, ders. (Hrsg.): Stadt und Kirche im 16. Jahrhundert, Gütersloh 1978

2 Diese wirklich bedeutsame Umkehrung traditioneller Wertvorstellungen formulierte Luther bereits 1519 in aller Deutlichkeit: »Es ist nichts mit walfarten gen Rhom, gen Hierusalem, zu sanct Jacob. Es ist nichts kirchen bawen, messe stifften, adder waßer werck genendt werden mugen, gegen dißem eynigen werck, das dye ehlichen yhre kinder zyhen, dan dasselb ist yhre gerichtste straß gen hymell...« Vgl. Luther, Ein Sermon von dem ehelichen Stand, 1519, Weimarer Ausgabe Bd.2, S.170. Zu den wichtigsten Eheschriften Luthers gehören darüber hinaus »Vom ehelichen Leben«, 1522, ibid., Bd.10,2, S.275 und »Von Ehesachen«, 1530, ibid. Bd.30,3, S.198. Vgl. auch Hoffmann, 1959, S.36–39

3 Vgl. Luther, Vom Abendmahl Christi. Bekenntnis, 1528, ibid., Bd.26, S.504/505: »Aber die heiligen orden und rechte stiffte von Gott eingesetzt sind diese drey: Das priester ampt, Der Ehestand, Die weltliche öberkeit, (...) Also wer Vater und mutter ist, haus wol regirt und kinder zeucht zu Gottes dienst, ist auch eitel heiligthum und heilig werck und heiliger orden, Des gleichen, wo kind odder gesind den Eldern odder herrn gehorsam ist...«

4 Die drei »heiligen orden« oder »Heuptstende« unterteilte Luther wiederum in verschiedene Stände, die sich nicht nur nach der sozialen Stellung, sondern auch nach Geschlecht und Alter einer Person richteten: »Und uber das, was die ehe, die welltlich öberkeit, was vater und mutter, weib und kind, man und son, knecht und magd, Und ynn summa alle stende der wellt hab ich zu gutem gewissen und ordnung bracht, das ein iglicher weis, wie er lebt und wie er ynn seinem stande Gott dienen solle«. Vgl. Luther, Vorrede zu »Von Priesterehe...«, 1528, Weimarer Ausgabe, Bd. 26, S.530

5 Zum »Haus« als sozialem Gebilde s. die gute Zusammenfassung bei Becker–Cantarino, 1989, S.512ff. Der Terminus das »ganze Haus«, der von O. Brunner (1968, S.103ff.) eingeführt wurde, wird an dieser Stelle bewußt vermieden. Zur Problematik bzw. relativen Gültigkeit dieses Begriffs siehe in der vorliegenden Arbeit Kap. 3.2. Vgl. auch die Untersuchung von M. Mitterauer »Vorindustrielle Familienformen. Zur Funktions-

entlastung des »ganzen« Hauses im 17. und 18. Jahrhundert« (M. Mitterauer, 1979, S.35–97) und den Artikel »Familie« von D. Schwab in »Geschichtliche Grundbegriffe. Hist. Lex. zur pol.–soz. Sprache in Dtl.«, Bd.2, Stuttgart 1975, S.258–266

6 Vgl. Weber, Die protestantische Ethik..., 1920, S.68ff

7 Vgl. Hoffmann, 1959, S.46ff.

8 Luthers Schrift »Der kleine Catechismus fur die gemeine Pfarherr und Prediger« erschien 1529 als ein Handbuch der religiösen Unterweisung. Sie enthält eine »Haustafel«, in der die einzelnen Stände des »Hauses« angesprochen und durch Sprüche aus den Haustafeln des Neuen Testaments belehrt werden. Die Predigten über den Haus– und Ehestand gehören zu den Katechismuspredigten und wurden vor allem als Auslegung der Haustafel gehalten. Vgl. Luther, Der kleine Catechismus, Neudruck Berlin 1929, S.29–32

9 Vgl. Hoffmann, 1959, S.50

10 Vgl. Moeller, Stadt und Buch, S.30

11 Schon seit dem 13. Jahrhundert gab es geburtskundliche Lehrbücher in der Landessprache. Diese wandten sich jedoch nur an Hebammen und Chirurgen, ihr Inhalt war meist sehr dürftig, und ihre Verbreitung sehr gering. Vgl. Diepgen, 1963, S.97/98

12 Vgl. Fischer–Homberger, 1979, S.20f., 85f.

13 Jakob Rüff (Ruff, Ruffen, Ruof, Ryff), um 1500 im Rheintal geboren, war ursprünglich ein bekannter »Steinschnyder« in Zürich. Obwohl er kein gelehrter Mediziner war, wurde der erfahrene Chirurg zum Stadtarzt berufen. In dieser Funktion war er auch für innere Krankheiten, Geburtshilfe und für den Unterricht der Hebammen zuständig. Als Volksspieldichter trat Rüff für die politischen und sozialen Leitsätze Zwinglis ein. Einige seiner Komödien, z.B. »Adam und Heva« (1.Ausg. Zürich 1550) wurden in Zürich aufgeführt. Rüff starb 1558.

14 Eucharius Roesslin ist von 1493 bis 1506 in Freiburg i.Br. nachweisbar, wo er als Apotheker und Kaufhausschreiber, dann als Arzt tätig war. 1506 wurde er Stadtarzt in Frankfurt a.M., 1508 besuchte er die Herzogin Katharina von Braunschweig–Lüneburg, die ihn zur Abfassung des »Rosengarten« anregte. 1513 war Roesslin Stadtarzt in Worms, 1517 nochmals in Frankfurt, er starb 1526. Roesslins »Rosengarten«, eines der ältesten gedruckten Lehrbücher für Hebammen, war wohl das bekannteste und meistgelesene medizinische Buch der Zeit, es erlebte im 16. Jahrhundert mehr als 100 Auflagen.

15 Paul Diepgen spricht davon, daß bereits die frühen Werke über Geburtshilfe »breite Bevölkerungsschichten« erreichten. Vgl. Diepgen, 1963, S.111

16 Vgl. Birkelbach, 1981, S.83–98

17 Vgl. Baader, 1986, S.128

18 Johann Wittich wurde 1537 in Weimar geboren. Seit 1578 war er als Hof– und Stadtarzt beim Grafen von Schwarzburg in Arnstadt tätig. Außer mehreren populär–medizinischen Handbüchern, z.B. einem Arzneibuch für Kinderkrankheiten, verfaßte Herlitz auch einige theologisch–didaktische Schriften, darunter eine »Ecclesia domestica...« (Erfurt 1587) und eine »Kurtze Hauspostilla oder Kinder Examen / für christliche Haußväter...« (Leipzig 1591). Wittich starb 1598.

19 David Herlitz (1557–1636) war Astrologe und Mediziner. Er studierte zuerst Pilosophie in Wittenberg, Rostock und Leipzig, später Medizin. 1582 wurde er Stadtphysikus in Prenzlau, 1583 in Anklam. 1585 erhielt er eine Professur für Mathematik in Greifswald, wo er 1598 den Doktortitel der Medizin erwarb. Seit 1606 arbeitete er als Stadtphysikus in Lübeck. Herlitz hat über 50 meist astrologische Schriften verfaßt, sein »Astrologischer Kalender 1584–1636« wurde in mehrere Sprachen übersetzt.

Kapitel 2.2

1. Vgl. MacLean, 1980, S.28–46
2. Hippokrates, Oeuvres complètes, Paris 1839–1861, Bd.7, S.492/493 (De la génération). De la nature de l'enfant, XIV); nach Fischer–Homberger, 1979, S.138, Anm.71
3. Vgl. MacLean, 1980, S.33
4. Vgl. Luther, Vorlesungen über 1. Mose, 1535–45, Weimarer Ausgabe Bd.42, S.51–53
5. Vgl. MacLean, 1980, S.45
6. Barbara Duden (Geschichte unter der Haut, 1987, S.56) spricht in diesem Zusammenhang sogar von einer »Schrumpfung der Frau von einer inversen Verkörperung in einen funktional unterschiedlichen Körper«.
7. Die Vorstellung von der inversen Gleichförmigkeit männlicher und weiblicher Geschlechtsorgane klingt in den geburtshilflichen Werken nach, wenn die Autoren erklären, daß auf der rechten Seite des Uterus' eher Jungen als Mädchen entstünden (so z.B. bei Rüff, 1580, S.44). Wegen ihrer Nähe zur Leber, die mit Hitze und Lebenskraft assoziiert wurde, galt die rechte Uterusseite als besonders warm. Die Ansicht, daß eine Frau ein mangels Wärme unausgereifter Mann ist, wird dabei aber nicht mehr erwähnt.

Kapitel 2.2.1

1. Volksmedizinisches und Einflüsse aus der arabischen Medizin (v.a. Toxikologie und Pharmazie) kamen hinzu, spielen aber in diesem Zusammenhang eine sekundäre Rolle.
2. Nach der Viersäftelehre bestehen die Abgänge genau genommen nicht nur aus Blut, sondern aus sämtlichen überschüssigen Körpersäften; vgl. Diepgen, 1963, S.139
3. Vgl. ibid., S.142/143
4. Vgl. Birchler, 1975, S.93
5. Hieronymus Cardanus: De venenis, in: Opera, Bd.7, Leyden 1663, Buch 2, Kap.1, S.313 (nach Fischer–Homberger, 1979, S.59, 141, Anm.105); Jean Fernel: Physiologia (1554), VI,7, in: Universa medicina, Hanau 1610, S.166–168 (nach MacLean, 1980, S.39, 106, Anm.85)
6. Vgl. Paracelsus: De matrice (Paramiri liber quartus), in: Sämtliche Werke (hrsg. v. K. Sudhoff), 1.Abt., Bd.9, S.197
7. Pracelsus, De virtute imaginativa, S.315
8. Vgl. in der vorliegenden Arbeit Kap. 1.4, S.55
9. Bodin, 1598, S.494
10. Vgl. MacLean, 1980, S.39, S.107, Anm. 86.
11. Vgl. Weyer, 1586, Buch 6, Kap.26, S.464
12. Ibid., Buch 3, Kap.35, S.230/231
13. Ibid., Buch 6, Kap.26, S.464.2
14. Ibid., Buch 3, Kap.34, S.226
15. Ibid., Kap.38, S.237
16. Oswald Gabelkhofer (1538–1616) war 37 Jahre lang bei vier Herzögen von Württemberg hintereinander als Hofarzt und Geschichtsschreiber tätig. Sein »Artzneybuch« (1594) befaßt sich nur zum Teil mit Geburtshilfe und besteht zum großen Teil aus

einer Aneinanderreihung von Rezepten, die oft magischen und rein phantastischen Charakter haben.

17 Rüff, 1580, Buch 1, Kap.2, S.9. Rüffs »Trostbüchle« (1554) wird im weiteren nach der Ausgabe Frankfurt/M. 1580 zitiert, die unter dem Titel »Hebammen Buch. Daraus man alle Heimlichkeiten dess Weiblichen Geschlechts erlernen...« erschien. Der Buchhändler Sigmund Feyerabendt, Herausgeber dieser Ausgabe, hat Rüffs Schrift sprachlich überarbeitet und mit einem Anhang über Kinderpflege versehen.

18 Vgl. ibid., Kap.3, S.11, S.24/25

19 Vgl. Roesslin, 1513, Kap.2. Die Buchstabenpaginierung der hier verwandten Ausgabe (o.O. 1513, Privileg: 1512, Widmung: Worms 1513) ist äußerst fehlerhaft und lückenhaft. Textstellen werden daher im weiteren meist nur unter Verweis auf das jeweilige Kapitel belegt.

20 Vgl. Roesslin, 1513, Kap.8

21 Vgl. Wittich, 1597, Bl.16–17

22 Rüff, 1580, Buch 2, Kap.3, S.37

23 Ibid., Buch 6, Kap.1, S.155

24 Ibid., Kap.7, S.180

25 Vgl. vorliegende Arbeit, Kap.1,5, S.59ff.

26 Vgl. Rüff, 1580, Buch 6, Kap.8, S.188–190

27 Vgl. Hildebrand, 1601, S.48/49

28 Ibid., S. 46

29 Diese Angabe ist nicht unbedingt typisch für die medizinischen Ansichten der Zeit. Andere Ärzte nannten ein Alter zwischen 40 und 49 Jahren. Vgl. Fischer–Homberger, 1983, S.190ff.

30 Vgl. Hildebrand, 1601, S.44

31 Vgl. ibid., S.59

32 Vgl. Fischer–Homberger, 1983, S.189ff.

33 Guenther, 1566, Bl.117/118

34 Vgl. Spangenberg, 1563, Predigt 56,57, Bl.219–225 und Selnecker, 1600, Bl.211, »Gebet einer Schwangern Frawen«

35 Menius, 1530, Kap.8, Bl.D2

36 Ibid., Kap.7, Bl.C5

37 Ibid.

38 Vgl. Spangenberg, 1566, Bl.222

39 Weyer, Vom Zorn, 1585, S.88

40 Vgl. ibid., S.148–150

41 Vgl. ibid., S.110–112

42 Coler, 1680, Buch 1, S.4. Die erste Auflage des Hausbuches erschien von 1593 bis 1603 in Wittenberg. Die vorliegende Arbeit zitiert die erweiterte Auflage, die 1680 in Frankfurt/M. unter dem Titel »Oeconomia ruralis und domestica« erschien. Sofern im folgenden auf Textstellen Bezug genommen wird, die in der ersten Auflage nicht enthalten sind und nicht von Coler stammen, wird dies deutlich gemacht.

43 Vgl. Hoffmann, 1959, S.66

44 Coler, 1680, Buch 4, S.348

45 Vgl. Becker–Cantarino, 1986, S.514

Kapitel 2.2.2

1 Vgl. Rüff, 1580, Buch 2, Kap.2, S.35/36 und Hildebrand, 1601, S.32
2 Vgl. Roesslin, 1513, Kap.11
3 Rüff, 1580, Buch 1, Kap.6, S.25
4 Als Quelle wird nur Averroës (Ibn Roschd, 1126–1198) namentlich genannt, sonst wird lediglich auf die Schriften »etlicher Doctores« verwiesen.
5 Vgl. Rüff, 1580, Teil 2, S.254
6 Vgl. ibid., Buch 2, Kap.6, S.45
7 Vgl. ibid., Teil 2, S.251–257
8 Herlitz, 1610 (4.Ausg.), S.18/19
9 Ibid., S.173
10 Vgl. ibid., S.175–181
11 Die von Herlitz zitierten Argumente finden sich bei Guenther, 1566, Bl.139ff.
12 Herlitz, 1610, S.177
13 Ibid., S.178
14 Ibid., S.180
15 Selnecker, 1600 (1.Ausg. 1589), Bl.84
16 Ibid., Bl.191
17 Der Gedanke, daß die Frau mit ihrer Gebärfähigkeit einen Beitrag zur göttlichen Schöpfung leiste, wurde nicht nur von Theologen, sondern auch von Ärzten formuliert. So schrieb z.B. Ambroise Paré 1575: »...procréer un individu, c'est–à–dire une petite créature de Dieu.« (L'Anatomie, livre I: »Sur la génération«, zit. nach Knibiehler/Fouquet, 1980, S.40)
18 Vgl. Coler, 1680, Buch 4, Kap.8, S.348
19 Vgl. ibid., Kap.7, S.347
20 Vgl. das Kapitel »La découverte de l'amour maternel« in Knibiehler/Fouquet, 1980, S.138ff.

Kapitel 2.2.3

1 Vgl. Einleitung der vorliegenden Arbeit, S.3
2 Hippokrates: Oevres complètes, Paris 1839–1861, Bd.7, S.478–489 (De la génération VII–XII), nach: Fischer–Homberger, 1979, S.138, Anm. 73
3 Vgl. MacLean, 1980, S.36/37 und Fischer–Homberger, 1975, S.148
4 Siehe Anm.1
5 Vgl. MacLean, 1980, S.37; MacLeans Darstellung (S.35–37), nach der die aristotelische Position während des Mittelalters dominierte, steht in gewissem Widerspruch zu den

Ausführungen von Diepgen (1963, S.147), denen zufolge »die Lehre Galens, daß die Keimdrüse das Weib zum Weibe macht, von den mittelalterlichen Autoren fast ausnahmslos akzeptiert« wurde. Die Differenz ist im Zusammenhang dieser Untersuchung jedoch nicht von wesentlicher Bedeutung. Auch Diepgen betont, die Zweisamenlehre habe »sich in der mittelalterlichen Physiologie durchgesetzt, ohne daß sich an den überlieferten Vorstellungen über das weibliche Sperma und an den Konsequenzen für die Rolle der Frau bei der Fortpflanzung etwas Wesentliches (...) geändert hätte.« (S.148)

6 Rüff, 1580, Buch 1, Kap.6, S.25

7 Ibid., Kap.1, S.7

8 Ibid., Kap.2, S.9

9 Vgl. Fischer–Homberger, 1983, S.193

10 Vgl.Hildebrand, 1601, S.39–42

11 Ibid., S.159

12 Herlitz, 1610, S.187/188

13 Vgl. Jorden, 1603, Kap.6, Bl.20; siehe auch in der vorliegenden Arbeit Kap.1.4

14 Agrippa, 1532, Bl. Bv./B2r.: »Quod hoc maxime perspicuum est, quia solum muliebre semen Galeno & Auicenna testibus, est materia & nutrimentum fœtus: viri autem minime, quod illi quodammodo ut accidens substantiæ ingrediatur.«

15 Deutsches Zitat nach: Agrippa, 1540, Bl.C4v. Der lateinische Text lautet: »... ob quam causam videmus plurimos matribus similes esse, quia ex earum sanguine procreatos. Idque plurimum in corporis habitu, semper autem in moribus, si enim matres stolidæ sunt, & filii stolidi fiunt, si matres prudentes, & filii earum prudentiam redolent. Contra vero in patribus...« (Agrippa, 1532, Bl. B2r.)

16 Rüff, 1580, Buch 1, Kap.6, S.25

17 Vgl. Fischer–Homberger, 1983, S.220/221 und S.429, Anm.30

18 Paré, Wund Artzney, Buch 20, Kap.4, S.757, zit. nach der Übersetzung von P. Uffenbach, Frankfurt/M. 1635. Siehe auch Kap. 1.5 der vorliegenden Arbeit

19 Menius, 1530, Kap.7, Bl.C4, C6

20 Selnecker, 1600, Bl.14r., 135v./136r.

21 Vgl. Agrippa, 1532, Bl.C7r.

22 Vgl. ibid., Bl.B8r.

23 Die Ansichten, die Paracelsus in diesem Zusammenhang geäußert hat, gründen sich auf seine Auffassung der Gebärmutter (matrix) als eines Mikrokosmos', der das ganze Wesen der Frau bestimmt und auf die Imaginationslehre. Auch die Begriffe Samen und Sperma werden von ihm im Sinne einer geistigen Kraft benutzt, die sich in einem Kind, aber auch in Krankheiten etc. materialisieren kann. Paracelsus macht keinen prinzipiellen Unterschied zwischen einer Schwangerschaft und dem Vorgang der Imagination (darin ähnelt er Aristoteles), in beiden Fällen spielen »lust und begird« eine entscheidende Rolle (vgl. De virtute imaginativa, Sudhoff 1933, Bd.14, S.311/312). Die Lust hat ihren Sitz in der matrix, einem Kristallisationspunkt geistiger Kräfte, die in der Frau wirksam sind. Alles aber, »das so die matrix begert mit iren begirden, das selbig kompt in sie« (vgl. Das Buch von der Gebärung, Sudhoff 1929, 1.Abt. Bd.1, S.274).

24 Vgl. Paracelsus, Von der Ehe ordnung..., S.248–254; vgl.auch Kap.1.5 der vorliegenden Arbeit

25 Selnecker, 1600, Bl.134

26 Vgl. ibid., Bl. 135r.

Kapitel 2.3

1 Vgl. Fischer–Homberger, 1975, S.60–63
2 Zur Übersetzung der Timaios–Stellen (76d–e und 90e) vgl. Fischer–Homberger, 1979, S.33/34 und S.134, Anm.40 sowie MacLean, 1980, S.40
3 Vgl. MacLean, 1980, S.40
4 Vgl. Diepgen, 1963, S.109/110
5 Paré, L'Anatomie, livre I: »Sur la génération«, 1575, zit. nach: Kniebiehler/Fouquet, 1980, S.40
6 Vgl. in der vorliegenden Arbeit Kap. 1.5., S.66ff.
7 Paracelsus, De matrice, S.197/198
8 Vgl. ibid.
9 Rüff, 1569, Buch 2, Kap.2, S.34–36
10 Ibid., Kap.3. S.36
11 Hildebrand, 1601, S.28, S.33
12 Ibid., S.27
13 Vgl. Kap.1.4 der vorliegenden Arbeit
14 Jorden, 1603, Bl.14r./15v.
15 Vgl. ibid., Bl.15v./15r.
16 Vgl. ibid., Bl.13v./13r.
17 Vgl. ibid., Bl.15r., Bl.18v.
18 Ibid., Bl.15r.
19 Vgl. Spangenberg, 1561, Bl.36f.
20 Jorden, 1603, Bl.16v.
21 Vgl. ibid., Bl.16r.
22 Ibid., Bl.23r./24v.
23 Vgl. Fischer–Homberger, 1979, S.42–48

Kapitel 2.4

1 Die Ansichten über die Stellung der Frau in der spätmittelalterlichen Gesellschaft sind nachhaltig von Karl Büchers Schrift »Die Frauenfrage im Mittelalter« (1882) beeinflußt worden. Neuere Forschungsergebnisse haben gezeigt, daß der weibliche Anteil an der Erwerbsarbeit in weiten Bereichen höher und die wirtschaftliche Stellung der Frau in vielen Städten besser war, als Bücher angenommen hatte. (Vgl. Margret Wenskys Untersuchung über »Die Stellung der Frau in der stadtkölnischen Wirtschaft im Spätmittelalter« (1980) und ihre zusammenfassende Darstellung »Die Frau in Handel und Gewerbe vom Mittelalter bis zur Frühen Neuzeit« (1985). Mit kritischem Blick auf eine Vorstellung vom Patriarchat, nach der die Frau nicht an der gesellschaftlichen Produktion materieller Güter teilhatte, hat Heide Wunder hervorgehoben, daß ein verzerrtes Bild entstehe, wenn die gesellschaftliche Stellung der Frauen nur durch ihre Beziehung zum Mann, nicht aber durch ihre Arbeit bestimmt werde. Als Beispiel führt sie vor allem zünftig organisierte Handwerkerinnen und Handwerkerfrauen an. (Vgl. Wunder, 1981, S.239–245)

2 In ihrem Aufsatz über »Erwerbstätige Frauen in deutschen mittelalterlichen Städten« kommt Barbara Kroemer zu folgendem Fazit: »Zusammenfassend läßt sich feststellen, daß mit Ausgang des Mittelalters sowohl im Bereich der Berufsmöglichkeiten als auch der Rechtsposition der Frauen in den Städten gewonnenes Terrain wieder verloren ging. In allen gesellschaftlichen Bereichen wurde sie zurückgedrängt. Durch die sozio-ökonomischen Wandlungen der werdenden Neuzeit wurden die Frauen weitgehend aus der Berufsarbeit verdrängt.« (Vgl. B. Kroemer, 1982, S.92/93) Zu übereinstimmenden Ergebnissen gelangte K.-J. Lorenzen-Schmidt in seiner Untersuchung »Zur Stellung der Frauen in der frühneuzeitlichen Städtegesellschaft Schleswigs und Holsteins«. Das 15. und 16. Jahrhundert bezeichnet er als »eine Phase sich verstärkender Repressionen gegen Frauen« und konstatiert, »daß die alleinstehenden Frauen in schleswigschen und holsteinischen Städten tatsächlich in einem strukturellen Zusammenhang lebten, der es ihnen kaum ermöglichte, durch selbständige Arbeit Vermögen zu erwerben bzw. ererbtes Vermögen auch zu erhalten.« (Vgl. K.-J. Lorenzen-Schmitt, 1979, S.319, S.330) Übereinstimmend ebenfalls M.Mitterauer, der in seiner Untersuchung »Zur familienbetrieblichen Struktur im zünftischen Handwerk« für das 16. Jahrhundert zu folgendem Ergebnis kommt: »Das zünftische Gewerberecht dieser Zeit stand der Frauenarbeit ausgesprochen feindselig gegenüber. (...) Die Mitarbeit von Frauen im zünftischen Gewerbe ist also zeitlich und nach Berufszweigen stark differenziert zu sehen. Sie war sicher nicht der Regelfall, weithin sogar eher die Ausnahme.« (Vgl. M. Mitterauer, 1979, S.120)

3 Vgl. Fischer-Homberger, 1983, S.254–260

4 Ibid., S.254

5 Vgl. Donatus, De medica historia..., 1588 (1. Ausg. Mantua 1586), Buch 2, Kap.1 (Imaginatricis...facultatis affectiones mirae), Bl.30r.–43r.

6 Paré, Des monstres et prodiges, Oevres complètes, Bd.3, Paris 1976, Kap.9, S.1035

7 Vgl. Johann Baptista van Helmont: Aufgang der Artzney-Kunst. Deutsche Übersetzung Sulzbach: J.A. Endters Söhne 1683, S.992–995; zit. nach Fischer-Homberger, 1979, S.110, 151, Anm.259

8 Vgl. hierzu Fischer-Homberger, 1979, S.106–115 und dies., Hypochondrie, 1970

9 Paracelsus, De virtute imaginativa, in: Sämtliche Werke (Sudhoff), Bd.14, S.317

10 Ibid., S.319

11 Ibid., S.318. Die Imagination wirkt auch in diesem Fall über eine geistige Kraft, die Paracelsus »astrum« oder »gestirn« nennt. »Nun ist das gestirn der geist, der da formirt und an sich zeucht und imprimirt, und ist der zimerman der imagination. was also aus den sechsen (forcht, erschrecken, lust, begeren, freut, neit) kompt in die imagination, das ist iezt dem zimerman befolen, das selbig also zu machen, wie es ersehen ist worden.« Das Bild, das auf diese Weise entsteht, »wachst auf dem kint.« (ibid., S.312, 317; vgl. hierzu auch in der vorliegenden Arbeit Kap. 1.1) Zum prägenden Einfluß der Imagination auf das ungeborene Kind vgl. auch: Paracelsus, Das Buch von der Gebärung, in: Sämtliche Werke (Sudhoff), Bd.1, S.273/274

12 Rüff, 1580, Buch 5, Kap.1, S.112

13 Ibid., S.113

14 Ibid., Buch 2, Kap.4, S.38

15 Vgl. Gabelkhover, 1610 (1.Ausg. 1594), Teil 2, S.35

16 Wittich, 1597, Bl.77

17 Hildebrand, 1601, S.59

18 Vgl. Herlitz, 1610 (4. Ausg.), S.56

19 Rüff, 1580, Teil 2, Kap.36, S.244
20 Vgl. H. Wunder, 1987, S.128
21 Vgl. Rüff, 1580, Teil 2, Kap.36, S.242/243
22 Es ist zu vermuten, daß die Imaginationslehre auch in diesem Zusammenhang eine entschuldigende Funktion ausüben und sich in Richtung auf besondere Rücksichtnahme gegenüber schwangeren Frauen auswirken konnte. Darauf weist auch eine andere Historie hin, die im »Hebammen Buch« als Beispiel für weibliche »Gelüste« angeführt wird. Sie handelt von einer Schwangeren, die ihren Mann tötete, zur Hälfte verspeiste und den Rest des Leichnams einpökelte. Der Autor verdammt die Frau nicht. Als ihr das Gelüst vergangen war, so wird betont, gestand sie ihre Tat und war herzlich betrübt. (Vgl. ibid., S.242)
23 Auch Johann Wittich (1597, Bl.16) hat vor den »Gelüsten« gewarnt und betont, daß sie dem Kind gerade dann schaden könnten, wenn sie nicht befriedigt würden.
24 Vgl. Hildebrand, 1601, S.71
25 Herlitz, 1610 (4. Ausg.), S.43/44
26 Vgl. ibid., S.55/56
27 Gerade wegen der hohen Kindersterblichkeit lassen sich bisher kaum genauere Angaben über die Reproduktionsziffer machen. Früh gestorbene und unehelich geborene Kinder werden von den ohnehin spärlichen Statistiken oft nicht erfaßt. Shorter (1984, S.118) geht davon aus, daß die Frau in der vorindustriellen Gesellschaft durchschnittlich 6 Kinder bekam. Dies ist für das 16. Jahrhundert wahrscheinlich zu niedrig angesetzt, worauf auch das statistische Material in der neueren Veröffentlichung von R.van Dülmen (1990, S.23ff., S.87ff.) hinweist.
28 Vgl. in der vorliegenden Arbeit Kap.2.1, S.69f.
29 Coler, 1680 (1.Ausg. 1593), Buch 1, Kap.6, S.5–6. In der Ausgabe von 1680 werden in dem hausmedizinischen Teil, der nicht von Coler stammt, nahezu alle Wirkungen der Imaginationskraft noch in gleicher Weise beschrieben, wie dies in den Lehrbüchern des 16. Jahrhunderts geschah. Dies gilt für die Schädigung der Kinder durch »Erschrecken« ebenso wie für die Erklärung von Ähnlichkeitsverhältnissen durch »Einbilden«. (Ibid., Buch 4, S.342–351)
30 Vgl. Menius, 1530, Kap.8, Bl.E4–5
31 Spangenberg, 1563, Bl.36
32 Menius, 1530, Kap.8, Bl.E5
33 Vgl. Spangenberg, 1563, Bl.222
34 Der Anblick menschlichen Elends wird von sehr vielen Autoren in diesem Zusammenhang erwähnt. Die Imaginationslehre erweist sich damit nicht nur als ein Instrument zur Domestizierung der Frau, sondern auch als ein Argument zur gesellschaftlichen Ausgrenzung von Körperbehinderten sowie von verelendeten und vagabundierenden Bevölkerungsgruppen.
35 Vgl. Guenther, 1566, Bl.86
36 Ibid., Bl.45
37 Vgl. Selnecker, 1600 (1.Aufl. 1589), Bl.211r./v., vgl. auch Anm.15
38 Vgl. ibid., Bl.126
39 Ibid., Bl.114v.

40 Ihren Ehemann selbst darf die Frau ermahnen, unter Umständen hat sie sogar die Pflicht, ihn auf die gefährlichen Folgen seines Tuns hinzuweisen. Gegenüber Außenstehenden darf sie dieses Thema jedoch niemals erwähnen. (Vgl. ibid., Bl.176v./177r.)

41 Die Gedichte sind in enger Anlehnung an Passagen aus Johann Fischarts (1546–1590) »Ehzuchtbüchlin« (1578) geschrieben, einige Stellen sind wörtlich von Fischart übernommen. Vgl. Johann Fischart: Das Philosophisch Ehzuchtbüchlin Straßburg 1578, in: Johann Fischarts Werke, Bd.3, hrsg. von A. Hauffen, Stuttgart 1895, S.154ff. In seiner Einleitung hat Hauffen darauf hingewiesen, daß sich die Metaphorisierung weiblicher Tugenden in den Gestalten der Schnecke oder Schildkröte bereits bei Plutarch finde (ibid., S.LVIII).

42 Vgl. ibid., Bl.157v.–158v.

43 Zu diesem und den folgenden Zitaten vgl. ibid., Bl.164r.–170r.

44 In einem 1964 erschienenen Aufsatz von Elisabeth Ahme über »Wertung und Bedeutung der Frau bei Martin Luther« kommentiert die Autorin die lutherische Ehestandslehre mit den Worten: »Damit hat Luther alle Hindernisse, die einer Erfüllung des Frauenlebens entgegenstanden, überwunden und den Weg freigemacht für eine freudige Bejahung der ihr von Gott gegebenen Lebensordnung.« (Vgl. Ahme, 1964, S.64) Zur Kritik an dieser Auffassung vgl. den anregenden Aufsatz von Dagmar Lorenz »Vom Kloster zur Küche: Die Frau vor und nach der Reformation Dr. Martin Luthers« (1980).

Kapitel 2.5

1 Vgl. Ottmüller, 1981, S.101–108

2 Rüff, 1580, Buch 5, Kap.6, S.151/152. Die Geschichte stammt nicht von Rüff und ist in den 1554 und 1569 erschienenen Ausgaben des »Trostbüchle« nicht enthalten. Sie wurde von Sigmund Feyerabendt, der Rüffs Werk 1680 unter dem Titel »Hebammen Buch« herausgab, hinzugefügt. Feyerabendt gab ihr den Titel »Ein Histori von eim Wechselkindt / in Tischreden D.M. Luth.«

3 Flandrin, 1978 (1.Aufl. 1976), S.249f.

4 Eine umfangreiche Sammlung von gänzlich phantastischen Behandlungsmethoden, die z.t. aber auch Volksmedizinisches enthält, findet sich z.B. im 4.Buch der 1680 erschienenen Ausgabe von Colers »Oeconimia« unter dem Titel »Von Weibern und Kindern / und derselben allerley Zufällen«. Wie der gesamte hausmedizinische Teil, stammt auch dieser Abschnitt nicht von Coler.

5 Vgl. Gabelkhover, 1610 (1.Ausg.1594), Teil 2, S.49

6 Vgl. Shorter, 1984, S.108–110

7 Vgl. ibid., S.100ff.

8 Vgl. Imhof, 1975, S.580

9 Vgl. Roesslin, 1513, Kap.9

10 Vgl. Wittich, 1597, Bl.3

11 Vgl. ibid., Bl.55ff.

12 Ibid., Bl.62

13 Ibid., Bl.66

14 Ibid., Bl.70

15 Ibid., Bl.67

16 Ibid., Bl.76
17 Vgl. Spangenberg, 1563, Bl.223
18 So z.B. auch bei Selnecker, 1600, Bl.189f., Bl.208f.
19 Luther, Ein Sermon von dem ehelichen Stand, 1519, Weimarer Ausgabe Bd.2, S.170. Das lutherische »Werk«, das klingt auch in diesem Zitat an, stand also in enger Beziehung zur Liebe am Nächsten, die dem Glauben an Christus innewohnen sollte. Bernd Moeller hat in diesem Zusammenhang hervorgehoben, daß für die städtische Gesellschaft, die vor der Reformation »eine religiöse Leistungsgesellschaft geworden war, (...) Luthers Rechtfertigungslehre ein in dieser Form neues Gemeinschaftsethos in sich barg.« (Moeller, 1983, S.23/24)
20 Vgl. Weber, Die protestantische Ethik..., 1963 (1.Ausg.1920), S.71
21 Menius, 1530, Bl.D3
22 Vgl. ibid., Bl.D5–D7
23 Vgl. Weber, Die protestantische Ethik..., 1963 (1.Ausg.1920), S.74
24 Vgl. ibid., S.108
25 Wittich, 1597, Bl.72
26 Zu dem mehrmals verwandten Begriff »Bewährung« ist anzumerken, daß der Bewährungsgedanke von der lutherischen Kirche im Gegensatz zum Calvinismus nur sehr wenig entwickelt wurde. Der Glaube des Lutheraners bewährte sich weniger in der Askese und Selbstdisziplin, die zu sozialem Aufstieg und wirtschaftlichem Gewinn führten, sondern eher im geduldigen Ertragen der Alltagsmühen bei der Pflichterfüllung im jeweiligen »Beruf«. Weber spricht in diesem Zusammenhang von »der (relativen) sittlichen Ohnmacht des Luthertums. Die lutherische „gratia amissibilis", welche durch bußfertige Reue jederzeit wiedergewonnen werden konnte, enthielt an sich offenbar keinerlei Antrieb zu dem, was für uns hier als Produkt des asketischen Protestantismus wichtig ist: zu einer systematischen rationalen Gestaltung des ethischen Gesamtlebens.« (Weber, 1963 (1.Ausg.1920, S.125) Dennoch bestand auch im Luthertum eine Verbindung zwischen Pflichterfüllung, Glauben und Heilsgewißheit, ohne die die lutherische Berufsethik und ihre praktische Durchschlagskraft nicht denkbar sind. Ausschlaggebend ist für den Lutheraner stets der »wahre Glaube«, doch ist die weltliche Berufsarbeit - in diesem Zusammenhang das Gebären und Aufziehen von Kindern - der wichtigste Ausdruck und damit auch Prüfstein dieses Glaubens (Vgl. ibid., S.71). Hat das Luthertum damit im Vergleich zum Katholizismus eine gewaltige Aufwertung der weltlichen Pflichterfüllung bewirkt, so hat es im Vergleich zum späteren Calvinismus einer eher passiven und statischen Lebensweise Vorschub geleistet. Beide Aspekte kommen in den theologischen Ratschlägen für schwangere Frauen deutlich zum Ausdruck.
27 Spangenberg, 1563, Bl.225
28 Wittich, 1597, Bl.68
29 Ibid., Bl.219
30 Vgl. Herlitz, 1610 (4.Ausg.), Kap.33 und 34
31 Wittich, 1591, Vorwort von Friedrich Roth
32 Vgl. Birchler, 1985, S.3–6
33 Vgl. Bodin, 1598, S.491–494, in der vorliegenden Arbeit Kap.1.4, S.55

Kapitel 3.1 und 3.1.1

1 Diesen Versuch unternimmt z.B. H.–D. Heimann, wenn er vom Leitbild der »geachteten Ehe–Hausfrau und dem Gegenbild der „Hexe"« spricht und betont, daß sich beide wie »Typ und Antityp« zueinander verhielten. Vgl. Heimann, 1984, S.278

2 Vgl. hierzu den anschließenden Exkurs (3.1.1)

3 Vgl. Schormann, 1981, S.75

4 Vgl. H. Wunder, 1987, S.124

5 Vgl. K. Thomas, 1971, v.a. S.160ff.

6 Vgl. Schormann, 1981, S.72–80, Unverhau, 1987, S.253, für Frankreich vgl. Muchembled, 1978, S.293: »La sorcellerie réprimée, tout d'abord, est surtout rurale«. Die Arbeitsergebnisse von Edith Ennen belegen ebenfalls, daß die größeren Städte im Spätmittelalter nicht der soziale Ort wachsender Frauenfeindlichkeit waren, daß vielmehr gerade das städtische Wirtschaftsleben dazu beitrug, die Achtung vor dem weiblichen Geschlecht zu erhöhen. Vgl. Ennen, 1980 und dies. 1984, v.a. S.30

7 Vgl. Behringer, 1987, S.225

8 Vgl. Schormann, 1981, S.79

9 Johann Weyers »De commentitiis jejuniis« erschien zuerst 1577 bei Oporinus in Basel. Für die vorliegende Untersuchung wurde der Abdruck in der Opera–Ausgabe, Amsterdam 1660, S.748–769, benutzt.

10 Die Autorinnen erlären zunächst: »Hexen...waren in der Mehrzahl Heilpraktikerinnen, die dem Bauernvolk halfen.« Diese Behauptung, für die nicht der mindeste Beleg beigebracht wird, bildet die argumentative Grundlage für die weitere Darstellung. Im 15. Jahrhundert, heißt es später, hätten die männlichen Ärzte ihre Monopolstellung weit genug ausgebaut, »um eine Schlüsselposition bei der Ausschaltung der breiten Masse der Heilpraktikerinnen - „den Hexen" - einnehmen zu können.« Vgl. Ehrenreich/English, 1976, S.9, S.26 (1.Ausg. New York 1973)

11 Die Autorinnen führen nicht ein einziges Gutachten an. Sie erörtern auch nicht, auf welche Fragen sich die gutachterliche Tätigkeit der Ärzte bezog. Vgl. ibid., S.26

12 Vgl. Heinsohn/Steiger, 1985, v.a. S.138–145, zur Kritik vgl. auch Schormann, 1981, S.105–109

Kapitel 3.2

1 Vgl. Shorter, 1976, S.168

2 Vgl. R. van Dülmen, 1990, S.230–240

3 Bei van Dülmen heißt es in diesem Zusammenhang: »Allgemein wird angenommen, daß sich gegen Ende des 18. Jahrhunderts eine neue bürgerliche Familienform herausbildete, die zwar zunächst nur von einer kleinen sozialen Schicht getragen wurde, dann aber langfristig zur vorherrschenden Familienform der Moderne wurde. (...) Alle Anfänge der modernen Familie weisen jedenfalls zurück auf das späte 18. Jahrhundert.« (Vgl. ibid., S.230)

4 Der Begriff »Kernfamilie« wird auch bei van Dülmen als Gegensatz zum »ganzen Haus« eingeführt. (Vgl. ibid.)

5 Vgl. M. Mitterauer, 1984, S.1

6 Vgl. O. Brunners klassische Studie »Das „ganze Haus" und die alteuropäische „Ökonomie"«, 1958

7 Vgl. hierzu M. Mitterauer: Vorindustrielle Familienformen. Zur Funktionsentlastung des »ganzen Hauses« im 17. und 18. Jahrhundert, in: Mitterauer, 1979, S.35–97; s.a. Anm.17 und Mitterauer/Sieder, 1977, v.a. S.13ff, S.38ff.

8 Die Bestimmung der Geschlechtscharaktere sieht K. Hausen vor dem Hintergrund einer tiefgreifenden »Veränderung des sozialen Orientierungsfeldes Familie«: »In erster Linie ist hier an den bislang vor allem ideengeschichtlich erfaßten Übergang vom „ganzen Haus" zur „bürgerlichen Familie" zu denken, der seit der Mitte des 18. Jahrhunderts seinen begriffsgeschichtlichen Niederschlag darin findet, daß aus dem Familienbegriff sowohl die Erwerbswirtschaft als auch die der Herrschaft unterstellten Hausbediensteten als Sinnkomponente verschwinden«. Vgl. Hausen, 1977, S.370/371,

9 Vgl. ibid., S.369

10 Vgl. ibid., S.369, S.383 und S.390

11 Vgl. ibid., S.370

12 Vgl. ibid., S.383, S.392

13 Dies wird exemplarisch nachgewiesen u.a. bei G. Wunder, 1980, S.174

14 Vgl. Heimann, 1984

15 Vgl. Shorter, 1976, S.255ff

16 Gestützt wird diese Annahme zum Beispiel durch jene Kapitel in Werken der Hausväterliteratur, die sich explizit an die »Hausmutter« wenden. In diesen Passagen erscheint die Hausmutter oft als Mitglied einer großen bäuerlichen Hauswirtschaft, in der nicht nur Gesinde für landwirtschaftliche Arbeiten, sondern auch Dienstboten für die Arbeiten im Haushalt zur Verfügung stehen. Die oft fließenden Übergänge zwischen Ehe- und Fürstenspiegel weisen darauf hin, daß die Propagierung des Hausmutterideals ihre Wirksamkeit auch bei Teilen des Adels entfaltete. Insgesamt ist auch zu berücksichtigen, daß Angehörige von Stadt- und Landbevölkerung vielfach durch verwandtschaftliche Beziehungen miteinander verbunden waren, und daß viele wohlhabende Städtebürger landwirtschaftliche Güter betrieben.

17 Vgl. B. Moeller, Luther und die Städte, 1983, S.12–22. Sehr aufschlußreich ist in diesem Zusammenhang auch B. Moeller, Stadt und Buch, in: W. Mommsen (Hrsg.), 1979, S.25–39

18 Johann Cochlaeus, Commentaria de actis et scriptis M. Lutheri Saxonis, 1549, S.55, Anführung nach B. Moeller, Luther und die Städte, 1983, S.19

19 F. Braudel: Europäische Expansion und Kapitalismus 1450–1650, in: E. Schulin (Hrsg.) 1974, S.255. Braudel benutzt den Begriff »Kapitalismus«, er spricht sogar davon, daß sich das Deutschland des 16. Jahrhunderts »im Griff eines monopolistisch gesinnten Kapitalismus befand.« (S.268) Er benutzt den Begriff jedoch nie, ohne ihn im jeweiligen Kontext präzise und differenziert zu bestimmen, er betont z.B., daß es nicht einen, »sondern mehrere europäische Kapitalismen« gab, »jeder mit seiner Zone und seinen Bewegungskreisen.« (S. 293) Da diese notwendige Präzision im hier erörterten Fragenkomplex zu weit führen würde, wird der Begriff vermieden, zur Kennzeichnung der avisierten Tendenzen werden lediglich die Adjektive handels- oder frühkapitalistisch benutzt. Die letztere Bezeichnung ist insofern treffender, weil im 16. Jahrhundert bereits ein großer Teil des im Handel erwirtschafteten Kapitals in Finanzgeschäfte und in die gewerbliche Produktion investiert wurde.

20 Die wohl wichtigsten Instrumente zur Beschaffung von Fremdkapital, das Depositum und die Kommandite, waren nicht neu, wurden aber in Deutschland seit Ende des 15. Jahrhunderts stärker eingesetzt als je zuvor. Mit ihrer Hilfe wurden im Handel

erworbene Kapitalien in internationalem Maßstab dem Bergbau und anderen gewerblichen Großunternehmen zugeführt. Vgl. Kellenbenz, 1979, S.148–155, s.a. Berthold/Engel/Laube, 1973, S.196–217

21 Vgl. H. Weiss, 1980, S. 45–52

22 Vgl. ibid., S.182

23 Vgl. G. Wunder, 1980, S.92/93; über Kreditwesen und neue Finanztechniken: Parker, 1979, S.335–380; Parker betont, daß entgegen den Behauptungen vieler Historiker der als Wucher angeprangerte kommerzielle Kredit in protestantischen Ländern ebenso geduldet wurde, wie in katholischen Gebieten: »Luther erteilte jenen besonderes Lob, die billige Darlehen (nämlich solche mit weniger als 6 Prozent Zinsen) an Bauern gaben (...). Im Jahre 1557 willfahrte Calvin selbst den Protesten von Kaufleuten, die ihr Kapital nach Lyon zu verlagern drohten, wenn der gesetzliche Höchstzins für Darlehen in Genf nicht von 5 auf 6 2/3 Prozent angehoben würde;« (S. 342)

24 Vgl. Mieck, 1981, S. 156

25 Dokumentiert sieht Braudel diese Haltung z.B. in der Entstehung des Geschäftsbriefes, einer in vieler Hinsicht interessanten Textsorte mit den Merkmalen der kurzen, prägnanten und allein auf Information zielenden Abfassung. Vgl. Braudel, 1974, S.276

26 Vgl. Elias, 1969, Bd.2, S.8ff., S.312ff.

27 Vgl. H. Wunder, 1987, S.141–143

28 Allein die wachsende Kompliziertheit der Geschäftstechniken und des Finanzwesens, die immer neue Arten von direkten und indirekten Steuern, Gebühren, Kapitalaufnahmen und damit verbundenen Rechtsstreitigkeiten hervorbrachte, hat zum raschen Anwachsen des Bildungsbürgertums beigetragen, indem sie die Entwicklung zur modernen Verwaltung in Städten und an Fürstenhöfen unumgänglich machte. Vgl. hierzu Gerteis, 1986, S.85–94

29 Vgl. W. Fischer, 1977, S.199

30 Vgl. H. Wunder, 1987, S.140

31 Auch Landnutzung wurde häufig als Teil der Besoldung vergeben. Bei weniger gut gestellten Familien, denen die Mittel für Gesinde fehlten, mußten daher mitunter auch die Ehefrauen einen Teil der landwirtschaftlichen Arbeiten verrichten. Vgl. ibid., S.142

32 Vgl. ibid., S.143

33 Vgl. H. Wunder, 1987, S.133

34 Vgl. G. Wunder, 1984, S.123. Bezeichnend ist in dieser Hinsicht, daß der erste Haller Bürger, der eine Studienstiftung einrichtete (1509), der Sohn eines Metzgers war, der in Paris studiert hatte. Vgl. ders., 1980, S.116

35 Vgl. G. Wunder, 1984, S.113–119

36 M. Mitterauer führt in diesem Zusammenhang folgende Berufe des Männerhandwerks an: Weber, Färber, Walkmüller, Stampfmüller, Müller, Hafner, Schneider, Gärtner, Kleinhändler, Apotheker, Bader, Bäcker, Lebzelter, Brauer und Gastwirte. Vgl. Mitterauer, Geschlechtsspezifische Arbeitsteilung in vorindustrieller Zeit, S.83, zit. nach Ketsch, 1983, Bd.1 , S.118

37 Vgl. ibid., S.117

38 Zu übereinstimmenden Ergebnissen kommt Ketsch bei der Sichtung von Zunftbestimmungen: »Ein Vergleich verschiedener Bestimmungen eines Ortes macht es wahrscheinlich, daß die Möglichkeiten für Frauen, einer selbständigen Erwerbstätigkeit sowie einer qualifizierten Tätigkeit innerhalb der Zunft nachzugehen, sich im 15./16. Jahrhundert verschlechterten und sie schließlich gänzlich ausgeschlossen wurden. In

Frankfurt am Main waren 1377 die Meistertöchter noch zur Lehre zugelassen, 1421 wurden nur noch Lehrknaben genannt. Die Neußer Zunftordnungen verzeichnen 1461 noch Lehrmägde, 1594 allerdings nur noch Lehrknechte. Eine Konstanzer Verordnung erwähnt 1407 sowohl männliche als auch weibliche Lehrlinge. Der Zunftbrief von 1538 führt hingegen mit keinem einzigen Wort mehr Frauen in der Zunft auf.« Vgl. ibid., S.147

39 Vgl. Mitterauer, 1979, S. 120

40 Vgl. Heimann, 1984, S.269/270

41 In Deutschland stammten noch um die Mitte des 19. Jahrhunderts über die Hälfte der industriellen Unternehmer aus Handwerkerkreisen. Vgl. Koselleck, 1969, S.310. Zur Entstehung der »bürgerlichen Weltanschauung« im unternehmerischen Bürgertum des 15./16. Jahrhunderts s.a. Köhler, 1985, Sp.1041/1042

42 Vgl. Mitterauer, 1979, S.97. Die Ergebnisse seiner Untersuchung »Vorindustrielle Familienformen« zusammenfassend, schreibt Mitterauer: »Nun ist sicherlich die vorindustrielle Welt primär agrarisch geprägt gewesen. Der überwiegende Teil der Bevölkerung lebte auf dem Lande. Man kann aber deswegen nicht die ländlichen Familienformen als die der vorindustriellen Zeit schlechthin darstellen. Schon gar nicht ist es zulässig, aus einer solchen Gegenüberstellung abzuleiten, daß die Industrialisierung der maßgebliche verändernde Faktor gewesen wäre. Die Breite des Spektrums unterschiedlicher Familienformen hat sich vor allem aus der parallelen Untersuchung städtischer und ländlicher Quellen der vorindustriellen Zeit ergeben. Es läßt sich generell sagen, daß die im städtischen Milieu des 16., 17. und 18. Jahrhunderts vorgefundenen Familienkonstellationen den heute dominanten näherstehen als die ländlichen. (...) Der Grad der Arbeitsteilung in zentralen Siedlungen ermöglicht aber auch in wachsendem Maße individuelle Erwerbstätigkeit ohne Einordnung in einen häuslichen beziehungsweise familialen Rahmen der Arbeitsorganisation. Für die Veränderung von Familienstrukturen bedeutet das ein entscheidendes Moment. Die Entstehung des industriellen Großbetriebs ist nur eine der Formen, durch die das „ganze Haus" als Rahmen der Arbeitsorganisation überwunden wurde, wenn auch eine quantitativ und qualitativ besonders bedeutsame. Sie hat die Lohnarbeit im Bereich der Warenproduktion zu einem massenhaften Phänomen werden lassen. Die Lohnarbeit ist aber nicht erst durch den industriellen Großbetrieb entstanden. Die ihr entsprechenden Familienformen reichen weit in die Zeit vor der industriellen Revolution zurück. Als Hintergrund den Wandels von Familienformen durch veränderte Bedingungen der Erwerbstätigkeit wird insgesamt der Urbanisierung größere Bedeutung beizumessen sein als der Industrialisierung. (...) Die Stadt–Land–Unterschiede, die bereits zu Beginn des Untersuchungszeitraumes (17./18. Jh.) hinsichtlich der Verteilung bestimmter Familienkonstellationen festgestellt werden konnten, weisen auf viel weiter zurückliegende Wurzeln dieser Verhältnisse...«. Vgl. ibid., S.94–97; siehe auch Mitterauer/Sieder, 1977, v.a. S.13ff. und S.38ff.

43 Ausführlich hierzu: Frühsorge, 1976, v.a. S.138/139

44 Vgl. Bauer, Bd.1, 1917, S.375

45 Vgl. »Der Frauen–Spiegel«, Augsburg o.J. (ca.1520), in: Weller, 1874, S.87/88

46 Vgl. Johann Fischart: Das Philosophisch Ehzuchtbüchlin Straßburg 1578, in: Johann Fischarts Werke, Bd.3, hrsg. von A. Hauffen, Stuttgart 1895, S.150

47 Vgl. ibid., S.159

48 So zum Beispiel bei Selnecker, 1600 (1.Aufl. 1589), Bl.135v.

49 Vgl. Anm. 45, S.92

50 Vgl. Weyer, 1585, v.a. S.110–112, S.148–150; s.a. in der vorliegenden Untersuchung Kap. 2.2.1, S.76

51 Die Ergebnisse der bisherigen Untersuchung legen es nahe, die Gültigkeit vor allem jener in der Forschung vertretenen Ansichten zu relativieren, denen zufolge man den Kindern in der vorindustriellen Gesellschaft keinerlei Beachtung schenkte, und der Lebensphase der Kindheit erst mit der Aufklärung des 18. Jahrhunderts entdeckt wurde (Shorter, vgl. Anm.13), denen zufolge die mütterliche Liebe und Verantwortung für die frühkindliche Sozialisation erst seit der Wende zum 19. Jahrhundert nachdrücklich betont wurde (Hausen, 1977, S.392), und man erst in dieser Zeit von der Frau erwartete, daß sie ihre Mutterrolle ernst nahm (van Dülmen, 1990, S.233). Shorter bezieht sich in Bezug auf solche Ansichten in »The making of the modern family« übrigens zu unrecht auf Philippe Ariès. In seinem nachhaltig wirksamen Werk »L'enfant et la vie familiale sous l'ancien régime« (1960) hat Ariès die »Entdeckung der Kindheit« als einen Prozeß dargestellt, der vom 13. bis zum 18. Jahrhundert dauerte, wobei das 15./16. Jahrhundert wiederholt als Phase eines entscheidenden Entwicklungsschubes dargestellt wird (vgl. Ausg. München/Wien 1975, S.92–111, S.494). Liebe und Sorge für das Kind spricht Ariès auch dem mittelalterlichen Menschen keineswegs ab (ibid., S.209), und die Entstehung der »modernen Familie« sowie der damit einhergehende Wandel im Frauenbild werden von ihm bereits ins 14./15. Jahrhundert datiert (ibid., S.486–490). Selbst seine Ansicht, daß die mittelalterliche Gesellschaft die Kindheit nicht als gesonderte Lebensphase aufgefaßt habe, hat Ariès in seiner 1973 verfaßten und in allen späteren Auflagen veröffentlichten Einleitung teilweise zurückgenommen. »Umgekehrt«, heißt es dort, »müßten die entscheidenden Informationen aus dem Bereich des Mittelalters und der Antike kommen.« (Ibid., S.54, S.65)

52 Vgl. Luther, 1530, Bl.A3–A5

53 Vgl. Menius, 1530, Bl.E8

54 Vgl. Selnecker, 1600, Bl.84v.–85v.

55 Ibid., Bl.90r./v.

Kapitel 3.3

1 Vgl. Elias, 1969, Bd.2, S.312/313

2 Vgl. Weyer, Vom Zorn, 1585, S.110–112; Luther, 1530, Bl.A3–A5

3 Eine gute, verschiedene Sozialisationsbereiche abdeckende Quellenauswahl bietet P. Münch: Ordnung, Fleiß und Sparsamkeit, München 1984. Münch weist darauf hin, daß man bereits in den Abschieden der Reichstage von 1497, 1498 und 1500 »nach dem Vorbild der Städte den in der theologischen und moraldidaktischen Literatur geführten Kampf gegen den Müßiggang zu einer Sache der Reichsgesetzgebung zu machen« begann. Die weitere Verschärfung dieses Kampfes sieht der Autor weniger an eine bestimmte Konfession, sondern eher an den Prozeß der frühneuzeitlichen Staatsbildung gebunden (ibid., S.34)

4 Vgl. Selnecker, 1600, Bl.126r.

5 Ibid., Bl.129r.

6 Vgl. Coler, 1680 (1. Ausg. 1593), S.99

7 Vgl. Menius, 1530, Bl.F

8 Vgl. Spangenberg, 1563, Bl.35r.; ebenso Selnecker, 1600, Bl.14v.

9 Vgl. Spangenberg, 1563, Bl.34v.

10 Vgl. Selnecker, 1600, Bl.176v.

11 Vgl. Eyb, 1982 (1. Ausg. 1472), S.14

12 Vgl. Selnecker, 1600, Bl.125r.

13 Die folgende Darstellung nach Schottenloher, 1954

14 Das »Enchiridion« enthält einen Abschnitt mit der Überschrift »Adversus iram et vindictae cupiditatem«, in dem Erasmus den noch weithin kriegerisch–ritterlichen Vorstellungen seiner Zeit die Tugenden der Sanftmut und Duldsamkeit entgegenstellt. Selbstdisziplin und Affektbeherrschung spielen auch in diesem Zusammenhang eine entscheidende Rolle: »Optimum autem fuerit sic instituto, ratione, assuetudine durare animum, ut omnino non commoveare.« Vgl. Erasmus, Enchiridion, 1968, S.368 (1. Ausg. 1503)

15 Die Metaphorik der Waffenrüstung des christlichen Streiters führt Erasmus gleich im ersten Abschnitt (Vigilandum esse in vita) des »Enchiridion« ein. (In der Ausg. Darmstadt 1968 s. v.a. S.61–63)

16 Schottenloher, 1954, S.109

17 Der »Spruch von dem elichen Stat« ist erstmalig ca. 1515 bei J. Weyssenburger in Nürnberg im Druck erschienen, eine zweite Ausgabe erschien ca. 1560 ebenfalls in Nürnberg. Vgl. M. Mayer, 1515, in: E. Weller, 1874, S.33–36

18 Vgl. Elias, 1969, Bd.1, S.182

19 Vgl. »Der Frauen–Spiegel«, Augsburg o.J. (ca.1520), in: Weller, 1874, S.88/89

20 Vgl. in der vorliegenden Arbeit Kap.1.4

21 Vgl. Thurneysser zum Thurn, 1584, zitiert nach: M. Bauer, 1917, Bd.1, S.262

22 Vgl. z.B. Menius, 1530, Bl.D8r./v., Dietrich, 1548, in der Ausgabe von O. Reichmann, 1972, S.144 und Selnecker, 1600, Bl.14v.

23 Vgl. Menius, 1530, Bl.D8r.

24 So wird zum Beispiel die Schönheit als etwas gänzlich Überflüssiges bezeichnet, auf das der Mann bei der Brautwahl keinen Wert legen solle, während andererseits Zwangs– und Zweckehen mit Argumenten abgelehnt werden, die sich auf das persönliche Gefallen an der äußeren Erscheinung des Ehepartners beziehen. »Getriebene Röte weret nicht lange«, wenn ein junges Mädchen an einen alten, reichen Mann verheiratet wird. Heiratet ein Mann »eine alte umbs Guts willen / der komet gemeiniglich ubel an«. Vgl. Selnecker, 1600, Bl.134r.–135r.

25 Das Werk stellt im wesentlichen eine Rezeptsammlung dar. Die Rezepte beziehen sich auf Körperhygiene, Hautkrankheiten und Kosmetik. Der kosmetische Teil nimmt den größten Raum ein und wendet sich ausschließlich an Frauen. Vgl. Wecker, 1575, Vorwort (unpaginiert)

26 Ein weiteres Werk über Schönheitspflege, von Michael Nostradamus verfaßt, wurde von dem Augsburger Arzt Hieremias Martius 1589 übersetzt und herausgegeben. Es hat den Titel »Zwey Bücher, darinn ... bericht gegeben wirt, wie man erstlich einen ungestalten Leib ... außwendig zieren, schön und junggeschaffen machen soll (...). Auch Martius rechtfertigte sich in einem Vorwort, wobei er fast die gleichen Argumente vortrug, die auch Wecker benutzt hatte. Wenn Johann Fischart in seinem »Ehzuchtbüchlin« auf das Thema zu sprechen kommt, so folgt er zunächst dem Topos von der Bedeutungslosigkeit weiblicher Schönheit. Kurz darauf heißt es jedoch: »Dan durch die Augen und das Gsicht wird wol die Lieb erst zugericht...«. In den darauffolgenden Seiten verlangt Fischart von der Ehefrau geradezu, sie solle - im Rahmen von Tugend und ehelicher Keuschheit - alles tun, um für ihren Mann auch erotisch attraktiv zu sein. Vgl. Fischart, 1895 (1. Ausg.1578), S.146–151

27 Vgl. hierzu F. Höher, 1983, S.53

28 Wie aktuell das Problem noch in der zweiten Hälfte des 19. Jahrhunderts war, zeigt zum Beispiel das 8. Kapitel (»Regine«) von Gottfried Kellers Novelle »Das Sinngedicht« (1881, verf.1851), wo die männliche Hauptfigur bemerkenswerter Weise für den Vorrang der Schönheit plädiert und dafür von der Gesprächspartnerin, einer gebildeten jungen Frau, nichts als Sarkasmus erntet.

29 Vgl. Hausen, 1977, S.368

30 Dies gilt spätestens, seitdem Samuel Richardsons Romane »Pamela, or Virtue Rewarded« (1740, dt. Übers. 1772) und »Clarissa« (1748, dt. Übers. 1788) in der literarischen Öffentlichkeit Deutschlands mit Begeisterung aufgenommen wurden und ein breites Lesepublikum fanden. Die Moralischen Wochenschriften trugen erheblich dazu bei, daß das Thema auch im deutschen Roman an Bedeutung gewann. Vgl. Martens, 1968, v.a. S.241, S.366ff.

Kapitel 3.4

1 Vgl. Roloff, Nachwort zur »Susanna«, 1967, S.121-142

2 Vgl. Rebhun, 1536, S.81. Diese und alle folgenden Zitatnachweise zu Rebhuns »Susanna« beziehen sich auf die kritische Neuausgabe von H.-G. Roloff, Stuttgart 1967. Zur Zitierweise: Rebhuns Verszeile wird in den Zitaten nicht übernommen. Der Zeilenumbruch wird durch einen doppelten Schrägstrich (//) angedeutet, wobei die Großschreibung am Zeilenanfang vernachlässigt wird.

3 Ibid., S.9

4 Ibid., S.18

5 Ibid., S.32

6 Ibid., S.35/36

7 Ibid., S.39

8 Ibid., S.59

9 Ibid., S.28

10 Siehe in der vorliegenden Arbeit Kap. 2.5 (Das »heylige Creutz« der Schwangerschaft und die weibliche Leidensfähigkeit)

11 Vgl. Rebhun, 1536, S.8

12 Ibid., S.19

13 Ibid., S.50/51

14 Ibid., S.73/74

15 Ibid., S.80

16 Ibid., S.78

17 Ibid., S.45/46

18 Ibid., S.20

Kapitel 4

1 Vgl. in der vorliegenden Arbeit v.a. Kap. 2.2.2 und Kap. 2.4

2 Vgl. Hausen, 1977, S.368

3 Vgl. Kuhn, 1983, S.44
4 Vgl. H. Wunder, 1987, S.143/144
5 Frühsorges Untersuchung bezieht sich vor allem auf die Schrift »Die Hausmutter in allen ihren Geschäfften«, ein fünfbändiges Werk, mit dessen Veröffentlichung der brandenburgische Prediger Christian Friedrich Germershausen 1778 begann. Vgl. Frühsorge, 1976, S.155/156, Anm. 27
6 Vgl. ibid., S.146/147
7 Vgl. Martens, 1968, S.530ff.
8 Vgl. Frühsorge, 1976, S.146
9 Die Formulierung »Das Geschlecht - eine historische Kategorie?« bildet den Titel eines Aufsatzes von A. Kuhn (1983), in dem die Autorin für »die Anerkennung des Geschlechts als einer zentralen historisch–sozialen Kategorie« plädiert.

Literatur

Ackerknecht, Erwin: Kurze Geschichte der Medizin, Stuttgart 1975[2]

ders.: Kurze Geschichte der Psychiatrie, Stuttgart 1967[2]

Agrippa, Heinrich Kornelius: De incertitudine & vanitate scientiarum, Coloniae 1544

ders.: De nobilitate & præcellentia fœminei sexus, Coloniae 1532

ders.: De occulta philosophia, hrsg. u. erl. von K.A. Nowotny, Graz 1967

ders.: Opera, Bd.1,2, hrsg. u. eingel. von R.H. Popkin, Hildesheim/New York 1970

ders.: Von dem Vorzug und der Fürtrefflichkeit des weiblichen Geschlechts vor dem männlichen, hrsg. von G. Kimmerle, Tübingen 1987 (Nachdr. der Ausg. Jena 1736)

Ahme, Elisabeth: Wertung und Bedeutung der Frau bei Martin Luther, in: Luther. Zeitschrift der Luther–Gesellschaft, 1964, Heft 2, S.61–68

Alexander, Franz / Selesnick, Sheldon: The History of psychiatry, New York 1966

Ammanus, Paulus: Medicina critica; sive decisoria, centuria casuum medicinalium in concilio Facult. Med. Lips. antehac resolutorum, comprehensa, nunc...collecta, correcta, et variis discursibus aucta. Erfurti: Ohler 1670

Angenot, Marc: Les champions des femmes: examen du discours sur la supériorité des femmes 1400 – 1800, Montréal 1977

Ariès, Philippe: Geschichte der Kindheit, München/Wien 1977 (1.Ausg. Paris 1960)

Aristoteles: Generation of animals, griech. Text und engl. Übers. von A.L. Peck, London/ Cambridge, Mass. 1968

Artelt, Walter: Einführung in die Medizinhistorik, Stuttgart 1949

Baader, Gerhard: Frauenheilkunde und Geburtshilfe im Frühmittelalter, in: W.Affeldt/ A.Kuhn (Hrsg.): Frauen in der Geschichte VII, Düsseldorf 1986, S.126–136

Baschwitz, Kurt: Hexen und Hexenprozesse, München 1963

Bauer, Max: Deutscher Frauenspiegel. Bilder aus dem Frauenleben in der deutschen Vergangenheit, 2 Bde., München/Berlin 1917

Baxter, Christopher: Johann Weyer's De praestigiis daemonum: Unsystematic psychopathology, in: The Damned Art hrsg. v. S.Anglo, London 1977, S. 53–75

Becker, Gabriele / Bovenschen, Sylvia / Bracker, H. u.a.: Aus der Zeit der Verzweiflung. Zur Genese und Aktualität des Hexenbildes., Frankfurt/M. 1977

Becker–Cantarino, Barbara (Hrsg.): Die Frau von der Reformation zur Romantik. Die Situation der Frau vor dem Hintergrund der Literatur– und Sozialgeschichte, Bonn 1980

dies.: Vom »Ganzen Haus« zur Familienidylle. Haushalt als Mikrokosmos in der Literatur der Frühen Neuzeit und seine spätere Sentimentalisierung, in: Daphnis 15, 1986 S.509–533

dies.: (Sozial)Geschichte der Frau in Deutschland, 1500–1800. Ein Forschungsbericht, in: dies. (Hrsg): Die Frau von der Reformation zur Romantik, Bonn 1980, S.243–281

Behringer, Wolfgang: Meinungsbildende Befürworter und Gegner der Hexenverfolgung (15. bis 18. Jahrhundert), in: Helfried Valentinitsch (Hrsg.): Hexen und Zauberer, Graz 1987, S.219–236

Beissel, Stephan: Geschichte der Verehrung Marias in Deutschland während des Mittelalters, Freiburg 1909

Berthold, Brigitte / Engel, Evamaria / Laube, Adolf: Die Stellung des Bürgertums in der deutschen Feudalgesellschaft bis zur Mitte des 16. Jahrhunderts, in: ZfG H.2, 1973, S.196–217

Binz, Karl: Doctor Johann Weyer – der erste Bekämpfer des Hexenwahns, Bonn 1885

Biographisches Lexikon der hervorragenden Ärzte aller Zeiten und Völker, Hrsg. A.Hirsch, Wien/Leipzig 1884–88

Birchler–Argyros, Urs Benno: Hexenzeichen in der Gerichtsmedizin des 16.–18. Jahrhunderts, in Archiv für Kriminologie, 175.Band, 1985

ders.: Der Liebeszauber (Philtrum) und sein Zusammenhang mit der Liebeskrankheit in der Medizin, besonders des 16.–18. Jahrhunderts, in: Zürcher medizingeschichtliche Abhandlungen, Nr.110, Zürich 1975

Birkelbach, D. / Eifert, C. / Lueken, S.: Zur Entwicklung des Hebammenwesens vom 14. bis zum 16. Jahrhundert am Beispiel der Regensburger Hebammenordnungen, in: Frauengeschichte. Beiträge zur feministischen Theorie und Praxis 5 (1981), S.83–98

Bodin, Jean: De la demonomanie des sorciers, Lyon: Paul Frellon 1598, 4.éd. (1. Ausg. Paris 1580)

Boenheim, Felix: Krankheit – Strafe für Sünde? In: Wissenschaftliche Zeitschrift der Karl–Marx–Universität Leipzig, H.3, 1953/54, S.293–301

Braudel, Fernand: Europäische Expansion und Kapitalismus 1450–1650, in: E. Schulin (Hrsg.): Universalgeschichte, Köln 1974, S.255–294

Brunner, Otto: Das »Ganze Haus« und die alteuropäische »Ökonomik«, in: ders: Neue Wege der Verfassungs– und Sozialgeschichte, Göttingen 1968 S.103 ff (1.ed.1958)

Bücher, Karl: Die Frauenfrage im Mittelalter, Tübingen 1919 (1.Ausg. 1882)

Bugge, John: Virginitas: An essay in the history of a medical ideal, The Hague 1975

Bulst, N. u.a. (Hrsg.): Familie zwischen Tradition und Moderne. Studien zur Geschichte der Familie in Deutschland und Frankreich vom 16.bis zum 20. Jahrhundert, Göttingen 1981

Cardano, Girolamo: Opera omnia, Bd.1–10, Stuttgart 1966 (Faks.–Nachdr. d. Ausg. Lyon 1663)

Castro, Rodericus A.: Medicus–politicus: Sive de officiis medico–politicis tractatus, quatuor distinctus Libris. Hamburgi: Frobenius 1614

Clark, Stuart: King James's Daemonologie: witchcraft and kingship, in: The damned art, ed. by S. Anglo, London 1977, S.156–181

Coler, Johann: Oeconomia ruralis et domestica. Darin das ganß Ampt aller trewen Hauß–Vätter und Hauß–Mütter, beständtges und allgemeines Hauß–Buch, Frankfurt/M. 1680 (1. Ausg. 1593)

Dallapiazza, Michael: minne, hûsêre und das ehlich leben. Zur Konstitution bürgerlicher Lebensmuster in spätmittelalterlichen und frühhumanitischen Didaktiken, Frankfurt/M. 1981

Debus, Allen G.: Science, medicine and society in the Renaissance, 2 Bde., London 1972

Delius, Walter: Geschichte der Marienverehrung, München/Basel 1963

Der Frauen–Spiegel, Augsburg o.J. (ca.1520), in: Emil Weller (Hrsg.): Dichtungen des sechzehnten Jahrhunderts. Bibliothek des Litterarischen Vereins in Stuttgart, Bd.119, Tübingen 1874, S.78–93

Der Marpurgischen Theologen bericht an den Graffen zu N. wider die Wasserprobe der Hexen, Lübeck: Kröger 1593 (Herzog August Bibliothek Wolfenbüttel: Sign. 169.15 Jur., Stück 2)

Deschner, Karlheinz: Abermals krähte der Hahn, Stuttgart 1968

ders.: Das Kreuz mit der Kirche, Düsseldorf 1974

Diepgen, Paul: Frau und Frauenheilkunde in der Kultur des Mittelalters, Stuttgart 1963

ders.: Über den Einfluß der autoritativen Theologie auf die Medizin des Mittelalters. in: Akademie der Wissenschaften und der Literatur: Abhandlungen der Geistes– und Sozialwissenschaftlichen Klasse, Jg. 1958 Nr.1, S.3–20

Diethelm, Oskar: Medical dissertations of psychiatric interest printed before 1750., Basel 1971

Dietrich, Veit: Etliche Schrifften für den gemeinen man, von unterricht Christlicher lehr und leben, unnd zum trost der engstigen gewissen. Nürnberg 1548, hrsg. von Oskar Reichmann, Assen 1972

Domandl, Sepp: Erziehung und Menschenbild bei Paracelsus, Salzburger Beiträge zur Paracelsusforschung (Heft 9), Wien 1970

Donatus, Marcellus: De medica historia mirabili libri sex, Venetiis: Valgrisius 1588

Duden, Barbara: Geschichte unter der Haut. Ein Eisenacher Arzt und seine Patientinnen um 1730, Stuttgart 1987

Duerr, Hans P.: Traumzeit. Über die Grenze zwischen Wildnis und Zivilisation, Frankfurt/M., 1985

Dülmen, Richard van: Frauen vor Gericht. Kindsmord in der frühen Neuzeit, Frankfurt 1990

ders.: Kultur und Alltag in der Frühen Neuzeit, Bd.1, Das Haus und seine Menschen: 16. – 18. Jahrhundert, München 1990

Ehbrecht, Wilfried (Hrsg.): Städtische Führungsgruppen und Gemeinde in der werdenden Neuzeit, Köln/Wien 1980

Ehrenreich, Barbara / English, Deidre: Hexen, Hebammen und Krankenschwestern, München 1976 (1. Ausg. New York 1973)

Elias, Norbert: Über den Prozeß der Zivilisation. Soziogenetische und psychogenetische Untersuchungen, 2 Bde., Bern/München 1969

Empfehlungen zur Edition frühneuzeitlicher Texte der »Arbeitsgemeinschaft außeruniversitärer historischer Forschungseinrichtungen«, in: Archiv für Reformationsgeschichte, Jg.72 (1981), S.299ff.

Ennen, Edith: Die Frau in der mittelalterlichen Stadtgesellschaft Mitteleuropas, in: Hansische Geschichtsblätter 98, 1980, S.1–22

dies.: Frauen im Mittelalter, München 1984

Erasmus von Rotterdam, Desiderius: Enchiridion militis christiani..., Antwerpen 1503, in: Ausgewählte Schriften, lateinisch – deutsche Ausg. in 8 Bänden, hrsg. von W. Welzig, Bd.1, Darmstadt 1968

Erastus, Thomas: Disputatio de lamiis seu strigibus. De strigibus liber, 1581 (1.Ausg. 1578), in: Jacquier, Nicolas: Flagellum haereticorum fascinariorum, erweiterte Ausg. o.O., o.J. (1.Ausg. 1458)

ders.: Deux dialogues touchant le pouvoir des sorciers et de la punition qu'elles meritent, in: Histoires, disputes et discours des illusions et impostures des diables, Paris 1885 (1.Aufl. Genf 1579), Bd.2, S.399–553

ders.: Repetitio disputationis de lamiis seu strigibus, Basileae 1578

Ernst, Cécile: Teufelsaustreibungen. Die Praxis der katholischen Kirche im 16. und 17. Jahrhundert, Bern/Suttgart/Wien 1972

Ewich, Johann: De sagarum (quas vulgo veneficas appellant) natura, arte, viribus & factis, Bremae: Theodor Gluichstein 1584

Eyb, Albrecht von: Ob einem manne sey zunemen ein eelichs weyb oder nicht, 1472, Neudruck: Texte zur Forschung Bd.36, Darmstadt 1982

Fischart, Johann: Das Philosophisch Ehzuchtbüchlin, Straßburg 1578, in: Deutsche National–Litteratur, hrsg. von Joseph Kürschner, Bd.18, Abt.3, Stuttgart 1895, S.115–332

Fischer, Wolfram: Rekrutierung und Ausbildung von Personal für den modernen Staat: Beamte, Offiziere und Techniker in England, Frankreich und Preußen in der frühen Neuzeit, in: Reinhart Koselleck (Hrsg.): Studien zum Beginn der modernen Welt, Stuttgart 1977, S.194–217

Fischer–Homberger, Esther: Krankheit Frau, Bern/Stuttgart 1979

dies.: Hypochondrie. Melancholie bis Neurose: Krankheiten und Zustandsbilder, Bern/Stuttgart/Wien 1970

dies.: Geschichte der Medizin, Berlin/Heidelberg 1977

dies.: Medizin vor Gericht, Bern/Stuttgart 1983

Flandrin, Jean Louis: Familien. Soziologie, Ökonomie, Sexualität, Berlin/Wien 1978

Foucault, Michel: Sexualität und Wahrheit, Bd.1,2, Frankfurt/M. 1977

ders.: Wahnsinn und Gesellschaft, Frankfurt/M. 1969

ders.: Die Geburt der Klinik: Eine Achäologie des ärztlichen Blicks, München 1973

ders.: Médecins, juges et sorciers au XVIIe siècle, in: Médecine de France 200 (1969), S.121–28

Fries, Albert: Die Gedanken des heiligen Albertus Magnus über die Gottesmutter, Fribourg/Schweiz 1958

Fries, Lorenz: Spiegel der Artzny, Straßburg 1519

Frühsorge, Gotthardt: Die Einheit aller Geschäfte. Tradition und Veränderung des »Hausmutter« – Bildes in der deutschen Ökonomieliteratur des 18. Jahrhunderts. in: Wolfenbüttler Studien zur Aufklärung, 1976 Bd.III S. 137–157

Gabelkhover, Oswald: Artzneybuch, Tübingen 1610 (1. Ausg. 1594)

Gerteis, Klaus : Die deutschen Städte in der Frühen Neuzeit. Zur Vorgeschichte der »bürgerlichen Welt«, Darmstadt 1986

Geyer–Kordesch, Johanna / Kuhn, Annette (Hrsg.): Frauenkörper – Medizin – Sexualität. Auf dem Wege zu einer neuen Sexualmoral, Düsseldorf 1986

Godelmann, Johann Georg: De magis veneficis et lamiis recte cognoscendis et puniendis libri tres, Francofurti/M.: Nicolaus Basseus 1591

ders: Von Zäuberern, Hexen und Unholden, Frankfurt/M. 1592

Goldammer, Kurt: Paracelsus in neuen Horizonten. Gesammelte Aufsätze. Salzburger Beiträge zur Paracelsusforschung, Folge 24, Wien 1986

Gordon, Benjamin Lee: Medieval and Renaissance Medicine, New York 1959

Guenther, Thomas: Ein trostbüchlein für die schwangeren unnd geberenden Weiber / wie sich diese für / inn / und nach der Geburt / mit Betten / Dancken und anderm / Christlich verhalten sollen, Frankfurt/M. 1566

Hamilton, Roberta: The Liberation of Women, London 1978

Hammes, Manfred: Hexenwahn und Hexenprozesse, Frankfurt/M. 1977

Handwörterbuch des deutschen Aberglaubens, hrsg. von E. Hoffmann–Krayer, H. Bächthold–Stäubli u.a., Berlin/Leipzig 1927 – 1942

Hansen, Joseph: Quellen und Untersuchungen zur Geschichte des Hexenwahns und der Hexenverfolgung im Mittelalter, Hildesheim 1963 (Nachdr.d.Ausg. Bonn 1901)

ders.: Zauberwahn, Inquisition und Hexenprozeß im Mittelalter, München/Leipzig 1900

Hartmann, Wilhelm: Die Hexenprozesse in der Stadt Hildesheim, Hildesheim/Leipzig 1927

Hausen, Karin: Die Polarisierung der »Geschlechtscharaktere« – eine Spiegelung der Dissoziation von Erwerbs– und Familienleben, in: Conze, Werner (Hrsg.): Sozialgeschichte der Familie in der Neuzeit Europas, Stuttgart 1977, S.363–393

Havemann, Elisabeth: Die Frau in der Renaissance, Berlin 1927

Heimann, Heinz–Dieter: Über Alltag und Ansehen der Frau im späten Mittelalter – oder: Vom Lob der Frau im Angesicht der Hexe, in: Frau und spätmittelalterlicher Alltag, Veröffentlichungen des Instituts für mittelalterliche Realienkunde Österreichs Nr.9, Wien 1984

Heinsohn, Gunnar / Steiger, Otto: Die Vernichtung der Weisen Frauen, Herbstein 1985

Hemleben, Johannes: Paracelsus, Stuttgart 1973

Herlitz, David: De curationibus gravidarum. Newe Frawenzimmer / oder Gründtliche Unterrichtung / von den Schwangern und Kindelbetterinnen..., Stettin 1610 (4. Ausg.)

Hildebrand, Johann: Nutzliche Underweisung für die Hebammen und schwangeren Frawen, Ingolstadt 1601 (2. Ausg.)

Hoffmann, Hildegard / Mittenzwei, Ingrid: Die Stellung des Bürgertums in der deutschen Feudalgesellschaft von der Mitte des 16.Jahrhunderts bis 1789, in: ZfG H.2, 1974, S.190–207

Hoffmann, Julius: Die »Hausväterliteratur« und die »Predigten über den christlichen Hausstand«, Weinheim/Berlin 1957

Höher, Friederike: Hexe, Maria und Hausmutter – Zur Geschichte der Weiblichkeit im Spätmittelalter, in: A.Kuhn / J. Rüsen (Hrsg.): Frauen in der Geschichte III, Düsseldorf 1983, S.49/50

Honegger, Claudia: Die Hexen der Neuzeit. Studien zur Sozialgeschichte eine Kulturellen Deutungsmusters, Frankfurt/M. 1978

Hoßfeld, Paul: Albertus Magnus über die Frau, Bad Honnef 1982 und in: Trierer Theologische Zeitschrift 1982, Heft 3, S.221–240

Huizinga, Johann: Herbst des Mittelalters, Stuttgart 1975 (1. Ausg. 1941)

Imhof, Arthur E. (Hrsg.): Der Mensch und sein Körper. Von der Antike bis heute, München 1983

ders. (Hrsg.): Historische Demographie als Sozialgeschichte. Gießen und Umgebung vom 17. zum 19. Jahrhundert, Berlin 1975

ders. (Hrsg.): Leib und Leben in der Geschichte der Neuzeit, Berliner Historische Studien Bd.9, Berlin 1982

James VI of Scotland: Daemonologie, in forme of a dialogue, Edinburgh: Walde–grave 1597

Jorden, Edward: A briefe discourse of a disease called the suffocation of the mother, London 1603

Kawerau, Waldemar: Die Reformation und die Ehe, Schriften des Vereins für Reformationsgeschichte Nr.39, 1892

Kellenbenz, Hermann: Technik und Wirtschaft im Zeitalter der Wissenschaftlichen Revolution, in: C.M. Cipolla/K. Borchardt (Hrsg.): Europäische Wirtschaftsgeschichte, Bd.2, Stuttgart/New York 1979 (1. Ausg. 1974), S.113–170

Kelso, Ruth: Doctrine for the lady of the Renaissance, Illinois 1956

Ketsch, Peter: Frauen im Mittelalter, Bd.1: Frauenarbeit im Mittelalter, Düsseldorf 1983

Kimmerle, Gerd: Hexen–Dämmerung. Studie zur kopernikanischen Wende der Hexendeutung, Tübingen 1981

Knibiehler, Yvonne / Fouquet, Catherine: La femme et les médecins, Paris 1983

dies.: L'histoire des mères du moyen–âge à nos jours, Paris 1980

Köhler, Oskar: Artikel »Bürger, Bürgertum«, in: Staatslexikon Bd.1, Freiburg/Basel/Wien 1987, Sp.1039–1045

Koselleck, Reinhart: Aufstieg und Strukturen der bürgerlichen Welt, in: Fischer Weltgeschichte Bd.26, Frankfurt/M. 1969, S.296–319

Kroemer, Barbara: Von Kauffrauen, Beamtinnen, Ärztinnen – Erwerbstätige Frauen in deutschen mittelalterlichn Städten, in: Kuhn, Anette / Rüsen, Jörn (Hrsg.): Frauen in der Geschichte II, Düsseldorf 1982, S.73–96

Kuhn, Anette: Das Geschlecht – eine historische Kategorie? In: Brehmer/Jacobi–Dittrich/Kleinau/Kuhn (Hrsg.): Frauen in der Geschichte IV, Düsseldorf 1983, S.29–50

Lauterer–Pirner, Heidi: Vom »Frauenspiegel« zu Luthers Schrift »vom ehelichen leben«. Das Bild der Ehefrau im Spiegel einiger Zeugnisse des 15. und 16. Jahrhunderts, in: A.Kuhn / J.Rüsen (Hrsg.): Frauen in der Geschichte III, Düsseldorf 1983, S.63–85

Londner, Monika: Eheauffassung und Darstellung der Frau in der spätmittelalterlichen Märendichtung, Diss. Phil, Berlin 1973

Lorenz, Dagmar: Vom Kloster zur Küche: Die Frau vor und nach der Reformation Dr. Martin Luthers, in: Barbara Becker–Cantarino (Hrsg.): Die Frau von der Reformation zur Romantik, Bonn 1980, S.7–35

Lorenzen–Schmidt, Klaus–Joachim: Zur Stellung der Frauen in der frühneuzeitlichen Städtegesellschaft Schleswigs und Holsteins, in: Archiv für Kulturgeschichte 61 (1979), S.317–339

Ludolphy, Ingetraut: Artikel »Frau«, in: Theologische Realenzyklopädie Bd.11, S.436ff.

Luther, Martin: Der kleine Catechismus fur die gemeine Pfarherr und Prediger, 1529, Neudruck Berlin 1929

ders.: Ein Sermon von dem ehelichen Stand, 1519, in: D. Martin Luthers Werke, kritische Gesamtausgabe, Weimar 1884, Bd.2, S.162–171

ders.: Vom Abendmahl Christi. Bekenntnis, 1528, in: D. Martin Luthers Werke, kritische Gesamtausgabe, Weimar 1909, Bd.26, S.241–509

ders.: Vom ehelichen Leben, 1522, in: D. Martin Luthers Werke, kritische Gesamtausgabe, Weimar, Bd.10,2, S.275

ders.: Von Ehesachen, in: D. Martin Luthers Werke, kritische Gesamtausgabe, Weimar 1910, Bd.30,3, S.198–248

ders.: Vorrede zur »Oeconomia Christiana«, in: J. Menius: Oeconomia Christiana / das ist / von Christlicher haußhaltung. Mit einer schönen Vorrhede / D. Martini Luther, Nürnberg 1530

ders.: Vorrede zu »Von Priesterehe des würdigen Licentiaten Stephan Klingbeil«, 1528, in: D. Martin Luthers Werke, kritische Gesamtausgabe, Weimar 1909, Bd.26, S.528–533

MacLean, Ian: The Renaissance notion of woman, New York 1980

Margolin, Jean–Claude: La politique culturelle de Guillaume, duc de Clèves, in: F. Simone: Culture et Politique à l'Epoque de l'Humanisme et da la Renaissance, Turin 1974

Martens, Wolfgang: Die Botschaft der Tugend, Stuttgart 1968

Mayer, Martin: Ain Spruch von dem elichen Stat, Nürnberg ca.1515, in: Emil Weller (Hrsg.): Dichtungen des sechzehnten Jahrhunderts. Bibliothek des Litterarischen Vereins in Stuttgart, Bd.119, Tübingen 1874

Menius, Justus: Oeconomia Christiana / das ist / von Christlicher haußhaltung. Mit einer schönen Vorrhede / D. Martini Luther, Nürnberg 1530

Metz, Helmut: Die Entwicklung der Eheauffassungen von der Früh– zur Hochscholastik, Diss. Köln 1972

Michelet, Jules: Die Hexe, Leipzig 1863

Mieck, Ilja: Europäische Geschichte der Frühen Neuzeit, Stuttgart/Berlin/Köln/Mainz 1981^3 (1. Ausg. 1970)

Minder, Robert: Der Hexenglaube bei den Jatrochemikern des 17. Jahrhunderts, Zürich 1963

Mitterauer, Michael: Familie und Arbeitsorganisation in städtischen Gesellschaften des späten Mittelalters und der frühen Neuzeit, in: Alfred Haverkamp (Hrsg.): Haus und Familie in der spätmittelalterlichen Stadt, Köln/Wien 1984, S.1–36

ders.: Grundtypen alteuropäischer Sozialformen: Haus und Gemeinde in vorindustriellen Gesellschaften, Stuttgart/Bad Cannstatt 1979

Mitterauer, Michael, Sieder, Reinhard: Vom Patriarchat zur Partnerschaft. Zum Strukturwandel der Familie, München 1977

Moeller, Bernd: Deutschland im Zeitalter der Reformation, 2., ergänzte Aufl., Göttingen 1981

ders.: Luther und die Städte, in: Aus der Lutherforschung, Opladen 1983, S.9–26

ders.: Reichsstadt und Reformation, Neuausg. Berlin 1987

ders.: Stadt und Buch. Bemerkungen zur Struktur der reformatorischen Bewegung in Deutschland, in: Wolfgang J. Mommsen (Hrsg.): Stadtbürgertum und Adel in der Reformation. Studien zur Sozialgeschichte der Reformation in England und Deutschland. Veröffentlichungen des Deutschen Historischen Instituts London, Bd.5, Stuttgart 1979

ders. (Hrsg.): Stadt und Kirche im 16. Jahrhundert, Gütersloh 1978

Mommsen, Wolfgang J. (Hrsg.): Stadtbürgertum und Adel in der Reformation. Studien zur Sozialgeschichte der Reformation in England und Deutschland. Veröffentlichungen des Deutschen Historischen Instituts London, Bd.5, Stuttgart 1979

Muchembled, Robert: Culture populaire et culture des élites de la France moderne (XVe–XVIIe siècles), Paris 1978

Müller–Jahncke, Wolf–Dieter: Zum Magie–Begriff in der Renaissance–Medizin und –Pharmazie, in: Humanismus und Medizin, hrsg. von R.Schmitz und G.Keil, Weinheim 1984, S.99–116

Münch, Paul (Hrsg.): Ordnung, Fleiß und Sparsamkeit. Texte und Dokumente zur Entstehung der »bürgerlichen Tugenden«, München 1984

Nauert, Charles G.: Agrippa and the crisis of renaissance thought. Illinois studies in the social sciences, Urbana 1965

ders.: Agrippa von Nettesheim, in: Rheinische Lebensbilder Bd.4, Düsseldorf 1970, S.57–77

Neuwaldt, Hermann: Exegesis purgationis sive examinis sagarum super aquam frigidam proiectarum: in qua refutata opinione Guilhelmi Adolphi Scribonii..., Helmstedt 1585

Oestreich, Gerhard: Strukturprobleme des europäischen Absolutismus, in: Vierteljahresschrift für Sozial- und Wirtschaftsgeschichte 55 (1968) S.329-347

Opitz, Claudia: Frauenalltag im Mittelalter, Weinheim/Basel 1985

Orsier, Joseph: Henri Cornélis Agrippa. Sa vie et son œvre d'apres sa correspondance, Paris 1911

Ottmüller, Uta: Mutter und Wickelkind in der vormedikalisierten Gesellschaft des deutschsprachigen Raums, in: Frauengeschichte. Beiträge zur feministischen Theorie und Praxis 5, 1981, S.101-108

Pagel, Walter: Das medizinische Weltbild des Paracelsus. Seine Zusammenhänge mit Neuplatonismus und Gnosis, Wiesbaden 1962

ders.: Paracelsus. An introduction to philosophical medicine in the era of the Renaissance, Basel/New York 1958

Paracelsus (Theophrast von Hohenheim): Das Buch Paragranum. Letzte Bearbeitung in vier Abschnitten, in Sämtliche Werke, hrsg. von Karl Sudhoff, Abt.1, Bd.8, München 1924, S.133ff.

ders.: De caduco matricis. Von hinfallenden Siechtagen der Mutter, in: Medizinische, naturwissenschaftliche und philosophische Schriften, hrsg. von Karl Sudhoff, Abt.1, Bd.8, München 1924, S.319-368

ders.: De daemoniacis et obsessis, in: Sämtliche Werke, hrsg. von Karl Sudhoff, Bd.14, München/Berlin 1933, S.29-42

ders.: De fundamento scientiarum sapientiaeque, in: Sämtliche Werke, hrsg. von Karl Sudhoff, Abt.1, Bd.13, München/Berlin 1931, S.287ff.

ders.: De sagis et earum operibus, in: Sämtliche Werke, hrsg. von Karl Sudhoff, Bd.14, München/Berlin 1933, S.5-27

ders.: De virtute imaginativa, in: Sämtliche Werke, hrsg. von Karl Sudhoff, Bd.14, München/Berlin 1933, S.309-319

ders.: Sermo von der ehe, in: Sämtliche Werke, hrsg. von Kurt Goldammer, 2.Abt., Bd.2, Ethische, soziale und politische Schriften, Wiesbaden 1965, S.269-274

ders.: Sozialethische und sozialpolitische Schriften, eingel. u. hrsg. von Kurt Goldammer, Tübingen 1952

ders.: Von der ehe ordnung und eigenschaft, in: Sämtliche Werke, hrsg. von Kurt Goldammer, 2.Abt., Bd.2, Ethische, soziale und politische Schriften, Wiesbaden 1965, S.245-266

Paré, Ambroise: Oevres complètes. Ed. par R.-H. Guerrand et F. de Bissy, Paris 1976

ders.: Wund Artzney oder Artzneyspiegell. Von Petro Uffenbach...auss der Lateinischen Edition Jacobi Guillemeau...in die Teutsche Sprach...gesetzt, Franckfurt/M.: Fischer 1635

Parker, Geoffrey: Die Entstehung des modernen Geld- und Finanzwesens in Europa 1500-1730, in: C.M. Cipolla/K. Borchardt (Hrsg.): Europäische Wirtschaftsgeschichte, Bd.2, Stuttgart/New York 1979 (1. Ausg. 1974), S.335-380

Platon: Timaios oder die Schrift über die Natur. Übers. von R.Kapferer u. A.Fingerle, Stuttgart 1952

Popkin, Richard: Introduction, Einleitung zu: Agrippa, Heinrich Kornelius: Opera, Bd.1,2, hrsg. u. eingel. von R.H. Popkin, Hildesheim/New York 1970

Rebhun, Paul: Ein Geistlich Spiel von der Gotfürchtigen und keuschen Frauen Susannen, 1536, hrsg. von H.–G. Roloff, Stuttgart 1967

Riedel, Manfred: Artikel »Bürger, Staatsbürger, Bürgertum«, in: O.Brunner/W.Conze/ R.Koselleck (Hrsg.): Geschichtliche Grundbegriffe, Bd.1, Stuttgart 1975, S.738

Riezler, Sigmund von: Geschichte der Hexenprozesse in Bayern, Stuttgart 1983

Roesslin, Eucharius: Der Swangeren frawen und Hebammen Rosegarten, o.O. 1513 (Im Titelblatt dieser Ausg. steht »Rosegarten«, in den Seitenüberschriften »Rosengarten«. 1. Ausg. Straßburg 1513)

Rosenbaum, Heidi (Hrsg.): Seminar: Familie und Gesellschaftsstruktur. Materialien zu den sozioökonomischen Bedingungen von Familienformen, Frankfurt/M., 1978

Rüff, Jakob: Ein schön lustig Trostbüchle von den empfengknussen und geburten der menschen...zu trost allen gebärenden frouwen und eigentlichem bericht der Hebammen..., Zürych: C. Froschower 1569 (1. Ausg. Zürich 1554)

ders.: Hebammen Buch. Daraus man alle Heimlichkeiten dess Weiblichen Geschlechts erlernen..., Frankfurt/M.: S. Feyerabendt 1580 (Ausgabe des »Trostbüchle«, vom Hrsg. Feyerabendt um einen Anhang über Kinderpflege erweitert)

Scharffenorth, Gerta: Martin Luther zur Rolle von Mann und Frau, in: H.Süßmuth (Hrsg): Das Luther–Erbe in Deutschland, Düsseldorf 1985, S.111–129

Schipperges, Heinrich: Der Garten der Gesundheit. Medizin im Mittelalter, München/ Zürich 1985

ders.: Paracelsus. Der Mensch im Licht der Natur, Stuttgart 1974

Schirmer, Eva: Mystik und Minne. Frauen im Mittelalter, Berlin 1984

Schneider, Ulrich F.: Das Werk »De praestigiis Daemonum« von Weyer und seine Auswirkungen auf die Bekämpfung des Hexenwahns, Diss.iur. (masch.), Bonn 1951

Schormann, Gerhard: Hexenprozesse in Deutschland, Göttingen 1981

ders.: Hexenprozesse in Nordwestdeutschland, Hildesheim 1977

Schottenloher, Otto: Erasmus, Johann Poppenruyter und die Entstehung des Enchiridion militis christiani, in: Archiv für Reformationsgeschichte 45, 1954, S.109–116

Schultz, Irmgard/Collin, Beate (Hrsg.): Bibliographie: Frauenforschung über Frauenarbeit in Produktion und Reproduktion 1979–1984, Bielefeld 1986

Schwab, Dieter: Artikel »Familie«, in: Geschichtliche Grundbegriffe. Historisches Lexikon zur politisch–sozialen Sprache in Deutschland, Stuttgart 1975, Bd.2, S.253–301

Scot, Reginald: The discoverie of witchcraft, London 1964 (1.Ausg. London 1584)

Scribonius, Wilhelm A.: De examine et purgatione sagarum per aquam frigidam Epistola, Lemgo 1583.

ders.: Responsio ad examen ignoti patroni veritatis de purgatione sagarum per aquam frigidam, Francofurti/M. 1590

Selnecker, Nikolaus: Speculum Coniugale et Politicum. Ehe und Regenten Spiegel, Eißleben 1600 (1. Ausg. 1589)

Shorter, Edward: Der weibliche Körper als Schicksal. Zur Sozialgeschichte der Frau, München/Zürich 1984 (1.Ausg. 1982)

ders.: The making of the modern Family, London 1976 (1.Ausg. 1975)

Spangenberg, Cyriacus: Ehespiegel: Das ist / Alles was vom heyligen Ehestande nützliches...mag gesagt werden..., Straßburg 1563 (1. Ausg. 1561)

Spee, Friedrich von: Cautio Criminalis, Darmstadt 1967 (1. Ausg. 1631)

Sprenger, Jakob/Institoris, Heinrich: Malleus Maleficarum, Francfurti/M.: N. Basseus 1580

Steinmeyer, Elias von: Die kleineren althochdeutschen Sprachdenkmäler, Berlin 1916–1961

Szasz, Thomas S.: Die Fabrikation des Wahnsinns, Olten/Freiburg i. Br. 1974 (1.Ausg. 1970)

ders.: Geisteskrankheit – ein moderner Mythos?, Freiburg i. Br. 1972

Theatrum de veneficis, Frankfurt/M.: N. Basseus 1586

Thomas von Aquin: Summa Theologica, hrsg. von der Albertus–Magnus–Akademie Walderberg bei Köln, Graz/Wien/Köln 1957

ders.: In decem libros Ethicorum Aristotelis ad Nicomachum expositio, cura et studio P.Fr. Raymundi/M. Spiazzi, Torino 1964

Thomas, Keith: Religion and the decline of magic, Harmondsworth 1973

Thorndike, Lynn: History of magic and experimental science, Bd. 5–8 (16./17. Jh.), New York 1941–1958

Thurneysser zum Thurn, Leonhardt: Ein durch Nothgedrungenes Ausschreiben Mein ..., 1584, in: Max Bauer: Deutscher Frauenspiegel, 1917, Bd.1, S.261–263

Trevor–Roper, Hugh R.: Der europäische Hexenwahn des 16. und 17. Jahrhunderts, in: ders.: Religion, Reformation und sozialer Umbruch, Frankfurt/M. 1970 (1. Ausg. 1968)

Trüb, C.L.Paul: Heilige und Krankheit, Stuttgart 1978

Unverhau, Dagmar: Die abendländische Hexe. Beispiele ihrer Verfolgung, in: Valentinitsch, Helfried (Hrsg.): Hexen und Zauberer, Graz/Wien, 1987, S.237–264

Valentini, Michaele B.: Corpus juris medico–legale, constans è pandectis, novellis et authenticis jatrico–forensibus, editio novissima. Francofurti/M.: Jung 1722 (1.Ausg.1701)

Valentinitsch, Helfried (Hrsg.): Hexen und Zauberer, Graz/Wien, 1987

Veith, Ilza: Hysteria: The history of a disease, Chicago/London 1965

Weber, Max: Die protestantische Ethik und der Geist des Kapitalismus, in: ders.: Gesammelte Aufsätze zur Religionssoziologie, Tübingen 1963, S.17–206 (1.Ausg.1920)

Wecker, Johann Jakob: Vorrede zu »Weiber Zierung...von mancherley nutzlichen und bewerten Artzneyen, den Leib zierlich und wolgestalt zu machen« (Alessio Piemontese: De secreti, übers. u. hrsg. von J.J. Wecker), Basel 1575

Weiss, Hildegard: Lebenshaltung und Vermögensbildung des »mittleren« Bürgertums, München 1980

Weller, Emil (Hrsg.): Dichtungen des sechzehnten Jahrhunderts. Bibliothek des Litterarischen Vereins in Stuttgart Bd. 119, Tübingen 1874

Wensky, Margret: Die Frau in Handel und Gewerbe vom Mittelalter bis zur Frühen Neuzeit, in: H.Pohl (Hrsg.): Die Frau in der deutschen Wirtschaft, Stuttgart 1985

dies.: Die Stellung der Frau in der stadtkölnischen Wirtschaft im Spätmittelalter, Köln/Wien 1980

dies: Die Stellung der Frau in Familie, Haushalt und Wirtschaftsbetrieb im spätmittelalterlich–frühneuzeitlichen Köln, in: A.Haverkamp (Hrsg.): Haus und Familie in der spätmittelalterlichen Stadt, 1984, S.289ff.

Weyer, Johann: De commentitiis jejuniis, in: Opera omnia, Amstelodami: Petrus van den Berge 1660, S.748–769 (1.Ausg. Basel: J. Oporinus 1577)

ders.: De praestigiis daemonum, et incantationibus, ac veneficiis, Libri V, in: Opera omnia, Amstelodami: Petrus van den Berge 1660 (1. Ausg. Basel: J. Oporinus 1563)

ders.: De praestigiis daemonum. Von Teuffelsgespenst Zauberern und Gifftbereytern / Schwarzkünstlern / Hexen und Unholden / darzu ihrer Straff..., Übers. von Johann Füglin, Franckfurt/M.: N. Basseus 1586, unveränd. Nachdr. Darmstadt 1963

ders.: Vom Zorn. Iracundiae antidotum. Von der gefehrlichen Kranckheit dem Zorn / und desselbigen Philosophischer / und Theologischer Cur oder Ertzney, Wittemberg: M. Welack 1585 (1.Ausg. 1577)

Wittich, Johann: Kurtze Hausspostilla oder Kinder Examen / für Christliche Haußväter / Wie dieselbige ihren Kindern und Gesinde...sollen anweisung geben, Leipzig 1591

ders.: Tröstlicher Unterricht für Schwangere und geberende Weiber, Leipzig 1597

Wunder, Gerd: Bauer, Bürger, Edelmann, Bd.1, Sigmaringen 1984, Bd.2, Sigmaringen 1988

ders: Die Bürger von Hall. Sozialgeschichte einer Reichsstadt 1216–1802, Sigmaringen 1980

Wunder, Heide: Frauen in der Gesellschaft Mitteleuropas im späten Mittelalter und in der Frühen Neuzeit (15. bis 18. Jahrhundert), in: Valentinitsch, Helfried (Hrsg.): Hexen und Zauberer, Graz/Wien, 1987

dies: Zur Stellung der Frau im Arbeitsleben und in der Gesellschaft des 15. bis 18. Jahrhunderts, in: Geschichtsdidaktik 3 (1981), S.239–251

Zambelli, Paola: Agrippa von Nettesheim in den neueren kritischen Studien und in den Handschriften, in: Archiv für Kulturgeschichte, Bd.51 (1969), S.264–295

dies.: Scholastiker und Humanisten. Agrippa und Trithemius zur Hexerei. Die natürliche Magie und die Entstehung kritischen Denkens, in: Archiv für Kulturgeschichte Bd.67, Heft 1 (1985), S.41–80

Ziegeler, Wolfgang: Möglichkeiten der Kritik am Hexen– und Zauberwahn im ausgehenden Mittelalter, Köln/Wien 1973

Zilboorg, Gregory: The medical man and the witch during the Renaissance, New York 1969

Zimmerli–Witschi, Alice: Frauen in der Reformationszeit, Diss. phil., Zürich 1981

Beatrix Pfleiderer / Wolfgang Bichmann
KRANKHEIT UND KULTUR
Eine Einführung in die Ethnomedizin
Mit einem Vorwort von Thomas Maretzki
(Ethnologische Paperbacks)
264 Seiten. Broschiert / ISBN 3-496-00811-3

In diesem Band wird die Fachdisziplin Ethnomedizin dargestellt, definiert und beschrieben. Dabei gehen die Autoren auf die Hintergründe ein, die zur Ausformung dieses relativ neuen Faches geführt haben. Anhand zahlreicher Beispiele, vor allem aus Kulturen Afrikas, Europas und Südasiens – die häufig eigenen Erhebungen entstammen – werden Interessen, Methoden und Anwendungsgebiete der Ethnomedizin verständlich gemacht.

Wilhelm E. Mühlmann
DIE METAMORPHOSE DER FRAU
Weiblicher Schamanismus und Dichtung
2., durchgesehene Auflage – Sonderausgabe
260 Seiten, Broschiert / ISBN 3-496-00801-6

»... Das Werk 'Die Metamorphose der Frau' wiegt bücherschrankschwere Sekundärliteratur verschiedenster Fachwissenschaften auf.«
Blätter für den Deutschlehrer

Alexandra Rosenbohm
HALLUZINOGENE DROGEN
IM SCHAMANISMUS
Mythos und Ritual im kulturellen Vergleich
(Marburger Studien zur Völkerkunde, Band 8)
178 Seiten. Broschiert / ISBN 3-496-00401-0

Die Arbeit untersucht den mythischen Hintergrund und den realen Ablauf der rituellen Prozesse des schamanischen Halluzinogen-Gebrauchs.

DIETRICH REIMER VERLAG   **BERLIN**
Unter den Eichen 57 · 1000 Berlin 45

Sigrun Anselm/Barbara Beck (Hg.)
**TRIUMPH UND SCHEITERN
IN DER METROPOLE**
Zur Rolle der Weiblichkeit in der Geschichte Berlins
316 Seiten mit 31 Abbildungen
Broschiert DM 36,- / ISBN 3-496-00917-0

Jack Goody
**DIE ENTWICKLUNG VON EHE
UND FAMILIE IN EUROPA**
Aus dem Englischen von Eva Horn
350 Seiten mit 13 Abbildungen, 5 Karten und 2 Tabellen
Leinen DM 48,- / ISBN 3-496-00827-X

Hermann Baumann
DAS DOPPELTE GESCHLECHT
Studien zur Bisexualität in Ritus und Mythos
Mit einem Geleitwort von Klaus E. Müller
X und 430 Seiten mit 5 Karten
Broschiert DM 34,- / ISBN 3-496-00852-0

David Warren Sabean
DAS ZWEISCHNEIDIGE SCHWERT
Herrschaft und Widerspruch im Württemberg der frühen Neuzeit
Aus dem Englischen von Brigitte Luchesi
274 Seiten mit 7 Abbildungen
Leinen DM 48,- / ISBN 3-496-00865-2

Mary Douglas
REINHEIT UND GEFÄHRDUNG
Eine Studie zu Vorstellungen von Verunreinigungen und Tabu
Aus dem Amerikanischen von Brigitte Luchesi
244 Seiten
Leinen mit Schutzumschlag DM 36,- / ISBN 3-496-00767-2

DIETRICH REIMER VERLAG   BERLIN
Unter den Eichen 57 · 1000 Berlin 45